정부계약적격심사 해설서

- 국방계약을 중심으로 -

장현석, 김지성, 한성우 지음

光文閣

머리말

적격심사는 낙찰자를 결정하는 중요한 과정이다. 마치 대학입시에서 합격자를 정하는 것과 같아 계약과정에서 가장 민감한 절차라고 볼 수 있다. 적격여부가 업체의 매출규모, 더 나아가서는 회사존립에 영향을 줄 수 있어 업체는 심사결과에 촉각을 곤두세울 수밖에 없다. 이로 인해 적격심사담당자는 자연스럽게 업무 부담을 느끼게 된다. 계약담당자와 계약상대자 모두 적격심사기준을 열심히 분석하고 공부하는 이유다.

한편 적격심사는 어렵다. 심사기준이 겉보기엔 단순하지만, 조금만 자세히 보면 상당히 복잡하다는 것을 알 수 있다. 기관마다, 분야마다 적격심사기준이 다르고 기준자체도 해석하기 어려운 경우가 있으며 예외사항도 많다. 적격심사기준 본문만 보면 생각보다 쉽다고 느끼다가도 정작 실무에서 자주 쓰이는 [별표]와 [별지]를 보는 순간 착각이었다는 것을 깨닫게 된다. 이처럼 적격심사기준의 내용이 어렵고 복잡하기 때문에 적격심사담당자는 매일같이 업체와 예하부대 계약담당자들로부터 다양한 질문을 받게 된다.

이처럼 적격심사가 중요하고 난해함에도 시중에 적격심사기준에 관한 해설서는 없다. 주로 계약전반에 관한 책이거나 적격심사기준의 법조문 그 자체만을 나열한 책들이다. 이 책은 실무를 중심으로 적격심사기준 조문을 하나하나 설명하고 사례를 들어 해설한 최초의 책이다. 특히, 필자들이 국군재정관리단에서 적격심사업무만 전문적으로 했기 때문에 다른 어느 책보다 실무경험이 잘 배양된 책이라고 자부한다. 비록 국방계약을 중심으로 집필하였지만, 모든 적격심사기준의 핵심은 같기 때문에 이 책을 바탕으로 다른 적격심사기준도 잘 이해할 수 있을 것이라고 믿는다.

이 책에서는 국방계약에서 가장 자주 다루는 분야 7가지를 선정하였다. 공사, 물품, 기술용역, 일반용역, 폐기물처리용역, 문화재조사용역, 중소기업자간 경쟁을 통한 물품구매가 이에 해당한다. 다만, 모든 적격심사 기준의 모태는 국가를 당사자로 하는 계약에 관한 법률(이하 국가계약법)과 기획재정부 계약예규이므로 제1장에서 적격심사와 관련된 국가계약법 및 계약예규 내용을 우선적으로 다뤘다. 이후 제2장에서 제8장까지는 앞서 언급한 7가지 적격심사기준을 순서대로 상세하게 해설하였다. 각 분야마다 조문을 자세히 설명하여 심사기준에 대한 전반적인 궁금증을 해소하고, 이를 응용한 적격심사 사례를 실어 초임자들도 희망을 가지고 실무에 활용할 수 있도록 구성하였다.

일러둘 것은 적격심사기준은 수시로 개정되고 이에 따라 해석도 달라질 수 있다는 점이다. 또한, 이 책의 해설이 유권해석과 같은 효력을 지니는 것은 아니므로 적격심사 시 궁금증을 해소할 수 있는 참고서 정도로 생각해주면 감사하겠다.

저자들이 무난하게 군 생활을 할 수 있도록 도움을 주신 국군재정관리단, 출판 과정에서 많은 도움을 주신 광문각 박정태 대표이사님과 직원여러분의 희생에 다시 한번 감사의 말씀을 드리고 싶다.

2020년 9월

저자일동

목차

1. 프롤로그: 국가계약법 및 기획재정부 계약예규

1-1). 국가계약법, 시행령 및 시행규칙

[시행 2020. 6. 9.] [법률 제17339호, 2020. 6. 9., 타법개정]

국가를 당사자로 하는 계약에 관한 법률

제4조(국제입찰에 따른 정부조달계약의 범위) ① 국제입찰에 따른 정부조달계약의 범위는 정부기관이 체결하는 **물품ㆍ공사(工事) 및 용역의 계약**으로서 정부조달협정과 이에 근거한 국제규범에 따라 **기획재정부장관이 정하여 고시하는 금액** 이상의 계약으로 한다. 다만, 다음 각 호의 어느 하나에 해당하는 경우에는 국제입찰에 따른 정부조달계약의 대상에서 제외한다.

1. 재판매(再販賣)나 판매를 위한 생산에 필요한 물품이나 용역을 조달하는 경우
2. 「중소기업제품 구매촉진 및 판로지원에 관한 법률」에 따라 중소기업제품을 제조ㆍ구매하는 경우
3. 「양곡관리법」, 「농수산물 유통 및 가격안정에 관한 법률」 및 「축산법」에 따른 농ㆍ수ㆍ축산물을 구매하는 경우
4. 그 밖에 정부조달협정에 규정된 내용으로서 대통령령으로 정한 경우

고시금액이란 국제입찰에 따른 정부조달을 제한할 수 없는 최소한의 수준을 의미한다. 즉, 고시금액 이상의 정부조달계약에서는 국제입찰을 제한할 수 없다. 다만, 도입취지와는 별개로 고시금액은 적격심사를 하는데 중요한 기준이 되므로 적격심사시 고시금액이 얼마인지 반드시 알아두어야 한다. 한편, 고시금액은 환율의 변동을 반영하여 통상 2년마다 변경된다.

<참고> 국가를 당사자로 하는 계약에 관한 법률 등의 기획재정부 장관이 정하는 고시금액

1. 국가를 당사자로 하는 계약에 관한 법률 제4조제1항의 규정에 의한 기획재정부장관이 정하여 고시하는 금액 가. 세계무역기구의 정부조달협정상 개방대상금액 ○ 물품 및 용역: 2억원 ○ 공사: 78억원

제7조(계약의 방법) ① 각 중앙관서의 장 또는 계약담당공무원은 계약을 체결하려면 일반경쟁에 부쳐야 한다. 다만, 계약의 목적, 성질, 규모 등을 고려하여 필요하다고 인정되면 대통령령으로 정하는 바에 따라 참가자의 자격을 제한하거나 참가자를 지명(指名)하여 경쟁에 부치거나 수의계약(隨意契約)을 할 수 있다.

② 제1항 본문에 따라 **경쟁입찰에 부치는 경우** 계약이행의 난이도, 이행실적, 기술능력, 재무상태, 사회적 신인도 및 계약이행의 성실도 등 **계약수행능력평가에 필요한 사전심사기준, 사전심사절차, 그 밖에 대통령령으로 정하는 바에 따라 입찰 참가자격을 사전심사하고 적격자만을 입찰에 참가하게 할 수 있다.**

③ 제1항에 따라 계약을 체결하는 과정에서 다른 법률에 따른 우선구매 대상이 경합하는 경우에는 계약의 목적이나 규모, 사회적 약자에 대한 배려 수준 등을 고려하여 계약상대자를 결정하여야 한다.

적격심사기준을 제정할 수 있는 국가계약법 상 근거규정으로, 구체적인 사항은 대통령령으로 위임하였다.

제27조(부정당업자의 입찰 참가자격 제한 등) ① 각 중앙관서의 장은 **다음 각 호의 어느 하나에 해당하는 자(이하 "부정당업자"라 한다)에게는 2년 이내의 범위에서 대통령령으로 정하는 바에 따라 입찰 참가자격을 제한**하여야 하며, 그 제한사실을 즉시 다른 중앙관서의 장에게 통보하여야 한다. 이 경우 통보를 받은 **다른 중앙관서의 장은 대통령령으로 정하는 바에 따라 해당 부정당업자의 입찰 참가자격을 제한**하여야 한다.

1. 계약을 이행할 때에 부실·조잡 또는 부당하게 하거나 부정한 행위를 한 자
2. 경쟁입찰, 계약 체결 또는 이행 과정에서 입찰자 또는 계약상대자 간에 서로 상의하여 미리 입찰가격, 수주 물량 또는 계약의 내용 등을 협정하였거나 **특정인의 낙찰 또는 납품대상자 선정을 위하여 담합**한 자
3. 「건설산업기본법」, 「전기공사업법」, 「정보통신공사업법」, 「소프트웨어산업 진흥법」 및 그 밖의 다른 법률에 따른 하도급에 관한 제한규정을 위반(하도급통지의무위반의 경우는 제외한다)하여 하도급한 자 및 발주관서의 승인 없이 하도급을 하거나 발주관서의 승인을 얻은 하도급조건을 변경한 자
4. **사기, 그 밖의 부정한 행위로 입찰·낙찰 또는 계약의 체결·이행 과정에서 국가에 손해를 끼친 자**
5. 「독점규제 및 공정거래에 관한 법률」 또는 「하도급거래 공정화에 관한 법률」을 위반하여 공정거래위원회로부터 입찰참가자격 제한의 요청이 있는 자
6. 「대·중소기업 상생협력 촉진에 관한 법률」 제27조제5항에 따라 중소벤처기업부장관으로부터 입찰참가자격 제한의 요청이 있는 자
7. **입찰·낙찰 또는 계약의 체결·이행과 관련하여 관계 공무원**(제27조의3제1항에 따른 과징금부과심의위원회, 제29조제1항에 따른 국가계약분쟁조정위원회, 「건설기술 진흥법」에 따른 중앙건설기술심의위원회·특별건설기술심의위원회 및 기술자문위원회, 그 밖에 대통령령으로 정하는 위원회의 위원을 포함한다)**에게 뇌물을 준 자**
8. **그 밖에 다음 각 목의 어느 하나에 해당하는 자로서 대통령령으로 정하는 자**

가. 입찰·계약 관련 서류를 위조 또는 변조하거나 입찰·계약을 방해하는 등 경쟁의 공정한 집행을 저해할 염려가 있는 자

나. 정당한 이유 없이 계약의 체결 또는 이행 관련 행위를 하지 아니하거나 방해하는 등 계약의 적정한 이행을 해칠 염려가 있는 자

다. 다른 법령을 위반하는 등 입찰에 참가시키는 것이 적합하지 아니하다고 인정되는 자

② 삭제

③ 각 중앙관서의 장 또는 계약담당공무원은 제1항에 따라 **입찰 참가자격을 제한받은 자와 수의계약을 체결하여서는 아니 된다.** 다만, 제1항에 따라 입찰 참가자격을 제한받은 자 외에는 적합한 시공자, 제조자가 존재하지 아니하는 등 부득이한 사유가 있는 경우에는 그러하지 아니하다.

④ 제1항에도 불구하고 각 중앙관서의 장은 제1항 각 호의 행위가 종료된 때(제5호 및 제6호의 경우에는 중소벤처기업부장관 또는 공정거래위원회로부터 요청이 있었던 때)부터 5년이 지난 경우에는 입찰 참가자격을 제한할 수 없다. 다만, 제2호 및 제7호의 행위에 대하여는 위반행위 종료일부터 7년으로 한다.

⑤ 각 중앙관서의 장은 **제1항에 따라 입찰참가자격을 제한할 경우, 그 제한내용을 대통령령으로 정하는 바에 따라 공개하여야 한다.**

계약과정에서 부정한 행위를 저지른 자는 일정기간 동안 입찰참가자격을 상실한다. 입찰참가자격 제한기간과 절차(제한내용 공개절차 포함)는 대통령령으로 위임하였다. 입찰참가자격 사유 중 적격심사와 관련된 것은 2.담합, 4.사기, 7.뇌물, 8.대통령령이 정하는 기타 사유가 있다. 동법 시행령 제76조 제6항에 따라 입찰참가자격 제한을 받은 자는 제한기간 동안 입찰참가가 불가능하다. 또한, 입찰참가자격 제한을 받은 자는 수의계약 체결도 불가하다.

[시행 2020. 5. 27.] [대통령령 제30655호, 2020. 5. 1., 일부개정]

국가를 당사자로 하는 계약에 관한 법률 시행령

제42조(국고의 부담이 되는 경쟁입찰에서의 낙찰자 결정) ① 각 중앙관서의 장 또는 계약담당공무원은 국고의 부담이 되는 경쟁입찰의 경우에는 **예정가격 이하로서 최저가격으로 입찰한 자의 순으로 계약이행능력 및 기획재정부장관이 정하는 일자리창출 실적 등을 심사하여 낙찰자를 결정**한다.

> 여기서 계약이행능력심사는 적격심사를 의미한다.(기획재정부 계약예규 적격심사기준 제1조) 한편, 적격심사에서 가장 높은 점수를 얻은 업체가 낙찰되어야 하지 않느냐고 질문하는 경우가 있다. 이는 낙찰자 선정과정을 잘못 이해한 것이다. 낙찰하한율 이상이되 최저가격으로 투찰한 업체가 1순위 업체가 되고, 그 업체가 적격심사에서 일정 점수만 넘으면 낙찰자로 선정되는 것이다. 즉, 입찰가격이 적격심사 점수보다 먼저 고려되어야 하는 것이다.
>
> <참조> 낙찰하한율 정의
>
> ◆ 수행능력점수에서 만점을 받는다고 가정할 때, 적격심사를 통과하기 위해 입찰가격점수에서 얻어야할 최소한의 투찰률(= $\frac{\text{입찰가격}}{\text{예정가격}}$)을 의미한다.

② 삭제

③ 각 중앙관서의 장 또는 계약담당공무원은 제1항에 불구하고 제18조에 따른 입찰의 경우에는 예정가격 이하로서 최저가격으로 입찰한 자를 낙찰자로 결정한다.

④ 각 중앙관서의 장 또는 계약담당공무원은 제1항에도 불구하고 다음 각 호의 공사 또는 용역입찰에 대해서는 각 입찰자의 입찰가격, 공사수행능력(용역입찰의 경우에는 용역수행능력을 말하며, 제40조제2항 단서 및 이하에서 같다) 및 사회적 책임 등을 **종합 심사하여 합산점수가 가장 높은 자를 낙찰자로 결정한다.**

1. **추정가격이 100억원 이상인 공사**
2. 「문화재수리 등에 관한 법률」 제2조제1호에 따른 문화재수리로서 문화재청장이 정하는 공사
3. 「건설기술 진흥법」 제39조제2항에 따른 **건설사업관리 용역**으로서 **추정가격**이 **20억원 이상**인 용역
4. 「건설기술 진흥법 시행령」 제69조에 따른 건설공사기본계획 용역 또는 같은 영 제71조에 따른 기본설계 용역으로서 추정가격이 15억원 이상인 용역
5. 「건설기술 진흥법 시행령」 제73조에 따른 실시설계 용역으로서 추정가격이 25억원 이상인 용역

⑤ **제1항에 따른 계약이행능력심사**는 해당 입찰자의 이행실적, 기술능력, 재무상태, 과거 계약이행 성실도, 자재 및 인력조달가격・하도급관리계획・외주근로자 근로조건 이행계획의 적정성, 계약질서의 준수정도, 과거공사의 품질정도 및 입찰가격등을 종합적으로 고려하여 **기획재정부장관이 정하는 심사기준에 따라 세부심사기준을 정하여 적격여부를 심사**하며, 그 심사결과 적격하다고 인정되는 경우 당해 입찰자를 낙찰자로 결정한다. 다만, **공사 또는 물품등의 특성상 필요하다고 인정되는 경우에는 각 중앙관서의 장이 기획재정부장관과의 협의를 거쳐 직접 심사기준을 정할 수 있다.**

> 적격심사 세부기준은 기획재정부 계약예규에 위임하였으며, 필요한 경우 각 부처가 직접 적격심사기준을 정할 수 있도록 규정하고 있다. 제2장부터 다루는 군시설공사적격심사기준(국방부 제정), 건설폐기물 처리용역 적격업체 평가기준(환경부 제정) 등이 각 부처에서 직접 기준을 정한 사례다.

⑥ 각 중앙관서의 장 또는 계약담당공무원은 제4항에 따른 종합 심사를 실시하려는 경우 입찰자의 계약이행실적, 인력배치계획, 사회적 책임 이행 노력 및 입찰가격 등을 종합적으로 고려하여 기획재정부장관이 정하는 심사기준에 따라 세부심사기준을 정하고, 입찰 전에 입찰에 참가하려는 자가 그 기준을 열람할 수 있도록 해야 한다.

⑦ 각 중앙관서의 장 또는 계약담당공무원은 제4항에 따라 각 입찰자의 입찰가격, 공사수행능력 및 사회적 책임 등을 종합 심사하기 위해 종합심사낙찰제 심사위원회(이하 이 조에서 "위원회"라 한다)를 둘 수 있다.

⑧ 위원회는 각 중앙관서별로 그 중앙관서의 소속공무원(「조달사업에 관한 법률 시행령」 제15조에 따라 공사계약의 체결을 조달청장에게 요청한 경우에는 수요기관의 소속공무원을 포함한다), 계약에 관한 학식과 경험이 풍부한 자 등으로 구성하며, 위원회의 구성 및 운영에 관하여 필요한 세부사항은 각 중앙관서의 장이 정한다.

제76조(부정당업자의 입찰참가자격 제한) ① 법 제27조제1항제8호 각 목 외의 부분에서 "대통령령으로 정하는 자"란 다음 각 호의 구분에 따른 자를 말한다.

1. 경쟁의 공정한 집행을 저해할 염려가 있는 자로서 다음 각 목의 어느 하나에 해당하는 자

가. 입찰 또는 계약에 관한 서류(제39조에 따라 전자조달시스템을 통하여 입찰서를 제출하는 경우에 「전자서명법」 제2조제8호에 따른 공인인증서를 포함한다)를 위조・변조하거나 부정하게 행사한 자 또는 허위서류를 제출한 자

나. 고의로 무효의 입찰을 한 자. 다만, 입찰서상 금액과 산출내역서상 금액이 일치하지 않은 입찰 등 기획재정부령으로 정하는 입찰무효사유에 해당하는 입찰의 경우는 제외한다.

다. 삭제

라. 입찰참가를 방해하거나 낙찰자의 계약체결 또는 그 이행을 방해한 자

마. 삭제

바. 삭제

사. 삭제

2. 계약의 적정한 이행을 해칠 염려가 있는 자로서 다음 각 목의 어느 하나에 해당하는 자

가. 정당한 이유 없이 계약을 체결 또는 이행(제42조제5항에 따른 계약이행능력심사를 위하여 제출한 하도급관리계획, 외주근로자 근로조건 이행계획에 관한 사항의 이행과 제72조 및 제72조의2에 따른 공동계약에 관한 사항의 이행을 포함한다)하지 아니하거나 입찰공고와 계약서에 명시된 계약의 주요조건(입찰공고와 계약서에 이행을 하지 아니하였을 경우 입찰참가자격 제한을 받을 수 있음을 명시한 경우에 한정한다)을 위반한 자

나. 조사설계용역계약 또는 원가계산용역계약에 있어서 고의 또는 중대한 과실로 조사설계금액이나 원가계산금액을 적정하게 산정하지 아니한 자

다. 「건설기술 진흥법」 제47조에 따른 타당성 조사 용역의 계약에서 고의 또는 중대한 과실로 수요예측 등 타당성 조사를 부실하게 수행하여 발주기관에 손해를 끼친 자

라. 감독 또는 검사에 있어서 그 직무의 수행을 방해한 자

마. 시공 단계의 건설사업관리 용역계약 시 「건설기술 진흥법 시행령」 제60조 및 계약서 등에 따른 건설사업관리기술인 교체 사유 및 절차에 따르지 아니하고 건설사업관리기술인을 교체한 자

3. 다른 법령을 위반하는 등 입찰에 참가시키는 것이 적합하지 아니하다고 인정되는 자로서 다음 각 목의 어느 하나에 해당하는 자

가. 계약의 이행에 있어서 안전대책을 소홀히 하여 공중에게 위해를 가한 자 또는 사업장에서 「산업안전보건법」에 따른 안전·보건 조치를 소홀히 하여 근로자 등에게 사망 등 중대한 위해를 가한 자

나. 「전자정부법」 제2조제13호에 따른 정보시스템의 구축 및 유지·보수 계약의 이행과정에서 알게 된 정보 중 각 중앙관서의 장 또는 계약담당공무원이 누출될 경우 국가에 피해가 발생할 것으로 판단하여 사전에 누출금지정보로 지정하고 계약서에 명시한 정보를 무단으로 누출한 자

다. 「전자정부법」 제2조제10호에 따른 정보통신망 또는 같은 조 제13호에 따른 정보시스템(이하 이 목에서 "정보시스템등"이라 한다)의 구축 및 유지·보수 등 해당 계약의 이행과정에서 정보시스템등에 허가 없이 접속하거나 무단으로 정보를 수집할 수 있는 비(非)인가 프로그램을 설치하거나 그러한 행위에 악용될 수 있는 정보시스템등의 약점을 고의로 생성 또는 방치한 자

② 각 중앙관서의 장은 다음 각 호의 어느 하나에 해당하는 자(이하 "부정당업자"라 한다)에 대해서는 **즉시 1개월 이상 2년 이하의 범위에서 입찰참가자격을 제한**해야 한다. 다만, 부정당업자의 대리인, 지배인 또는 그 밖의 사용인이 법 제27조제1항 각 호의 어느 하나에 해당하는 행위를 하여 입찰참가자격 제한 사유가 발생한 경우로서 부정당업자가 대리인, 지배인 또는 그 밖의 사용인의 **그 행위를 방지하기 위해 상당한 주의와 감독을 게을리하지 않은 경우에는 부정당업자에 대한 입찰참가자격을 제한하지 않는다.**

1. 계약상대자, 입찰자 또는 제30조제2항에 따라 전자조달시스템을 이용해 견적서를 제출하는 자로서 법 제27조제1항제1호부터 제4호까지 및 제7호·제8호의 어느 하나에 해당하는 자
2. 법 제27조제1항제5호 또는 제6호에 해당하는 자

③ **제2항에 따른 입찰참가자격 제한의 기간에 관한 사항은 법 제27조제1항 각 호에 해당하는 행위별로 부실벌점, 하자비율, 부정행위 유형, 고의·과실 여부, 뇌물 액수 및 국가에 손해를 끼친 정도 등을 고려하여 기획재정부령으로 정한다.**

④ 법 제25조에 따른 공동계약의 공동수급체가 법 제27조제1항 각 호의 어느 하나에 해당하는 경우에는 **입찰참가자격 제한의 원인을 제공한 자에 대해서만 제2항을 적용**한다.

⑤ 다음 각 호의 어느 하나에 해당하는 자가 법 제27조제1항 각 호의 어느 하나에 해당하는 경우에는 그 구분에 따른 자에 대해서도 제2항을 적용한다.

1. 법인 또는 단체 : 법인 또는 단체의 대표자(대표자가 여러 명 있는 경우에는 해당 입찰 및 계약에 관한 업무를 소관하는 대표자로 한정한다)
2. 「중소기업협동조합법」에 따른 중소기업협동조합: 입찰참가자격 제한의 원인을 제공한 조합원

⑥ **각 중앙관서의 장 또는 계약담당공무원은 제2항, 제4항 및 제5항에 따라 입찰참가자격을 제한받은 자에 대해 제한기간 동안에는 해당 관서에서 집행하는 입찰에 참가할 수 없도록 해야 한다.**

⑦ 각 중앙관서의 장 또는 계약담당공무원은 경쟁입찰에서 낙찰된 자가 계약체결 전에 제2항, 제4항 또는 제5항에 따라 입찰참가자격 제한을 받은 경우에는 그 낙찰자와 계약을 체결해서는 안 된다. 다만, 법 제21조에 따른 장기계속계약의 낙찰자가 최초로 계약을 체결한 이후 입찰참가자격 제한을 받은 경우로서 해당 장기계속계약에 대한 연차별계약을 체결하는 경우에는 해당 계약상대자와 계약을 체결할 수 있다.

⑧ 각 중앙관서의 장 또는 계약담당공무원은 제5항제1호에 따라 입찰참가자격이 제한된 자를 대표자로 사용하는 자에 대해서도 제6항 및 제7항을 적용한다. 다만, 대표자가 여러 명 있는 경우로서 해당 대표자가 입찰에 관여하지 않은 경우에는 제외한다.

⑨ 각 중앙관서의 장은 입찰참가자격 제한 처분을 한 경우에는 다음 각 호의 사항을 명백히 하여 제2호에 따른 입찰참가자격 제한기간의 개시일 전까지 다른 중앙관서의 장 또는 계약담당공무원이 알 수 있도록 기획재정부령으로 정하는 바에 따라 전자조달시스템에 게재해야 한다.

1. 업체(상호)명 · 주소 · 성명(법인인 경우 대표자성명, 법인등록번호) · 주민등록번호 · 사업자등록번호, 관계 법령상 면허 또는 등록번호
2. 입찰참가자격 제한기간
3. 입찰참가자격을 제한하는 구체적인 사유
4. 입찰참가자격 제한처분이 집행정지된 경우 그 집행정지 또는 집행정지의 해제사실

⑩ 각 중앙관서의 장은 입찰참가자격 제한처분을 한 경우에는 법 제27조제5항에 따라 다음 각 호의 사항을 입찰참가자격 제한기간의 개시일 전까지 기획재정부령으로 정하는 바에 따라 전자조달시스템에 공개해야 한다.

1. 업체(상호)명 · 성명(법인인 경우 대표자성명, 법인등록번호) 및 사업자등록번호
2. 제9항제2호부터 제4호까지에 해당하는 사항

⑪ 각 중앙관서의 장 또는 계약담당공무원은 「지방자치단체를 당사자로 하는 계약에 관한 법률」 또는 「공공기관의 운영에 관한 법률」 등 다른 법령에 따라 입찰참가자격 제한을 한 사실을 통보받거나 전자조달시스템에 게재된 자에 대해서도 입찰에 참가할 수 없도록 해야 한다

⑫ 각 중앙관서의 장 또는 계약담당공무원은 제2항, 제4항 및 제5항에 따라 자격이 제한된 자와 제9항에 따라 전자조달시스템에 게재된 자가 상호 · 대표자 변경 등의 방법으로 제한기간 내에 입찰에 참가하는 것을 방지하기 위해 입찰참가자의 주민등록번호, 법인등록번호, 관계 법령상의 면허 또는 등록번호 등을 확인해야 한다.

⑬ 제9항부터 제12항까지에서 규정한 사항 외에 입찰참가자격 제한의 통보 등에 필요한 사항은 기획재정부령으로 정한다.

> 대통령령에서는 부정당업자 입찰참가자격 제한사유를 더 자세히 나열하고 있다. 이 중에 적격심사과정에서 중요한 제한사유는 적격심사서류를 위조 · 변조하거나 부정하게 행사한 자 또는 허위서류를 제출한 자이다. 통보문에 적힌 적격심사서류의 일부라도 허위 서류를 제출할 경우 부정당제재 사유가 된다. 입찰참가자격 제한기간은 1개월 이상 2년 이하이며, 사유별 제한기간은 동법 시행규칙 [별표2]에 명시되어있다.

[시행 2019. 12. 18.] [기획재정부령 제751호, 2019. 9. 17., 일부개정]

국가를 당사자로 하는 계약에 관한 법률 시행규칙

제46조(특정물품의 제조 또는 구매시의 품질등에 의한 낙찰자 결정) 각 중앙관서의 장 또는 계약담당공무원은 영 제44조제1항의 규정에 의하여 낙찰자를 결정함에 있어서는 제42조제6항의 규정에 의하여 입찰서와 함께 제출된 품질등 표시서를 영 제44조제2항의 규정에 의한 평가기준에 따라 평가하고 특별한 사유가 없는 한 입찰일 또는 개찰일부터 10일 이내에 낙찰자를 결정하여야 한다.

제47조(희망수량경쟁입찰의 낙찰자 결정) ① 각 중앙관서의 장 또는 계약담당공무원은 영 제45조 또는 영 제46조의 규정에 의한 희망수량경쟁입찰의 낙찰자 결정에 있어서 낙찰자가 될 동가의 입찰자가 2인이상 있을 때에는 입찰수량이 많은 자를 우선순위의 낙찰자로 하며, 입찰수량이 동일한 때에는 영 제47조의 규정에 준하여 추첨으로 낙찰자를 결정한다.

② 제1항의 규정에 의하여 낙찰자를 결정함에 있어서 최후순위의 낙찰자의 수량이 다른 낙찰자의 수량과 합산하여 수요량 또는 매각량을 초과하는 경우에는 그 초과하는 수량은 이를 낙찰되지 아니한 것으로 본다.

제48조(개찰 및 낙찰선언) ① 각 중앙관서의 장 또는 계약담당공무원은 지정된 시간까지 입찰서를 접수한 때에는 입찰서의 접수마감을 선언하고, 입찰자의 참석하에 입찰서를 개봉하여야 한다. 다만, 영 제39조제1항에 따라 전자조달시스템 또는 각 중앙관서의 장이 지정·고시한 정보처리장치를 이용하여 입찰서를 제출하게 하는 경우에는 입찰공고에 표시한 절차와 방법으로 입찰서의 접수를 마감하고 입찰서를 개봉하여야 한다.

② 각 중앙관서의 장 또는 계약담당공무원은 영 제18조제3항에 따라 규격과 가격 또는 기술과 가격입찰을 동시에 실시하는 경우에는 영 제11조의 규정에 의하여 2인이상의 유효한 입찰로 성립한 규격입찰 또는 기술입찰의 개찰결과 규격적격자 또는 기술적격자로 확정된 자가 1인인 경우에도 가격입찰서를 개봉할 수 있다.

③ 삭제

제76조(부정당업자의 입찰참가자격 제한기준 등) 영 제76조제3항에 따른 부정당업자의 입찰참가자격 제한의 세부기준은 별표 2와 같다.

[별표 2] <개정 2019. 9. 17.>

부정당업자의 입찰참가자격 제한기준(제76조 관련)

1. 일반기준

가. 각 중앙관서의 장은 입찰참가자격의 제한을 받은 자에게 그 처분일부터 입찰참가자격제한기간 종료 후 6개월이 경과하는 날까지의 기간 중 다시 부정당업자에 해당하는 사유가 발생한 경우에는 그 위반행위의 동기·내용 및 횟수 등을 고려하여 제2호에 따른 해당 제재기간의 2분의 1의 범위에서 자격제한기간을 늘릴 수 있다. 이 경우 가중한 기간을 합산한 기간은 2년을 넘을 수 없다.

나. 각 중앙관서의 장은 부정당업자가 위반한 여러 개의 행위에 대하여 같은 시기에 입찰참가자격 제한을 하는 경우 입찰참가자격 제한기간은 제2호에 규정된 해당 위반행위에 대한 제한기준 중 제한기간을 가장 길게 규정한 제한기준에 따른다.

다. 각 중앙관서의 장은 부정당업자에 대한 입찰참가자격을 제한하는 경우 자격제한 기간을 그 위반행위의 동기·내용 및 횟수 등을 고려해 제2호에서 정한 기간의 2분의 1의 범위에서 줄일 수 있으며, 이 경우 감경 후의 제한기간은 1개월 이상이어야 한다. 다만, 법 제27조제1항제7호에 해당하는 자에 대해서는 입찰참가자격 제한기간을 줄여서는 안 된다.

2. 개별기준

입찰참가자격 제한사유	제재기간
1. 법 제27조제1항제1호에 해당하는 자 중 부실시공 또는 부실설계·감리를 한 자	
가. 부실벌점이 150점 이상인 자	2년
나. 부실벌점이 100점 이상 150점 미만인 자	1년
다. 부실벌점이 75점 이상 100점 미만인 자	8개월
라. 부실벌점이 50점 이상 75점 미만인 자	6개월
마. 부실벌점이 35점 이상 50점 미만인 자	4개월
바. 부실벌점이 20점 이상 35점 미만인 자	2개월

2. 법 제27조제1항제1호에 해당하는 자 중 계약의 이행을 조잡하게 한 자	
가. 공사	
1) 하자비율이 100분의 500 이상인 자	2년
2) 하자비율이 100분의 300 이상 100분의 500 미만인 자	1년
3) 하자비율이 100분의 200 이상 100분의 300 미만인 자	8개월
4) 하자비율이 100분의 100 이상 100분의 200 미만인 자	3개월
나. 물품	
1) 보수비율이 100분의 25 이상인 자	2년
2) 보수비율이 100분의 15 이상 100분의 25 미만인 자	1년
3) 보수비율이 100분의 10 이상 100분의 15 미만인 자	8개월
4) 보수비율이 100분의 6 이상 100분의 10 미만인 자	3개월
3. 법 제27조제1항제1호에 해당하는 자 중 계약의 이행을 부당하게 하거나 계약을 이행할 때에 부정한 행위를 한 자	
가. 설계서(물품제조의 경우에는 규격서를 말한다. 이하 같다)와 달리 구조물 내구성 연한의 단축, 안전도의 위해를 가져오는 등 부당한 시공(물품의 경우에는 제조를 말한다. 이하 같다)을 한 자	1년
나. 설계서상의 기준규격보다 낮은 다른 자재를 쓰는 등 부정한 시공을 한 자	6개월
다. 가목의 부당한 시공과 나목의 부정한 시공에 대하여 각각 감리업무를 성실하게 수행하지 아니한 자	3개월
4. 법 제27조제1항제2호에 해당하는 자	
가. 담합을 주도하여 낙찰을 받은 자	2년
나. 담합을 주도한 자	1년
다. 입찰자 또는 계약상대자 간에 서로 상의하여 미리 입찰가격, 수주 물량 또는 계약의 내용 등을 협정하거나 특정인의 낙찰 또는 납품대상자 선정을 위하여 담합한 자	6개월

5. 법 제27조제1항제3호에 해당하는 자	
가. 전부 또는 주요부분의 대부분을 1인에게 하도급한 자	1년
나. 전부 또는 주요부분의 대부분을 2인 이상에게 하도급한 자	8개월
다. 면허·등록 등 관련 자격이 없는 자에게 하도급한 자	8개월
라. 발주기관의 승인 없이 하도급한 자	6개월
마. 재하도급금지 규정에 위반하여 하도급한 자	4개월
바. 하도급조건을 하도급자에게 불리하게 변경한 자	4개월
6. 법 제27조제1항제4호에 해당하는 자(사기, 그 밖의 부정한 행위로 입찰·낙찰 또는 계약의 체결·이행 과정에서 국가에 손해를 끼친 자)	
가. 국가에 10억원 이상의 손해를 끼친 자	2년
나. 국가에 10억원 미만의 손해를 끼친 자	1년
7. 법 제27조제1항제5호 또는 제6호에 따라 공정거래위원회 또는 중소기업청장으로부터 입찰참가자격제한 요청이 있는 자	
가. 이 제한기준에서 정한 사유로 입찰참가자격제한 요청이 있는 자	해당 각 호의 기준에 의함
나. 이 제한기준에 해당하는 사항이 없는 경우로서 입찰참가자격제한 요청이 있는 자	6개월
8. 법 제27조제1항제7호에 해당하는 자	
가. 2억원 이상의 뇌물을 준 자	2년
나. 1억원 이상 2억원 미만의 뇌물을 준 자	1년
다. 1천만원 이상 1억원 미만의 뇌물을 준 자	6개월
라. 1천만원 미만의 뇌물을 준 자	3개월

9. 영 제76조제1항제1호가목에 해당하는 자	
가. 입찰에 관한 서류(제15조제2항에 따른 입찰참가자격 등록에 관한 서류를 포함한다)를 위조·변조하거나 부정하게 행사하여 낙찰을 받은 자 또는 허위서류를 제출하여 낙찰을 받은 자	1년
나. 입찰 또는 계약에 관한 서류(제15조제2항에 따른 입찰참가자격등록에 관한 서류를 포함한다)를 위조·변조하거나 부정하게 행사한 자 또는 허위서류를 제출한 자	6개월
10. 영 제76조제1항제1호나목에 해당하는 자(고의로 무효의 입찰을 한 자)	6개월
11. 삭제 〈2019. 9. 17.〉	
12. 영 제76조제1항제1호라목에 해당하는 자(입찰참가를 방해하거나 낙찰자의 계약체결 또는 그 이행을 방해한 자)	3개월
13. 삭제 〈2019. 9. 17.〉	
14. 삭제 〈2019. 9. 17.〉	
15. 삭제 〈2019. 9. 17.〉	
16. 영 제76조제1항제2호가목에 해당하는 자	
가. 계약을 체결 또는 이행(하자보수의무의 이행을 포함한다)하지 아니한 자	6개월
나. 공동계약에서 정한 구성원 간의 출자비율 또는 분담내용에 따라 시공하지 아니한 자	
1) 시공에 참여하지 아니한 자	3개월
2) 시공에는 참여하였으나 출자비율 또는 분담내용에 따라 시공하지 아니한 자	1개월
다. 계약상의 주요조건을 위반한 자	3개월
라. 영 제52조제1항 단서에 따라 공사이행보증서를 제출하여야 하는 자로서 해당 공사이행보증서 제출의무를 이행하지 아니한 자	1개월
마. 영 제42조제5항에 따른 계약이행능력심사를 위하여 제출한 사항을 지키지 아니한 자	
1) 외주근로자 근로조건 이행계획에 관한 사항을 지키지 아니한 자	3개월
2) 하도급관리계획에 관한 사항을 지키지 아니한 자	1개월

17. 영 제76조제1항제2호나목 또는 다목에 해당하는 자	
가. 고의에 의한 경우	6개월
나. 중대한 과실에 의한 경우	3개월
18. 영 제76조제1항제2호라목에 해당하는 자(감독 또는 검사에 있어서 그 직무의 수행을 방해한 자)	3개월
19. 영 제76조제1항제2호마목에 해당하는 자(시공 단계의 건설사업관리 용역계약 시 「건설기술 진흥법 시행령」 제60조 및 계약서 등에 따른 건설사업관리기술자 교체 사유 및 절차에 따르지 아니하고 건설사업관리기술자를 교체한 자)	8개월
20. 영 제76조제1항제3호가목에 해당하는 자	
가. 안전대책을 소홀히 하여 사업장 근로자 외의 공중에게 생명·신체상의 위해를 가한 자	1년
나. 안전대책을 소홀히 하여 사업장 근로자 외의 공중에게 재산상의 위해를 가한 자	6개월
다. 사업장에서 「산업안전보건법」에 따른 안전·보건조치를 소홀히 하여 근로자가 사망하는 재해를 발생시킨 자	
1) 동시에 사망한 근로자수가 10명 이상	2년
2) 동시에 사망한 근로자수가 6명 이상 10명 미만	1년 6개월
3) 동시에 사망한 근로자수가 2명 이상 6명 미만	1년
21. 영 제76조제1항제3호나목에 해당하는 자(「전자정부법」 제2조제13호에 따른 정보시스템의 구축 및 유지·보수 계약의 이행과정에서 알게 된 정보 중 각 중앙관서의 장 또는 계약담당공무원이 누출될 경우 국가에 피해가 발생할 것으로 판단하여 사전에 누출금지정보로 지정하고 계약서에 명시한 정보를 무단으로 누출한 자)	
가. 정보 누출 횟수가 2회 이상인 경우	3개월
나. 정보 누출 횟수가 1회인 경우	1개월
22. 영 제76조제1항제3호다목에 해당하는 자(「전자정부법」 제2조제10호에 따른 정보통신망 또는 같은 조 제13호에 따른 정보시스템(이하 이 호에서 "정보시스템등"이라 한다)의 구축 및 유지·보수 등 해당 계약의 이행과정에서 정보시스템등에 허가 없이 접속하거나 무단으로 정보를 수집할 수 있는 비인가 프로그램을 설치하거나 그러한 행위에 악용될 수 있는 정보시스템 등의 약점을 고의로 생성 또는 방치한 자)	2년

비고

1. 위 표에서 "부실벌점"이란 「건설기술진흥법」 제53조제1항 각 호 외의 부분에 따른 벌점을 말한다.
2. 위 표에서 "하자비율"이란 하자담보책임기간 중 하자검사결과 하자보수보증금에 대한 하자발생 누계금액비율을 말한다.
3. 위 표에서 "보수비율"이란 물품보증기간 중 계약금액에 대한 보수비용발생 누계금액비율을 말한다.

1-2). 기획재정부 계약예규 적격심사기준

[시행 2020.5.27.][기획재정부계약예규 제494호, 2020.4.20, 일부개정]

기획재정부 계약예규 적격심사기준

제1조(목적) 이 예규는 「국가를 당사자로 하는 계약에 관한 법률 시행령」(이하 "시행령"이라 한다) 제42조제1항에 의한 낙찰자 결정시의 **계약이행능력 심사(이하 "적격심사"라 한다)** 방법 · 항목 · 배점한도액 기타 필요한 사항을 정함을 목적으로 한다.

국가계약법 시행령 제42조 제1항 당해계약이행능력 심사가 적격심사와 같은 의미라는 것을 보여주는 규정이다.

제2조(낙찰자결정방법 등의 공고) 계약담당공무원(각 중앙관서의 장이 계약에 관한 사무를 그 소속공무원에게 위임하지 아니하고 직접 처리하는 경우에는 이를 계약담당공무원으로 본다. 이하 같다)은 시행령 제42조제1항에 의한 공사, 물품 및 용역을 집행하고자 할 때에는 시행령 제36조제6호 및 제16호에 의하여 낙찰자 결정방법, 적격심사기준 열람에 관한 사항, 심사에 필요한 서류, 제출기한 및 낙찰자통보 예정일 등을 입찰공고시 함께 공고하여야 한다.

제3조(세부심사기준 등의 열람) ① 계약담당공무원은 입찰에 참가하고자 하는 자가 열람할 수 있도록 다음 각호의 서류를 비치하여야 하며, 입찰에 참가하고자 하는 자의 요구가 있을 경우에는 「국가를 당사자로 하는 계약에 관한 법률 시행규칙」(이하 "시행규칙"이라 한다) 제41조에서 정한 입찰관련서류와 함께 교부하여야 한다.

1. 세부심사기준
2. 심사에 필요한 증빙서류의 작성요령 및 제출방법
3. 기타 심사에 필요하다고 인정되는 사항

② 제1항에 의한 열람 · 교부기간은 입찰공고일부터 입찰등록마감일까지로 한다.

③ 계약담당공무원은 필요하다고 인정되는 때에는 전자조달시스템에 제1항 각호의 서류를 게재함으로써 입찰에 참가하고자 하는 자에 대한 교부에 갈음할 수 있다. 다만, 입찰에 참가하고자 하는 자가 문서로 요구하는 경우에는 제1항 각 호의 서류를 교부하여야 한다.

제4조(심사자료요구) ① 계약담당공무원은 입찰을 집행한 후 예정가격 이하로서 최저가입찰자에게 적격심사에 필요한 서류를 제출하도록 요구하되, **그 제출기한을 분명히 하여야 하며 제출기한은 통보를 받은 날로부터 5일 이상으로 하여야 한다.**

② 계약담당공무원은 제1항에 의하여 제출된 적격심사서류 중 **첨부목록에 있는 서류가 첨부되어 있지 않거나 제출된 서류가 불명확하여 인지할 수 없는 경우에는 기한을 정하여 보완을 요구**할 수 있으며, **보완기간은 통보를 받은 날로부터 3일 이상**으로 하여야 한다.

③ 계약담당공무원은 제2항에 따라 보완요구한 서류가 기한까지 제출되지 아니한 경우에는 당초 제출된 서류만으로 심사하되, 당초 제출된 서류가 불명확하여 심사하기가 곤란한 경우이는 심사에서 제외한다.

제출기한을 5일 이상으로 규정하고 있고 상한선은 없지만, 개별 적격심사기준에서 대부분 상한선을 7일 이내로 규정하고 있다. 보완기간은 3일 이상으로 개별 기준에서도 상한선을 규정하는 경우는 거의 없다.

<참조> 적격심사 기한 정리

◆ 적격심사과정은 ①적격심사통보→②적격심사→③보완요청 →④낙찰통보→⑤재심사 순이다.

- ① 서류제출기한(계약예규 제4조) : 5일 이상
  ② 적격심사기한(계약예규 제7조) : 7일 이내(불가피한 경우 3일 연장)
  ③ 보완요청시 제출기한(계약예규 제4조) : 3일 이상
  ④ 낙찰통보는 지체 없이 하여야한다.(계약예규 제8조)
  ⑤ 재심사요청기한, 재심사기간(계약예규 제9조) : 3일 이내

제5조(심사항목 및 배점한도) ① 시행령 제42조제1항 및 제5항 본문중 **공사에 대한 적격심사의 항목 및 배점한도는 별표**와 같고, **물품 및 용역에 대한 적격심사의 항목 및 배점한도는 각 중앙관서의 장이 직접 별표에 정한 공사에 대한 적격심사 항목 및 배점한도를 준용하여 기획재정부장관의 협의를 거쳐 정한다.**

② **각 중앙관서의 장은 제1항에도 불구하고 시행령 제42조제5항 단서에 의하여 기획재정부장관과 협의하여 직접 공사, 물품 및 용역 등에 대한 적격심사기준을 정할 수 있다.**

③ 각 중앙관서의 장은 제1항 및 제2항에 따른 심사기준을 정함에 있어 다음 각호의 사항을 심사항목으로 포함하여야 한다. 다만, 가점항목으로 포함하는 경우에는 이행(수행)능력의 배점한도 범위 내에서 가산점을 부여한다.

1. 물품 제조·구매, 용역계약 : 「사회적기업 육성법」 제2조제1호에 따른 사회적기업, 「협동조합 기본법」 제2조제3호에 따른 사회적협동조합, 「국민기초생활보장법」 제18조에 따른 자활기업, 「도시재생 활성화 및 지원에 관한 특별법」 제2조제1항제9호에 따른 마을기업에 대한 신인도 평가시 가점
2. 시행규칙 제23조의3 각 호의 어느 하나에 해당하는 용역: 시행령 제42조제5항에 따른 외주근로자 근로조건 이행계획에 관한 사항
3. 공사, 물품 제조·구매, 용역계약 : 일자리창출에 대한 우대 가점
4. 개정 근로기준법(법률 제15513호) 제2조에 따른 근로시간 단축의 시행시기가 도래하기 이전에 자발적으로 1주당 최대 근로시간을 52시간으로 단축하여 시행한 업체로서 고용노동부로부터 근로시간 단축 확인을 받은 업체에 대한 신인도 평가시 가점

5. 공사계약: 최근 1년간 산업재해예방활동 실적이 우수한 자에 대한 신인도 가점 및 최근 1년동안 산업안전보건법령 위반으로 동일 공공공사 현장에서 벌금이상의 행정형벌을 2회 이상 받은 자에 대한 신인도 감점

④ 각 중앙관서의 장은 「용역계약일반조건」 제38조제4항에 따라 전자조달시스템에 게재된 업체에 대해 게재일로부터 1년간 신인도 평가 시 감점할 수 있으며, 입찰공고일 기준으로 과거 1년 이내에 미이행 횟수가 2건 이상인 경우에는 추가로 감점할 수 있다.

⑤ **제1항 및 제2항에 의한 심사항목별 심사기준일은 입찰공고일**로 한다.

계약예규 적격심사기준 규정 중에서 가장 중요한 규정이라고 할 수 있다. 심사기준일은 별도의 예외규정이 없는 한 모두 입찰공고일이다.

제6조(세부심사기준) ① 계약담당공무원은 제5조에 의한 세부심사기준(이하 "세부심사기준"이라 한다)을 정할 때에는 이 예규에 규정된 바에 따라 적격업체가 선정될 수 있도록 작성하여야 한다.

② 공사의 경우에는 제1항을 적용함에 있어서 교량, 터널, 지하철, 전기, 정보통신 등 각 공사종류별로 그 공사의 특성·목적 및 내용 등을 종합 고려하여 별표의 분야별 배점한도(입찰가격은 제외한다)를 20% 범위내에서 가·감 조정할 수 있으며, 항목별(신인도 제외) 세부사항을 추가하거나 제외할 수 있다.

제7조(심사방법) ① 계약담당공무원은 제5조 및 제6조에 따라 **예정가격 이하로서 최저가로 입찰한 자 순으로 심사**하여야 한다. 다만, 예정가격이 100억원 미만인 공사인 경우에는 입찰가격을 예정가격 중 다음 각 호에 해당하는 금액의 합계액의 100분의 98 미만으로 입찰한 자는 심사대상에서 제외한다.

1. 재료비·노무비·경비
2. 제1호에 대한 부가가치세

② 계약담당공무원은 제1항에 의한 심사를 하는 때에는 제4조에 의하여 **제출된 서류를 그 제출마감일 또는 보완일부터 7일이내에 심사하여야 한다. 다만, 불가피한 경우에는 3일의 범위내에서 그 기간을 연장할 수 있다.**

적격심사 서류를 접수한 계약담당공무원은 최대 10일 이내에 심사를 해야 한다. 여기서 10일은 민법 제157조(기간의 기산점)에 따라 초일불산입하여 10일이다.

③ 공동계약의 경우에는 공동수급체에 대한 심사는 제5조 별표의 분야별·항목별로 다음 각호와 같이 실시하되, 공동수급체 구성원간의 시공능력공시액, 실적, 기술보유상황 등의 보완을 위하여 공동계약을 하는 경우에는 세부심사기준 작성시 이를 우대할 수 있다.

1. 시공경험·기술능력: 공동수급체 구성원별로 각각 **시공경험 및 기술능력에 공사참여 지분율(이하 "시공비율"이라 한다)을 곱하여 산정한 후 이를 합산하여 산정**
2. 경영상태·신인도: 공동수급체 구성원별로 **각각 산출한 점수에 시공비율을 곱하여 이를 합산**

④ 계약담당공무원은 시행령 제22조에 따라 입찰참가자격을 제한하는 경우에는 제3항제1호에도 불구하고 공동수급체 구성원에 대한 해당 공사수행능력 심사방법을 세부심사기준에 따로 정할 수 있다.

⑤ 제2항에도 불구하고 「재난 및 안전관리 기본법」 제3조제1호의 재난이나 경기침체, 대량실업 등으로 인한 국가의 경제위기를 극복하기 위해 기획재정부 장관이 기간을 정하여 고시한 경우에는 다음 각 호의 계약에 대하여는 심사서류의 제출마감일 또는 보완일로부터 4일 이내에 심사하여야 한다. 다만, 불가피한 경우에는 2일의 범위내에서 그 기간을 연장할 수 있다.

1. 추정가격이 10억원 미만인 공사계약
2. 추정가격이 2억원 미만인 물품 및 용역계약

제8조(낙찰자 결정) ① 계약담당공무원은 제7조제1항에 의한 심사의 경우에는 종합평점이 92점이상이면 이를 낙찰자로 결정하여야 한다. 다만, 추정가격이 100억원미만인 공사의 경우에는 종합평점이 95점이상이어야 낙찰자로 결정한다.

> 국가를 당사자로 하는 계약에 관한 법률 시행령 제42조 제4항이 개정되어 100억원 이상인 공사는 적격심사가 아닌 종합심사 대상이다. 이에 계약예규도 개정될 것으로 예상되며 개정 이후 항상 95점이 적격심사 통과점수의 기준이 될 것으로 예상된다.

② 제1항에 의한 심사에서 **최저가 입찰자의 종합평점이 낙찰자로 결정될 수 있는 점수미만일 때에는 차순위 최저가 입찰자 순으로 심사하여 제1항의 낙찰자 결정에 필요한 점수이상이 되면 낙찰자로 결정한다.**

③ 물품 및 용역의 경우에는 낙찰자 결정방법을 제1항 및 제2항에도 불구하고 각 중앙관서의 장이 별도로 정할 수 있다.

④ 계약담당공무원은 제1항 내지 제3항에 의한 낙찰자 결정결과를 해당자에게 지체없이 통보하여야 한다.

제9조(재심사) ① 계약담당공무원은 제8조에 의하여 **부적격 통보를 받은 자가 통보일부터 3일이내에 심사결과에 대한 재심사를 요청**하였을 때에는 특별한 사유가 없는 한 **재심사요청서 접수일부터 3일이내에 재심사**하여야 한다.

② 재심사결과를 통보하는 경우에는 제8조제4항의 규정을 준용한다.

③ 계약담당공무원은 제1항의 재심사요청서를 접수할 때에는 적격심사에 필요한 추가서류를 접수할 수 없다.

제9조의2(적격심사의 결격 및 재심사) 계약담당공무원은 시행령 제72조의 규정에 따라 공동계약을 허용한 경우로서, 공동수급체 일부 구성원이 입찰서제출 마감일 이후 낙찰자결정 이전에 부도, 부정당업자제재, 영업정지, 입찰무효 등의 결격사유가 발생한 경우에는 해당 구성원을 제외하고 잔존구성원의 출자비율 또는 분담내용을 변경하게 하여 재심사 하여야 한다. 다만, 공동수급체 대표자가 부도, 부정당업자제재, 영업정지, 입찰무효 등의 결격사유가 발생한 경우에는 공동수급체를 낙찰자 결정대상에서 제외하여야 한다.

제10조(부정한 방법으로 심사서류를 제출한 자의 처리) ① 계약담당공무원은 제4조에 따라 **제출된 서류가 부정 또는 허위로 작성된 것으로 판명된 때**에는 다음 각호에 따라 처리하여야 한다.

1. **계약체결 이전인 경우에는 적격낙찰자 결정대상에서 제외 또는 결정통보를 취소한다**.
2. **계약체결 이후인 경우에는 해당 계약을 해제 또는 해지할 수 있다.**

② 각 중앙관서의 장은 제1항에 해당하는 자에 대하여는 **시행령 제76조에 의한 입찰참가자격제한조치**를 하여야 한다.

적격심사서류를 부정 또는 허위로 작성한 경우 진행경과별 처분

진행경과	처분	부정당업자 제재 가능성
1. 낙찰자 결정 전	부적격 처리	○
2. 낙찰자 결정 후, 계약체결 전	낙찰자결정통보 취소	○
3. 계약체결 후	계약 해제 또는 해지	○

제11조(기타사항) 계약담당공무원은 적격심사를 함에 있어 이 예규에 규정되지 아니한 사항과 이 예규시행에 필요한 세부사항을 작성하여 집행할 수 있다.

제12조(재검토기한) 「훈령 · 예규 등의 발령 및 관리에 관한 규정」에 따라 이 예규에 대하여 2016년 1월 1일 기준으로 매3년이 되는 시점(매 3년째의 12월 31일까지를 말한다)마다 그 타당성을 검토하여 개선 등의 조치를 하여야 한다.

[별표] 적격심사항목 및 배점한도(제5조 관련)

1. 추정가격이 100억원이상인 공사

구분	심사 분야	심사 항목	배점 한도	비고
계			100	
해당공사 수행능력			70	
	· 시공경험 · 기술능력 · 시공평가결과 · 경영상태 · 신인도	· PQ심사항목을 이용	(40)	
	· 하도급관리계획의 적정성	· 하도급금액의 적정성	(14)	
	· 자재 및 인력조달가격의 적정성	· 재료비 및 노무비의 적정성	(16)	
	〈삭제 2006.5.25〉			
입찰가격			30	* 평점산식 : 아래

주1) 입찰가격 평점산식

○ 평점(점)=30-$\left|\frac{88}{100}-\frac{\text{입찰가격}-A}{\text{예정가격}-A}\right|\times 100$

* A : 국민연금, 건강보험, 퇴직공제부금비, 노인장기요양보험, 산업안전보건관리비, 안전관리비의 합산액

· | |는 절대값 표시임

· 입찰가격을 예정가격으로 나눈 결과 소수점이하의 숫자가 있는 경우에는 소수점 다섯째자리에서 반올림

· 입찰가격이 예정가격이하로서 예정가격의 100분의 96이상인 경우의 평점은 22점으로 한다

○ 최저평점은 2점으로 한다.

주2) PQ심사항목이용방법

1. PQ대상공사는 PQ점수를 적용하되, 심사분야에 대한 배점한도는 다음의 표에 의함

심사 분야	배점 한도
시공경험	30
기술능력	32
시공평가결과	3
경영상태	35
신인도	±3

2. PQ대상외의 공사는 PQ심사항목을 준용하여 평가하되, 기술능력분야 심사항목 중 기술개발 투자비율과 신인도 항목 중 일자리창출 외의 심사항목은 제외 가능
3. 경영상태의 평가는 「신용정보의 이용 및 보호에 관한 법률」 제4조제1항제1호 또는 「자본시장과 금융투자업에 관한 법률」 제9조제26항의 업무를 영위하는 신용정보업자가 심사기준일 이전에 평가한 유효기간내에 있는 회사채, 기업어음, 기업의 신용평가등급중에서 가장 최근의 등급에 의하되 다음의 표에 따라 점수를 부여함

회사채에 대한 신용평가등급	기업어음에 대한 신용평가등급	기업 신용평가등급	배점 한도				
			등급제한 이외공사	1)등급 제한공사			
				2)1,2등급 업체	2)3등급 업체	2)4등급 이하업체	3)전문공사 업체 등
A+이상	A2+이상	회사채에 대한 신용평가등급 A+에 준하는 등급	35.0	35.0	35.0	35.0	35.0
A0	A20	회사채에 대한 신용평가등급 A0에 준하는 등급	34.7	34.7	35.0	35.0	35.0
A-	A2-	회사채에 대한 신용평가등급 A-에 준하는 등급	34.4	34.4	34.7	35.0	35.0
BBB+	A3+	회사채에 대한 신용평가등급 BBB+에 준하는 등급	34.0	34.0	34.3	34.6	35.0
BBB0	A30	회사채에 대한 신용평가등급 BBB0에 준하는 등급	33.6	33.6	33.9	34.2	35.0
BBB-	A3-	회사채에 대한 신용평가등급 BBB-에 준하는 등급	33.2	33.2	33.5	33.8	35.0
BB+, BB0	B+	회사채에 대한 신용평가등급 BB+, BB0에 준하는 등급	32.2	32.2	32.8	33.2	33.8
BB-	B0	회사채에 대한 신용평가등급 BB-에 준하는 등급	31.6	31.6	31.6	32.0	32.0
B+, B0, B-	B-	회사채에 대한 신용평가등급 B+, B0, B-에 준하는 등급	29.3	29.3	29.3	29.5	30.0
CCC+이하	C 이하	회사채에 대한 신용평가등급 CCC+에 준하는 등급 이하	27.0	27.0	27.0	27.0	27.0

※ 1) '등급제한'이라 함은 입찰참가자격을 시행령 제22조(공사의 성질별 · 규모별 제한에 의한 입찰)에 따라 제한하는 경우를 말함
2) '등급'이라 함은 시행령 제22조(공사의 성질별 · 규모별 제한에 의한 입찰)에 따라 편성된 등급을 말함
3) 전문공사업체 및 전기 · 정보통신 · 소방공사 · 문화재공사업체에 적용

주3) 하도급관리계획의 적정성 평가방법

○ 세부 평점기준의 작성 : 각 중앙관서의 장은 공사의 내용 · 특성을 고려하여 세부 평점기준을 작성할 수 있음, 다만, "하도급 금액의 적정성" 평가기준을 작성함에 있어 다음 사항을 반영하여야 함

○ "하도급 금액의 적정성" 만점기준 : 입찰자별로 다음 2가지 항목을 모두 평가하여 기준을 동시에 충족할 경우 만점으로 함

- 하도급업체와 계약을 체결할 금액의 합계가 하도급할 부분에 대한 입찰금액(직 · 간접 노무비, 재료비, 경비를 기준으로 산출한 금액에 일반관리비, 이윤, 부가세를 포함한 금액, 지급자재 및 하도급대금 지급보증서 발급금액은 제외)의 합계의 100분의 82 이상일 것
- 하도급업체와 계약을 체결할 금액의 합계가 하도급할 부분에 대한 발주기관 내역서상 금액 합계의 100분의 64 이상일 것

2. 추정가격이 100억원 미만 50억원 이상인 공사

구분	심사 분야	심사 항목	배점 한도	비고
계			100	
해당공사 수행능력			50	
	· 시공경험 · 경영상태 · 신인도	· PQ심사항목을 이용 · 경영상태의 경우에는 입찰자가 제출하는 다음 각 호의 자료 중 어느 하나로 평가 1. 최근년도 부채비율, 유동비율 및 영업기간 2. 회사채, 기업어음, 기업의 신용평가등급	(30)	
	· 하도급관리계획의 적정성	· 하도급금액의 적정성	(10)	
	· 자재 및 인력조달가격의 적정성	· 재료비 및 노무비의 적정성	(10)	
입찰가격			50	*평점산식 : 아래

주1) 입찰가격 평점산식

○ 평점(점) = 50 - $2 \times \left| \frac{88}{100} - \frac{\text{입찰가격} - A}{\text{예정가격} - A} \right| \times 100$

* A : 국민연금, 건강보험, 퇴직공제부금비, 노인장기요양보험, 산업안전보건관리비, 안전관리비의 합산액

- | | 는 절대값 표시임
- (입찰가격-A)을 (예정가격-A)으로 나눈 결과 소수점이하의 숫자가 있는 경우에는 소수점 다섯째자리에서 반올림

○ (입찰가격-A)이 (예정가격-A)이하로서 (예정가격-A)의 100분의 90.5이상인 경우의 평점은 45점으로 한다.

○ 최저평점은 2점으로 한다.

주2) 경영상태 평가방법

가. 부채비율, 유동비율 및 영업기간을 심사하는 방법

1. 부채비율 및 유동비율은 건설업체의 가중평균비율(심사항목별 건설업체의 분모합계액 대비 분자합계액의 백분율)을 기준으로 등급을 정하여 평가함.
2. 부채비율 및 유동비율에 의한 평가는 직전 회계연도 정기결산서(비건설업 혹은 다른 건설업면허 보유여부와는 상관없이 세법 등 관련법령에 따라 제출된 정기결산서에 대하여 「주식회사의 외부감사에 관한 법률」에 따라 작성한 감사보고서 또는 한국공인회계사회의 「재무제표 등에 대한 검토업무 기준」에 따라 작성한 검토보고서상의 재무제표를 말함. 이하 같음)로 평가하며, 감사 및 검토의견에 따라 제6호를 준용하여 감점처리함.
3. 해당 회계연도에 새로 설립되거나 설립등기한 업체(합병 또는 분할합병으로 신설된 경우는 제외한다. 이하 "신설업체"라 한다)의 경우에는 최초결산서(신설업체가 설립일 또는 법인의 경우 등기일을 기준으로 작성한 결산서로서 외감법 규정을 준용하여 작성된 감사보고서상의 재무제표를 말함. 이하 같음)로 경영상태를 평가함.
4. 해당 회계연도에 합병한 경우에는 합병대상업체(합병으로 존속하거나 소멸하는 업체를 말함. 이하 같음)의 직전 회계연도 정기결산서 합으로 평가하며, 동 평가금액은 합병으로 존속하는 업체의 합병후 경영상태평가시 직전 회계연도 정기결산서로 봄. 이 경우 최초결산서는 합하지 아니한다. 다만, 합병대상업체가 모두 신설업체인 경우에는 최초결산서 합으로 평가하며, 동 평가금액은 합병으로 존속하는 업체의 합병후 경영상태평가시 최초결산서로 봄.
5. 해당 회계연도에 「상법」 제530조의2제2항의 규정에 따라 분할합병한 경우에는 제4호의 규정에 불구하고 분할되는 업체를 제외한 합병대상업체의 직전 회계연도 정기결산서의 합으로 평가함. 다만, 합병대상업체가 모두 신설업체인 경우에는 분할되는 업체를 제외한 합병대상업체의 최초결산서 합으로 평가함.
6. 제3호의 규정에 의하여 제출된 감사보고서(회계연도말결산서에 대한 감사보고서 포함)상의 감사의견이 "한정의견"인 경우 경영상태 평점에서 5/100를, "부적정의견" 또는 "의견거절"인 경우 10/100을 감점처리하며, 제4호 및 제5호의 규정에 따라 합병한 업체는 합병대상업체중 가장 낮은 감사의견을 적용하고 정당한 사유로 감사인 의견이 없는 합병대상업체는 적정의견으로 봄.

7. 영업기간은 건설업체가 심사기준일현재 보유하고 있는 건설업면허 취득 또는 등록일로부터 심사기준일까지의 기간을 기준으로 하되, 보유한 건설업면허 또는 등록의 변동이 있었던 경우(「건설산업기본법」 제8조제2항의 규정에 의한 동일한 종류의 건설업 면허를 말함)에는 종전에 보유하였던 건설업 면허 또는 등록의 보유기간을 합산함.(건설산업기본법 제2조제2호 및 제4호에 따른 건설업에 포함되지 않는 공사업에도 준용)

- 5년이상 : 2.0점
- 5년미만 3년이상 : 1.8점
- 3년미만 : 1.5점

단, 건설산업기본법 시행규칙 부칙 제3조제1항에 따라 새로이 등록한 업종이 전문공사를 시공하는 업종인 경우에는 새로이 등록한 업종으로 실적전환이 인정된 기간을 영업기간으로 인정함('07.12.31이전에 전문공사를 시공하는 업종을 보유하고 있는 경우에는 해당 업종을 보유한 기간을 영업기간을 합산하되, 중복되는 기간은 제외함)

나. 회사채, 기업어음, 기업의 신용평가등급을 심사하는 방법

1. 추정가격이 100억원 이상 공사의 경우와 동일하게 적용
2. 다만, 등급별 점수는 "주2)-3."의 4등급 이하업체 등급별 점수(전문공사・전기・정보통신・소방공사 및 문화재공사업체에 대하여는 전문공사업체 등에 대한 등급별 점수)에 비례하여 적용

2-1. 등급별 점수에 비례하여 계산한 결과 소수점이하의 숫자가 있는 경우 소수점 둘째자리에서 반올림

주3) 하도급관리계획의 적정성 평가방법

○ 추정가격이 100억원 이상인 공사에 대한 평가방법을 준용

3. 추정가격이 50억원 미만 10억원 이상인 공사(전문공사 및 전기 · 정보통신 · 소방공사 · 문화재공사 등 은 50억원 미만 3억원 이상)

구분	심사 분야	심사 항목	배점한도	비고
계			100	
해당 공사 수행능력			30	
	시공경험		(15)	
		· 해당공사 추정금액대비 최근 5년간 해당업종 실적누계액 비율	(15)	· 1배 이상을 만점으로 함 - 다만, 신설업체에 대해서는 공동수급체에 포함되어 참여하는 경우 1/2배 이상 실적 보유 시 만점에 해당하는 실적으로 인정함
	경영상태		(15)	
		· 입찰자가 제출하는 다음 각 호의 자료 중 어느 하나로 평가 1. 최근년도 부채비율, 최근년도 유동비율 영업기간 2. 회사채, 기업어음, 기업의 신용평가등급	 (7) (7) (1) (15)	
입찰가격			70	※ 평점산식: 아래
일자리창출 우대 가점		· 종합건설업으로 발주하는 공사는 입찰자가 제출하는 다음 각 호의 자료 중 어느 하나로 평가하고 이 외에는 2호로 평가 1. 최근년도 건설고용지수(건설근로자공제회 발표) 평가에 따른 평가등급을 보유한 자 ① 1등급인 자 ② 2등급인 자 2. 일자리창출 실적(고용인력 증가 등)이 확인되는 자(①과 ②의 평가점수를 합산) ① 근로내용 확인신고서(고용보험법 시행규칙 별지 제7호 서식)로 신고한 최근 6개월 평균 고용인원 · 급여 지급액이 그 이전 6개월 평균보다 증가한 경우 ② 국세청 홈택스 또는 관할세무서에서 발급한 표준손익계산서, 「법인세법」 등에 따라 관할세무서에 신고된 손익계산서(공인회계사 또는 세무사 증명필요)상 전년도 급여액(퇴직급여액 제외)이 전전년도 급여액(퇴직급여액 제외)보다 증가한 경우	 (+3) (+2) (+2.5) (+0.5)	
기타 해당공사 수행관련 결격여부	해당공사 수행능력 결격여부	· 관계법령에 의한 해당업종등록기준상 기술자 보유 미달 여부	△10	

주1) 입찰가격 평점산식

○ 평점(점) = 70 - $4\times\left|\frac{88}{100}-\frac{\text{입찰가격}-A}{\text{예정가격}-A}\right|\times 100$

*A : 국민연금, 건강보험, 퇴직공제부금비, 노인장기요양보험, 산업안전보건관리비, 안전관리비의 합산액

· | | 는 절대값 표시임

· (입찰가격-A)을 (예정가격-A)으로 나눈 결과 소수점이하의 숫자가 있는 경우에는 소수점 다섯째자리에서 반올림

○ (입찰가격-A)이 (예정가격-A)이하로서 (예정가격-A)의 100분의 89.25이상인 경우의 평점은 65점으로 한다.

○ 최저평점은 2점으로 한다.

주2) 경영상태평가방법

가. 부채비율, 유동비율 및 영업기간을 심사하는 방법

1. 추정가격 100억원 미만 50억원이상 공사의 경우와 동일하게 적용하되, 신설업체의 경우 최초결산서에 의한 평가시 기업진단보고서로 평가가능하며, 정기결산서에 의한 평가시 감사보고서 또는 검토보고서상의 재무제표로 평가하는 부분은 적용하지 않음

2. 영업기간은 건설업체가 심사기준일현재 보유하고 있는 건설업면허 취득 또는 등록일로부터 심사기준일까지의 기간을 기준으로 하되, 보유한 건설업면허 또는 등록의 변동이 있었던 경우(「건설산업기본법」 제8조제2항의 규정에 의한 동일한 종류의 건설업 면허를 말함)에는 종전에 보유하였던 건설업 면허 또는 등록의 보유기간을 합산함.(건설산업기본법 제2조제2호 및 제4호에 따른 건설업에 포함되지 않는 공사업에도 준용)

· 3년이상 : 1.0점

· 3년미만 1년이상 : 0.9점

· 1년미만 : 0.8점

단, 건설산업기본법 시행규칙 부칙 제3조제1항에 따라 종전 업종의 실적을 새로이 등록한 업종의 실적으로 전환한 경우에는 다음과 같이 영업기간을 인정한다.

가. 새로이 등록한 업종이 전문공사를 시공하는 업종인 경우에는 새로이 등록한 업종으로 실적전환이 인정된 기간을 영업기간으로 인정함('07.12.31 이전에 전문공사를 시공하는 업종을 보유하고 있는 경우에는 해당 업종을 보유한 기간을 영업기간을 합산하되, 중복되는 기간은 제외함)

나. 새로이 등록한 업종이 종합공사를 시공하는 업종인 경우에는 추정가격이 30억원미만인 공사의 적격심사시에 한하여 실적전환이 인정된 기간을 영업기간으로 인정함

나. 회사채, 기업어음, 기업의 신용평가등급을 심사하는 방법

○ 추정가격이 100억원 미만 50억원 이상 공사의 경우와 동일하게 적용

주3) 기술자 보유미달 여부 확인방법

1. 〈삭제 2010.4.15.〉

2. 기술자 보유미달 여부 확인 및 감점처리는 다음 각호와 같이 한다.

가. 입찰공고일 현재를 기준으로 공사관련 법령에 따라 공사업체의 기술자정보를 관리하는 협회 등에서에서 직접 발급받거나 발주기관이 동 협회의 전산망을 통하여 제공받은 기술자 보유 확인서에 의한다.(공동도급계약의 경우 구성원 각자의 기술자 보유현황을 확인)

나. 입찰 공고일 현재 기술자 보유현황이 업종등록 기준에 미달하나 입찰서 제출 마감일까지 업종등록기준을 충족하는 경우에는 감점대상에서 제외한다. 다만, 퇴사(4대보험 가입자격 상실 확인서상 퇴사일기준)한 후 50일을 초과하지 않은 경우에 한한다.

3. 제2호에 따른 방법으로 확인이 불가능한 경우에는 업체로부터 직접 제출받은 기술자 자격증 사본과 고용여부를 확인할 수 있는 4대 보험 가입증명서류 등에 의한다.

주4) 신설업체에 대한 시공경력 평가

1. 신설업체는 등록기간(양수・도를 통한 영업기간 합산) 3년 미만인 업체임

2. 신설업체 각각의 공동수급체 내 지분율은 20% 이하여야 하며, 공동수급체 내 모든 신설업체의 지분율의 합은 40% 이하여야 함

주5) 일자리창출 우대가점 평가

가. 근로내용 확인신고서는 입찰공고일 기준 전전월 귀속자료를 제출받되, 계약담당공무원이 입찰공고에 입찰공고일로부터 3개월 이내의 범위에서 기준시점을 별도로 명시한 경우에는 그에 의할 수 있다.

나. 계약담당공무원은 입찰공고에 명시한 경우 근로내용 확인신고서에 갈음하여 한국고용정보원 등 관련법령에 따라 고용정보를 수집・관리하는 기관으로부터 제공받은 자료로 평가할 수 있다.

다. 입찰공고일 전전월 기준으로 1년 이내에 설립한 업체에 대하여는 근로내용 확인신고서로 신고한 고용인원・급여지급액 평가에 대해 배점한도(+2.5점)를 부여하며, 설립일은 법인인 경우 법인등기부등본상 법인등기일을 기준으로 하며, 법인이 아닌 사업자는 사업자등록증명서 상 사업자등록일을 기준으로 한다.

라. 표준손익계산서 등에 의한 평가의 경우 입찰공고일의 최근 결산일 기준 2년 이내 설립된 기업은 배점한도(+0.5점)를 부여한다. 설립일은 법인인 경우 법인등기부등본상 법인등기일을 기준으로 하며, 법인이 아닌 사업자는 사업자등록증명서 상 사업자등록일을 기준으로 한다.

4. 추정가격이 10억원미만 3억원이상인 공사(일반 건설공사에 해당)

구분	심사 분야	심사 항목	배점한도	비고
계			100	
해당공사 수행능력			20	
	시공경험	· 해당공사 추정금액대비 최근 5년간 해당업종 실적누계액 비율	(10)	· 1/2배이상을 만점으로 함 - 다만, 신설업체에 대해서는 공동수급체에 포함되어 참여하는 경우 만점에 해당하는 시공실적을 인정함
	경영상태		(10)	
		· 최근년도 부채비율 · 최근년도 유동비율	(5) (5)	
입찰가격			70	※ 평점산식: 아래
일자리창출 우대 가점		· 종합건설업으로 발주하는 공사는 입찰자가 제출하는 다음 각 호의 자료 중 어느 하나로 평가하고 이 외에는 2호로 평가 1. 최근년도 건설고용지수(건설근로자공제회 발표) 평가에 따른 평가등급을 보유한 자 ① 1등급인 자 ② 2등급인 자 2. 일자리창출 실적(고용인력 증가 등)이 확인되는 자(①과 ②의 평가점수를 합산) ① 근로내용 확인신고서(고용보험법 시행규칙 별지 제7호 서식)로 신고한 최근 6개월 평균 고용인원·급여지급액이 그 이전 6개월 평균보다 증가한 경우 ② 국세청 홈택스 또는 관할세무서에서 발급한 표준손익계산서, 「법인세법」 등에 따라 관할세무서에 신고된 손익계산서(공인회계사 또는 세무사 증명필요)상 전년도 급여액(퇴직급여액 제외)이 전전년도 급여액(퇴직급여액 제외)보다 증가한 경우	 (+3) (+2) (+2.5) (+0.5)	
기타 해당공사 수행관련 결격여부	해당공사 수행능력 결격여부	· 관계법령에 의한 해당업종등록기준상 기술자 보유 미달여부	△10	

주1) 입찰가격 평점산식

○ 평점(점) = $80 - 20 \times \left| \frac{88}{100} - \frac{\text{입찰가격} - A}{\text{예정가격} - A} \right| \times 100$

*A : 국민연금, 건강보험, 퇴직공제부금비, 노인장기요양보험, 산업안전보건관리비, 안전관리비의 합산액

· | |는 절대값 표시임

· (입찰가격-A)을 (예정가격-A)으로 나눈 결과 소수점이하의 숫자가 있는 경우에는 소수점 다섯째자리에서 반올림

○ (입찰가격-A)이 (예정가격-A)이하로서 (예정가격-A)의 100분의 88.25이상인 경우의 평점은 75점으로 한다.

○ 최저평점은 2점으로 한다.

주2) 경영상태 평가방법

1. 경영상태는 등급을 정하여 평가하되 업종평균비율이상(부채비율인 경우에는 이하)인 업체에 대하여 만점을 부여하고 최저등급의 배점은 최고등급 배점의 60%이상이 되도록 함
2. 추정가격 100억원미만 50억원이상 공사의 경우와 동일하게 적용하되, 신설업체의 경우 최초결산서에 의한 평가시 기업진단보고서로 평가가능하며, 정기결산서에 의한 평가시 감사보고서 또는 검토보고서상의 재무제표로 평가하는 부분은 적용하지 않음

주3) 기술자 보유미달 여부 확인방법

○ 추정가격 50억원미만 10억원이상 공사의 경우와 동일

주4) 신설업체에 대한 시공경험 평가

○ 추정가격 50억원미만 10억원이상 공사의 경우와 동일

주5) 일자리창출 우대가점 평가

○ 추정가격 50억원미만 10억원이상 공사의 경우와 동일

5. 추정가격이 3억원미만 2억원이상인 공사(전기 · 정보통신 · 소방공사 · 문화재공사 등은 3억원미만 8천만원이상, 전문공사는 3억원미만 1억원이상)

구분	심사 분야	심사 항목	배점한도	비고
계			100	
해당공사 수행능력			10	
	시공경험		(5)	
		· 해당공사 추정금액 대비 최근 5년간 실적누계액 비율(해당 업종 구분없이 평가)	(5)	· 1/2배이상을 만점으로 함 - 다만, 신설업체에 대해서는 공동수급체에 포함되어 참여하는 경우 만점에 해당하는 시공실적을 인정함
	경영상태		(5)	
		· 최근년도 부채비율 · 최근년도 유동비율	(3) (2)	
				※ 평점산식 : 아래
입찰가격			90	※ 평점산식: 아래
일자리창출 우대 가점		· 종합건설업으로 발주하는 공사는 입찰자가 제출하는 다음 각 호의 자료 중 어느 하나로 평가하고 이 외에는 2호로 평가 1. 최근년도 건설고용지수(건설근로자공제회 발표) 평가에 따른 평가등급을 보유한 자 ① 1등급인 자 ② 2등급인 자 2. 일자리창출 실적(고용인력 증가 등)이 확인되는 자(①과 ②의 평가점수를 합산) ① 근로내용 확인신고서(고용보험법 시행규칙 별지 제7호 서식)로 신고한 최근 6개월 평균 고용인원 · 급여지급액이 그 이전 6개월 평균보다 증가한 경우 ② 국세청 홈택스 또는 관할세무서에서 발급한 표준손익계산서, 「법인세법」 등에 따라 관할세무서에 신고된 손익계산서(공인회계사 또는 세무사 증명필요)상 전년도 급여액(퇴직급여액 제외)이 전전년도 급여액(퇴직급여액 제외)보다 증가한 경우	(+3) (+2) (+2.5) (+0.5)	
기타 해당공사수행 관련 결격여부	해당공사 수행능력 결격여부	· 관계법령에 의한 해당업종 등록기준상 기술자보유 미달 여부	△10	※ 평점산식: 아래

주1) 입찰가격 평점산식

○ 평점(점) = $90 - 20 \times \left| \frac{88}{100} - \frac{입찰가격 - A}{예정가격 - A} \right| \times 100$

*A : 국민연금, 건강보험, 퇴직공제부금비, 노인장기요양보험, 산업안전보건관리비, 안전관리비의 합산액

· | |는 절대값 표시임

· (입찰가격-A)을 (예정가격-A)으로 나눈 결과 소수점이하의 숫자가 있는 경우에는 소수점 다섯째자리에서 반올림

○ (입찰가격-A)이 (예정가격-A)이하로서 (예정가격-A)의 100분의 88.25이상인 경우의 평점은 85점으로 한다.

○ 최저평점은 2점으로 한다.

주2) 경영상태 평가방법

○ 추정가격 10억원미만 3억원이상 공사의 경우와 동일하게 적용하되, 신설업체의 경우 기업진단보고서 이외에 관련법령에 의하여 업종등록시 제출된 재무제표로도 평가가능

주3) 기술자 보유미달 여부 확인방법

○ 추정가격 50억원미만 10억원이상 공사의 경우와 동일

주4) 신설업체에 대한 시공경험 평가

○ 추정가격 50억원미만 10억원이상 공사의 경우와 동일

주5) 일자리창출 우대가점 평가

○ 추정가격 50억원미만 10억원이상 공사의 경우와 동일

6. 추정가격이 2억원미만인 공사(전기 · 정보통신 · 소방공사 · 문화재공사 등은 8천만원미만, 전문공사는 1억원미만)

구분	심사 분야	심사 항목	배점 한도	비고
계			100	
해당공사 수행능력			10	
	경영상태	· 최근년도 부채비율 · 최근년도 유동비율	(5) (5)	
	특별신인도	· 해당공사 추정금액대비 최근 5년간 해당업종 실적누계액 비율이 1배이상인 자	+2	
입찰가격			90	※ 평점산식: 아래
일자리창출 우대 가점		· 종합건설업으로 발주하는 공사는 입찰자가 제출하는 다음 각 호의 자료 중 어느 하나로 평가하고 이 외에는 2호로 평가 1. 최근년도 건설고용지수(건설근로자공제회 발표) 평가에 따른 평가등급을 보유한 자 ① 1등급인 자 ② 2등급인 자 2. 일자리창출 실적(고용인력 증가 등)이 확인되는 자(①과 ②의 평가점수를 합산) ① 근로내용 확인신고서(고용보험법 시행규칙 별지 제7호 서식)로 신고한 최근 6개월 평균 고용인원 · 급여지급액이 그 이전 6개월 평균보다 증가한 경우 ② 국세청 홈택스 또는 관할세무서에서 발급한 표준손익계산서, 「법인세법」 등에 따라 관할세무서에 신고된 손익계산서(공인회계사 또는 세무사 증명 필요)상 전년도 급여액(퇴직급여액 제외)이 전전년도 급여액(퇴직급여액 제외)보다 증가한 경우	 (+3) (+2) (+2.5) (+0.5)	
기타 해당공사수행 관련 결격여부	해당공사 수행능력 결격여부	· 관계법령에 의한 해당업종 등록기준상 기술자보유 미달 여부	△10	※ 평점산식: 아래

주1) 입찰가격 평점산식

○ 평점(점) = 90 - $20\times\left|\frac{88}{100}-\frac{입찰가격-A}{예정가격-A}\right|\times 100$

*A : 국민연금, 건강보험, 퇴직공제부금비, 노인장기요양보험, 산업안전보건관리비, 안전관리비의 합산액

· | |는 절대값 표시임

· (입찰가격-A)을 (예정가격-A)으로 나눈 결과 소수점이하의 숫자가 있는 경우에

○ (입찰가격-A)이 (예정가격-A)이하로서 (예정가격-A)의 100분의 88.25이상인 경우의 평점은 85점으로 한다.

○ 최저평점은 2점으로 한다.

주2) 경영상태 평가방법

○ 추정가격 10억원미만 3억원이상 공사의 경우와 동일하게 적용하되, 신설업체의 경우 기업진단보고서 이외에 관련법령에 의하여 업종등록시 제출된 재무제표로도 평가가능

주3) 기술자 보유미달 여부 확인방법

○ 추정가격 50억원미만 10억원이상 공사의 경우와 동일

주4) 일자리창출 우대가점 평가

○ 추정가격 50억원미만 10억원이상 공사의 경우와 동일

7. 추정가격 500억원이상인 일괄입찰 · 대안입찰공사

8. 추정가격 500억원미만인 일괄입찰 · 대안입찰공사

2. 군 시설공사 적격심사기준에 관한 훈령

2-1). 군 시설공사 적격심사기준에 관한 훈령 해설

[시행 2020. 5. 27.] [국방부훈령 제2431호, 2020. 5. 27., 일부개정]

군시설공사 적격심사기준에 관한 훈령

제1조(목적) 이 훈령은 「국가를 당사자로 하는 계약에 관한 법률 시행령」 제42조제5항에 의거 국방부 소속기관, 국직부대/기관, 합참 및 각군(이하 '국방관서'라 한다)에서 집행하는 시설공사 계약에 적용할 적격심사기준을 정함에 그 목적이 있다.

제2조(평가기준) ① 적격심사 세부평가는 당해공사의 수행능력, 입찰가격, 시공계획의 적정성, 기타 당해공사 수행관련 결격여부 등을 심사 평가하며 평가기준은 다음 각 호에 의한다

1. 〈삭 제〉
2. 〈삭 제〉
3. 추정가격 100억원 미만 50억원 이상인 공사의 평가기준 : 별지 3
4. 추정가격 50억원 미만 10억원 이상인 공사의 평가기준(전문공사 및 전기 · 정보통신 · 소방공사 · 문화재공사 등은 50억원 미만 3억원 이상 : 별지 4
5. 추정가격 10억원미만 3억원이상인 일반건설공사의 평가기준 : 별지 5
6. 추정가격 3억원 미만 2억원 이상(전기 · 정보통신 · 소방공사 · 문화재공사 등은 3억원 미만 8천만원 이상, 전문공사는 3억원 미만 1억원 이상)인 공사의 평가기준 : 별지 6
7. 추정가격 2억원 미만(전기 · 정보통신 · 소방공사 · 문화재공사 등은 8천만원 미만, 전문공사는 1억원 미만)인 공사의 평가기준 : 별지 7

② 각 항목별 심사기준일은 입찰공고 등에 다르게 정한 경우를 제외하고는 입찰공고일로 한다.

적격심사의 평가기준일은 입찰공고일이 원칙이다. 개찰일 또는 적격심사 서류제출 마감일 등을 기준일로 생각하는 경우가 있는데 이는 맞지 않다. 경영상태, 실적, 신인도를 평가할 때, 각 규정에 별다른 언급이 없는 한 입찰공고일을 기준일로 하는 것이 타당하다. 다만, 추정가격 50억원 미만인 공사의 평가기준([별지 4~7])의 결격여부 등은 기준일에 대한 예외를 두고 있으므로 뒤에서 자세히 설명하겠다.

<Example>

Q) 입찰공고일이 '20.1.10. 개찰일이 '20.1.18. 적격심사 서류접수 마감일이 '20.1.23.라고 가정해보자. 업체가 제출한 신용평가등급확인서의 유효기간이 '19.1.16.~'20.1.15.인 경우, 인정이 가능한가?

A) 서류접수 받은 시점에서 유효기간이 만료되었다고 하더라도, 평가기준일은 입찰공고일이고 해당 신용평가서의 유효기간은 입찰공고일을 포함하고 있으므로 유효하게 인정해야 한다.

③ 시공경험, 기술능력, 시공평가결과, 경영상태의 평가자료 제출 및 평가방법은 입찰공고에서 달리 정한 경우를 제외하고는 다음 각 호와 같다. 다만, 평가자료가 없거나 평가자료를 제출하지 않는 경우에는 당해 자료를 제외하고 평가한다.

1. 대한건설협회, 대한전문건설협회, 한국전기공사협회, 한국정보통신공사협회, 대한설비건설협회, 한국소방시설협회, 한국건설기술인협회, 대한시설물유지관리협회(이하 "관련협회"라 한다) 등으로부터 통보된 자료 또는 업체로부터 직접 제출(관련협회가 없어 실적관리를 하지 않거나, 관련협회에서 실적관리를 하지 않는 업체의 경우)되어 입찰서제출 마감일 전일까지 국방전자조달(D2B)시스템(이하 "시스템"이라 한다)에 등록된 자료(최근 5년간 시공경험, 기술능력, 시공평가결과, 경영상태)로 평가한다. **"최근 5년간"의 기준은 관련협회의 통계완료 최종년도를 기준으로 한다.**

관련협회의 통계완료 최종년도는 발표일 기준으로 직전연도를 의미한다. 예컨대, 20.3월 기준 대한건설협회는 19.6.1 실적증명서가 가장 최신이므로 통계완료 최종년도가 '18년도이고, '20.9월 기준 대한전문건설협회는 '20.7.1. 실적증명서가 가장 최신이므로 통계완료 최종년도는 '19년도이다.

<참조> 각 협회별 통계자료 발표일

구분	시공 실적	경영 상태
대한건설협회	6.1	7.1
대한전문건설협회	7.1	7.1
한국전기공사협회	7.31	7.31
한국정보통신공사협회	7.31	7.31
한국소방시설협회	7.31	7.31
한국은행(기업경영분석)	11.1	

* 협회 사정에 따라 변동될 수 있음.

<Example>

Q) A사업의 입찰공고일은 '20.1.2일이고 해당사업의 관련협회 통계완료 최종년도는 '18년도이다. B업체는 A사업에 입찰하였으며 아래와 같은 두 실적을 가지고 있다. 적격심사시 실적으로 인정받을 수 있는 실적은 무엇인가?

① '18.7.1. 준공 실적인증서 ② '19.7.1. 준공 실적인증서

A) ①의 경우 준공일자가 '18.7.1.이기 때문에 인정이 가능하다. 하지만 ②의 경우는 관련협회의 통계완료 최종년도인 '18년 이후의 실적이기 때문에 적격심사 시 실적으로 인정이 불가능하다.

2. 〈삭 제〉
3. 제1호에 의하여 최근 5년간 시공경험에 관한 평가자료를 계약관서(부대)에 직접 제출하고자 하는 경우에는 시공능력공시액은 관련협회에서 증명한 자료에 의하며, 최근 5년간 시공경험에 관한 평가자료는 관련협회에서 증명한 연도별 시공실적을 제출하여야 한다. 다만, 관련협회가 없는 경우에는 입찰공고에서 정하는 바에 따른다.
4. 시공실적보유자를 대상으로 한 경쟁입찰공사의 실적평가는 입찰공고에서 정한 기한 내에 제출된 시공실적의 자료로 평가하며, 시공실적 인정방법은 별표8에 의한다.
5. 경영상태 평가는 다음 각 목과 같다.

가. 경영상태 평가는 해당 공사규모별 평가기준표(별표)에 따른다.

나. 신용평가등급에 의한 평가는 「신용정보의 이용 및 보호에 관한 법률」 제4조제1항제1호 또는 「자본시장과 금융투자업에 관한 법률」 제9조제26항의 업무를 영위하는 신용정보회사가 **심사기준일 이전**에 평가한 유효기간내에 있는 〈회사채에 대한 신용평가등급〉, 〈기업어음에 대한 신용평가등급〉, 〈기업신용평가등급〉 중에서 **가장 최근의 등급에 의하여 평가**한다. 다만, 합병한 업체에 대하여는 입찰서 제출마감일 전일까지 발급받은 유효기간 내의 가장 최근 등급에 의하여 평가할 수 있다.

제2조에서 명시한 바와 같이 경영상태의 심사기준일 역시 입찰공고일이다. 즉, 입찰공고일 이전에 발급받아 유효기간 내에 입찰공고일이 포함된 경우에 한하여 유효하게 인정가능하며, 유효한 신용평가등급서가 여러 개 있는 경우 가장 최근의 신용평가등급으로 평가한다.

<Example>

Q) '20.1.2.에 공고한 사업이 있다. 1순위 업체는 총 3개의 신용평가등급확인서를 가지고 있다. 이 중 어떠한 신용평가등급으로 평가받게 될까?

① 신용평가 등급 : BB0 유효기간 : '19.5.20.부터 '20.5.19.까지
② 신용평가 등급 : BB- 유효기간 : '19.10.16.부터 '20.10.15.까지
③ 신용평가 등급 : BB+ 유효기간 : '20.1.5.부터 '21.1.4.까지

A) 경영상태의 심사기준일은 입찰공고일로서, 입찰공고일 이전에 발급받은 신용평가등급 확인서에 한하여 유효하게 인정된다. 그러므로 (3)번 신용평가등급은 해당 사업의 평가에서 제외된다. 결국 유효한 신용평가등급확인서는 총 2개인데, 이 중 더 최근에 발급받은 신용평가등급 확인서는 (2)번 확인서이므로 이 업체는 BB-로 평가받게 될 것이다.

다. 나목의 단서에 따라 합병한 업체가 입찰서 제출마감일 전일까지 새로운 신용평가등급을 발급받은 경우에는 새로운 신용평가등급으로 평가할 수 있고, 그 전까지는 합병대상 업체 중 가장 낮은 신용평가등급을 적용한다.

라. 재무비율에 의한 평가시 경영상태의 항목별 평가요소에 적용하는 업계전체 가중평균비율(평가항목별 건설업종의 분모합계액 대비 분자합계액의 백분율을 말하며, 이하 "평균비율"이라 한다)은 **관련협회에서 조사 통보한 최근의 비율을 적용한다. 다만, 업종별 심사항목별 평균비율이 산출되지 않는 업종의 경우에는 최근년도 한국은행 "기업경영분석" 자료를 적용하여 평가한다.**

재무비율은 『최근년도 부채(유동)비율 = $\frac{\text{해당 업체의 부채(유동)비율}}{\text{업종별 평균 부채(유동)비율}} \times 100$』로 평가한다. 분모인 '업종별 평균 부채(유동)비율'은 관련 협회자료 또는 한국은행 기업경영분석 자료(관련협회가 없는 경우)로 한다. 분자인 '해당업체의 부채(유동)비율'은 협회자료 또는 업체가 제출한 재무상태표(관련협회가 없는 경우)로 산출한다.

<Example>

Q) 적격심사대상이 토목업체이며 대한건설협회의 평균 부채 및 유동비율이 각각 110.72%, 151.15%이고 업체의 부채 및 유동비율이 각각 58.90%, 188.77%이면 재무비율에 의한 평가결과는 어떻게 될까?

A) 최근년도 부채비율 = $\frac{\text{해당 업체의 부채비율}}{\text{업종별 평균 부채비율}} \times 100 = \frac{58.90}{110.72} \times 100 = 53.20\%$, 최근년도 유동비율 = $\frac{\text{해당 업체의 유동비율}}{\text{업종별 평균 유동비율}} \times 100 = \frac{188.77}{151.15} \times 100 = 124.89\%$

마. 재무비율에 의한 평가시 업체별 경영상태 평가는 다음의 결산서에 따른다.

1) 부채비율 및 유동비율에 의한 평가는 직전 회계연도 정기결산서(비건설업 혹은 다른 건설업면허 보유여부와는 상관없이 세법 등 관련법령에 따라 제출된 정기결산서를 말함. 이하 같음)로 평가함.

2) 당해 회계연도에 새로 설립되거나 설립등기한 업체(합병 또는 분할합병으로 신설된 경우는 제외한다. 이하 "신설업체"라 한다)의 경우에는 **최초결산서(신설업체가 설립일 또는 법인의 경우 등기일을 기준으로 작성한 결산서로서 외감법 규정을 준용하여 작성된 감사보고서상의 재무제표를 말함. 이하 같음)로 경영상태를 평가함.**

신설업체는 협회에 등록된 자료가 없기 때문에 경영상태 평가 시 최초결산서로 평가한다.

<Example>

Q) '19.10.1.에 최초 설립된 업체가 '20.1.10.에 적격심사를 받게 된다면 업체의 경영상태는 어떻게 평가할까?

A) 협회가 7월 중 경영상태 비율을 최신화하기에 '20.1.10. 기준으로 협회에서 관리하는 경영상태 비율의 통계완료 최종년도는 '18년이다. 따라서 평가 기준년도는 '18년도가 된다. 하지만 해당 업체는 '19년도에 신설되어 '18년도의 결산서가 없다. 이 경우 최초결산서에 기재된 부채비율과 유동비율로 '해당업체의 부채(유동) 비율'을 평가하게 되고 '업종별 평균 부채(유동) 비율'은 협회에서 관리하는 '18년도 평균비율이 된다.

3) 당해 회계연도에 합병한 경우에는 합병대상업체(합병으로 존속하거나 소멸하는 업체를 말함. 이하 같음)의 직전 회계연도 정기결산서 합으로 평가하며, 동 평가금액은 합병으로 존속하는 업체의 합병후 경영상태평가시 직전 회계연도 정기결산서로 보며, 이 경우 최초결산서는 합하지 아니한다. 다만, 합병대상업체가 모두 신설업체인 경우에는 최초결산서 합으로 평가하며, 동 평가금액은 합병으로 존속하는 업체의 합병 후 경영상태평가시 최초결산서로 봄.

4) 당해 회계연도에 「상법」 제530조의2제2항의 규정에 따라 분할합병한 경우에는 제4호의 규정에 불구하고 분할되는 업체를 제외한 합병대상업체의 직전 회계연도 정기결산서의 합으로 평가함. 다만, 합병대상업체가 모두 신설업체인 경우에는 분할되는 업체를 제외한 합병대상업체의 최초결산서 합으로 평가함.

바. 마목의 규정에 따른 결산서는 다음 경우에 한하여 평가자료로 인정하며, 자료의 누락·오류 등으로 인한 불이익에 대한 책임은 당해 업체에 있다.

1) 관련협회가 조사하여 문서 또는 통신망으로 통보하거나 제출한 자료

2) 결산서 또는 관련협회가 발급한 경영상태확인서 (별지 제2-1호 서식)를 계약관서에 직접 제출한 경우

사. 관련협회의 자료가 없는 경우로서 바목의 2)의 규정에 의하여 결산서를 계약관서에 직접 제출하는 경우에는 동 결산서에 대한 감사보고서는 「주식회사 등의 외부감사에 관한 법률」(이하 "외감법"이라 한다.)의 규정에 의한 감사인의 회계감사를 받은 후 그 감사보고서(별지 제2-2호 서식 포함) 또는 한국공인회계사회의 「재무제표 등에 대한 검토업무 기준」에 따라 작성한 검토보고서(별지 제2-2호 서식 준용)를 첨부하여야 한다.

아. 추정가격이 100억원 미만인 공사의 경우에는 마목, 사목의 규정에 의하여 제출된 감사보고서(정기결산에 대한 감사보고서 포함)상의 감사의견이 "한정의견"인 경우 경영상태평점에서 5/100를, "부적정의견" 또는 "의견거절"인 경우 10/100을 감점하며 나목의 규정에 따라 합병 또는 분할합병한 업체는 합병대상업체 중 가장 낮은 감사의견을 적용하고 정당한 사유로 감사인 의견이 없는 합병대상업체는 적정의견으로 본다.

6. 당해 공사의 입찰참가에 필요한 복수의 업종 중 하나의 업종에만 등록하여도 입찰참가자격을 부여하는 공사의 경우 시공경험, 기술능력, 시공평가결과, 경영상태 평가는 해당분야의 배점한도를 적용한다. 예를 들어, 입찰참가자격은 토목공사업 또는 시설물유지관리업, 입찰방법은 기타방법에 의한 경쟁입찰로 공고한 경우 각 평가분야별 배점한도를 취득한 것으로 평가한다.

7. 심사분야별 · 항목별로 관련협회에서 관리하는 **평가자료가 없거나 계약관서(부대)에 등록된 자료가 없는 업종에 대한 평가는 해당 심사분야의 배점한도를 적용할 수 있다.**

평가기준이 되는 자료가 없는 경우에는 배점한도를 부여할 수 있다. 여기서 평가기준이 되는 자료가 없다는 의미는 관련협회에서 관리하는 자료가 없고 한국은행 기업경영분석 자료도 없는 경우이다.

<Example>

Q) 지정폐기물 철거공사의 입찰참가자격이 석면 해체 · 제거업이고 1순위 업체의 부채 및 유동비율이 각각 49.31%, 201.33%인 경우 재무비율에 의한 경영상태 평가 방법은 어떻게 될까?

A) 우선 석면 해체 · 제거업의 경영상태 평균 비율을 관리하는 협회가 있는지 확인을 해야 한다. 확인결과 협회가 없다면 한국은행 통계자료인 '기업경영분석 자료'의 관련 비율을 기준으로 평가하는 것이 타당하다. '기업경영분석 자료'의 부채 및 유동비율이 각각 118.76%, 148.16%라고 가정한다면 업체의 평가 결과는 다음과 같다.

$$\text{최근년도 부채비율} = \frac{\text{해당 업체의 부채비율}}{\text{한국은행 평균 부채비율}} \times 100 = \frac{49.31}{118.76} \times 100 = 41.52\%$$

$$\text{최근년도 유동비율} = \frac{\text{해당 업체의 유동비율}}{\text{한국은행 평균 유동비율}} \times 100 = \frac{201.33}{148.16} \times 100 = 135.89\%$$

④ 신인도의 자료인정 및 평가방법은 「군시설공사 입찰참가자격 사전심사 세부운영기준에 관한 훈령」(이하 'PQ심사기준훈령'이라고 한다)에 의한다. 다만, PQ심사기준훈령 제4조제3항의 적용은 이 훈령 제7조제2항에서 정한 이의신청기간까지 제출된 자료로 평가한다.

⑤ 추정가격 50억원 미만 공사에 대한 신인도의 평가 4. 기타는 국방통합재정정보시스템에 등록된 자료에 의하며, 평가방법은 〈별지4〉 내지 〈별지7〉에서 정한 바에 따른다.

⑥ 가산점 등으로 해당 심사분야별 평가점수가 배점한도를 초과하는 경우에는 배점한도를 적용한다.

제3조(공동수급체의 경우 분야별 평가방법) ① 공동수급체의 수행능력("시공경험, 기술능력, 시공평가결과, 경영상태, 신인도"를 말하며 이하 같다)의 평가는 다음 각 호와 같다.

1. PQ심사대상공사의 수행능력 평가는 PQ심사기준훈령에 의한다.
2. PQ심사대상공사 이외 공사의 시공경험, 기술능력, 시공평가결과, 경영상태 및 공사참여지분율(이하 "시공비율"이라 한다)은 다음 각목에 의한다.

가. 시공경험, 기술능력은 공동수급체 구성원별 각각의 시공경험, 기술능력에 시공비율을 곱하여 산정한 후 이를 합산하여 평가한다.

나. 경영상태, 기술능력 항목중 기술개발투자비율 및 신인도는 공동수급체 구성원별로 각각 산출한 점수에 시공비율을 곱한 후 합산평가한다.

다. 공동수급체 구성원의 시공비율 산정은 다음과 같이 한다.

1) 각 구성원의 시공비율은 주공사에 해당하는 업종의 추정금액(도급자가 설치하지 아니하는 관급자재대를 제외하며, 이하 같다)을 기준으로 산정하며, 주공사 이외의 업종 해당 추정금액은 시공비율 산정에서 제외한다. 다만, 평가대상업종 및 업종별 추정금액은 입찰공고 내용에 따른다.

2) 건설산업기본법령 적용 공사로 추정가격이 50억원(전문공사는 5억원)이상인 경우 공동수급체 각 구성원의 시공비율 산정은 PQ심사기준훈령 제7조제2항을 적용한다.

3) 건설산업기본법령 이외의 법령을 적용받는 공사로 추정가격이 5억원 이상인 경우 공동수급체 각 구성원의 시공비율을 입찰금액(다른 법령에 의한 업종해당 입찰금액은 제외하며, 추정금액에 의한 해당업종의 구성비율은 입찰금액에 곱하여 산정한다. 업종별 추정금액은 입찰공고시 명시한다)에 곱한 금액이 시공능력공시액을 초과하는 경우 그 구성원의 시공비율은 시공능력공시액에 해당하는 시공비율로 평가하고 잔여 시공비율은 다른 구성원에게 배분하지 아니한다.

② 공동수급체 구성원 내에 당해 공사현장이 있는 특별시, 광역시, 도에 본사를 둔 지역업체의 가산평가는 별표 9에 따른다. 다만 다음 각 호의 경우는 가산평가를 적용하지 않는다.

1. 지역제한경쟁으로 공고된 공사
2. 지역의무 공동도급으로 공고된 공사
3. 당해 지역 안내 공사의 이행에 필요한 자격을 갖춘 자가 10인 미만인 경우
4. 입찰공고에서 가산평가를 제외한 공사
5. 단독으로 입찰에 참가한 경우
6. 「독점규제 및 공정거래에 관한 법률」에 의한 상호출자제한기업집단 소속 계열회사간 공동수급체 구성

③ 다음 각 호에 해당하는 경우에는 **평가에서 제외**한다. 이 경우 평가제외자의 시공비율은 다른 구성원에 배분하지 아니한다.

1. 공동수급체 구성원 중 평가대상 업종 이외의 업종만을 공동도급으로 입찰에 참여한 자
2. 공동수급체 구성원 중 시공비율이 10%미만인 자
3. 공동수급체 구성원 중 **부정 또는 허위로 작성된 심사서류를 제출한 자**와 정당한 사유 없이 심사서류의 전부 또는 일부를 제출하지 아니한 자(대표자의 경우에는 공동수급체)

> 부정한 방법으로 서류를 제출한 자는 평가에서 제외하여야 하며, 추가적으로 기재부 계약예규 적격심사기준 제10조 제2항에 따라 「국가를 당사자로 하는 계약에 관한 법률」 시행령 제76조에 따른 입찰참가자격제한조치를 하여야 한다.

제4조(심사항목 및 배점한도) 발주관서의 장 또는 계약담당공무원은 계약의 특성·목적 및 내용 등을 종합고려하여 심사분야별 배점한도(입찰가격은 제외)를 20% 범위 내에서 가·감 조정할 수 있으며, 항목별(신인도 제외) 세부사항을 추가하거나 제외할 수 있다. 이 때에는 입찰공고에 조정내용을 명시하거나 입찰등록일 전일까지 입찰참가자가 열람 또는 교부 등을 통해 그 내용을 알 수 있도록 조치하여야 한다.

계약의 특성에 비추어 심사 분야별 배점한도를 조정하고자 하는 경우 20% 내에서 조정이 가능하다. 다만, 총점은 100점으로 유지해야 하므로 한 부분에서 배점한도를 증가시켰다면 다른 부분에서는 배점한도를 감소시켜야 할 것이다. 단, 배점 조정 사항은 반드시 공고문 등에 명시하여 입찰참가자들이 사전에 인지할 수 있어야 그 효력이 있다.

<Example>

Q) 10억원 이상 50억원 미만의 시설공사가 공고되었다. 공고시 시공실적 배점한도를 18점(기존 15점), 경영상태 배점한도를 12점(기존 15점)으로 명시했다. 기초예비가격과 업체의 시공실적이 각각 2,000,000,000원, 1,800,000,000원이고 경영상태 평가는 만점이라고 가정할 때, 투찰률이 87.13%인 경우 업체의 평가점수는 어떻게 될까?

A) 10억원 이상 50억원 미만의 시설공사는 [별지4]가 적용된다. 배점한도 조정이 없는 경우 아래와 같이 평가된다.

$$\text{실적계수} = \frac{\text{최근 5년간 당해공사 업종의 공사실적 합계액}}{\text{기초예비가격}} = \frac{1,800,000,000}{2,000,000,000} = 0.90$$

실적점수 = 0.90 × 15 = 13.5점

경영상태 평가 = 15점

$$\text{입찰가격} = 70 - 4 \times \left|\left(\frac{88}{100} - \frac{87.13}{100}\right) \times 100\right| = 66.52\text{점}$$

이때 총점은 95.02(13.5+15+66.52)점으로 적격심사를 통과할 수 있었다.

하지만 이 사례는 배점한도 조정이 있어 아래와 같이 평가된다.

$$\text{실적계수} = \frac{\text{최근 5년간 당해공사 업종의 공사실적 합계액}}{\text{기초예비가격}} = \frac{1,800,000,000}{2,000,000,000} = 0.90$$

실적점수 = 0.90 × 18 = 16.2점

경영상태 평가 = 12점

$$\text{입찰가격} = 70 - 4 \times \left|\left(\frac{88}{100} - \frac{87.13}{100}\right) \times 100\right| = 66.52\text{점}$$

결국, 94.72(16.2+12+66.52)점으로 적격심사를 통과할 수 없다.

제5조(적격심사위원회 구성) ① 추정가격 50억원 이상인 공사에 대해 발주관서의 장 또는 계약담당공무원이 필요하다고 인정되는 경우 적격심사위원회를 구성할 수 있다. 이 경우 적격심사위원회의 평가결과를 종합하여 적격업체를 선정하여야 한다.

② 제1항의 적격심사위원회를 구성하는 때에는 관련부서 각 2인 이상의 담당관으로 하며, 이 때 분야별 심사위원은 다음 각 호와 같이 구성한다.

1. 입찰가격, 경영상태 및 신인도 분야 : 회계(재정)부서 담당관
2. 시공경험, 기술능력, 시공평가결과, 시공계획의 적정성 및 기타 기술전문 분야 : 공사(시설)부서 담당관

제6조(낙찰자 결정) 계약담당공무원은 예정가격 이하로서 최저가 입찰자에 대한 심사결과 추정가격이 100억원 미만인 공사의 경우에는 종합평점이 95점 이상인 자를 낙찰자로 결정한다. 다만, 예정가격이 100억원 미만 공사에서 입찰가격을 예정가격 중 다음 각 호에 해당하는 금액의 합계액의 100분의 98 미만으로 입찰한 자는 심사대상에서 제외한다.

1. 재료비 · 노무비 · 경비
2. 제1호에 대한 부가가치세

제7조(적격심사 세부절차) ① 최저입찰가격점수 이상인 최저가 입찰자 또는 최저가 입찰자로부터 낙찰이 가능하다고 판단되는 수개의 입찰자에게 예비적격심사서류의 제출을 요구할 수 있다.

계약담당자는 계약을 서둘러 진행하기 위해 1순위 뿐만 아니라 후순위 업체에도 적격심사서류를 제출하도록 요구할 수 있다. 때문에 후순위 업체가 서류 제출 통보를 받았다고 하더라도 반드시 낙찰되는 것은 아니다.

<Example>

Q) 개찰결과 3순위 업체인 B업체는 계약담당자로부터 적격심사 서류제출 요구를 받아 자체평가 결과 적격심사 통과인 것을 확인하여 서류를 제출하였다. 이 경우 낙찰통보를 받을 수 있을까?

A) 개찰결과 3순위로 선정된 업체에도 적격심사 서류 제출을 요구할 수 있다. 하지만 1,2순위의 적격심사 평가 결과에 따라 낙찰통보를 받을 수 있을지 없을지가 결정된다. 1순위 업체가 부적격 평가를 받고 2순위 업체가 적격평가를 받는다면 2순위 업체가 낙찰자로 선정된다. 만약 1,2순위의 업체가 모두 부적격 통보를 받게 된다면 3순위 업체가 낙찰자로 선정된다. 앞선 순위의 업체와 동시에 심사를 진행하는 것이므로 최종 결과에서는 적격업체로 선정되지 않을 수 있다.

② 계약관서(부대) 자체심사자료 또는 계약관서(부대)의 요구에 의해 제출한 예비적격심사자료에 의해 최저가 입찰자부터 당해공사 수행능력과 입찰가격, 자재 및 인력조달가격의 적정성(추정가격 100억원 미만 50억원 이상인 공사의 경우 별표 6 평가산식의 노무비와 제경비 적정성 평가는 배점한도를 적용하고 당해공사의 난이도 계수를 곱하여 산출한 점수를 잠정 적용한다), 하도급관리계획의 적정성(배점한도를 잠정 적용한다)의 평가점수를 합산하여 예상종합평점이 공사규모별 적격통과점수에 미달되는 각 입찰자에게는 예상평가점수를 통보하고 3일 이내에 이의신청을 할 수 있도록 한다. 다만, **<u>입찰가격점수와 다른 심사분야의 배점한도를 합산한 종합평점이 적격통과점수에 미달</u>**하는 입찰자에게는 평가점수를 통보하지 아니할 수 있다.

낙찰하한율 미만에 해당하는 가격으로 입찰한 경우 심사대상에 해당되지 않아 적격심사서류를 제출하지 않아도 된다. 낙찰하한율의 정의는 이하에서 자세히 살펴보자.

<참조1> 낙찰하한율 구하는 방식

◆ 낙찰하한율은 수행능력점수에서 배점한도 점수를 받는다고 가정할 때, 적격심사를 통과하기 위해 입찰가격점수에서 얻어야할 최소한의 비율 $\left(=\frac{\text{입찰가격}-A}{\text{예정가격}-A}\right)$을 의미한다.

◆ 예를 들어, 추정가격 50억원 미만 10억원 이상인 경우 수행능력점수 배점한도는 30점이다. 따라서 입찰가격에서 최소한 65점(=95-30)을 받아야 낙찰된다. 입찰가격 평점산식에서 $65 \le 70 - 4 \times \left|\left(\frac{88}{100} - \frac{\text{입찰가격}-A}{\text{예정가격}-A}\right) \times 100\right|$ 로 표현되고, $0.8675 \le \frac{\text{입찰가격}-A}{\text{예정가격}-A} \le 0.8925$ 이며, $\frac{\text{입찰가격}-A}{\text{예정가격}-A}$는 최소 0.8675이 되어야 한다. 다만, 소수점 다섯째자리에서 반올림 가능하므로 $\frac{\text{입찰가격}-A}{\text{예정가격}-A}$는 최소 0.86745가 되어야 한다. 따라서 낙찰하한율은 86.745%다.

<참조2> 추정가격별 낙찰하한율

추정가격			낙찰하한율
시설공사	전기공사, 정보통신공사, 소방공사, 문화재공사 등	전문공사	
100억원~50억원			85.495%
50억~10억원	50억~3억원	50억~3억원	86.745%
10억~3억원			87.745%
3억~2억원	3억~8천만원	3억~1억원	
2억원 미만	8천만원 미만	1억원 미만	
2억원 미만	8천만원 미만	1억원 미만	

③ 제2항에 의한 예상종합평점이 적격통과점수 이상인 최저가 입찰자를 적격심사대상자로 선정하고, 추정가격 50억원 이상 공사에 대하여는 〈별지 제6호 서식〉의 하도급관리계획서, 자재 및 인력조달가격 평가서류(추정가격이 100억원 미만 50억원 이상인 공사의 경우에 한함)를 제출하게 하여 평가하며, 동 계획서의 제출기한은 통보받은 날로부터 7일 이내로 한다.

④ 제3항에 의하여 제출된 하도급관리계획서는 별표 5, 자재 및 인력조달가격의 적정성은 별표 6에 따라 평가한다.

⑤ 제3항에 의한 하도급관리계획서와 자재 및 인력조달가격 평가 서류의 제출요구를 받고 소정의 기일까지 서류를 제출하지 않은 경우에는 적격심사대상에서 제외하고 차순위 입찰자에 대하여 동일한 방법으로 심사하여 낙찰자를 결정한다.

제8조(제출서류 등) ① 제7조제3항에 의한 적격심사대상자가 별지1 내지 별지9의 평가기준에 따른 자료 제출의 요구를 받은 경우에는 **7일 이내에 다음 각호의 서류를 제출**하도록 한다.

1. 적격심사 신청서(별지 제1호 서식)
2. 적격심사 자기평가 및 심사표 (별지 제2호 서식)
3. 시설공사 시공실적증명서(별지 제3호 서식)
4. 기타 입찰공고에 제출토록 명시된 서류

적격심사 서류제출 요구를 받은 업체는 7일 이내에 서류를 제출해야한다. 여기서 7일은 민법 제157조(기간의 기산점)에 따라 초일불산입한 7일이다. 근무일 기준 7일이 아니므로 7일에 휴일도 포함된다. 다만, 서류제출기한이 휴일일 경우 익일이 기한이 된다.

<참조> 적격심사 기한 정리

◆ 적격심사과정은 ①적격심사통보→②적격심사→③보완요청→④낙찰통보→⑤재심사이다.

- ①**서류제출기한**(계약예규 제4조 및 군시설공사 적격심사기준에 관한 훈령 제8조) : **5일 이상 7일 이내**
  ②**적격심사기한**(계약예규 제7조) : **7일 이내(불가피한 경우 3일 연장)**
  ③**보완요청시 제출기한**(계약예규 제4조) : **3일 이상**
  ④**낙찰통보는 지체 없이** 하여야한다.(계약예규 제8조 및 제9조)
  ⑤**재심사요청기한, 재심사기간**(계약예규 제9조) : **3일 이내**

② 계약담당공무원은 제1항에 의하여 제출된 적격심사서류 중 첨부목록에 있는 서류가 첨부되어 있지 않거나 제출된 서류가 불명확하여 인지할 수 없는 경우에는 기한을 정하여 보완을 요구할 수 있다.

적격심사 서류제출 기한 내에 서류를 제출하지 않은 경우에는 추가로 서류를 제출할 수 없다. 서류를 제출했지만 불명확하여 인지할 수 없어 보완을 요구할 경우 최소 3일간(계약예규 제4조)의 보완 기간이 주어진다.

③ 제2항의 규정에 의해 정하진 기한까지 제출서류를 보완하지 아니한 때에는 기제출한 서류만으로 심사하되, 기제출된 서류가 불명확하여 심사하기가 곤란한 경우에는 심사에서 제외한다.

④ 법원의 법정관리 또는 화의 개시업체는 주거래은행의 당좌거래 재개 및 보증기관의 보증서 발급가능 확인서를 제1항 및 제3항의 규정에 불구하고 추가로 제출토록 한다.

제9조(적격심사 결격) 계약담당공무원은 「국가를 당사자로 하는 계약에 관한 법률 시행령」 제72조에 따라 공동계약을 허용한 경우로서, 공동수급체 구성원 중 대표자가 낙찰자 결정 이전에 부도(부도업체에 대한 법원의 회생절차 개시결정이 있는 경우에는 제외한다)·파산·해산·부정당업자 제재·영업정지·입찰무효 등(이하 "부도 등" 이라한다)의 상태에 있는 경우에는 당해 공동수급체의 결격사유로 본다. 다만, 대표자 이외의 구성원이 부도 등의 상태에 있는 경우에는 해당 구성원을 제외하고 잔존구성원의 출자비율 또는 분담내용을 변경하게 하여 재심사한다.

제10조(부정한 방법으로 심사서류를 제출한 자 및 미제출자의 처리) ① 적격심사대상자가 이 기준의 규정에 따라 제출한 서류 중 **부정 또는 허위로 작성된 서류가 포함**된 것으로 판명된 때에는 다음 각 호에 따라 처리한다. 공동수급체 대표자의 경우에는 공동수급체에 대하여 적용한다.

1. **계약체결 이전**인 경우에는 **적격낙찰자 결정대상에서 제외 또는 결정 통보를 취소**한다.
2. **계약체결 이후**인 경우에는 **당해 계약을 해제 또는 해지**할 수 있다.

<Example>

Q) 적격심사 서류 확인결과 제출된 서류가 허위로 작성된 경우 발견시점에 따라 처리방법은 어떻게 달라질까?
① 낙찰자 선언 전, ② 낙찰자 선언 후 계약체결 전, ③ 낙찰자 선언 후 계약이 체결된 경우

A) 3가지 경우 모두 해당업체는 부정당업자 제재를 받을 수 있다.
① 해당업체는 적격심사 진행 간 부적격 처리를 받게 된다. ② 낙찰자 선언을 받았더라도 계약이 체결된 것은 아니기에 낙찰자 결정통보가 취소된다.
③ 계약 자체를 해제 또는 해지할 수 있다.

② 계약담당공무원은 제1항에 해당하는 자에 대하여 「국가를 당사자로 하는 계약에 관한 법률 시행령」 제76조에 따라 국방부장관(참조: 계획예산관)에게 입찰참가자격 제한을 건의하여야 한다.

제11조(세칙) 이 기준을 적용하는 기관의 장은 국방부장관의 승인을 얻어 이 기준의 시행을 위하여 필요한 세부사항을 정할 수 있다. 다만, 사업의 특성에 의하여 계약건별로 적용하는 세부사항에 대하여는 예외로 한다.

제12조(기타사항) ① 이 기준에 정하지 아니한 사항에 대하여는 관련 계약예규와 PQ심사기준 등을 적용하며, 공사의 특성에 따라 이 기준을 적용하기 곤란하다고 인정되는 사항에 대하여는 입찰공고에 별도로 반영하여 집행할 수 있다.

② 본 기준 내용 중 평가점수의 계산결과 소수점이하의 숫자가 있는 경우 규정에 별도로 정하지 아니한 때에는 다음 각 호에 따라 산정한다.

1. 시공비율은 소수점 셋째자리에서 절사한다.
2. 시공경험, 기술능력, 시공평가결과, 경영상태, 신인도, 자재 및 인력조달가격의 적정성, 설계평가에 대하여는 해당분야별 평가의 최종단계 점수를 소수점 셋째자리에서 반올림한다.

제13조(존속기한) 이 훈령은 「훈령・예규 등의 발령 및 관리에 관한 규정」에 따라 이 훈령을 발령한 후의 법령이나 현실 여건의 변화 등을 검토하여야 하는 2022년 12월 31일까지 효력을 가진다.

<별지 3>

추정가격 100억원 미만 50억원 이상인 공사의 평가기준

1. **수행능력 평가 (30점)**

시공경험, 경영상태, 신인도의 심사항목 점수를 합산하여 평가하며 점수는 심사항목별로 각각 평가한다.

가. 시공경험(15점): 입찰방법에 따라 선택 적용

입찰방법	실적사항	점 수 배 점	비 고
실적에 의한 경쟁입찰공사 (15점) * 주) : 1참조	최근 10년간 당해공사와 동일한 종류의 공사실적	평가기준 규모대비 A : 100%이상 : 15점 B : 75%이상 : 13.5점 C : 50%이상 : 12점 D : 30%이상 : 10.5점 E : 30%미만 : 9점	
실적에 의한 경쟁입찰 이외의 경쟁입찰공사 (15점) * 주) : 2, 3참조	최근 5년간 당해공사의 업종별 공사실적(금액)	점수 = 실적계수×15 (다만, 평점상한은 15점) * 실적계수 =업종별 실적의 합계액÷(기초예비가격×2)	실적은 업종별(토목,건축,전문공사,전기,정보통신,문화재 등)로 구분 적용

※ 【주】

1. 입찰공고에서 특별히 규정한 경우를 제외하고 **평가기준규모**는 **시공실적대상공사(종)의 단위구조물에 대한 규모**를 기준으로 하며, **동일한 종류의 공사실적으로 인정하는 규모**는 **입찰참가자격에서 정한 규모**로 한다.(평가기준규모와 공사실적 인정기준 규모는 입찰공고에 명시)

2. **공동수급체의 업종별 실적의 합계액**(누계액)은 평가대상업종에 대한 각 구성원의 최근 5년간 실적금액의 합계액에 **각 구성원의 시공비율을 곱하여** 산출한 금액을 합산한 금액으로 평가한다.(**평가대상업종 및 업종별 추정금액은 입찰공고에 명시**)
   - 업종별 실적금액은 관급자재대가를 제외한 금액을 기준으로 한다.
3. 당해 공사가 **복합업종인 공사**의 경우에는 각 업종의 실적점수에 업종별 기초예비가격이 당해공사 기초예비가격에서 차지하는 비율을 곱하여 산정한 후 이를 합산한 점수로 평가한다. 다만, 입찰공고에 평가대상을 업종을 명시한 경우에는 대상 업종만으로 평가할 수 있다.

(예) 당해 공사 기초예비가격 80억원(건축 60억원, 토목 20억원)

건축실적점수: 10점, 토목실적점수: 12점

총점수 = 10× 60/80 + 12× 20/80 = 7.5 + 3.0 = 10.5

시공경험 평가방법은 입찰참가자격에 실적제한이 있는지 여부에 따라 달라진다.

① 실적제한이 있는 경우, $\frac{\text{당해공사와 동일한 종류의 공사실적}}{\text{평가기준규모}} \times 100\%$으로 평가하는데 분모인 '평가기준규모'는 시공실적대상공사의 단위구조물에 대한 규모고, 분자인 '동일한 종류의 공사실적'은 입찰참가자격에서 정한 규모로 한다. 다만, '평가기준규모'와 '공사실적 인정규모'는 입찰공고에 반드시 명시해야 한다.

② 실적제한이 없는 경우, $\frac{\text{실적 합계액}}{\text{기초예비가격} \times 2} \times 15$로 평가한다. 한편, 복합업종공사 평가는 $\sum$업종별실적계수×15×업종별비율로 한다. 여기서 복합업종공사란 두 개 이상의 면허가 필요한 공사이며, 업종별비율은 $\frac{\text{해당업종 기초예비가격}}{\text{기초예비가격 총합}}$다. 예시를 통해 자세히 살펴보자.

<Example>

Q) A사업의 기초예비가격과 B업체의 실적이 다음과 같을 때, 어떻게 평가될까?

	토목	건축	합계
기초예비가격	20억원(33.33%)	40억원(66.67%)	60억원(100%)
실적	120억원	400억원	520억원

A) B업체의 시공경험 평가 결과는 다음과 같다.

○ 토목 기초예비가격 : 2,000,000,000원
당사 5년 토목 실적 : 12,000,000,000원

$$\text{실적계수} = \frac{12,000,000,000}{2,000,000,000 \times 2} = 3$$

3 × 15 = 45 (<u>배점한도 15점</u>)

○ 건축 기초예비가격 : 4,000,000,000원
당사 5년 건축 실적 : 40,000,000,000원

$$\text{실적계수} = \frac{40,000,000,000}{4,000,000,000 \times 2} = 5$$

5 × 15 = 75 (<u>배점한도 15점</u>)

○ 최종 실적점수: 15×20억/(20억+40억)+15×40억/(20억+40억)=5+10 = 15

나. 경영상태(15점)

- 점수 = [별표 1] 경영상태평가표에 의한 종합평점× 15/16
- 신용평가에 의한 점수는 [별표 4]에 의한다.

경영상태 평가는 1)부채비율, 유동비율 및 영업기간[별표1] 또는 2)신용평가[별표4]로 한다.

<참조1> [별표1] 추정가격 100억원미만 50억원이상의 공사 경영상태평가기준(제2조제3항 관련)

심 사 항 목	평 가 요 소	배점	등 급	평점
가. 최근년도 부채비율 (부채총계/자기자본)	1)업체평균 부채비율에 대한 해당업체 비율	7.0	A. 50%미만 B. 75%미만 C. 100%미만 D. 125%미만 E. 125%이상	7.0 6.2 5.4 4.6 3.8
나. 최근년도 유동비율 (유동자산/유동부채)	2)업체평균 유동비율에 대한 해당업체 비율	7.0	A. 150%이상 B. 120%이상 C. 100%이상 D. 70%이상 E. 70%미만	7.0 6.2 5.4 4.6 3.8
라. 영업기간		2.0	5년이상 5년미만 3년이상 3년미만	2.0 1.8 1.5

※주 :

1) 평가결과 부(-)의 수치로 나타나는 경우 최저등급으로 평가하며, 업체평균비율이 부(-)의 수치인 심사항목은 해당업체의 비율이 (+) 수치인 업체는 A등급, (-)수치인 해당업체는 E등급으로 평가한다.
2) 평균비율이 없는 심사항목에 대하여는 배점한도를 적용한다.
3) 영업기간의 평가기준
   - 영업기간은 건설업체가 심사기준일 현재 보유하고 있는 건설업면허 취득 또는 등록일로부터 심사기준일까지의 기간을 기준으로 하되, 보유한 건설업면허 또는 등록의 변동이 있었던 경우(건설산업기본법 제8조제1항의 규정에 의한 동일한 종류의 건설업면허를 말함)에는 종전에 보유하였던 건설업면허 또는 등록의 보유기간을 합산하여 평가한다. 다만, 건설산업기본법 시행규칙 부칙 제3조제1항에 따라 새로 등록한 업종이 전문공사를 시공하는 업종인 경우에는 새로 등록한 업종으로 실적전환이 인정된 기간을 영업기간으로 인정함('07.12.31이전에 전문공사를 시공하는 업종을 보유하고 있는 경우에는 해당 업종을 보유한 기간을 영업기간으로 합산하되 중복되는 기간은 제외함)

<참조2> [별표4] 신용평가등급표

회사채에 대한 신용평가등급	기업어음에 대한 신용평가등급	기업신용평가등급	배점한도	
			추정가격 100원 억 미만 10억원 이상인 일반건설공사	추정가격 100억원 미만 3억원 이상인 전문공사 및 전기·정보통신·소방시설·문화재공사
A+이상	A2+이상	회사채에 대한 신용평가등급 A+에 준하는 등급	15.0	15.0
A0	A20	회사채에 대한 신용평가등급 A0에 준하는 등급	15.0	15.0
A-	A2-	회사채에 대한 신용평가등급 A-에 준하는 등급	15.0	15.0
BBB+	A3+	회사채에 대한 신용평가등급 BBB+에 준하는 등급	14.8	15.0
BBB0	A30	회사채에 대한 신용평가등급 BBB0에 준하는 등급	14.7	15.0
BBB-	A3-	회사채에 대한 신용평가등급 BBB-에 준하는 등급	14.5	15.0
BB+, BB0	B+	회사채에 대한 신용평가등급 BB+, BB0에 준하는 등급	14.2	14.5
BB-	B0	회사채에 대한 신용평가등급 BB-에 준하는 등급	13.7	13.7
B+, B0, B-	B-	회사채에 대한 신용평가등급 B+, B0, B-에 준하는 등급	12.6	12.8
CCC+이하	C 이하	회사채에 대한 신용평가등급 CCC+에 준하는 등급 이하	11.6	11.6

<Example>

Q) A업종의 평균 부채, 유동비율과 입찰에 참가한 B업체(A업종 보유)의 비율이 다음과 같을 때, 경영상태 점수는? (입찰공고일은 '20.1.10, B 업체의 영업시작일은 '16.1.3)

	부채비율	유동비율
B업체	25.47%	415.87%
A업종 평균	110.72%	151.15%

A) B업체의 경영상태 평가 결과는 다음과 같다.

$$부채비율 = \frac{대상업체의\ 부채비율}{해당업종의\ 평균\ 부채비율} \times 100 = \frac{25.47}{110.72} \times 100 ≒ 23.00\%$$

$$유동비율 = \frac{대상업체의\ 유동비율}{해당업종의\ 평균\ 유동비율} \times 100 = \frac{415.87}{151.15} \times 100 ≒ 275.14\%$$

업체평균 비율에 대한 B업체의 부채 및 유동비율은 23.00%, 275.14%가 된다. 이를 [별표 1] 기준에 적용하면 부채비율과 유동비율 모두 A.등급에 해당하여 각 7.0점씩 취득한다. 다만, 영업기간(4년)은 5년미만 3년이상에 해당되어 1.8점을 취득하므로 총 15.8점(=7+7+1.8)을 취득하게 된다. 이를 적격심사 점수로 환산을 하면 14.81(=15.8×15/16, 소수 셋째자리에서 반올림)점이 된다.

다. 신인도(±0.9)

- 건설산업기본법령에 의한 종합건설업은 사전심사기준에 의한 신인도 평점×18/100
- 전문・전기・정보통신・소방시설・문화재공사 등은 다음과 같이 평가한 점수에 100분의 30을 곱하여 산정하되, 시공경험, 기술능력, 시공평가결과, 경영상태, 신인도 평가점수의 합이 수행능력 배점한도를 초과할 수 없다.

〈신인도 평가항목별 평점〉

구분	심사항목	평점
1. 일자리창출기업	종합건설업으로 발주하는 공사는 입찰자가 제출하는 다음 각 호의 자료 중 어느 하나로 평가하고 이 외에는 2호로 평가 1) 최근년도 건설고용지수(건설근로자공제회 발표) 평가에 따른 평가등급을 보유한 자 ① 1등급인 자 ② 2등급인 자 2) 일자리창출 실적(고용인력 증가 등)이 확인되는 자(①과 ②의 평가 점수를 합산) ① 근로내용 확인신고서(고용보험법 시행규칙 별지 제7호 서식)로 신고한 최근 6개월 평균 고용인원과 급여지급액이 그 이전 6개월 평균보다 증가한 경우 ② 국세청 홈택스 또는 관할세무서에서 발급한 표준손익계산서, 「법인세법」 등에 따라 관할세무서에 신고된 손익계산서(공인회계사 또는 세무사 증명필요)상 전년도 급여액(퇴직급여액 제외)이 전전년도 급여액(퇴직급여액 제외)보다 증가한 경우	 +3.0 +2.0 +2.5 +0.5
2. 건설재해 및 제재처분	1) 최근 1년간 건설업체의 산업재해 예방 활동 실적을 고용노동부장관이 평가한 결과 그 실적이 우수한자 ① 평점 90점 이상인 자 ② 평점 80점 이상 90점 미만인 자 ③ 평점 70점 이상 80점 미만인 자 ④ 평점 60점 이상 70점 미만인 자 ⑤ 평점 50점 이상 60점 미만인 자 ⑥ 평점 50점 미만인 자	 +1.0 +0.8 +0.6 +0.4 +0.2 0.0
	2) 최근 1년동안 산업안전보건법령 위반으로 동일현장에서 벌금이상의 행정형벌을 2회 이상 받은 자 ① 2회 받은 자 ② 3회 이상 받은 자	 -0.5 -1.0

※ 【주】

1) 업종에 구분없이 사업자별로 평가한다.

2) 합병등의 경우 가점항목은 가장 높은 등급의 점수를, 감점 항목과 건설재해율은 가장 낮은 등급의 점수를 적용한다.

3) 가점과 감점항목이 있을 때에는 이를 상계하여 평가한다.

4) 일자리창출기업 신인도 평가

가. 건설고용자수 평가는 입찰공고일 기준 최근년도 건설근로자공제회 발표자료로 평가한다.

나. 평가등급은 건설고용지수에 의하되, 100점(환산점수 0.4점)은 1등급, 80점(환산점수 0.32점)은 2등급으로 평가한다.

다. 근로내용 확인신고서는 입찰공고일 기준 전전월 귀속자료를 제출받되, 계약담당공무원이 입찰공고에 입찰공고일로부터 3개월 이내의 범위에서 기준시점을 별도로 명시한 경우에는 그에 의할 수 있다.

라. 계약담당공무원은 입찰공고에 명시한 경우 근로내용 확인신고서에 갈음하여 한국고용정보원 등 관련법령에 따라 고용정보를 수집・관리하는 기관으로부터 제공받은 자료로 평가할 수 있다.

마. 입찰공고일 전전월 기준으로 1년 이내에 설립한 업체에 대하여는 근로내용 확인신고서로 신고한 고용인원・급여지급액 평가에 대해 배점한도(+2.5점)를 부여하며, 설립일은 법인인 경우 법인등기부등본상 법인등기일을 기준으로 하며, 법인이 아닌 사업자는 사업자등록증명서 상 사업자등록일을 기준으로 한다.

바. 표준손익계산서 등에 의한 평가의 경우 입찰공고일의 최근 결산일 기준 2년 이내 설립된 기업은 배점한도(+0.5점)를 부여한다. 설립일은 법인인 경우 법인등기부등본상 법인등기일을 기준으로 하며, 법인이 아닌 사업자는 사업자등록증명서 상 사업자등록일을 기준으로 한다.

사. 표준손익계산서 등에 의한 평가의 경우 전년도 표준손익계산서는 입찰공고일 기준 최근 년도 자료를 기준으로 평가한다.

5) 건설재해 및 제재처분 신인도 평가

가. '2' 산업안전보건법령 위반에 따른 행정형벌에 대한 감점은 2020.5.27. 이후 공공공사 현장에서 발생한 법령 위반사항에 한하며, 해당 공사의 발주기관의 입찰에서 감점한다.

나. 세부 산정방법 및 건수는 고용노동부에서 정한 내용 및 통보건수에 의하며, 평점배분은 고용노동부 건수 산정방식에 따른다.

2. 자재 및 인력조달 가격의 적정성 평가(10점)

ㅇ 〈별표 6〉 자재 및 인력조달 가격의 적정성 평가방법에 의한다.

3. 하도급관리계획의 적정성 평가(10점)

ㅇ 〈별지 제6호 서식〉의 하도급관리계획서를 대상으로 별표 5의 평가방법에 의한다.

4. 입찰가격 평가 (50점)

가. 평가점수 산식

$$50 - 2\times \left| \left(\frac{88}{100} - \frac{\text{입찰가격} - A}{\text{예정가격} - A} \right)\times 100 \right| = \text{입찰가격점수}$$

* A : 국민연금, 건강보험, 퇴직공제부금비, 노인장기요양보험.

산업안전보건관리ㅂ , 안전관리비의 합산액

- | |는 절대값 표시임

- 입찰가격-A를 예정가격-A 으로 나눈 결과 소수점이하의 숫자가 있는 경우에는 소수점 다섯째자리에서 반올림하여 평가한다.

나. 입찰가격-A가 예정가격-A 이하로써 예정가격-A의 100분의 90.5 이상일 경우의 평점은 45점으로 한다.

다. 최저 평점은 2점으로 한다.

〈별지 4〉

추정가격 50억원 미만 10억원 이상의 공사 평가기준
(전문공사 및 전기·정보통신·소방공사·문화재공사 등은 50억원미만 3억원이상)

1. 수행능력 평가(30점)

가. 시공실적(15점) : 입찰방법에 따라 선택적용

입 찰 방 법	실 적 사 항	점 수 배 점	비 고
실적에 의한 경쟁입찰공사 (15점)	최근 10년간 당해공사와 동일한 종류의 공사실적	평가 기준 규모대비 A : 100%이상: 15.0점 B : 75%이상 : 13.5점 C : 50%이상: 12.0점 D : 30%이상: 10.5점 E : 30%미만: 9.0점 ※ 단, 평가대상 업체가 공동수급체에 포함되어 참여하는 등록기간이 3년 미만인 신설업체인 경우 A : 50%이상: 15.0점 B : 37.5%이상 : 13.5점 C : 25%이상: 12.0점 D : 15%이상: 10.5점 E : 15%미만: 9.0점	실적인정 등은 〈별지3〉의 주)1.과 동일함
실적에 의한 경쟁입찰 이외의 경쟁입찰공사 (15점)	최근 5년간 당해공사 업종의 공사실적 (금액)	점수 = 실적계수×15.0 (단, 평점상한은 15.0점임) 〈삭 제〉 *실적계수=당해공사 업종의 실적 합계액÷(기초예비가격×1) ※ 단, 평가대상 업체가 공동수급체에 포함되어 참여하는 등록기간이 3년 미만인 신설업체인 경우 * 실적계수 = 당해공사 업종의 실적 합계액÷(기초예비가격×1/2)	실적인정 등은 〈별지3〉의 주)2, 3과 동일함

※ 【주】

1) 추정가격 10억원 미만의 전기·정보통신·소방공사·문화재·전문공사 등의 실적계수 산정은 기초예비가격×1/2 대비 실적합계액으로 평가한다.
2) 공동수급체에 포함되어 참여하는 신설업체에 대해서는, 최근 5년간 당해 공사업종의 공사실적이 기초예비가격의 1/2배 이상 1배 미만인 경우 실적계수 산정을 위한 해당 신설업체의 공사실적은 기초예비가격의 1배로 본다.

다만, 추정가격 10억원 미만의 전기·정보통신·소방시설·문화재·전문공사의 공동수급체에 포함되어 참여하는 신설업체에 대해서는, 최근 5년간 당해공사 업종의 공사실적이 기초예비가격의 1/2배 미만인 경우 실적계수 산정을 위한 해당 신설업체의 공사실적은 기초예비가격의 1/2배로 본다.

3) 신설업체 각각의 공동수급체 내 지분율은 20%를 초과할 경우 해당 신설업체는 주2)의 적용에서 제외하며, 공동수급체 내 모든 신설업체의 지분율의 합이 40%를 초과할 때에는 공동수급체 내 모든 신설업체를 주2)의 적용에서 제외한다.

4) 주2)와 주3)의 신설업체는 등록기간(양수, 양도를 통한 영업기간 합산) 3년 미만인 업체를 말한다.

나. 경영상태 평가(15점)

○ **재무비율은 [별표 2]의 경영상태 평가방법**에 의하고, **신용평가는 [별표 4]**에 의한다. 다만, 50억원 미만 10억원 이상 토목 또는 건축공사(토건 포함), 10억원 미만 3억원 이상 전문공사 및 전기·정보통신·소방시설·문화재공사 등의 경우 「여성기업지원에 관한 법률」 제2조제1호에 따른 여성기업(이하 "여성기업"이라 하며, 공공구매 종합정보망에 등록한 자에 한함), 「사회적기업 육성법」 제2조제1호에 따른 사회적기업(이하 "사회적기업"이라 하며, 사회적기업 인증을 받은 자에 한함), 「장애인기업활동 촉진법」 제2조제2호에 따른 장애인기업(이하 "장애인기업"이라 하며, 공공구매종합정보망에 등록된 자에 한함)의 시공비율이 30%이상인 때에는 경영상태 취득점수(공동수급체 전체의 점수를 말한다)에 10%를 가산평가한다.

추정가격 10억원을 기준으로 A공사, B공사로 나뉘며 공사종류별 평가기준이 다르다. 'A'공사는 추정가격 50억원미만 10억원 이상인 공사고, 'B'공사는 추정가격 10억원미만 3억원이상인 전문공사 및 전기·정보통신·소방시설·문화재공사다. 영업기간은 공사종류에 관계없이 같은 기준이 적용된다.

<참조> [별표2] 추정가격 50억원미만 10억원이상의 공사 경영상태평가기준(전문공사 및 전기·정보통신·소방공사·문화재공사 등은 50억원 미만 3억원 이상)(제2조제3항 관련)

심 사 항 목	평 가 요 소	배점	평 가 등 급		평점
			A공사	B공사	
가. 최근년도 부채비율(부채총계/자기자본)	1) 업종별 평균 부채비율에 대한 해당업체의 비율	7	A. 50%미만 B. 75%미만 C. 100%미만 D. 125%미만 E. 125%이상	A. 100%미만 B. 130%미만 C. 160%미만 D. 190%미만 E. 190%이상	7.0 6.3 5.6 4.9 4.2
나. 최근년도 유동비율(유동자산 / 유동부채)	2) 업종별 평균 유동비율에 대한 해당업체 비율	7	A. 150%이상 B. 120%이상 C. 100%이상 D. 70%이상 E. 70%미만	A. 100%이상 B. 90%이상 C. 80%이상 D. 70%이상 E. 70%미만	7.0 6.3 5.6 4.9 4.2
다. 영업기간	-	1	A. 3년이상 B. 3년미만~1년이상 C. 1년미만		1.0 0.9 0.8

※ 주 :

1) 당해 회계연도에 새로 설립되거나 설립등기한 업체(합병 또는 분할합병으로 신설된 경우는 제외한다. 이하 "신설업체"라 한다.)의 경우 최초 결산서에 의한 평가시에는 이 예규 제2조제3항제5호에 의한 경영상태평가자료 또는 기업진단보고서에 의한 자료로 평가 가능함
2) 평가등급의 **'A'공사는 추정가격 50억원미만 10억원 이상인 공사**에 적용함
3) 평가등급의 **'B'공사는 추정가격 10억원미만 3억원이상인 전문공사 및 전기 · 정보통신 · 소방시설 · 문화재공사**에 적용하며, 최저 평점은 E등급으로 평가 함
4) 영업기간의 평가기준
   - [별표1]의 주 3)을 적용한다.
   - 새로 등록한 업종이 종합공사를 시공하는 업종인 경우에는 추정가격이 30억원 미만인 공사의 적격심사시에 한하여 실적전환이 인정된 기간을 영업기간으로 인정함
5) 업체별 평균부채비율 및 평균유동비율은 입찰공고에서 명시한 적격심사 평가대상 업종의 평균부채비율 및 평균 유동비율로 한다.
6) 심사항목의 분모나 분자에 '0'이 있는 경우에는 [별표1]의 주 5)를 적용한다.

<Example>

Q) ㉠, ㉡사업 모두 입찰공고일이 '20.1.10.이고 입찰참가자격은 전기공사업이다. 조건이 아래와 같을 때, C업체의 경영상태 점수는?

㉠사업의 추정가격	㉡사업의 추정가격	해당업종 평균 부채비율	해당업종 평균 유동비율	C업체 부채비율	C업체 유동비율	C업체 영업기간 산정기산일
13억원	5억원	149.57%	137.34%	77.76%	152.86%	2016.1.2. ~ 현재

A) C업체 경영상태 평가 결과는 다음과 같다.

$$\text{부채비율} = \frac{\text{대상업체의 부채비율}}{\text{해당업종의 평균 부채비율}} \times 100 = \frac{77.76}{149.57} \times 100 \fallingdotseq 51.99\% \;,\quad \text{유동비율} = \frac{\text{대상업체의 유동비율}}{\text{해당업종의 평균 유동비율}} \times 100 = \frac{152.86}{137.34} \times 100 \fallingdotseq 111.30\%$$

C업체의 부채 및 유동비율은 51.99%, 111.30%이다. ㉠사업에 입찰한 경우, <별표 2>에 따라 부채비율은 B등급, 유동비율은 C등급으로 각 6.3점, 5.6점을 취득하고 영업기간(4년)은 3년 이상으로 1점을 취득하여 총 12.9점(=6.3+5.6+1)이 된다. 반면, ㉡사업에 입찰한 경우, 부채비율과 유동비율 모두 A등급으로 만점을 받는다. 영업기간(4년)은 3년 이상으로 1점을 취득하여 15.0점(=7+7+1)이 된다. 이처럼 추정가격에 따라 경영상태 평가점수가 달라진다.

2. 입찰가격 평가(70점)

가. 평가점수 산식

$$70 - 4 \times \left| \left(\frac{88}{100} - \frac{\text{입찰가격}-A}{\text{예정가격}-A} \right) \times 100 \right| = \text{입찰가격점수}$$

* A : 국민연금, 건강보험, 퇴직공제부금비, 노인장기요양보험.

산업안전보건관리비, 안전관리비의 합산액.

- | | 는 절대값 표시임
- 입찰가격-A를 예정가격-A 으로 나눈 결과 소수점이하의 숫자가 있는 경우에는 소수점 다섯째자리에서 반올림하여 평가한다.

나. 입찰가격-A가 예정가격-A 이하로써 예정가격-A의 100분의 89.25이상인 경우의 평점은 65점으로 한다.

다. 최저 평점은 2점으로 한다.

3. 신인도 평가(±2)

- 다음과 같이 평가하되, 시공경험, 경영상태, 신인도 평가점수의 합이 수행능력 배점한도를 초과할 수 없다.

구분	심사항목	배점한도
1. 일자리 창출기업	종합건설업으로 발주하는 공사는 입찰자가 제출하는 다음 각 호의 자료 중 어느 하나로 평가하고 이 외에는 2호로 평가	
	1) 최근년도 건설고용지수(건설근로자공제회 발표) 평가에 따른 평가등급을 보유한 자	
	① 1등급인 자	+3.0
	② 2등급인 자	+2.0
	2) 일자리창출 실적(고용인력 증가 등)이 확인되는 자(①과 ②의 평가 점수를 합산)	
	① 근로내용 확인신고서(고용보험법 시행규칙 별지 제7호 서식)로 신고한 최근 6개월 평균 고용인원과 급여지급액이 그 이전 6개월 평균보다 증가한 경우	+2.5
	② 국세청 홈택스 또는 관할세무서에서 발급한 표준손익계산서, 「법인세법」 등에 따라 관할세무서에 신고된 손익계산서(공인회계사 또는 세무사 증명필요)상 전년도 급여액(퇴직급여액 제외)이 전전년도 급여액(퇴직급여액 제외)보다 증가한 경우	+0.5
2. 근로시간 조기 단축기업	근로시간 조기단축 기업 시행시기 도래 전 근로시간 52시간으로 단축하여 시행한 업체로 고용노동부로부터 근로시간 단축 확인을 받은 업체	+1.0
3. 건설재해 및 제재처분	1) 최근 1년간 건설업체의 산업재해 예방 활동 실적을 고용노동부장관이 평가한 결과 그 실적이 우수한자	
	① 평점 90점 이상인 자	+1.0
	② 평점 80점 이상 90점 미만인 자	+0.8
	③ 평점 70점 이상 80점 미만인 자	+0.6
	④ 평점 60점 이상 70점 미만인 자	+0.4
	⑤ 평점 50점 이상 60점 미만인 자	+0.2
	⑥ 평점 50점 미만인 자	0.0
	2) 최근 1년동안 산업안전보건법령 위반으로 동일현장에서 벌금이상의 행정형벌을 2회 이상 받은 자	
	① 2회 받은 자	-0.5
	② 3회 이상 받은 자	-1.0
4. 계약이행 성실도	1) 국방관서로부터 최근 1년이내(입찰공고일 기준)에 지체상금을 부과받은 자	-0.5
	① 지체상금 부과일수 10일 미만(계약 건별 부과일수 합계)	-1.0
	② 지체상금 부과일수 10일 이상(계약 건별 부과일수 합계)	
	2) 국방관서로부터 최근 1년이내(입찰공고일 기준)에 하자보수 통보를 받고 15일 이내에 착수하지 아니한 자	-0.5

※【주】

1) 일자리창출기업 및 건설재해 및 제재처분 신인도 평가

〈별지 3〉 추정가격 100억원미만 50억원이상 공사의 경우와 동일

2) 4.는 국방통합재정정보시스템에 등록된 자료에 의한다.

계약이행 시 지체상금을 부과받거나, 하자보수를 이행하지 않은 경우 적격심사 시 계약이행성실도 항목에서 감점을 받게 된다.

<Example>

Q) A업체는 군과 다수의 계약(㉠, ㉡, ㉢사업 포함)을 체결했었다. 국방통합재정정보시스템 상 A업체의 최근 1년 계약이행성실도는 다음과 같았다. 신인도 평가 점수는?

	㉠사업	㉡사업	㉢사업	합계
지체상금 부과일수	7일	2일	3일	12일
하자 보수통보를 받은 후 착수까지 소요된 기간	3일	11일	4일	18일

A) 지체상금 부과일수의 합계(12일)는 10일 이상으로 1점 감점된다. 다만, 하자보수 관련 감점은 없다. 그 이유는 하자 보수통보 후 착수일에 대해서는 합계 일수가 적용되는 것이 아니기 때문이다. 따라서 지체상금 감점 1점, 하자보수통보 감점 0점으로 총 1점이 감점된다.

4. 기타 당해공사 수행관련 결격여부(-10점)

가. 관계법령에 의한 당해업종 등록기준상 기술자 보유 미달여부

주) 기술자 보유 미달여부 확인

- 〈삭제〉
- **기술자 보유미달 여부 확인**은 **입찰공고일 현재**를 **기준**으로 공사 관련 법령에 따라 공사업체의 기술자정보를 관리하고 있는 협회 등에서 직접 발급받거나 전산망을 통하여 제공받은 기술자 보유확인서에 의한다.(공동도급계약의 경우는 구성원중 1개사라도 기술자보유 미달업체가 포함된 경우 10점 감점)
- **입찰공고일 현재 현재 기술자 보유현황이 업종등록 기준에 미달하나 입찰서 제출 마감일까지 업종등록기준을 충족하는 경우에는 감점대상에서 제외한다. 다만, 퇴사(4대보험 가입자격 상실 확인서상 퇴사일 기준)한 후 50일을 초과하지 않은 경우에 한한다.**
- 위에 따른 방법으로 확인이 불가능한 경우에는 업체로부터 직접 제출받은 기술자 자격증 사본과 고용여부를 확인할 수 있는 4대보험 가입증명서류 등에 의한다.

결격여부 역시 다른 평가기준과 마찬가지로 **입찰공고일**을 **기준**으로 평가하는 것이 **원칙**이다. 다만, 입찰공고일 당시에는 기술자가 부족했더라도 ①입찰서 제출마감일까지 충족시키고 ②기술자가 부족했던 기간이 50일을 초과하지 않은 경우는 감점대상에서 제외한다. 이는 인력보유의 유동성을 고려해주기 위해 만든 예외규정이다.

<Example>

Q) A사업은 10명의 기술자가 필요하고, 입찰공고일은 '20.1.10, 입찰서 제출마감일은 '20.1.18이다. 조건이 아래와 같을 때, 각 업체의 결격여부는?

	시기별 기술자 보유(명)				
	'19.9.18	'19.12.18	'20.1.13	'20.1.18(입찰서 제출마감일)	'20.1.23
A업체	10	9			10
B업체	9		10		
C업체	10	9	10		

A) A업체: 입찰공고일('20.1.10) 당시 기술자가 부족하였고, ①입찰서 제출마감일('20.1.18)에도 10명을 충족시키지 못하였으므로 **결격사유 해당**

B업체: 입찰공고일('20.1.10) 당시 기술자가 부족. ①입찰서 제출마감일('20.1.18)까지 10명을 충족하였으나, ②기술자가 부족했던 기간이 50일을 초과(118일, '19.9.18 ~ '20.1.13)하였으므로 **결격사유 해당**

C업체: 입찰공고일('20.1.10) 당시 기술자가 부족. 그러나 ①입찰서 제출마감일('20.1.18)까지 10명을 충족했고, 기술자가 부족했던 기간도 50일 이하(27일, '19.12.18 ~ '20.1.13)로 **결격사유 해당하지 않음**

〈별지 5〉

추정가격 10억원 미만 3억원 이상인 일반공사 평가기준

1. 수행능력 평가(20점)

가. 시공경험 평가(10점)

입찰방법	실적사항	점 수 배 점	비 고
실적에 의한 경쟁입찰공사 (10점)	최근 10년간 당해 공사와 동일한 종류의 공사실적	평가기준 규모대비 A : 75%이상 : 10점 B : 60%이상 : 9점 C : 45%이상 : 8점 D : 30%이상 : 7점 E : 30%미만 : 6점 ※ 단, 평가대상 업체가 공동수급체에 포함되어 참여하는 등록기간이 3년 미만인 신설업체인 경우에는 10점 부여	실적인정 등은 〈별지3〉의 주)1과 동일함
실적에 의한 경쟁입찰 이외의 경쟁입찰공사 (10점)	최근 5년간 당해공사의 업종별 공사실적 (금액)	점수 = 실적계수×10 (다만, 평점상한은 10점) 〈삭 제〉 * 실적계수 =업종별 실적의 합계액÷(기초예비가격×1/2) ※ 단, 평가대상 업체가 공동수급체에 포함되어 참여하는 등록기간이 3년 미만인 신설업체인 경우에는 10점 부여	실적인정 등은 〈별지3〉의 주) 2, 3와 동일함

※ [주] 신설업체에 대한 시공실적 평가

〈별지4〉 추정가격 50억원 미만 10억원 이상 공사의 경우와 동일

나. 경영상태 평가(10점)

ㅇ 별표 3의 경영상태 평가방법에 의한다. 다만, 토목 또는 건축공사(토건 포함)의 경우 대표자가 여성인 업체(공공구매 종합정보망에 등록한 자에 한함)의 시공비율이 30%이상인 때에는 경영상태 취득점수(공동수급체 전체의 점수를 말한다)에 10%를 가산평가하고, 사회적기업(사회적기업 인증을 받은 자에 한함), 장애인기업(공공구매종합정보망에 등록된 자에 한함)의 시공비율이 30% 이상인 때에는 경영상태 취득점수(공동수급체 전체의 점수를 말한다)에 10%를 가산평가한다.

2. 입찰가격 평가(80점)

가. 평가점수 산식

$$80 - 20\times\left|\left(\frac{88}{100} - \frac{\text{입찰가격}-A}{\text{예정가격}-A}\right)\times 100\right| = \text{입찰가격점수}$$

* A : 국민연금, 건강보험, 퇴직공제부금비, 노인장기요양보험.
산업안전보건관리비, 안전관리비의 합산액.

- | |는 절대값 표시임

- 입찰가격-A를 예정가격-A 으로 나눈 결과 소수점이하의 숫자가 있는 경우에는 소수점 다섯째자리에서 반올림하여 평가한다.

나. 입찰가격-A가 예정가격-A 이하로써 예정가격-A의 100분의 88.25이상인 경우의 평점은 75점으로 한다.

다. 최저 평점은 2점으로 한다.

3. 신인도 평가(±2)

〈별지 4〉 에 따라 평가하되, 시공경험, 경영상태, 신인도 평가점수의 합이 수행능력 배점한도를 초과할 수 없다.

4. 기타 당해공사수행 관련 결격여부(-10점)

〈별지 4〉 추정가격 50억원미만 3억원이상 공사의 경우와 동일

〈별지 6〉

추정가격 3억원 미만 2억원 이상인 공사 평가기준

(전기 · 정보통신 · 소방공사 · 문화재공사 등은 3억원미만 8천만원이상, 전문공사는 3억원미만 1억원이상인 공사의 평가기준)

1. 수행능력 평가(10점)

가. 시공경험(5점)

입찰방법	실적사항	점수배점	비고
실적에 의한 경쟁입찰 이외의 경쟁입찰공사	최근 5년간 공사 실적(당해업종 구분없이 평가)	점수 = 실적계수×5점 (다만, 평점상한은 5점임) *실적계수=공사실적 합계액÷(기초예비가격×1/2) ※ 단, 평가대상 업체가 공동수급체에 포함되어 참여하는 등록기간이 3년 미만인 신설업체인 경우에는 5점 부여	〈삭제〉

주) 1. 공동수급체의 경우 각 구성원의 평가대상 업종에 대한 각 구성원의 최근 5년간 실적금액의 합계액에 각 구성원의 시공비율을 곱하여 산출한 금액을 합산한 금액으로 평가한다.
- 실적금액은 관급자재대가를 제외한 금액을 기준으로 한다.

2. 동일한 법령에 의하여 등록된 업종의 실적금액을 모두 합산한다.

3. 신설업체에 대한 시공실적 평가
- 추정가격 50억원 미만 10억원이상 공사의 경우와 동일

나. 경영상태 평가(5점)

ㅇ 별표 3-1의 경영상태 평가방법에 의한다. 다만, 토목 또는 건축공사(토건 포함), 전문공사 및 전기 · 정보통신 · 소방시설 · 문화재공사 등은 대표자가 여성인 업체(공공구매 종합정보망에 등록한 자에 한함), 사회적기업(사회적기업 인증을 받은 자에 한함), 장애인기업(공공구매종합정보망에 등록된 자에 한함)의 시공비율이 30% 이상인 때에는 경영상태 취득점수(공동수급체 전체의 점수를 말한다)에 10%를 가산평가한다.

<참조> [별표3-1] 추정가격 3억원미만 2억원이상(전기·정보통신·소방공사·문화재공사 등은 3억원미만 8천만원 이상, 전문공사는 3억원미만 1억원 이상)인 공사의 경영상태평가기준(제2조제3항 관련)

심사항목	평가요소	배점	평가등급	평점
가. 최근년도 부채비율 (부채총계/자기자본)	1) 업종별 평균 부채비율에 대한 해당 업체의 비율	3	A. 100%미만	3.0
			B. 130%미만	2.7
			C. 160%미만	2.4
			D. 190%미만	2.1
			E. 190%이상	1.8
나. 최근년도 유동비 (유동자산/유동부채)	2) 업종별 평균 유동비율에 대한 해당 업체 비율	2	A. 100%이상	2.0
			B. 90%이상	1.8
			C. 80%이상	1.6
			D. 70%이상	1.4
			E. 70%미만	1.2

※ [주]

1) [별표 2]의 주1) 및 주5)를 적용하며, [별표 2] 주1)의 신설업체에 한해 관련법령에 의하여 업종등록시 제출된 재무제표로도 평가 가능함.

2) 최저평점은 E등급으로 평가함

3) 심사항목의 분모나 분자에 '0'이 있는 경우에는 [별표1]의 주5)를 적용한다.

2. 입찰가격 평가(90점)

가. 평가점수 산식

$$90 - 20\times\left|\left(\frac{88}{100} - \frac{\text{입찰가격}-A}{\text{예정가격}-A}\right)\times 100\right| = \text{입찰가격점수}$$

* A : 국민연금, 건강보험, 퇴직공제부금비, 노인장기요양보험, 산업안전보건관리비, 안전관리비의 합산액.

- | |는 절대값 표시임
- 입찰가격-A를 예정가격-A 으로 나눈 결과 소수점이하의 숫자가 있는 경우에는 소수점 다섯째자리에서 반올림하여 평가한다.

나. 입찰가격-A가 예정가격-A 이하로써 예정가격-A의 100분의 88.25 이상인 경우의 평점은 85점으로 한다.

다. 최저 평점은 2점으로 한다.

3. 신인도 평가(±2)

〈별지 4〉에 따라 평가하되, 시공경험, 경영상태, 신인도 평가점수의 합이 수행능력 배점한도를 초과할 수 없다.

4. 기타 당해공사수행 관련 결격여부(-10점)

〈별지 4〉 추정가격 50억원미만 3억원이상 공사의 경우와 동일

<별지 7>

추정가격 2억원 미만인 공사의 평가기준

(전기 · 정보통신 · 소방공사 · 문화재공사 등은 8천만원미만,
전문공사는 1억원미만인 공사의 평가기준)

1. 수행능력(경영상태) 평가(10점)

○ 별표 3의 경영상태 평가방법에 의한다. 다만, 토목 또는 건축공사(토건 포함), 전문공사 및 전기 · 정보통신 · 소방시설 · 문화재공사 등은 대표자가 여성인 업체(공공구매 종합정보망에 등록한 자에 한함), 사회적기업(사회적기업 인증을 받은 자에 한함), 장애인기업(공공구매종합정보망에 등록된 자에 한함)의 시공비율이 30% 이상인 때에는 경영상태 취득점수(공동수급체 전체의 점수를 말한다)에 10%를 가산평가한다.

가. 특별신인도 평가(+2점)

- 당해 업종별 최근 5년간 실적합계액이 당해 공사 추정금액 이상인 경우 가산 평가한다(+2점)

2. 입찰가격 평가(90점)

가. 평가점수 산식

$$90 - 20 \times \left| \left(\frac{88}{100} - \frac{\text{입찰가격} - A}{\text{예정가격} - A} \right) \times 100 \right| = \text{입찰가격점수}$$

* A : 국민연금, 건강보험, 퇴직공제부금비, 노인장기요양보험.
산업안전보건관리비, 안전관리비의 합산액.

- | |는 절대값 표시임
- 입찰가격-A를 예정가격-A 으로 나눈 결과 소수점이하의 숫자가 있는 경우에는 소수점 다섯째자리에서 반올림하여 평가한다.

나. 입찰가격-A가 예정가격-A 이하로써 예정가격-A의 100분의 88.25이상인 경우의 평점은 85점으로 한다.

다. 최저 평점은 2점으로 한다.

3. 신인도 평가(±2)

〈별지 4〉에 따라 평가하되, 시공경험, 경영상태, 신인도 평가점수의 합이 수행능력 배점한도를 초과할 수 없다.

4. 기타 당해공사수행 관련 결격여부(-10점)

〈별지 4〉 추정가격 50억원미만 3억원이상 공사의 경우와 동일

<별표 1>

추정가격 100억원미만 50억원이상의 공사 경영상태평가기준(제2조제3항 관련)

심 사 항 목	평 가 요 소	배점	등 급	평점
가. 최근년도 부채비율 (부채총계/자기자본)	1) 업체평균 부채비율에 대한 해당업체 비율	7.0	A. 50%미만 B. 75%미만 C. 100%미만 D. 125%미만 E. 125%이상	7.0 6.2 5.4 4.6 3.8
나. 최근년도 유동비율 (유동자산/유동부채)	2) 업체평균 유동비율에 대한 해당업체 비율	7.0	A. 150%이상 B. 120%이상 C. 100%이상 D. 70%이상 E. 70%미만	7.0 6.2 5.4 4.6 3.8
다. 〈삭제〉	〈삭제〉	〈삭제〉	〈삭제〉	〈삭제〉
라. 영업기간		2.0	5년이상 5년미만 3년이상 3년미만	2.0 1.8 1.5

※주 :

1) 평가결과 부(-)의 수치로 나타나는 경우 최저등급으로 평가하며, 업체평균비율이 부(-)의 수치인 심사항목은 해당업체의 비율이 (+) 수치인 업체는 A등급, (-)수치인 해당업체는 E등급으로 평가한다.

2) 평균비율이 없는 심사항목에 대하여는 배점한도를 적용한다.

3) 영업기간의 평가기준

① 영업기간은 건설업체가 심사기준일 현재 보유하고 있는 건설업면허 취득 또는 등록일로부터 심사기준일까지의 기간을 기준으로 하며, 관련협회로부터 통보되어 시스템에 등록된 자료에 의한다.

② 보유한 건설업면허 또는 등록의 변동이 있었던 경우(건설산업기본법 제8조제1항의 규정에 의한 동일한 종류의 건설업면허를 말함)에는 종전에 보유하였던 건설업면허 또는 등록의 보유기간을 합산하여 평가한다. 다만, 건설산업기본법 시행규칙 부칙 제3조제1항에 따라 새로 등록한 업종이 전문공사를 시공하는 업종인 경우에는 새로 등록한 업종으로 실적전환이 인정된 기간을 영업기간으로 인정함('07.12.31이전에 전문공사를 시공하는 업종을 보유하고 있는 경우에는 해당 업종을 보유한 기간을 영업기간으로 합산하되 중복되는 기간은 제외함)

4) 업체별 평균부채비율 및 평균유동비율은 입찰공고에서 명시한 적격심사 평가대상 업종의 평균부채비율 및 평균 유동비율로 한다.

5) 심사항목의 분모나 분자에 '0' 이 있는 경우에는 다음과 같이 적용한다.

심 사 항 목	분모 '0'	분자 '0'
최근년도 부채비율(부채총계/자기자본)	최저등급	배점한도
최근년도 유동비율(유동자산/유동부채)	배점한도	최저등급

<별표 2>

추정가격 50억원미만 10억원이상 공사의 경영상태 평가기준
(전문공사 및 전기 · 정보통신 · 소방공사 · 문화재공사 등은 50억원미만 3억원이상)(제2조제3항 관련)

심 사 항 목	평 가 요 소	배점	평 가 등 급		평점
			A공사	B공사	
가. 최근년도 부채비율(부채총계/자기자본)	1) 업종별 평균 부채비율에 대한 해당업체의 비율	7	A. 50%미만 B. 75%미만 C. 100%미만 D. 125%미만 E. 125%이상	A. 100%미만 B. 130%미만 C. 160%미만 D. 190%미만 E. 190%이상	7.0 6.3 5.6 4.9 4.2
나. 최근년도 유동비율(유동자산/유동부채)	2) 업종별 평균 유동비율에 대한 해당업체 비율	7	A. 150%이상 B. 120%이상 C. 100%이상 D. 70%이상 E. 70%미만	A. 100%이상 B. 90%이상 C. 80%이상 D. 70%이상 E. 70%미만	7.0 6.3 5.6 4.9 4.2
다. 영업기간	-	1	A. 3년이상 B. 3년미만~1년이상 C. 1년미만		1.0 0.9 0.8

※ 주 :

1) 당해 회계연도에 새로 설립되거나 설립등기한 업체(합병 또는 분할합병으로 신설된 경우는 제외한다. 이하 "신설업체"라 한다.)의 경우 최초 결산서에 의한 평가시에는 이 예규 제2조제3항제5호에 의한 경영상태평가자료 또는 기업진단보고서에 의한 자료로 평가 가능함
2) 평가등급의 'A' 공사는 추정가격 50억원미만 10억원 이상인 공사에 적용함
3) 평가등급의 'B' 공사는 추정가격 10억원미만 3억원이상인 전문공사 및 전기·정보통신·소방시설·문화재공사에 적용하며, 최저 평점은 E등급으로 평가 함
4) 영업기간의 평가기준
  - [별표1]의 주 3)을 적용한다.
  - 새로 등록한 업종이 종합공사를 시공하는 업종인 경우에는 추정가격이 30억원 미만인 공사의 적격심사시에 한하여 실적전환이 인정된 기간을 영업기간으로 인정함
5) 업체별 평균부채비율 및 평균유동비율은 입찰공고에서 명시한 적격심사 평가대상 업종의 평균부채비율 및 평균 유동비율로 한다.
6) 심사항목의 분모나 분자에 '0'이 있는 경우에는 [별표1]의 주 5)를 적용한다.

〈별표 3〉

추정가격 10억원미만 3억원이상(일반공사)와 2억원미만인 공사(전기·정보통신·소방공사·문화재공사 등은 8천만원 미만, 전문공사는 1억원 미만)의 경영상태평가기준(제2조제3항 관련)

심 사 항 목	평 가 요 소	배점	평가등급	평점
가. 최근년도 부채비율 (부채총계/자기자본)	1) 업종별 평균 부채비율에 대한 해당 업체 비율	5	A. 100%미만	5.0
			B. 130%미만	4.5
			C. 160%미만	4.0
			D. 190%미만	3.5
			E. 190%이상	3.0
나. 최근년도 유동비율 (유동자산 /유동부채)	2) 업종별 평균 유동비율에 대한 해당 업체 비율	5	A. 100%이상	5.0
			B. 90%이상	4.5
			C. 80%이상	4.0
			D. 70%이상	3.5
			E. 70%미만	3.0

※ [주]

1) **별표 2의 주 1)**을 적용하며, 최저평점은 E 등급으로 평가함.
다만, 추정가격 2억원미만인 공사(전기·정보통신·소방공사·문화재공사 등은 8천만원미만, 전문공사는 1억원 미만)의 경우 관련법령에 의하여 업종등록시 제출된 재무제표로도 평가 가능함.

2) 심사항목의 분모나 분자에 '0'이 있는 경우에는 [별표1]의 주5)를 적용한다.

〈별표 3-1〉

추정가격 3억원미만 2억원이상(전기 · 정보통신 · 소방공사 · 문화재공사 등은 3억원미만 8천만원이상, 전문공사는 3억원미만 1억원이상)**인 공사의 경영상태평가기준**(제2조제3항 관련)

심사항목	평가요소	배점	평가등급	평점
가. 최근년도 부채비율 (부채총계/자기자본)	1) 업종별 평균 부채비율에 대한 해당 업체의 비율	3	A. 100%미만 B. 130%미만 C. 160%미만 D. 190%미만 E. 190%이상	3.0 2.7 2.4 2.1 1.8
나. 최근년도 유동비율 (유동자산/유동부채)	2) 업종별 평균 유동비율에 대한 해당 업체 비율	2	A. 100%이상 B. 90%이상 C. 80%이상 D. 70%이상 E. 70%미만	2.0 1.8 1.6 1.4 1.2

※ [주]

1) **[별표 2]의 주1) 및 주5)를** 적용하며, [별표 2] 주1)의 신설업체에 한해 관련법령에 의하여 업종등록시 제출된 재무제표로도 평가 가능함.

2) 최저평점은 E등급으로 평가함

3) 심사항목의 분모나 분자에 '0'이 있는 경우에는 [별표1]의 주5)를 적용한다.

<별표 4>

신 용 평 가 등 급 표(제2조제3항 관련)

○ 「신용정보의 이용 및 보호에 관한 법률」 제4조제4항제1호 또는 「자본시장과 금융투자업에 관한 법률」 제9조제26항의 업무를 영위하는 신용정보업자가 제2조제3항제5호나목에 따라 제출한 신용평가등급을 기준으로 경영상태를 평가하는 경우 다음의 표에 의하여 평가한다. 다만, 유효한 신용평가등급이 없는 경우에는 "0점"으로 처리한다.

회사채에 대한 신용평가등급	기업어음에 대한 신용평가등급	기업신용평가등급	배점한도	
			추정가격 100억원 미만 10억원 이상인 일반건설공사	추정가격 100억원 미만 3억원 이상인 전문공사 및 전기·정보통신·소방시설·문화재공사 등
A+이상	A2+이상	회사채에 대한 신용평가등급 A+에 준하는 등급	15.0	15.0
A0	A20	회사채에 대한 신용평가등급 A0에 준하는 등급	15.0	15.0
A-	A2-	회사채에 대한 신용평가등급 A-에 준하는 등급	15.0	15.0
BBB+	A3+	회사채에 대한 신용평가등급 BBB+에 준하는 등급	14.8	14.8
BBB0	A30	회사채에 대한 신용평가등급 BBB0에 준하는 등급	14.7	14.7
BBB-	A3-	회사채에 대한 신용평가등급 BBB-에 준하는 등급	14.5	14.5
BB+, BB0	B+	회사채에 대한 신용평가등급 BB+, BB0에 준하는 등급	14.2	14.2
BB-	B0	회사채에 대한 신용평가등급 BB-에 준하는 등급	13.7	13.7
B+, B0, B-	B-	회사채에 대한 신용평가등급 B+, B0, B-에 준하는 등급	12.6	12.6
CCC+이하	C 이하	회사채에 대한 신용평가등급 CCC+에 준하는 등급 이하	11.6	11.6

※ 경영상태 평가를 신용평가로 선택하였을 경우 배점 적용기준(등급제한 공사 포함)

〈별표 5〉

하도급관리계획의 적정성 평가(제7조제4항 관련)

<table>
<tr><th rowspan="3">심사항목</th><th colspan="3">등급별 평점</th><th rowspan="3">비 고</th></tr>
<tr><th colspan="2" rowspan="2">등 급</th><th>규모별 평점</th></tr>
<tr><th>평 점</th></tr>
<tr><td colspan="3">단일 공종공사 등</td><td>10</td><td>전문 · 전기 · 정보통신 · 소방공사 · 문화재공사 등 단일공종 공사는 만점으로 평가함</td></tr>
<tr><td>하도급
비 율</td><td colspan="2">가. 40% 이상
나. 30% 이상</td><td>4
3</td><td>하도급 비율은 입찰가격(관급 제외)대비 하도급할 공사(지급자재 제외)의 합계금액으로 평가.
〈별지6호 서식〉의 예시에서 (B / A × 100)</td></tr>
<tr><td rowspan="6">하도급
금액비율</td><td>하도급 부분
입찰금액 대비</td><td>하도급 부분
조사금액대비</td><td></td><td rowspan="6">주) 4.에 따라 평가</td></tr>
<tr><td>가. 77%미만</td><td rowspan="3">-</td><td>2</td></tr>
<tr><td>나. 77%이상
80%미만</td><td>3</td></tr>
<tr><td>다. 80%이상
82%미만</td><td rowspan="2">4</td></tr>
<tr><td>라. 82%이상</td><td>64%미만</td></tr>
<tr><td>마. 82%이상</td><td>64%이상</td><td>5</td></tr>
<tr><td>하도급대금
직불계획</td><td colspan="2">가: 20%이상
나: 10%이상~20%미만</td><td>1
0.5</td><td>직불비율=(수요기관이 하수급자에 직접지급할 금액/ 총 하도급 계약할 금액) × 100</td></tr>
<tr><td colspan="3">계</td><td>10</td><td></td></tr>
</table>

※주) 1. 관계법령에 의하여 당해 하도급 시공에 필요한 등록 등을 하지 아니하였거나 부정당업자 제재 또는 영업정지처분을 받아 그 기간이 경과되지 아니한 하수급예정자는 평가에서 제외한다.

2. 하수급예정자와 계약할 금액이 당해 하수급예정자의 시공능력공시액을 초과하는 경우 초과부분을 제외하고도 건설산업기본법령상 의무하도급 비율을 충족하는 때에는 초과부분에 대하여 추가로 하수급예정자를 선정할 수 있다.

3. '하도급대금 직불계획'은 별지 제6호서식 '하도급관리계획서'에 하수급 예정자와의 직불계획 금액비율을 표기하여야 한다.

4. 하도급 금액비율 항목은 다음 2가지 항목을 모두 평가하여 기준을 동시에 충족할 경우 만점으로 함

- 하도급업체와 계약을 체결할 금액의 합계가 하도급할 부분에 대한 입찰금액(직·간접 노무비, 재료비, 경비를 기준으로 산출한 금액에 일반관리비, 이윤, 부가세를 포함한 금액, 지급자재 및 하도급대금 지급보증서 발급금액은 제외)의 합계의 100분의 82 이상일 것
- 하도급업체와 계약을 체결할 금액의 합계가 하도급할 부분에 대한 조사금액 합계의 100분의 64 이상일 것

〈별표 6〉

자재 및 인력조달가격 적정성 평가기준(제7조제2항 관련)

1. 평가산식 : {노무비 평가점수 + 제경비(기타경비, 일반관리비, 이윤) 평가점수)} × 공사종류별 난이도계수(별표 7)

2. 노무비 평가

○ 노무비 적용기준율 대비 입찰서상의 노무비 반영비율에 따라 평가

○ 노무비율 = $\frac{\text{직접노무비 + 간접노무비}}{\text{입찰금액}}$

○ 배점 : 7점

- 추정가격 100억원 이상 공사는 10점, 추정가격 100억원 미만 공사는 7점

노무비율	기준율의 100%이상	기준율의 90%이상	기준율의 90%미만
점수(추정가격 100억원 미만인 공사)	7	6	5

3. 제경비의 적정성 평가

○ 기타경비, 일반관리비, 이윤에 대하여 적용기준율 대비 입찰서상의 반영비율에 따라 각각 평가한 후 합산

- 기타경비율 = $\frac{\text{기타경비}}{\text{입찰금액}}$

- 일반관리비율 = $\frac{\text{일반관리비}}{\text{입찰금액}}$

- 이윤율 = $\frac{\text{이윤}}{\text{입찰금액}}$

○ 배점 : 3점(각 경비별 배점 1점)

기타경비, 일반관리비, 이윤 반영비율 (추정가격 100억원 미만 공사)	기준율의 100%이상	기준율의 85%이상	기준율의 85%미만
점 수	0.5	1	0.5

주) 1. 제경비 중 기타경비 반영비율 평가는 기준율의 100% 이상인 경우에도 배점한도를 적용한다.

2. 노무비, 기타경비・일반관리비・이윤의 반영비율 산출은 (별지 제7호 서식)의 '산출내역서 집계표'에 의한다.

3. 노무비 및 제경비의 적정성 평가에 적용하는 노무비 및 각 경비별 기준율은 예비가격기초금액 발표시 함께 발표한다.

〈별지 1〉, 〈별지 2〉, 〈별지 3〉의 경영상태 평가에 적용된다.

〈별표 7〉

공사종류별 자재 및 인력조달가격의 난이도 계수표(제7조제2항 관련)

등급	공 사 종 류	기본 계수	적용 난이도계수	비 고
A	① 현수교, 사장교, 연육교, 연도교, 해상교량, 아치교, 트러스교가 포함된 교량공사 ② 쓰레기 소각로 건설공사	0.80	○ 전체공사금액 대비 당해등급에 해당하는 공사의 공사금액 비율에 따라 아래와 같이 적용 - 70%이상은 당해 등급의 기본 계수적용 - 70%미만, 50%이상은 당해 등급의 하위 등급 기본계수 적용 - 50%미만, 30%이상은 당해 등급의 차 하위 등급 기본계수 적용 - 30%미만은 당해 등급의 차차 하위등급 기본 계수 적용 - 최하 기본계수는 1.00 적용	- 난이도 계수는 예비가격기초 금액을 기준으로 산정함. - A~D등급에 해당하는 공사가 복합된 공사는 주공종(금액이 큰공종)을 기준으로 함
B	① 경간50m이상이 포함된 연장 500m이상의 교량공사 ② 지하구간의 지하철공사 ③ 터널공사 ④ 공항(활주로, 유도로, 계류장, 청사)건설공사 ⑤ 폐수종말처리장 건설공사 ⑥ 하수종말처리장 건설공사 ⑦ PQ대상 건축공사	0.85		
C	① A 및 B등급이외의 교량공사 ② 항만공사(준설,매립공사제외) ③ B등급이외의 건축공사	0.90		
D	① 철도공사(지상구간지하철 포함) ② 고속도로공사	0.95		
E	① D등급 이상에 속하지 않는 일반공사 ② 전문・전기・정크통신・소방시설 기타 공사	1.00		

※ 적용 난이도 계수는 예비가격 기초금액 발표시 함께 발표함

〈별표 8〉

시공실적 제출 및 심사기준(제2조제3항 관련)

1. 적용범위

1) **제2조제3항4호**의 평가에 적용한다.

2) 건설산업기본법시행규칙 제22조제2항제1호 '가 내지 마'목의 규정에 의한 공사실적 등의 제출방법은 다른 법령에 의하여 발주하는 공사에도 준용한다.

2. 시공실적의 증명방법

1) 시공실적의 증명은 **"별지 제3호 서식"**에 의한다.

2) 전 1)의 내용을 관련협회에 등록하거나, 국가기관 · 지방자치단체 · 정부투자기관의 장이 전 1)의 내용을 공사관련 주무기관장에게 통보한 내용을 관련협회가 확인하는 경우 관련협회의 확인서도 가능하다.

3 공사지역별 소관 협회

가) 국내공사 : 건설협회등 관련협회

나) 국외공사 : 해외건설협회

4) 외국인 건설업자가 외국에서 시공한 공사는 건설산업기본법시행규칙 제22조제2항 제1호바목의 규정에 의한 방법으로 하며 다른 법령의 적용을 받는 공사의 경우에도 이를 준용한다.

5) 하도급공사 : 전 '1)' 내지 '2)'의 방법에 따라 증명하되, 원도급자의 증명이 추가되어야 한다.

3. 시공실적 제출에 필요한 관련서류

1) 발주자가 법인・개인이거나, 자체공사인 경우는 인・허가서류 및 공사가 준공되었다는 관계서류와 부가가치세 공급가액 증명서(도급계약서 포함)

2) 건축공사 실적의 경우는 건축물의 용도에 따른 면적이 기재된 관계서류(국내공사인 경우 건축물대장)

3) 시공실적증명서에 공사금액(준공 및 관급)이 기재되지 않는 경우는 투입된 공사금액을 입증할 수 있는 관계서류 사본(원본제시)

4) 공동도급실적의 경우는 계약서와 공동수급협정서 사본(원본제시)

5) 국외공사인 경우는 외국환은행에서 발행하는 준공일 기준 전신환매도율 증명서

6) 시공실적증명서 및 관련서류가 외국어로 작성된 경우는 한국어번역 및 공증서류

4. 시공실적 심사기준

1) 공통사항

가) 심사의 대상 : 동일공사의 준공(기성)실적

나) 실적심사는 증명서 발급기관에서 발급한 내용을 기준으로 심사함을 원칙으로 한다

다) 제출된 실적증명서의 입증책임은 당해 업체에 있다.

2) 동일공사의 실적규모 인정

1건의 동일한 용도의 단위구조물(체)로서 동 공사의 인정기준규모에 해당되는 경우에 한하여 실적으로 인정하며, 이 경우 1건이라 함은 단위계약건중 시공실적 심사기준에 부합되는 각 단위구조물(체)을 말한다.

3) 동일공사의 실적금액 인정

가) 전2)에 의한 실적인정 규모에 해당하는 공사금액을 실적금액으로 인정하며 수급인설치 관급(지급)자재 금액을 포함한다. 다만 준공금액・관급금액 미기재 및 불분명한 부분은 인정하지 아니한다.

나) 국외공사인 경우에는 준공일 기준 외국환은행에서 고시하는 전신환매도율로 환산 적용하고 그 이외의 화폐인 경우에는 $(USD)화를 기준으로 환산 적용한다.

4) 공동도급계약의 실적 인정

가) 공동이행방식으로 이행한 실적은 시공비율에 해당하는 규모(금액)를 실적으로 인정한다. 다만, 규모에 대한 인정은 당해회사가 실질적으로 시공한 부분에 한하며, 실적증명서에는 공동수급체별 시공내용 및 구성원 전원의 날인과 발주기관의 증명이 있어야 한다.

나) 공동이행방식으로 이행한 실적의 경우 기본요소(예: 경간·접안능력·높이등)는 공동수급체 구성원 각각 모두 인정하되, 시공비율에 의한 시공규모가 기본요소미만인 경우는 실적으로 불인정한다.(예: 당해실적이 경간50m, 길이200m의 교량이고 시공비율 20%일때 당해지분 실적이 40m이므로 경간50m실적은 불인정함)

다) 공동도급 또는 일반건설업(특수건설업)자간 하도급으로 시공한 공사가 **동일 공사**실적에 해당되어 공동으로 **적격심사** 신청한 경우는 1건 실적으로 인정하여 각각 시공한 비율만큼 인정하고, 인정된 실적을 당해공사의 **적격심사**에 적용하는 시공비율을 곱하여 산출된 실적만큼 인정한다.

5) 공사의 일부분을 하도급한 경우의 실적인정

가) 일반건설업자가 일반건설업자(특수건설업자 포함)에게 하도급한 경우 하도급을 준 원도급자의 실적인정은 하도급을 제외한 부분만 실적으로 인정하며 하수급자인 일반건설업자(특수건설업자 포함)의 실적은 하수급하여 시공한 부분에 대하여만 실적으로 인정한다.

나) 철강재설치공사업에 해당하는 공사를 '97년 7월 10일 이전에 철강재설치공사업자에게 하도급한 경우 원도급자의 실적인정은 철강재설치공사 부분을 제외한 부분만 실적으로 인정하며 이 경우에 해당하는 실적은 동일공사 인정에서 제외한다.

다) 일반건설업자가 전문건설업자에게 하도급한 경우에는 원도급자와 하수급자(전문건설업자) 각각의 실적으로 인정한다.

6) 계속공사로 준공한 공사의 실적인정

단일구조물공사를 연차별로 분할 발주한 계속공사인 경우에는 최근 10년간 시공한 당해공사와 동일한 용도의 단위구조물(체)을 1건 실적으로 간주한다. 이 경우 각 단위구조물(체)별로 공사규모 및 준공금액이 명시된, '별지 제3호 서식의 주) 6'에 의한 서류가 첨부되어야 한다.

7) 시공중인 장기계속공사(또는 계속비공사)의 실적인정

전체공사(총공사)가 준공되기 이전이라도 발주기관에서 인수하여 사용·관리중인 경우에는 이 부분에 대하여 실적으로 인정한다.

8) 업종별 실적인정

가) 건설산업기본법령(구 건설업법)등 관련법령에 의거 당해공사 시공에 필요한 업종에 등록하고 시공한 공사실적만 인정한다.

나) 관련법령의 제·개정으로 등록업종(면허) 분류가 변경된 경우에도 당해 공사의 시공당시를 기준으로 등록(면허)사항을 충족하고 시공된 경우에만

실적으로 인정한다

9) 합병 등에 따른 실적인정

가) 건설산업기본법의 규정에 따른 합병등을 한 업체의 실적은 합병등에 따른 권리, 의무를 포괄적으로 승계하였다는 증빙서류를 발주관서에 제출한 경우에는 다음과 같이 평가한다.

(1) 합병의 경우에는 존속되거나 신설된 업체의 실적은 소멸된 자의 실적을 승계한 것으로 합산하여 평가한다.

(2) 분할의 경우에는 권리, 의무를 승계받은 업체의 실적으로 본다.

(3) 사업양수도의 경우에는 해당업종을 양수한 자의 실적으로 평가한다.

나) 다른 법령의 규정에 의한 합병 등에 따른 실적인정방법을 별도로 명시한 경우에는 당해 업종별 관련법령에 따라 처리한다.

10) 공동수급체 구성원의 부도등에 따른 실적인정

시공중 공동수급체 구성원의 부도 등으로 공동도급비율이 변경된 경우에는 변경된 공동도급비율을 적용하여 평가하고, 시공중에 부도 등으로 공동수급체 구성원의 일부가 잔여공사를 시공한 경우에는 아래와 같이 평가한다.

가) 단위구조물 전체에 대하여 하자보증서를 제출한 경우에는 하자보증서를 제출한 자의 실적으로 인정한다.

나) 단위구조물의 하자보증서를 차수별 등의 방법으로 구분하여 제출한 경우에는 각사별 하자보증비율에 따라 규모 및 금액을 인정하여 평가한다.

〈별표 9〉

지역업체 참여에 따른 가산점(제3조제2항 관련)

지역업체 지분율의 합	공사규모별			
	[별지 #1~2]	[별지 #3~4]	[별지 #5]	[별지 #6~7]
25%이상~30%미만	2.3	1.7	1.1	0.6
30%이상~35%미만	3.0	2.2	1.5	0.7
35%이상~40%미만	3.6	2.7	1.8	0.9
40%이상~45%미만	4.3	3.2	2.1	1.1
45%이상~50%미만	4.9	3.7	2.5	1.2
50%이상	5.5	4.1	2.8	1.4

주) 1. 가산점은 공사규모별로(제2조의 별지1~별지7) 각 지역업체 지분율(지역업체 지분율 산정은 주)5.에 따름)과 아래의 해당 지역소재기간 가중치(지역소재일 산정은 주)6.에 따름)를 곱하여 산정한 '조정 지분율의 합'에 해당하는 위 표의 점수를 해당 공동수급체의 수행능력 최종 평가점수에 합산하며, 수행능력 평점은 배점한도를 초과할 수 없다.

$$\text{지역소재기간 가중치} = \frac{\text{지역소재일}}{3650}$$

다만, 산출한 가중치가 1을 초과할 경우 가중치는 1로 한다.

2. 공사현장이 2개 이상의 시・도에 걸치는 경우에는 2개지역 각각의 가산점을 합산하여 평가하며, 이 경우 1개지역의 '조정 지분율의 합'과 '공사규모별 가산점'은 위 표 해당항목의 1/2로 한다.(소수점 셋째자리에서 반올림)
3. 해당공사가 복합업종으로 구성된 경우와 주계약자관리방식은 전체공사에 대한 지역업체 지분율로 평가한다.

3-1. 전체공사에 대한 지역업체 지분율은 공종별 지역업체 지분율의 합에 해당공종의 구성비율[입찰공고에서 명시한 전체공사의 추정가격(부가가치세 포함) 대비 해당공종의 추정가격(부가가치세 포함) 비율을 말한다]을 곱하여 합산한다.

3-2. 주계약자관리방식의 전체공사에 대한 지역업체 지분율 산정은 〈별지 제8호 서식〉을 준용한다.

4. 지역제한 경쟁입찰로 공고된 공사, 지역의무공동도급으로 공고된 공사와 당해 지역 안에 공사의 이행에 필요한 자격을 갖춘 자가 10인 미만인 공사는 지역가산평가에서 제외한다.
5. '지역업체 지분율'은 제3조 제1항 제2호 '다'목 등의 규정에 따른 시공비율 평가를 적용한다. 다만, 주공종에 참여하지 않는 업체의 경우 공동수급협정서(공동수급체현황표)상의 지역업체 지분율을 적용한다.
6. 지역소재기간 가중치 산정에서 '지역소재일'은 해당 계약을 이행하는데 필요한 면허·허가·등록 등의 자격요건을 갖춘 날과 법인등기부상 본점을 해당 시 · 도에 최종 등기한 날(또는 입찰참가자격등록증상 본점을 해당 시 · 도에 최종 등록한 날) 중 최근일자로 부터 입찰공고일까지 일수로 한다.
7. 「건설산업기본법」 제85조의2제1항에 따라 건설업종을 말소하고 말소 전의 건설업종과 전부 또는 일부 중복되는 건설업종으로 6개월 이내에 등록한 경우에는 변경등록 전의 지역소재기간을 합산하여 지역소재일을 산정한다.

<별지 제1호 서식>

적 격 심 사 신 청 서

○ 공사관리번호 :
○ 공　사　명 :
○ 입 찰 일 시 : 200 .　.　.

위 건 공사입찰과 관련하여 적격심사서류를 신의성실의 원칙에 따라 작성, 붙임과 같이 제출하오니 우리회사(공동수급체구성원 포함)에 대하여 붙임 자료에 의거 적격심사(향후 적격심사 포함)하여 주시기 바라며, 만일 제출한 서류가 허위 또는 부정한 방법으로 작성된 사실이 확인될 경우에는 귀부 심사기준에 따라 조치하여도 아무런 이의를 제기하지 않겠음을 확약합니다.

200 .　.　.

제출자 (공동수급체 대표자) 주　소 :
회사명 :
대표자 :

○○ 부 대 장　귀 하

. . . . (절취선) . . . . (인) . . . .

접　수　증

1. 공사관리번호 :　　2. 공　사　명 :
3. 제　출　자 :

위 건 공사의 적격심사신청서를 접수하였음을 확인합니다.

200 .　.　.

○○ 부대 ○○과장　(인)

〈별지 제2호 서식〉

적격심사 자기평가 및 심사표

1. 심사대상공사

관리번호	
공 사 명	
입찰일시	
추정가격	
입찰금액	

2. 심사대상입찰자

업 체 명	(전화)
대 표 자	
공 종	

3. 회사를 대표하는 연락책임자 인적사항

소 속	
직 위	
성 명	
전화번호	(FAX)

4. 종합평가 (예)

(1) 추정가격 50억원미만 10억원이상 공사의 경우

(단위 : 점)

구 분	배 점	자기평점	심사평점	비고
계	100			
시 공 경 험	15			
경 영 상 태	15			
입 찰 가 격	70			
특별신인도	0 ~ -1.5			
결격사유	0 ~ -10			

※ 위와 같이 공사입찰시 해당배점을 적용하여 위 심사표를 작성할 것.

<별지 제2-1호 서식>

경영상태 등의 확인서

등록번호		감사의견			
상호	대표자	영업소재지		전화번호	
공사업종류, 등록번호	토목건축공사업(등록번호0000호)				
공사업별시공능력공시액 (금액단위 : 백만원)	토건공시액	토목공시액	건축공시액		

1. 경영상태 평가자료

구 분	경영비율	산출근거(단위 : 백만원)	
부채비율		부채총계	자기자본
유동비율		유동자산	유동부채
차입금 의존도		차입금	총자산
매출액 순이익율		순이익(법인세 차감전)	총매출액
매출액 영업이익율		당기영업이익	총매출액
자산회전율		매출액	(기초총자산+기말총자산) ÷2
건설부문기술개발 투자비율		건설부문기술개발투자비	건설부문 총매출액
기술개발 투자비율		기술개발투자액	총매출액
총자산 순이익율		순이익(법인세 차감전)	총자산
총자산 대비 영업현금흐름비율		영업활동으로 인한 현금흐름	총자산
영업이익 대비 이자보상배율		영업이익	이자비용

발급기준:1.경영항목: . . 일 기준 (년말결산서, 최초결산서)에 의거 발급

2. 시공여유율 평가자료 단위 : 백만원

구 분	금 액	산 출 근 거
최근년도 미기성총액		최근년도 국내공사 실적신고금액기준중 시공잔여공사금액의 합계액 적용
최근년도 시공능력공시액(도급한도액)		건설관련법령 등에 의거 공시된 당해업체의 시공능력공시액(도급한도액)으로 가장 큰 공시액 적용

발급기준 :

3. 시공경험 평가자료 단위 : 백만원

연도별 실적 / 업종별	년도	년도	년도	년도	년도
연도별 실질자본금					

상기 내용은 건설관련법령에 의거 우리협회에 위탁된 업무에 따라 작성하였음을 확인합니다.

200 년 월 일

○○○ 협회장(인)

<별지 제2-2호 서식>

(최초, 정기) 결산서 검토보고서

입찰참가 등록번호						
상 호		대표자		영 업 소재지		전 화 번 호
업 종		토목,건축	토목			
면 번						

1. 경영상태 검토내용

구 분	경영비율(%)	산출근거(단위: 백만원)	
부채비율		부채총계	자기자본
유동비율		유동자산	유동부채
차입금 의존도		차입금	총자산
매출액순이익율		순이익(법인세 차감전)	총매출액
매출액 영업이익율		당기영업이익	총매출액
자산회전율		매출액	(기초총자산+기말총자산) ÷2
건설부문기술개발 투자비율		건설부문기술개발투자비	건설부문 총매출액
기술개발 투자비율		기술개발투자액	총매출액
총자산 순이익율		순이익(법인세 차감전)	총자산
총자산 대비 영업현금흐름비율		영업활동으로 인한 현금흐름	총자산
영업이익 대비 이자보상배율		영업이익	이자비용

2. 검토기준
   가. 결산서 작성사유 :
   나. 결산서의 종류 :
   다. 결산서 작성년월일 :
   라. 감사의견 :

상기 내용은 위 기재업체의 최근에 업계 전체 평균비율이 산정된 이후 최초결산서 또는 정기결산서에 따라 작성된 검토보고서로서 주식회사외부감사에관한법률규정에 따른 감사보고서 작성절차를 거쳐 작성하였음을 확인합니다.

200 년 월 일

사무소 :
주 소 :
연락처 :
공인회계사 : (인)

※ 입찰참가 등록을 하지 아니한 업체는 결산서 내용 등록이 불가하오니 입찰참가등록후 결산서를 제출하시기 바랍니다.

〈별지 제3호 서식〉

시설공사 시공실적증명서

<table>
<tr><td colspan="9">Ⅰ. 일반적인 사항</td></tr>
<tr><td colspan="2">1)공 사 명</td><td colspan="5"></td><td rowspan="2">2)발주기관
(발주자)</td><td rowspan="2"></td></tr>
<tr><td colspan="2">1-1)
공사위치</td><td colspan="5"></td></tr>
<tr><td colspan="2" rowspan="2">3)시 공 자
(대 표)</td><td>3-1) 회 사 명</td><td></td><td colspan="2">3-2)면허번호</td><td></td><td>3-3)대표자</td><td></td></tr>
<tr><td>3-4)영업소재지</td><td colspan="4"></td><td>3-5)전화번호</td><td></td></tr>
<tr><td colspan="2" rowspan="4">4)계약 및 준공
(장기계속 또는 계속비공사는 총공사 기준 작성)</td><td colspan="4">4) 총 공 사 기 준</td><td colspan="3">4) 년 차(금차) 공 사 기 준</td></tr>
<tr><td>4-1)
계약일자</td><td></td><td>4-4)
공사금액
(준공+관급)</td><td></td><td>4-1)
계약일자</td><td></td><td>4-4)
공사금액
(준공+관급)</td></tr>
<tr><td>4-2)
착공일자</td><td></td><td>4-5)
준공금액</td><td></td><td>4-2)
착공일자</td><td></td><td>4-5)
준공금액</td></tr>
<tr><td>4-3)
준공일자</td><td></td><td>4-6)
관급금액</td><td></td><td>4-3)
준공일자</td><td></td><td>4-6)
관급금액</td></tr>
<tr><td rowspan="2">5)
공사성질</td><td>건설공사</td><td colspan="7">신규공사( ), 확장공사( ), 개・보수공사( ) ※해당란에 ○표</td></tr>
<tr><td>전기,통신</td><td colspan="7">설치(신설, 증설, 이설, 개설)공사, 보수공사( ) ※해당란에 ○표</td></tr>
<tr><td colspan="2">6) 공동도급
여 부</td><td colspan="7">공동이행방식( ), 분담이행방식( ), 단독도급( ) ※해당란에 ○표</td></tr>
<tr><td colspan="2">7)실적의 종류</td><td colspan="7">개념설계( ), 기본설계( ), 실시설계( ), 시공( ), 감리( ), 품질, 공사관리( ), 시운전( ), 기자재제작설치( ), 기자재설치( ), 기타( )
※해당란에 ○표</td></tr>
</table>

Ⅱ.시공실적의 내용

* 공동수급체 구성원별로 구분 작성

<table>
<tr><td>구 분</td><td>시 공 자 (대표)</td><td>시 공 자</td><td>시 공 자</td></tr>
<tr><td>1) 회 사 명</td><td></td><td></td><td></td></tr>
<tr><td>2) 대 표</td><td>(인)</td><td>(인)</td><td>(인)</td></tr>
<tr><td>3) 공사 금액</td><td>지분율: %</td><td>지분율: %</td><td>지분율: %</td></tr>
<tr><td>3-1) 준공금액</td><td></td><td></td><td></td></tr>
<tr><td>3-2) 관급금액</td><td></td><td></td><td></td></tr>
<tr><td>4) 전체공사 시공규모
: 구체적인 시공물량 표시</td><td colspan="3"></td></tr>
<tr><td>5)시공회사별 실적공종 또는 PQ공종 시공규모, 방법(공법)</td><td colspan="3"></td></tr>
</table>

6)시공회사별 실적공종 또는 PQ공종의 금액			
6-1)시공회사별 실적공종 또는 PQ공종의 준공 금액			
6-2)시공회사별 실적공종 또는 PQ공종의 관급 금액			
7) 하도급 내용	* 하도급자별로 구분작성 (전문건설업자에게 하도급 한 경우는 해당 없음으로 표기)		
7-1) 하도급자			
7-2)하도급공사 규모 및 내용			
7-3)하도급금액 (준공+관급)			

Ⅲ. 붙 임
1) 기타 실적내용을 증명할 수 있는 서류
위와 같이 공사(총공사) 준공실적이 있음을 증명하여 주시기 바랍니다. 200 . . . 귀하 주 소 : 회 사 명 : 대 표 :
위 내용을 증명함 (발급기관명)

※ 【주】:

1) 기재란이 부족한 경우 및 입찰설명서(공고) 요구내용의 기재란이 없는 경우는 별지 작성 가능함.
2) 당해공사 시공실적심사에 필요한 내용의 미기재, 불분명 등의 경우는 인정 가능한 범위내에서 인정하고 이외의 부분은 불인정함. (보완제출 불허)
3) 합병 · 분할 · 사업양수도를 한 업체와 시공중 부도 · 탈퇴등으로 시공비율이 달라진 업체는 그 사실과 내용을 본 실적증명서에 기재하고 관련 자료를 발주관서에 제출하여야 함.
4) 본 기재란에 대한 해당사항이 없으면 "해당없음"으로 표기하여야 함.
5) 시공실적증명서 및 첨부물마다 간인(서명)을 하여야 함.
6) 동일구조물 공사를 연차적으로 발주 및 시공한 경우는 최근 10년이내에 준공한 공사의 최초부터 최종공사의 단일용도의 단위구조물(체) 각각의 규모 및 금액을 기재하되, 차수별 공사내용(공사명, 공사규모, 공사금액, 준공일등 실적심사에 필요한 사항) 및 채색구분된 도면(평면도, 종.횡단면도)을 첨부하시기 바라며, 그 내용이 불분명하거나 누락되어 실적심사가 곤란한 경우는 불인정함.
7) 본 서식에 따라 시설공사 시공실적증명서를 발급할 경우에는 군시설공사입찰참가자격사전심사 세부운영기준에 관한 예규 별표 4에 의한 시공실적제출 및 심사기준을 참고하여 발급하시기 바람.

〈별지 제6호 서식〉

하 도 급 관 리 계 획 서

공사관리번호 :
공　사　명 :

(금액단위 : 천원)

하도급할 공사				하수급예정자와 계약할 금액 (지급자재금액)	하도급대금 직불계획
공사 종류	규모 (물량)	조사 금액	입찰 금액		
○○ 공사	1식			(　　　)	%
○○ 공사	1식			(　　　)	%
합 계	(B)	(C)	(D)		
입찰가격(A)		하도급비율(C/A) : %		하도급 부분 조사금액 대비 하도급업체 계약금액(D/B) : % 하도급 부분 입찰금액 대비 하도급업체 계약금액(D/C) : %	

위와 같이 0000 건설공사에 대한 하도급 관리계획서를 제출함에 있어 위의 하도급 관리계획서에 정한 하수급예정자와 하도급 조건대로 계약을 체결한 후 성실시공이 이루어지도록 최선을 다하겠으며, 위에 선정된 하도급업체는 부정당업자 제재기간 중이거나 영업정지중인 업체가 아님을 확약하오며, 만일 이와 같은 내용이 사실과 다르거나 정당한 사유없이 하도급관리계획대로 이행치 아니할 경우에는 어떠한 불이익을 받더라도 이의를 제기하지 아니할 것임을 확약하고 하도급관리계획서를 제출합니다.

20　년　월　일

입찰자(제출자) 대표회사 상　호:

대 표 자:

구성원(공동도급 구성원 모두 기재)

상　　호:

대 표 자:

○ ○ 부 대 장 귀하

※첨부서류 : 1. 하도급할 공사 및 하수급예정자와 계약할 내역서 각 1부.
2. 하수급예정자의 인감증명 및 사용인감신고서 각 1부.

■ 군시설공사 적격심사기준에 관한 훈령 [별지 제6호 서식] <개정 2019. 00. 00.>

※ 작성요령(상기 작성예시내용 참조)

○ 2종이상의 전문공사업을 등록한 하수급예정자에게 등록업종별로 하도급하고자 할 경우에는 등록업종별로 작성한다.

○ 하수급예정자의 날인은 인감증명서상의 인감 또는 사용인감 신고서상의 사용인감을 날인한다.

○ 하도급비율은 "입찰가격(A)대비 하도급할 공사의 합계금액(B)"으로 산정하고 하도급할 공사금액에는 수급인의 지급자재금액을 제외한다.

○ 하수급예정자의 시공능력평가액은 하수급예정자와 계약할 금액에 하수급인이 설치하는 지급자재금액을 합한 금액 이상이어야 한다.

<별지 제7호 서식>

산출내역서집계표

○ 공사원가계산서 기준

항 목 별	금 액	비 고
1. 순공사원가	0000원	
1-1. 재료비	0000원	
1-2. 노무비	0000원	
(1) 직접노무비	0000원	
(2) 간접노무비	0000원	
1-3. 경비	0000원	
(1) 산출경비	000원	
(2) 산재보험료	000원	
(3) 고용보험료	000원	
(4) 퇴직공제부금	000원	
(5) 산업안전보건관리비	000원	
(6) 기타경비	000원	
(7) 국민건강보험료	000원	
(8) 국민연금보험료	000원	
(9) 건설하도급보증수수료	000원	
-	000원	
-	000원	
2. 일반관리비	0000원	
3. 이윤	0000원	
4. 공사손해보험료	0000원	
5. 부가가치세	0000원	
6. 총계	00000원	

주) 1. 산출내역서의 작성·수정 및 입찰무효에 관하여는 계약예규 정부입찰·계약 집행기준 제7장 「내역입찰의 집행」에 의한다.

2. 구조물이 2이상인 경우에는 각 구조물의 공종별(가설공사, 토공사)금액을 합산하여 표기하여야 한다.(추정가격 100억원이상 공사는 공종별 산출내역서 집계표를 첨부하고, 추정가격 100억원미만 50억원이상 공사는 별도 요청시 제출하여야 함)

3. 입찰공고에서 현장설명시 배부한 전산내역디스켓을 이용하여 산출내역서를 작성토록 요구한 경우에는 이에 따라야 한다. 이 경우 입찰자는 작성된 전산내역디스켓을 함께 제출하여야 하며 산출내역서와 전산내역디스켓 내용이 상이한 경우에는 산출내역서를 기준으로 처리한다.

4. 산출내역서의 표지에는 동내역서의 작성에 참여한 자 전원의 소속, 직책 및 성명을 기재하고 날인하여야 한다.

<별지 제8호 서식>

공동수급체(또는 단독) 현황표

(주계약자관리방식)

가. 대상공사

관 리 번 호		발주기관	
공 사 명		입찰일시	

나. 공동수급체 구성현황

구 분		구성원 (주계약자)	구성원(2)	구성원(3)	구성원(4)	구성원(5)
①회 사 명						
②대 표 자		(인)	(인)	(인)	(인)	(인)
③분 담 내 용		첨부양식에 별도 기재				
④사업자등록번호						
⑤시공능력평가액		천원	천원	천원	천원	천원
⑥업종등	토,건등 순위					
	보유업종, 번호					
⑦동일(또는 유사)공사실적(금액)		별첨 공종별 동일공사 및 유사공사 실적명세서에 따라 평가희망	좌 동	좌 동	좌 동	좌 동
⑧최근 10년간 동일공종그룹 실적(금액)		조달청 등록내용으로 평가희망	좌 동	좌 동	좌 동	좌 동
⑨5년간 업종실적금액		조달청 등록내용으로 평가희망	좌 동	좌 동	좌 동	좌 동
⑩기술자보유 평가 (경력,일반)						
⑪경영상태 평가	등급평가일					
	등급구분(회사채,기업어음,신용평가)					
	평가받은 신용정보업체명					
	등급현황					
⑫최근 입찰공고일 기준 3개월이내 합병, 분할, 사업양수도 여부						
⑬신인도 등록내용						
⑭기 타 사 항	전화번호					
	주 소					
	작 성 자					

주) :1. 분담내용은 구성원 각각의 보유업종・시공능력평가액 등을 감안하여 시공비율을 산정함.

2. 당해공사에 필요한 주공사의 업종(면허)을 보유하지 않은 업체간 분담은 불가함.

3. 정정개소에는 반드시 날인하시기 바람

4. ③분담내용은 첨부양식에 별도 기재하여 제출하여야 합니다.

[첨 부] 분 담 내 용(예 시)

○ 공동수급체 공사참여지분율(추정가격(부가가치세포함) 기준)
  - 총 공사 참여지분율

업종(업종비율)			구성원(주계약자)	구성원(종합)	구성원(종합)	구성원(전문)	계
① 종합 건설업	④토목공사업(주공사)	(60%)	60%	30%	10%		100%
	건축공사업	(10%)	100%	0%	0%		100%
	조경공사업	(10%)	0%	100%	0%		100%
② 건산법 이외 업종	전기공사업	(5%)	0%	100%	0%	0%	100%
	정보통신 공사업	(5%)	0%	0%	100%	0%	100%
	소방공사업	(5%)	100%	0%	0%	0%	100%
③ 전문 건설업	토공	(5%)				100%	100%
구성원별 총공사 참여비율의 합계 ①+②+③			51.00%	33.00%	11.00%	5.00%	100%
주공사참여비율의 합계 ④			60.00%	30.00%	10.00%	0%	100%

2-2). 직접 해보는 군시설공사 적격심사

<사례 분석>

1. 전제조건

사업명	입찰공고일	참가자격	업체명	추정가격	입찰가격	기초예비가격, 예정가격	입찰가격평가시 A
○○부대 시설공사	'20.6.1	실적보유자 이외의 방법으로 제한하는 경우	(주)○○	1,200,000,000원	1,158,289,000원	1,320,000,000원	100,000,000원

2. 평가순서

심사기준 파악 → 적격심사 신청서 등 확인 → 수행능력 평가 → 입찰가격 평가 → 결격여부 평가 → 총점계산

3. 평가항목 정리(별지 4.)

구분	평가분야	평가항목			평가기준	배점한도
Ⅰ. 당해공사 수행능력	1. 수행능력(30)	가. 시공경험(15)	최근 5년간 당해공사 업종의 공사실적		실적계수 × 15 ※실적계수 = 최근 5년간 당해공사 업종의 공사실적 합계액/(기초예비가격×1)	15
		나. 경영상태(15)	신용평가등급에 의한 평가		[별표 4] 신용평가등급표	15
			재무비율에 의한 평가	가. 최근년도 부채비율(7)	해당업종 평균비율 110.72%	
				나. 최근년도 유동비율(7)	해당업종 평균비율 151.15%	
				다. 영업기간(1)	A. 3년 이상 : 1점, B. 3년 미만 ~ 1년 이상 : 0.9점, C. 1년 미만 : 0.8점	
		다. 신인도(±2)	1. 일자리 창출기업		최근 건설고용자수 평가에 따른 평가등급 등	5.5
			2. 근로시간 조기단축 기업		고용노동부로부터 근로시간단축 확인받은 업체	1
			3. 건설재해 및 제재처분		최근 1년 산업재해 예방활동 실적 등	-1~1
			4. 계약이행 성실도		지체상금, 하자보수	-1.5
		소 계				30
Ⅱ. 입찰가격(70)		①-4×|(0.88-(입찰가격-A)/(예정가격-A))×100|			-	70
Ⅲ. 기타 당해공사 수행관련 결격여부(-10)		기술자 보유 미달여부			관계법령에 의한 당해업종 등록기준	-10
합 계						100

Ⅰ. 심사기준 파악

공고 제2020-0000호

입 찰 공 고

※ 보안성 검토 "필"

1. 본 입찰은 전자입찰 및 청렴계약제 대상입니다.

2. 입찰에 부치는 사항

가. 공 사 명 : ○○부대 시설공사(20-0000)

나. 공사범위 : 시설공사 1식 등(세부내용 물량내역서 참조)

다. 공 사 비(추정가격) : 1,320,000,000원(1,200,000,000원)

1) '20년 예산 : 1,320,000,000원

라. 계약기간 : 계약일로부터 300일까지

마. 공사현장 : 서울특별시 용산구 일대

바. 주요일정

1) 기초예비가격공개 : '20. 6. 1.(월) ※ 기초예비가격공개일 변동 가능함

2) 입찰참가등록마감일시 : '20. 6. 8.(월), 11:00

※ SMS서비스를 신청하여 입찰단계별 문자안내를 받으시기 바랍니다.(10항 기타사항 참조)

3) 입찰서제출마감일시 : '20. 6. 9.(화), 10:00

4) 개 찰 일 시 : '20. 6. 9.(화), 11:00

3. 입찰참가자격 / 제한 ①

가. 건설산업기본법에 의한 건축공사업 또는 토목건축공사업을 등록한 업체에 한합니다.

9. 낙찰자 결정방법

가. 본 공사는 적격심사 대상공사이며, 국방부 군시설공사적격심사기준에 관한 훈령을 적용하니, 해당 훈령을 확인하고 입찰에 참여하기 바랍니다.

나. 적격심사 세부평가별 심사기준일은 입찰공고일을 기준으로 합니다.

다. 평가기준은 추정가격 50억원 미만 10억원 이상인 공사의 평가기준을 적용하고 **평가대상업종은 건축공사업을 평가합니다.** ②

※ 시공실적 평가 시 '실적에 의한 경쟁입찰 이외의 경쟁입찰 공사' 항목으로 평가하며, 실적계수 산정 시 적용되는 기초예비가격은 건축기초금액입니다.

※ 추정가격 100억원 미만 10억원 이상인 일반건설공사의 경우 경영상태 평가는 재무비율에 의한 평가와 신용평가등급에 의한 평가 중 선택이 가능합니다.

라. 적격심사는 낙찰하한가 이상인 업체 중 최저가격으로 입찰한자 순으로 실시하며, "가"항의 훈령에 따라 평가한 결과 종합평점 95점 이상을 획득한 경우 낙찰자로 결정합니다.

마. 계약예규 「정부 입찰·계약 집행기준」 제2조의5 및 「적격심사기준」 제7조에 의거 예정가격이 100억원 미만인 공사의 경우 예정가격 중 재료비·노무비·경비 및 이에 대한 부가가치세를 합산한 금액의 100분의 98 미만으로 입찰한 자는 낙찰자로 결정하지 않습니다.

- 「예정가격작성기준」 제44조의3에 의한 기초금액 중 재료비, 노무비, 경비와 이에 대한 부가가치세를 합산한 금액(다만, 복수예비가격에 의하여 예정가격을 결정하는 경우에 한함)

(후략)

[주 내용]

심사기준은 추정가격에 따라 달라진다.([별지3]~[별지7])

[보조 내용]

①입찰참가자격으로 실적제한이 있는지, 2개 이상의 업종(복합업종)을 요구하는지에 따라서 시공경험 평가방법이 달라지므로 두 가지를 우선 파악한다.

②평가대상업종의 실적만 인정이 가능하다.

● 사례적용

추정가격이 12억원으로 50억원 미만 10억원 이상인 경우에 해당해 [별지4] 적용

실적제한 없고, 2개 이상의 업종을 요구하고 있지 않음(건축공사업 또는 토목건축공사업 중 하나 요구).

Ⅱ. 적격심사신청서 등 확인

<별지 제1호 서식>

적 격 심 사 신 청 서

○ 공사관리번호 : 2020-00000
○ 공 사 명 : ○○부대 시설공사(20-0000)
○ 입 찰 일 시 : 2020. 6. 1.

위 건 공사입찰과 관련하여 적격심사서류를 신의성실의 원칙에 따라 작성, 붙임과 같이 제출하오니 우리회사(공동수급체구성원 포함)에 대하여 붙임 자료에 의거 적격심사(향후 적격심사 포함)하여 주시기 바라며, 만일 제출한 서류가 허위 또는 부정한 방법으로 작성된 사실이 확인될 경우에는 귀부 심사기준에 따라 조치하더도 아무런 이의를 제기하지 않겠음을 확약합니다.

2020. 6. 11.

제출자 (공동수급체 대표자)
주 소 : ○○시 ○○구 ○○동
회사명 : (주)○○
대표자 : ○○○

○○ 부 대 장 귀 하

· · · · · · · · · (절취선) · · · · · · · · · (인) · · · · · · · · ·

접 수 증

1. 공사관리번호 : 2020-00000 2. 공 사 명 : ○○부대 시설공사(20-0000)
3. 제 출 자 : ○○○

위 건 공사의 적격심사신청서를 접수하였음을 확인합니다.

2020. 6. 11.

○○ 부대 ○○과장 (인)

〈별지 제2호 서식〉

적격심사 자기평가 및 심사표

1. 심사대상공사

관리번호	2020-00000
공 사 명	○○부대 시설공사 (20-0000)
입찰일시	2020. 6. 1.
추정가격	1,200,000,000원
입찰금액	1,158,289,000원

2. 심사대상입찰자

업 체 명	(주)00
대 표 자	○○○
공 종	토목건축공사업

3. 회사를 대표하는 연락책임자 인적사항

소 속	기 획 과
직 위	상 무
성 명	○○○
전화번호	00-000-0000 (FAX) 00-000-0000

4. 종합평가
(1) 추정가격 50억원미만 10억원이상 공사의 경우

(단위 : 점)

구 분	배 점	자기평점	심사평점	비고
계	100	95		
시 공 실 적	15	15		
경 영 상 태	15	15		
신 인 도	-1.5	0		
입 찰 가 격	70	65		
결 격 여 부	-10	0		

[주 내용]
적격심사 서류를 제출하기 전 업체 스스로 평가를 진행해 예상 취득 점수를 확인을 하는 과정이다. 이는 업체의 평가일 뿐이지 최종 취득점수와는 무관하며 충분히 변동될 수 있다. 하지만 업체의 평가와 발주기관의 평가가 상이할 경우 그 차이를 확인하는 자료로 활용될 수 있다.

Ⅲ. 수행능력(1) - 시공경험 및 경영상태

건설공사 실적(최근 5년간) 확인서

상 호 : (주)00 대표자 : 000
소재지 : 서울특별시

일반업종	토목건축	토목	건축	산업환경설비	조경
등록번호	000				000

입찰공고일 : 2020-06-01
(단위 : 백만원)

연도별 / 등록별	2015년	2016년	2017년	2018년	2019년	합계 3년간	합계 5년간
토목	3,000	4,000	2,000	3,500	2,500		15,000
건축	9,000	8,000	10,000	7,000	8,000		42,000
산업환경설비	0	0	0	0	0		
조경	0	0	0	0	0		
합계	12,000	12,000	12,000	10,500	10,500		57,000

2020년 00월 00일

대 한 건 설 협 회 장

경영상태 및 시공여유율 확인서

상 호 : (주) ○○ 대표자 : 000
소재지 : 서울특별시

일반업종	토목건축	토목	건축	산업환경설비	조경
등록번호	000				000

입찰공고일 : 2020-06-01
(단위 : 천원)

구분	경영비율	산출근거			
가. 부채비율	21.93%	부채총계	000	자기자본	000
나. 유동비율	612.47%	유동자산	000	유동부채	000
다. 차입금의존도	00.00%	차입금	000	총자산	000
라. 영업이익대비 이자보상배율	00.00%	영업이익	000	이자비용	000
마. 매출액순이익률	00.00%	법인세차감 전순이익	000	총매출액	000
바. 총자산순이익률	00.00%	법인세차감 전순이익	000	총자산	000
사. 총자산대비영업 현금흐름비율	00.00%	영업활동 현금흐름	000	총자산	000
아. 자산회전율	00.00회	매출액	000	(기초+기말자산)/2	000
자. 건설기술개발 투자비율	0.00%	건설기술 개발비	000	건설매출액	000
감사의견			적정		

2020년 00월 00일

대 한 건 설 협 회 장

[주 내용]

시공경험은 $\frac{\text{최근5년간실적합계액}}{\text{기초예비가격}\times 1}$ 로 평가하며 최근 5년간 실적은 평가대상업종 실적만 인정된다.

경영상태 평가는 $\frac{\text{해당업체 비율}}{\text{업종별 평균비율}}$ 로 평가한다. 업종별 평균비율은 관련협회(대한건설협회 등)에서 공시한다.

● 사례적용

평가대상업종: 건축공사업

시공경험
- 기초예비가격 : 13.2억원
- 최근 5년 건축 실적금액 : 42억원

○ 실적계수 = $\frac{42,000,000,000}{1,320,000,000 \times 1} \fallingdotseq 31.82$

31.82 × 15 = 477.30(배점한도 15점)

☞ 적격심사 환산점수(15.00점)

부채비율(기준비율 : 110.72%)

○ $\frac{21.93}{110.72} \times 100 = 19.81\%$

☞ 적격심사 환산점수(7.00점)

유동비율(기준비율 : 151.15%)

○ $\frac{612.47}{151.15} \times 100 = 405.21\%$

☞ 적격심사 환산점수(7.00점)

Ⅳ. 수행능력(2) - 영업기간 + 입찰가격

건설업 영업기간 확인서

상 호 : (주) ○○ 대표자 : ○○○
소재지 : 서울특별시

일반업종	토목건축	토드	건축	산업 환경설비	조경
등록번호	000				000

입찰공고일 : 2020-06-01

□ 건설업 영업기간

○ 종합건설업 영업기간
- 영업기간 산정기산일 : 2010년 1월 13일
- 종합건설업 최초등록일 : 2010년 1월 13일
- 종합건설업 영업기간 제외기간 :

2020년 00월 00일

대 한 건 설 협 회 장

사 업 자 등 록 증

(법인사업자)
등록번호 : 000-00-00000

법인명(단체명) : (주) ○○
대 표 자 : ○○○

개 업 연 월 일 : 0000년 00월 00일 법인등록번호 : 000000-0000000
사업장 소재지 : 서울특별시
본 점 소 재 지 : 서울특별시
사 업 의 종 류 : 업태 건설업 종목 토목건축

발 급 사 유 : 정정

사업자 단위 과세 적용사업자 여부 : 여( ) 부(∨)
전자세금계산서 전용 전자우편주소 : 00000@hometax.go.kr

0000년 00월 00일

○ ○ 세 무 서 장

[주 내용]

영업기간은 영업기간 확인서상 영업기간 산정일로부터 입찰공고일까지 기간을 의미한다.

입찰가격 평가는 아래와 같다.

$30 - 4 \times \left| \left(\frac{88}{100} - \frac{\text{입찰가격} - A}{\text{예정가격} - A} \right) \times 100 \right|$

여기서, A는 국민연금, 건강보험료 등을 합산한 금액이다.

● 사례적용

영업기간
○ 2010년 1월 2일부터 2020년 6월 1일까지 : 약 10년 6개월로 3년이상

☞ 적격심사 환산점수(1.00점)

입찰가격 평가
○ 입찰가격 : 1,158,289,000원
예정가격 : 1,320,000,000원
A : 100,000,000원

⇨ $\frac{1,158,289,000 - 100,000,000}{1,320,000,000 - 100,000,000}$
= 0.86745
= 0.8675(반올림)

⇨ 입찰가격 평점 :
$70 - 4 \times \left| \left(\frac{88}{100} - \frac{86.75}{100} \right) \times 100 \right|$
= 65.00

☞ 적격심사 환산점수(65.00점)

V. 기타 당해공사 수행관련 결격여부 평가

기준일 : 2020.6.1
발급번호 : 20200000 - 000000000

회사명 (주) ○○ 업종 토목건축공사업 면허번호 또는 등록번호 000

분야별 등급별 현황

구 분	합 계	토 목	건 축	기 타	도시교통	안전관리	환 경	전기전자	광 업	조 경	건설지원	기 타
기술사	3	2	1	0	0	0	0	0	0	0	0	0
합계	50	19	31	0	0	0	0	0	0	0	0	0
특급	18	6	12	0	0	0	0	0	0	0	0	0
고급	13	5	8	0	0	0	0	0	0	0	0	0
중급	11	3	8	0	0	0	0	0	0	0	0	0
초급	8	5	3	0	0	0	0	0	0	0	0	0
기타	0	0	0	0	0	0	0	0	0	0	0	0

[주 내용]

결격여부는 건설기술인 보유증명서(한국건설기술인협회 발급)에서 기술자가 충분한지로 판단한다. 이때 발급기준일은 입찰공고일로 해야 한다.

기술자 충족여부 판단기준은 건설산업기본법 시행령 [별표2]이다. 여기서 기술자 총원과 등급을 모두 충족해야 한다.

●사례적용

평가기준
- 건축공사업은 초급기술자 이상 5명 필요(건축기사 또는 중급기술자 이상 2명 포함)

- 건축기술자만 인정

○ 초급이상 : 31명
(31명 중 중급이상) : 28명

☞ 적격심사 환산점수(0점)
: 기술자 충족, 결격사유 없음

Ⅵ. 적격심사결과 산정

구분	평가분야	평가항목		배점한도	평가기준	평가	평가
Ⅰ. 당해공사 수행능력	1. 수행능력(30)	가. 시공실적(15)	최근 5년간 당해공사의 업종별 요건에 해당하는 공사실적	15	실적계수 × 15 ※실적계수 = 최근 5년간 당해공사 업종의 공사실적 합계액/(기초예비가격×1)	31.82 × 15 = 477.30(배점한도 15점) 실적계수 = $\frac{42,000,000,000}{1,320,000,000 \times 1} \fallingdotseq 31.82$	15
		나. 경영상태(15)	신용평가등급에 의한 평가	15	A-이상 : 15.0점, BBB+ : 14.8점 등	-	15
			재무비율에 의한 평가		해당업종 평균비율 110.72%	$\frac{21.93}{110.72} \times 100 = 19.81\%$	
					해당업종 평균비율 151.15%	$\frac{612.47}{151.15} \times 100 = 405.21\%$	
					A. 3년 이상 : 1점, B. 3년 미만 ~ 1년 이상 : 0.9점, C. 1년 미만 : 0.8점	'10. 1. 2. ~ '20. 6. 1. : 약 10년 6개월	
		다. 신인도(±2)	1. 일자리 창출기업	±2	최근 건설고용자수 평가에 따른 평가등급 등	해당없음	0
			2. 근로시간 조기단축 기업		고용노동부로부터 근로시간단축 확인받은 업체	해당없음	
			3. 건설재해 및 제재처분		최근 1년 산업재해 예방활동 실적 등	해당없음	
			4. 계약이행 성실도		지체상금, 하자보수	해당없음	
		소 계					30
Ⅱ. 입찰가격(70)		70-4×| 0.88-(입찰가격-A)/(예정가격-A))×100|		70	-	$70 - 4 \times \left\| \left(\frac{88}{100} - \frac{86.75}{100} \right) \times 100 \right\|$	65
Ⅲ. 기타 당해공사 수행관련 결격여부(-10)		기술자 보유 미달여부		-10	관계법령에 의한 당해업종 등록기준	건축기술자 : 31명 (중급이상 28명)	0
합 계							95

⇨ (주)○○의 **총점은 95점**으로 적격심사 통과점수(95점) 이상이므로 **적격**하다.

3. 물품 적격심사기준에 관한 훈령

3-1). 물품적격심사기준에 관한 훈령 해설

[시행 2019. 12. 2.] [국방부훈령 제2346호, 2019. 12. 2., 일부개정]

물품적격심사기준에 관한 훈령

제1조(목적) 이 훈령은 「국가를 당사자로 하는 계약에 관한 법률 시행령」 제42조제5항 규정에 따라 국방부 본부와 국방부 소속기관, 국직부대 · 국직기관, 합참 및 각 군에서 물품 제조 · 구매계약의 낙찰자 결정에 적용할 적격심사세부기준을 정함을 목적으로 한다.

제2조(적용대상) 이 훈령은 「국가를 당사자로 하는 계약에 관한 법률 시행령」 제42조제1항에 의거 물품계약 중 계약이행능력을 심사하여 낙찰자를 결정하는 입찰을 대상으로 한다. 다만, 「중소기업제품 구매촉진 및 판로지원에 관한 법률」 제7조에 의거 중소기업자간 경쟁제품을 구매할 경우에는 중소벤처기업부 장관이 고시한 「중소기업자간 경쟁제품 중 물품의 구매에 관한 계약이행능력심사 세부기준」을 적용한다.

제3조(적용기준) ① 심사분야별[납품실적, 기술능력, 경영상태, 신인도(품질관리 등 신뢰정도) 등] 기간계산 등의 **심사 평가기준일**은 다른 규정에서 정한 것에도 불구하고 **입찰공고일**로 하고, 입찰공고일 다음날 이후에 발생 또는 신고하였거나 수정된 자료는 평가에서 제외한다. 다만, 「중소기업 범위 및 확인에 관한 규정」(중소벤처기업부 고시) 제6조에 따른 **중소기업 확인서는 적격심사서류제출 마감일 까지 발급된 자료도 심사에 포함**하며, 제8조에 따른 결격사유의 심사에 대하여는 낙찰자결정일을 기준으로 한다.

② 심사서류의 외화표시금액은 입찰공고일의 「외국환거래법」에 의한 기준환율 또는 재정환율(매매기준율)을 적용하여 원화로 환산한다. 다만, 외화와 원화가 같이 표시된 경우에는 원화를 적용한다.

적격심사의 평가기준일은 입찰공고일이 원칙이다. 개찰일 또는 적격심사 서류제출 마감일 등을 기준일로 생각하는 경우가 있는데 이는 옳지 않다. 다만, 예외적으로 평가기준일을 입찰공고일이 아닌 다른 날로 규정하는 경우(중소기업 확인서 : 적격심사 서류제출 마감일 등)가 있는데 이에 유의할 필요가 있다.

<Example>

Q) 입찰공고일이 2020.1.15., 개찰일이 1.23., 적격심사 서류접수 마감일이 1.28.라고 가정해보자. 업체가 제출한 신용평가등급 확인서의 유효기간이 '19.1.23.~'20.1.22.라고 한다면 이는 인정이 가능한가?

A) 서류접수 받은 시점에 유효기간이 완료되었더라도, 평가기준일은 입찰공고일이고 해당 신용평가서의 유효기간은 입찰공고일을 포함하므로 유효하게 인정해야 한다.

③ 비율, 평점(입찰가격 포함) 등을 계산한 결과 소수점이하의 숫자가 있는 경우에는 **소수점 다섯째 자리에서 반올림**한다. 이때 비율은 백분율(%)단위로 전환 이전단계의 수치를 의미한다.

<Example>

Q) 어떠한 사업의 예정가격이 123,456,789원이고 A업체의 입찰가격이 103,256,578원이라고 가정할 때, 업체의 투찰률은 얼마로 보아야 하는가?

A) 투찰률은 103,256,578/123,456,789 = 0.836378289....이지만 소수점이하 다섯째자리에서 반올림해야 하므로 0.8364로 적용해야 할 것이다.

제4조(심사항목 및 배점한도) ① 적격심사의 심사항목 및 배점한도는 별표에서 정한 바에 의한다.

② 계약담당공무원(발주기관의 장이 계약에 관한 사무를 그 소속공무원에게 위임하지 아니하고 직접 처리하는 경우에는 이를 계약담당공무원으로 본다. 이하 같다)은 계약의 특성, 목적 및 내용 등을 종합 고려하여 **심사분야별 배점한도(입찰가격은 제외)를 20% 범위 내에서 가·감 조정**할 수 있으며, 항목별(신인도 제외) 세부사항을 추가하거나 제외할 수 있다. 이 때에는 **입찰공고 또는 입찰설명서에 조정내용을 명시**하여 입찰참가자가 열람 또는 교부 등을 통해 그 내용을 알 수 있도록 조치하여야 한다.

계약의 특성에 비추어 심사분야별 배점한도를 조정하고자 하는 경우 20% 내에서 조정이 가능하다. 다만, 총점은 100점으로 유지해야 하므로 한 부분에서 배점한도를 증가시켰다면 다른 부분에서는 배점한도를 감소시켜야 할 것이다. 단, 배점 조정 사항은 반드시 공고문 등에 명시하여 입찰참가자들이 사전에 인지할 수 있어야 그 효력이 있다.

<Example>

Q) A사업은 제조 사업이다. 이 사업의 특성상 실적 비율을 늘려야 한다고 판단한 사업부서에서 실적 배점한도를 10점에서 12점으로 조정하려고 한다. 나머지 평가항목은 어떻게 조정해야 할까?

A) 제조사업은 실적 10점, 기술능력 10점, 경영상태 30점, 가격 50점으로 구성되어 있다. 이때, 실적을 2점 추가하여 조정하였으므로 나머지 평가분야(가격 제외)에서 2점을 감소시켜야 할 것이다. 예컨대, 실적 12점, 기술능력 8점, 경영상태 30점, 가격 50점 등이 가능하다.

제5조(평가방법) ① 계약담당공무원은 세부기준에 따라 예정가격 이하로서 최저가로 입찰한 자의 순으로 심사한다.

② 납품실적, 기술능력, 경영상태의 평가방법은 다음 각 호에 따른다.

1. 납품실적평가는 다음 각 목에 따르되, 세부적용내용은 별표의 '납품실적'에 따른다. 다만, 추정가격 10억원 미만의 구매 적격심사시에는 적용하지 않는다.

가. 계약담당공무원은 **적격심사시 적용할 납품실적 평가기준(계약목적물과 동등이상 또는 유사물품, 금액 또는 수량)을 입찰공고에 명시**하여야 한다.

나. 적격심사대상자의 납품실적은 **계약일자와 납품기한에 관계없이 납품완료된 시점이 최근 5년 이내**로서 입찰공고에 정하여 명시한 계약목적물과 동등이상 또는 유사물품을 납품한 금액 또는 수량으로 합산하여 평가한다. 다만, 납품실적 적용기간을 조정하고자 하는 경우에는 입찰공고에 명시하여야 한다.

다. 합병의 경우 존속되거나 신설된 업체의 실적은 소멸된 자의 실적을 승계한 것으로 합산하여 평가하며, 분할의 경우에는 권리・의무를 승계받은 업체의 실적으로 보며, 합병・분할과 관련된 업체의 실적증빙서류를 제출하여야 한다. 다만, 분할 관련 실적은 시설, 기술자 등의 요건이 필요한 때에는 이를 갖춘 경우에만 실적으로 인정한다.

라. 사업양도(양수)의 경우에는 해당 업종을 양수한 자의 실적으로 평가하며, 사업 양도(양수)와 관련된 업체의 실적증빙서류를 제출하여야 한다. 다만, 실적은 시설, 기술자 등의 요건이 필요한 때에는 이를 갖출 경우에만 실적으로 인정한다.

실적 내용은 이후에 다시 나오지만 여기서 먼저 간단히 짚고 넘어가도록 하겠다.
첫째, 실적평가와 관련하여 입찰공고문에 동등이상 물품/유사물품의 인정기준을 명시하여야 한다. 별표에서는 동등이상 물품이란 성능, 품질 등이 당해 입찰대상 물품 이상인 것으로서 입찰공고에서 명시한 성능, 품질 등의 조건에 부합하는 경우에 평가한다고만 명시되어 있을 뿐 구체적인 내용은 없다. 즉, 사업 물품의 성능, 품질 등의 조건에 부합하는 것이 구체적으로 어떠한 것인지를 명시해야 한다.
둘째, 납품실적은 계약일자와 관계없이 납품완료된 시점이 최근 5년 이내인 경우에 평가한다. 즉, 실적을 평가하는데 있어 가장 중요한 것은 납품이 종료된 시점이 최근 5년 이내에 있는지 여부이다.

<Example>

Q) 입찰공고일이 '20.4. 0.인 A사업이 있다. 적격심사 대상 업체는 동등이상 납품실적으로 인정해주길 요구하며 과거 수행한 '가'실적과 '나'실적을 제출하였다. 그 내용은 모두 동등이상 납품실적에 해당이 된다고 가정하였을 때, 심사담당자는 '가'실적과 '나'실적을 모두 인정해줄 수 있을까?
'가' 실적 : 계약일(' 4.7.11.), 납품완료일('15.7.10.)
'나' 실적 : 계약일(' 9.7.11.), 납품완료일('20.7.10. 예정)

A) '가'실적은 납품완료 시점이 '15.7.10.으로서 최근 5년 이내의 실적에 해당이 되므로 동등이상 납품실적 인정이 가능하다.
그러나 '나'실적은 납품완료 시점이 아직 도래하지 않은 사업으로서 유효한 실적으로 인정할 수 없다.

2. 기술능력평가는 제조 적격심사시 적용하며, 별표의 '기술능력'에 따른다. 합병 · 분할 및 사업양도(양수)의 경우에는 제1호 다목에 준하여 평가한다.
3. 경영상태평가는 '신용평가등급에 따른 평가방법'에 의하며, 이의 세부적용사항은 별표의 '경영상태'에 따른다.

③ 신인도 평가는 다음 각 호에 의하되, 세부적용내용은 별표의 '신인도 평가'에 따른다.

1. 신인도 심사결과 총 평점은 각 항목의 **가점 합계와 감점 합계를 상계한 점수**로 한다.
2. 당해물품 납품이행능력 취득점수가 **당해물품 납품이행능력 배점한도에 미달한 경우**에만 **배점한도 내에서 신인도 총평점을 더하고**, 신인도 총평점이 음인 경우에는 신인도 평가이외에서 취득한 총점에서 뺀다.

신인도는 우선 가점요소와 감점요소를 파악하고 이를 가감한 점수가 최종 신인도가 된다. 가점은 납품이행능력 취득점수(실적, 기술능력, 경영상태)가 납품이행능력 배점한도에 미달한 경우에 한하여 더한다.

<Example>

Q) 제조사업에서 1순위인 A업체는 실적 9점, 기술능력 9.5점, 경영상태 29.8점, 입찰가격 47점을 획득하였다. 추가적으로 혁신형 중소기업 등 총 2.5점에 해당하는 신인도를 보유하고 있다고 가정할 때, A업체의 최종 획득점수는?

A) 제조사업의 배점한도는 실적 10점, 기술능력 10점, 경영상태 30점, 입찰가격 50점이므로 A업체의 취득점수 중 실적, 기술능력, 경영상태의 점수는 배점한도에 비해 각각 1점, 0.5점, 0.2점이 미달되며 이를 계산하면 총 1.7점이 된다.
결국 가점요소 2.5점 중 1.7점만 더해지므로 A업체의 점수는 9+9.5+29.8+47+1.7 = 97점이 된다.

제6조(공동수급체 등에 대한 평가) ① 공동계약이 가능함을 입찰공고에 명시한 경우로서, 공동수급체로 참여하는 경우에는 구성원별 출자비율 또는 분담부분을 입찰참가 등록 시까지 확정하여 제출하여야 한다.

② 심사대상자가 공동수급체를 구성하고 있는 경우의 평가는 다음 각 호에 따르되, 세부내용은 제5조에 따른다. 다만, 면허 보완을 위한 전기 · 정보통신공사 등 공사업을 분담이행하는 경우에는 공사업 분담이행업체를 제외한 나머지 공동수급체를 기준으로 평가한다.

1. 납품실적 평가
   공동수급체 구성원별로 각각 납품실적(금액 또는 수량)에 출자비율 또는 분담비율을 곱하여 구성원 모두의 실적을 합산하여 해당되는 등급으로 평가한다.
2. 기술능력 및 경영상태 평가
   공동수급체 구성원별로 각각 산출한 기술능력 및 경영상태 평가점수에 출자비율 또는 분담비율을 곱한 후 합산하여 평가한다.

3. 신인도 평가

공동수급체 구성원별도 각각 산출한 신인도 평가점수에 각각의 출자비율 또는 분담비율을 곱하여 이를 합산하여 평가한다(제5조제3항의 규정은 공동수급체 구성원 점수 합산 후 적용). 감점대상 업체가 공동수급체 구성원으로 입찰에 참가하는 경우에는 해당 감점점수에 해당업체의 출자비율 또는 분담비율을 곱한 점수를 감점한다.

③ 「중소기업협동조합법」에 따른 중소기업협동조합이 물품의 제조 및 구매에 관한 경쟁입찰에 참가하는 경우(배정받을 조합원은 해당 입찰참가자격 조건을 구비하여야 한다)에는 해당계약을 이행할 조합원 및 그 분담내용에 따른 "출자비율 또는 분담비율"을 입찰서 제출 마감일 전일까지 확정 제출하여야 한다.

④ 조합이 확정한 계약이행 예정업체는 부도·파산 등 특별한 사유로 해당업체의 계약이행이 불가능한 경우 외에는 계약이행 완료시까지 다른 조합원으로 변경할 수 없다.

⑤ 중소기업협동조합의 적격심사는 해당계약을 이행할 출자 또는 분담업체에 대하여 제2항의 평가방법에 따라 평가한다.

제7조(제출서류 등) ① 계약담당공무원은 입찰을 집행한 후 예정가격 이내 최저가입찰자 순위별 대상자를 선정하여 국방전자조달(D2B)시스템 등으로 입찰가격 점수와 다른 심사분야의 배점한도를 합산한 종합평점이 적격심사 통과점수에 미달하는 입찰자에 대해서는 적격심사서류 제출 요구를 생략한다.

② 제1항의 경우 **적격심사에 필요한 서류를 제출하도록 요구**하되 그 제출기한을 분명히 해야 하며 **제출기한은 입찰자가 통보 받은 날부터 5일 이상**으로 하여야 한다.

③ 제1항에 따라 적격심사서류 제출을 통보 받은 입찰자는 제2항의 기한 내에 다음 각 호의 서류를 첨부한 적격심사신청서를 국방전자조달(D2B)시스템을 통하여 제출하여야 한다. 다만, 제3호부터 제4호까지의 서류는 제4조 제1항에 따른 심사항목의 평가에 필요한 경우에 한하여 제출한다.

1. 적격심사 신청서 (별지 제1호 서식)
2. 적격심사 자기평가 및 심사표(별지 제2호 서식)와 항목별 평점 세부내역 1부(별지 제2호의2 서식)
3. 납품실적 증명서(별지 제3호 서식)
4. 기타 제출서류 각 1부(별지 제4호 참조)

④ 제1항에 따라 적격심사서류 제출을 통보 받은 입찰자가 제3항에도 불구하고 국방전자조달(D2B)시스템으로 제출할 수 없는 경우 해당 입찰자가 제3항 각 호의 서류를 첨부한 적격심사신청서를 직접 제출 등의 방법으로 제2항의 기한 내에 제출하여야 하며, 국방전자조달(D2B)시스템으로 제출하는 경우에도 원본 확인 등이 필요한 서류에 대하여는 계약담당공무원의 요청에 따라 별도로 제출하여야 한다.

주어진 기한 내에 적격심사 서류를 제출하지 않은 경우 추가 제출할 수 없는 것이 원칙이다. 다만, 제출한 서류가 명확하지 않아 인지할 수 없는 경우와 제출서류 목록에는 명시되어 있으나 상세 내용이 일부 누락된 경우에 한하여 보완을 요구할 수 있다.

<참조> 적격심사 기한 정리

◆ 적격심사과정은 ①적격심사통보→②적격심사→③보완요청→④낙찰통보→⑤재심사순이다.

- ① **서류제출기한**(계약예규 제4조 및 물품적격심사기준에 관한 훈령 제7조) : **5일 이상**
  ② **적격심사기한**(계약예규 제7조) : **7일 이내(불가피한 경우 3일 연장)**
  ③ **보완요청시 제출기한**(계약예규 제4조) : **3일 이상**
  ④ **낙찰통보는 지체 없이** 하여야한다.(계약예규 제8조 및 제9조)
  ⑤ **재심사요청기한, 재심사기간**(계약예규 제9조) : **3일 이내**

⑤ 계약담당공무원은 제3항 내지 제4항에 의하여 제출된 적격심사서류가 다음 각 호 중 어느 하나에 해당하는 경우에는 기한을 정하여 해당 입찰자에게 보완을 요구할 수 있으며, **보완기간은 해당 입찰자가 통보를 받은 날로부터 3일 이상**으로 하여야 한다.

1. 적격심사서류 중 첨부 목록에 있는 서류가 첨부되어 있지 아니한 경우
2. 제출받은 서류만으로는 심사항목의 충족여부 확인이 불가한 경우
3. 제출된 서류 중 모순되는 내용이 있거나, 오류가 있는 경우
4. 제출된 서류가 [별표]평가기준표에서 정하고 있는 입증자료에 해당하지 않거나 서류발급기관의 확인 등이 없어 객관적인 입증자료에 해당하지 않는 경우

⑥ 제5항에 따라 보완요구한 서류가 기한까지 제출되지 아니한 경우에는 당초 제출된 서류만으로 심사하되, 당초 제출된 서류가 불명확하여 심사하기가 곤란한 경우에는 심사에서 제외한다. 단, 심사서류를 보완한 후에도 종합평점이 낙찰자 결정에 필요한 점수에 미달하는 경우에는 낙찰대상에서 제외하고 차순위 입찰자에 대하여 동일한 방법으로 심사하여 낙찰자를 결정한다.

제8조(결격사유의 심사) ① 심사대상자가 부도·파산·해산·영업정지(이하 '부도 등'이라 한다) 및 부정당업자제재 상태인 경우에는 결격사유로 평가하며, 부도 등의 우려가 있어 계약이행이 어렵다고 판단되는 경우에는 적격심사위원회의 심사결과에 따라 결격여부를 결정한다. 이 경우 적격심사위원회는 심사대상자에게 자료제출을 요구하거나 관계자 또는 전문가의 의견을 청취 또는 자문을 받을 수 있다.

② 공동계약을 허용한 경우로서, 공동수급체 일부 구성원이 입찰서제출마감일 이후 낙찰자결정 이전에 부도, 영업정지, 입찰무효, 부정당업자제재 상태 등의 결격사유가 발생한 경우에는 해당 구성원을 제외하고 잔존구성원의 출자비율 또는 분담내용을 변경하게 하여 재심사를 하여야 한다. 다만, 공동수급체 대표자가 부도, 영업정지, 입찰무효, 부정당업자제재 상태 등의 결격사유가 발생한 경우에는 공동수급체를 낙찰자 결정대상에서 제외한다.

제9조(낙찰자 결정) ① 예정가격 이하로서 최저가 입찰자에 대한 심사결과 종합평점이 **95점 이상이면 낙찰자로 결정**하며, 동일가격의 **최저가 입찰자가 2인 이상인 경우에는 종합평점이 95점 이상인 자 중에서 최고점수인 자**를 낙찰자로 결정한다. 다만, 이외의 경우에는 추첨에 따라 낙찰자를 결정한다.

② 예정가격을 작성할 수 없는 경우 또는 계약의 특성상 평가가 곤란한 항목이 있는 경우에는 입찰공고시 그 내용을 명시하여 그 항목을 제외한 나머지 심사항목만으로 심사하고, 심사결과 종합평점이 나머지 심사항목 배점한도의 100분의 95 이상인 자를 낙찰자로 결정할 수 있으며, 동일가격의 최저가 입찰자가 2인 이상인 경우의 낙찰자 결정방법은 제1항과 같다.

③ 최저가 입찰자에 대한 심사결과 종합평점이 95점 미만인 경우 또는 최저가 입찰자가 정당한 사유 없이 심사서류를 제출하지 아니하거나 심사서류 제출 후 낙찰자 결정 이전에 심사를 포기한 경우에는 차순위 최저가 입찰자 순서로 심사하여 낙찰자를 결정한다.

④ 적격심사에 소요되는 **행정소요일수를 감안**하여 계약담당공무원이 필요하다고 인정하는 경우에는 **예정가격 이내 입찰자를 대상으로 동시에 적격심사**를 할 수 있다.

> 동일가격 최저가 입찰자가 2인 이상인 경우 동시에 적격심사를 진행한다. 적격심사 통과점수 이상인 자 중에서 최고점수 받은 자를 낙찰자로 결정하며 점수까지 동일한 경우엔 국가를 당사자로 하는 계약에 관한 법률 시행령 제47조에 따라 추첨으로 낙찰자를 결정한다. 한편, 심사 관련 행정소요일수가 길어질 것으로 예상하거나 기타 사유가 있는 경우 예정가격 내 입찰자를 대상으로 동시에 적격심사를 진행할 수 있다.
>
> <Example>
>
> Q) A사업의 입찰 결과 2개의 업체가 참가하였다. 계약담당자는 행정소요일수를 감안하여 2개 업체에 대하여 동시에 심사를 수행하였고, 그 결과 1순위 업체가 95.5점, 2순위 업체가 97점을 획득하였다. 이후 절차는 어떻게 될 것인가?
>
> A) 두 업체 모두 95점 이상을 획득하였으나, 더 낮은 가격을 투찰한 1순위 업체가 최종 낙찰된다. 1순위 업체 낙찰 처리 후 계약서를 작성하면 된다.

⑤ 제8조제2항에 따라 결격 구성원을 포함한 공동수급체가 낙찰자로 결정된 경우에는 계약체결 전까지 공동수급 협정내용을 변경하게 할 수 있다.

제10조(재심사) ① 제8조의 규정에 의하여 **부적격통보를 받은 자가 통보일로부터 3일 이내에 심사결과에 대한 재심사를 요청**하였을 때에는 특별한 사유가 없는 한 재심사요청서 접수일로부터 **3일 이내에 재심사**를 하여야 한다. 다만, **재심사는 1회에 한한다.**

② 제1항에 의한 재심사결과는 해당자에게 지체없이 통보하여야 한다.

③ 제1항의 재심사요청서를 접수할 때에는 적격심사에 필요한 추가서류는 접수할 수 없다

> 부적격 통보를 받은 자는 부적격 통보일로부터 3일 이내에 재심사를 청구할 수 있다. 재심사는 기존에 제출하였던 서류로 진행되며, 1회로 제한되므로 1번의 재심사 이후 추가적인 재심사는 불가하다.

제11조(적격심사위원회 운영) ① 발주기관의 장(또는 계약담당공무원)은 가능한 공정하고 합리적인 심사를 위해 적격심사위원회를 구성하여 심사할 수 있다.

② 제1항의 적격심사위원회 심사위원은 관계부서의 5인 이상 담당관으로 구성한다.

제12조(생산능력의 확인) ① 계약담당공무원은 업체의 생산능력을 확인할 필요가 있는 품목에 대해서는 그 내용을 입찰공고 조건에 명시하여야 한다.

② 제1항의 규정에 의한 생산능력 확인대상은 입찰결과 예정가격 이내의 입찰업체에 한하여 적용하며, 생산능력판단 세부기준은 발주기관의 장이 정한다.

제13조(부정한 방법에 의한 심사서류 제출자 및 미제출자 처리) ① 계약담당공무원은 제7조에 따라 **제출한 서류가 부정 또는 허위로 작성된 것**으로 판명된 때에는 다음 각 호와 같이 처리하여야 한다.

1. 계약체결 이전인 경우에는 적격낙찰자 결정대상에서 제외 또는 결정 통보를 취소한다.
2. 계약체결 이후인 경우에는 당해 계약을 해제 또는 해지할 수 있다.

② 계약담당공무원은 제1항에 해당하는 자에 대하여 「국가를 당사자로 하는 계약에 관한 법률 시행령」 제76조에 따라 국방부장관(참조: 계획예산관)에게 **입찰참가자격 제한을 건의**하여야 한다.

> 부정한 방법으로 서류를 제출한 자에 대해서는 기재부 계약예규 적격심사기준 제10조 제2항에 따라 「국가를 당사자로 하는 계약에 관한 법률 시행령」 제76조에 따른 입찰참가자격제한조치를 하여야 한다. 부정당업자의 입찰참가자격 제한기준은 동법 시행규칙 [별표 2]에서 규정하고 있다.

제14조(세칙) 이 훈령을 적용하는 기관의 장은 국방부장관의 승인을 얻어 이 훈령의 시행을 위하여 필요한 세부사항을 정할 수 있다. 다만, 사업의 특성에 의하여 계약건별로 적용하는 세부사항에 대하여는 예외로 한다.

제15조(기타사항) ① 이 훈령에서 정하지 아니한 사항에 대하여는 계약예규 「적격심사기준」 등 관련 계약예규와 기타 국방부 계약 관련 훈령을 적용하며, 물품의 특성에 따라 이 훈령을 적용하기 곤란하다고 인정되는 사항에 대하여는 입찰공고에 별도로 반영하여 집행할 수 있다.

② 국방전자조달(D2B)시스템에서 조회・확인된 자료의 오류 누락 등의 경우에는 사실확인을 통하여 평가할 수 있다.

제16조(존속기한) 이 훈령은 「훈령・예규 등의 발령 및 관리에 관한 규정」에 따라 발령 후의 법령이나 현실여건의 변화 등을 검토하여 폐지, 개정 등의 조치를 하여야 하는 기한은 2022년 12월 2일까지로 한다.

【별표】

평 가 기 준 표(제4조제1항 관련)

1. 적격심사항목 및 배점한도

(단위 : 점)

구분	심사분야	심사항목	배점한도 제조	배점한도 구매 10억원 이상	배점한도 구매 10억원 미만
계			100	100	100
1) 당해물품 납품이행 능력	소 계		50	50	30
	납품실적	① 계약목적물과 동등이상 물품 ② 계약목적물과 유사물품	10	10	미적용
	기술능력	① 기술인력 보유 ② 생산기술 축적정도	10	미적용	미적용
	경영상태	신용평가등급	30	40	30
2)입찰가격		평점산식 참조	50	50	70
3)신인도	품질정도	① 품질관리 ② 기술보유 ③ 환경관리	+3 ~ -5	미적용	미적용
	계약이행 성실도	① 품질하자 ② 납품지연 ③ 부정당업자 제재		+1.15 ~ -5	+1.15 ~ -5
	사회적 책임 등 신뢰정도	① 고용창출 ② 혁신형 중소기업 ③ 장애인기업 ④ 여성기업 지원 등 ⑤ 정책지원			
4)결격사유	당해물품 납품이행 결격여부	부도 등 및 부정당업자제재 상태인 경우 또는 부도 등의 우려가 있어 해당 계약이행이 어렵다고 판단되는 경우(단, 법정관리, 화의인가결정 등 법원의 경영정상화 판결을 받은 경우는 제외)	-10	-10	-10
		② 생산능력 부족으로 당해 계약 이행이 어렵다고 판단되는 경우	-10	미적용	미적용

※ [주]

ㄱ. 물품구매 적격심사시, '기술능력'과 신인도의 품질관리'는 적용하지 아니하고, 10억원 미만의 물품구매 적격심사시에는 '납품실적' 또한 적용하지 않는다.

ㄴ. 신인도 평가시, 물품제조 적격심사의 경우 '품질정도'와 '계약이행 성실도', '사회적 책임 등 신뢰정도' 평가점수를 합산하여 계산하며, 물품구매 적격심사의 경우는 신인도의 품질정도는 적용하지 아니하고, '계약이행 성실도'와 '사회적 책임 등 신뢰정도'만 반영하여 평가한다.

ㄷ. 결격사유의 심사항목 ②는 입찰공고조건에 명시된 품목에 한하여 적용하며, 그 생산능력 판단은 발주기관의 장이 정한 기준에 의한다.

2. 심사항목별 평가방법

가. 당해물품 납품이행능력

1) 납품실적 : 배점한도 10점

(단위 : 점)

심사항목	평가요소	등급	평점
① 최근 5년이내 납품실적 (계약목적물과 동등이상 물품)	금액[납품실적(부가가치세 제외)/추정가격]	A. 100%이상	10.0
		B. 70%이상~100%미만	9.0
	수량[납품수량/입찰수량]	C. 50%이상~ 70%미만	8.0
		D. 20%이상~ 50%미만	7.0
		E. 5%이상~ 20%미만	5.0
② 최근 5년이내 납품실적 (계약목적물과 유사물품)	금액[납품실적(부가가치세 제외)/추정가격]	A. 100%이상	5.0
		B. 70%이상~100%미만	3.5
	수량[납품수량/입찰수량]	C. 50%이상~ 70%미만	2.0
		D. 20%이상~ 50%미만	1.0
		E. 5%이상~ 20%미만	0.5

※ [주]

ㄱ. 납품실적 평가는 <u>**"①" 심사항목과 "②" 심사항목의 평점을 합산하여 평가**</u>하되, 배점한도를 초과할 수 없으며, 다만, <u>**창업초기기업은 배점한도 내에서 가산점 1점을 부여**</u>하며, 다음과 같이 평가한다.

1) 개인사업자인 경우, 사업자등록증명서상 <u>**사업자등록일을 기준으로 2년 경과 여부**</u>를 평가한다.

2) 법인인 경우, 법인등기부등본상 법인설립등기일을 기준으로 평가한다. (법인 중 지사를 보유하는 기업은 본사기준 사업자등록증명서상 사업자등록일을 기준으로 평가한다.)

ㄴ. ①의 동등이상 물품이란 성능·품질 등이 당해 입찰대상 물품 이상인 것으로서 입찰공고에서 명시한 성능, 품질 등의 조건에 부합되는 경우에 평가하고, ②의 유사물품이란 당해 입찰대상 물품과 동일종류로 성능·품질 등이 동등미만인 것으로 입찰공고에서 명시한 성능·품질 등의 조건에 부합된 경우에만 평가한다.

ㄷ. 유사물품선정 기준의 적용이 곤란하다고 판단될 경우에는 ①항으로만 평가하되 동등이상 납품실적이 5% 미만인 업체는 ②항의 최저점을 적용한다. 이 경우 입찰공고에 명시하여야 한다.

ㄹ. 국내소재업체의 납품실적은 해당물품을 「중소기업제품 구매촉진 및 판로지원에 관한 법률」 제2조제2호의 공공기관(이하 "공공기관"이라 한다)에 납품한 **실적증명서**(별지 제3호 서식)로 제출하여야 한다. 다만, **공공기관 이외의 납품실적**은 원본 확인된 당해 **물품의 계약서, 세금계산서, 거래명세표 등을 실적증명서(별지 제3호 서식)에 첨부한 경우에 한하여 평가**한다. 특히 필요한 경우 공급받는 자의 인감증명(법인 또는 개인 / 본인서명사실확인서 또는 전자본인서명확인서도 갈음가능)을 첨부한 거래사실 확인서를 제출하게 할 수 있다.

ㅁ. 국외소재 업체의 납품실적도 국내소재 업체에 준하여 실적증명서(별지 제3호 서식)를 제출하여야 한다. 다만, 공공기관 이외의 납품실적은 이를 공증하거나 해당국가의 상공회의소 또는 해당국가에 주재하는 대한민국 공관의 확인을 받은 경우에는 세금계산서 등 증빙자료 첨부를 생략할 수 있다.

ㅂ. 합병의 경우 존속하거나 신설된 업체의 실적은 소멸된 자의 실적을 승계한 것으로 합산하여 평가하며, 분할의 경우에는 권리·의무를 승계받은 업체의 실적으로 본다. 또한 사업 양수도의 경우에는 해당 업종을 양수한 자의 실적으로 평가하며 합병·분할·사업 양수도와 관련한 업체의 실적증빙서류를 제출하여야 한다.(단, 분할 및 사업양수도의 경우 실적 이행을 위하여 분할 및 사업양수도시에 권리 및 시설, 기술자 등의 요건이 필요할 때에는 이를 갖춘 경우에만 실적으로 인정한다.)

ㅅ. 적격심사 대상자의 납품실적은 **계약일자와 관계없이 납품완료된 시점이 최근 5년 이내**로서 입찰공고에 명시한 동등이상 물품 및 유사물품을 납품한 금액 또는 규모를 기준으로 평가하되, 입찰공고에 납품실적 적용기간을 달리 정한 경우에는 그 내용에 따라 평가한다.

ㅇ. **제조계약을 위한 적격심사의 경우 제조 납품실적만을 인정**하고, **구매계약을 위한 적격심사의 경우 제조·구매 납품실적 모두 인정**한다. 또한, 실적에 대한 입증책임은 적격심사대상자가 부담하며, 의무를 다하지 아니하여 실적확인이 어려운 경우에는 실적을 인정하지 아니한다.

실적점수는 동등이상 부문 점수와 유사물품 점수를 합산하여 평가하되, 설립한지 2년이 되지 않은 창업초기기업에 대해서는 1점을 추가 부여한다. 유사물품 기준 적용이 어려운 경우에는 동등이상 부문만으로 평가 가능하며 이 경우 공고문에 반드시 명시해야 한다. 납품실적을 입증하기 위하여서는 실적증명서를 제출해야 하며, 공공기관 이외의 실적(민간실적 등)을 입증하기 위하여서는 실적증명서 뿐 아니라 계약서, 전자세금계산서 등의 서류를 추가적으로 제출하여야 한다. 이와 관련된 입증책임은 심사대상자가 지게 되며, 서류를 충분히 제출하지 않아 실적입증이 어려운 경우에는 유효하게 인정하지 않는다.

2) 기술능력 : 배점한도 10점

(단위 : 점)

심사항목	평가요소	배점한도	등급	평점
① 기술인력 보유	기술인력 보유정도	6.0	A. 기술사 또는 기능장 보유	
			① 3인 이상	3.0
			② 2인	2.0
			③ 1인	1.0
			B. 기사 또는 산업기사 보유	
			① 3인 이상	1.5
			② 2인	1.0
			③ 1인	0.5
			C. 기능사 보유	
			① 3인 이상	0.75
			② 2인	0.5
			③ 1인	0.25
			D. 미보유	3.0
② 생산기술 축적정도	공장등록 연수평가	4.0	A. 5년 이상	4.0
			B. 3년 이상 5년 미만	3.5
			C. 1년 이상 3년 미만	3.0
			D. 1년 미만	2.5

※ [주]

ㄱ. 기술능력 평가는 "①"심사항목과 "②" 심사항목의 평점을 합산하여 평가한다.

ㄴ. "①"심사항목의 평가는 다음 각 호에 따른다.

1. 「국가기술자격법」에 따른 기술·기능분야의 기술사, 기능장, 기사, 산업기사 또는 기능사(이하 "기술사 등"이라 함)에 대해 평가한다. 이 경우 적격심사 대상자는 기술사 등(동 자격을 갖추고 **최근 6개월 이상 연속하여 근무한 자**)에 대한 자격증 사본과 해당 자격자의 **최근 6개월 이상 고용사실을 입증하는 자료**(고용보험, 국민건강의료보험, 국민연금, 산재보험 관련 증빙서류 포함)를 제출하는 경우에 평가한다. 심사대상자가 단일기업내 다수의 사업을 겸영하는 경우에는 해당 기술인력을 고용하는 사업장에 한정하여 평가한다. 다만, 대표자가 "기술사 등"의 자격증을 보유한 경우에는 근무기간에 상관없이 평가에 포함한다.

2. **기술인력 미보유업체는 D등급으로 평가**하고, 기술인력 보유업체는 D등급과 해당되는 A, B, C등급을 합산하여 평가하며, 기술 상위등급에 해당되는 기술인력이 평가 최대인원(3명)을 초과하는 경우에는 기술 하위등급 인력으로 평가한다. 다만, 1인이 다수의 기술자격 보유시 하나의 기술자격만 인정한다.
3. 외국업체의 경우에는 해당국의 관계기관에서 인정하는 기술·기능자격 관련자료를 제출하는 경우에 평가한다.
4. 기술인력보유 평가는 **「국가기술자격법」에 따른 국가기술자격 중 입찰공고에서 정한 분야**(직무분야 또는 중직무분야)에 한하여 평가한다. 다만, 입찰공고에 이를 명시하지 않은 경우에는 계약목적물과 관련된 기술인력만 평가하며 이에 대한 입증책임은 적격심사대상자에게 있다.

ㄷ. "②" 심사항목의 평가는 다음 각 호에 따른다.

1. 공장등록 연수는 당해 입찰대상 업종(산업분류표중 소분류) **공장등록일자를 기준으로 기산**하되, 공장등록기간은 연속되어 있어야 한다. 다만, 공장 이전으로 인한 단절은 연속된 것으로 보되, 단절기간은 등록기간 산정에서 제외한다.
2. 국내 소재 제조자의 경우 산업집적 활성화 및 공장설립에 관한 법령에 따라 지방자치단체장이나 공업단지관리공단이 발행한 공장등록증명원에 따르며, 국외소재 제조자의 경우 소재국의 유관사업 당국이나 관할행정관서 또는 단체에서 단체에서 발행한 증명서류에 따른다.
3. 적적격심사대상자는 공장등록증명원 등 증명서류 제출 시, 계약담당공무원의 요청이 있는 경우, 평가등급에 따른 해당 기간의 소득세 또는 법인세 납부 증명자료와 해당 입찰공고일 이후 촬영한 공장 내·외부 정면·측면사진 각 2매(4×6크기, 총 4매)를 제출하여야 한다.
4. 다만, 「중소기업기본법」 제2조제2항에 따른 **소기업으로서 사업자등록증명원에 제조업으로 등록**되고, 「산업집적활성화 및 공장설립에 관한 법률」 제2조제1항에 따른 **공장의 건축면적 또는 이에 준하는 사업장의 면적이 500제곱미터 미만인 경우에는 공장등록연수과 관계없이 사업자등록일을 기준으로 평가**한다. 이 경우 사업자등록증명원과 공장건축면적 또는 사업장의 면적이 500제곱미터 미만임을 입증할 수 있는 증명자료를 제출받아 이를 확인한다.

기술능력점수는 기술인력 보유정도(6점)과 공장등록연수(4점)을 합산하여 평가한다.

첫째, 기술인력 보유정도는 업체 내 자격증 보유인원 수를 기준으로 평가하되 업체에 고용 된지 6개월 이상 된 인원에 한하여 평가한다. 이때, 고용기간이 6개월 이상인지 여부는 4대보험 가입확인서를 통해 확인한다. 자격증 보유인원이 없는 경우 D등급에 상응하는 점수를 부여한다. 또한, 기술 상위등급에 해당되는 기술인력이 3명을 초과할 때에는 초과인수만큼 기술 하위등급 점수를 추가 부여한다.

둘째, 공장등록연수는 업체가 제출한 공장등록증명서의 등록일자를 기준으로 평가하며, 등록기간은 단절되어서는 안 된다.(공장이전에 따른 단절은 제외) 단, 업체가 ①소기업(소상공인)으로서 사업자등록증명원에 ②제조업으로 등록되고 ③건축면적 또는 사업장면적이 $500m^2$ 미만인 경우 사업자등록일 기준으로 평가한다.

<Example>

Q) 2020.2.16.에 공고한 제조사업이 있다. 1순위인 A업체는 산업기사를 총 6명 제출하였는데 이 중 4명은 A업체에 2019.2.15.에 채용되었으며, 2명은 2019.10.26.에 채용되었다. 공장등록연수는 5년 이상 되었다고 가정할 때, A업체의 기술능력 점수는?

A) 기술능력의 배점한도는 기술인력 6점, 공장등록연수 4점을 합한 10점이다.
공장등록연수는 5년 이상 되었으므로 4점을 획득할 것이다.
기술인력의 경우 산업기사를 총 6명 제출하였으나 이 중 2명은 고용된 지 6개월이 되지 않았으므로 인정되지 않는다. 즉, 산업기사 4명이 인정될 것인데 산업기사 3명 이상은 1.5점이며, 산업기사 수가 3명을 초과하였으므로 나머지 1명에 대하여는 하위등급 1명 점수인 0.25점을 추가로 받게 된다.
결국 기본점수 3점에 더불어 1.75점을 받게 되어 총 4.75점을 획득할 것이다.
이에 따라 A업체의 기술능력 최종점수는 4 + 4.75 = 8.75점이다.

3) 경영상태

(단위 : 점)

신용평가등급			평점	
회사채	기업어음	기업신용평가	제조 및 10억원 미만 구매	10억원 이상 구매
AA+, AA0, AA-	A1	AA+, AA0, AA-	30.0	40.0
A+	A2+	A+		
A0	A20	A0		
A-	A2-	A-	29.8	39.7
BBB+	A3+	BBB+	29.6	39.4
BBB0	A30	BBB0	29.4	39.1
BBB-	A3-	BBB-	29.2	38.8
BB+, BB0	B+	BB+, BB0	29.0	38.5
BB-	B0	BB-	28.8	38.2
B+, B0, B-	B-	B+, B0, B-	28.6	37.9
CCC+ 이하	C 이하	CCC+ 이하	25.0	35.0

※ [주]

ㄱ. 「신용정보의 이용 및 보호에 관한 법률」 제4조제1항제1호 또는 「자본시장과 금융투자업에 관한 법률」 제335조의 3에 의거 업무를 영위하는 신용조회사 또는 신용평가사가 **입찰공고일 이전에 평가한 유효기간 내에 있는** 회사채, 기업어음, 기업신용평가등급을 기준으로 **부대조달정보체계에 따라 조회된 신용평가등급으로 평가**하되, **가장 최근의 신용평가등급으로 평가**한다. 다만, 가장 최근의 신용평가등급이 같은 날 다수가 있어 그 결과가 상이한 경우 가장 낮은 등급으로 평가한다.

ㄴ. 부대조달정보체계에서 '신용평가등급 확인서'가 확인되지 않은 경우에는 적격심사대상자로부터 제출받은 '신용평가등급 확인서'로 평가한다. **적격심사대상자로부터 제출받은 '신용평가등급 확인서'로도 확인되지 않는 경우에는 최저등급으로 평가**하며, 유효기간 **만료일이 입찰공고일인 경우에도 유효한 것으로 평가**한다.

ㄷ. 합병한 업체에 대하여는 합병 후 새로운 신용평가등급으로 심사하여야 하며 합병 후의 새로운 신용평가등급이 없는 경우에는 합병대상업체 중 가장 낮은 신용평가등급을 받은 업체의 신용평가등급으로 심사한다.

ㄹ. **추정가격이 고시금액 미만인 물품구매 입찰**에서 적격심사대상자가 입찰공고일 기준 **최근 2년이내 사업을 개시한 창업초기기업**에 대해서는 **신용평가등급을 만점으로 평가**한다. 이 경우 법인인 경우 법인등기부등본상 법인설립등기일, 개인사업자인 경우 사업자등록증명서상 사업자등록일을 기준으로 평가한다. (법인 중 지사를 보유하는 기업은 본사기준 사업자등록증명서상 사업자등록일을 기준으로 평가한다.)

제3조에서 명시한 바와 같이 경영상태의 심사기준일 역시 입찰공고일이다. 즉, 입찰공고일 이전에 발급받아 유효기간 내에 입찰공고일이 포함된 경우에 한하여 유효하게 인정가능하며, 유효한 신용평가등급서가 여러 개 있는 경우 가장 최근의 신용평가등급으로 평가한다. 단, 추정가격 고시금액 미만인 물품구매사업의 경우 창업초기기업(개업 2년 이내 업체)에 대하여 실제 신용평가등급과 무관하게 경영상태를 만점으로 평가한다.

<Example>

Q) '20.5.16.에 공고한 사업이 있다. 1순위 업체는 총 3개의 신용평가등급확인서를 가지고 있다. 이 중 어떠한 신용평가등급으로 평가받게 될까?

(1) - 신용평가 등급 : BB0 유효기간 : '19.5.20.부터 '20.5.19.까지

(2) - 신용평가 등급 : BB- 유효기간 : '19.10.16.부터 '20.10.15.까지

(3) - 신용평가 등급 : BB+ 유효기간 : '20.5.19.부터 '21.5.18.까지

A) 경영상태의 심사기준일은 입찰공고일로서, 입찰공고일 이전에 발급받은 신용평가등급 확인서에 한하여 유효하게 인정된다. 그러므로 (3)번 신용평가등급은 해당 사업의 평가에서 제외된다.

결국 유효한 신용평가등급확인서는 총 2개인데, 이 중 더 최근에 발급받은 신용평가등급 확인서는 (2)번 확인서이므로 이 업체는 BB-로 평가받게 된다.

나. 입찰가격

(단위 : 점)

심사항목	평가요소	배점한도		평점
		제조 및 10억원 이상 구매	10억원 미만 구매	
입찰가격	투찰률	50	70	※ 평점산식 : 아래 참조

○ 입찰가격 평점산식

$$평점(점) = 배점한도 - \left|\left(\frac{88}{100} - \frac{입찰가격}{예정가격}\right) \times 100\right|$$

- │ │는 절대값 표시임.
- 입찰가격을 예정가격으로 나눈 결과 소수점이하의 숫자가 있는 경우에는 소수점 다섯째자리에서 반올림한다.
- 입찰가격이 예정가격 이하로서 예정가격의 100분의 93이상인 경우 평점은 제조 및 10억원 이상 구매의 경우 45점, 10억원 미만 구매의 경우 65점으로 각각 적용한다.
- 최저평점은 2점으로 한다.

다. 신인도

1) 물품 품질정도

(단위 : 점)

심사항목	평가요소	배점한도	등 급	평점
① 품질 관리	품질 보증	1.0	A. KS, CE, UL 및 KS에 상응하는 해당국의 국가산업표준규격인증, 국방품질경영시스템 인증 및 당해품목 HACCP 인증 보유자	1.0
			B. 우수 단체표준제품, 한국공인제품인증(KAS), 싱글PPM, 자가품질 보증물품 지정, 세계일류상품인증, “건”자 마크 · K마크 · Q마크 보유자	0.7
			C. 산업통상자원부장관이 선정한 “세계일류상품생산기업”	0.6
② 기술 보유	기술 인증	1.0	A. 주무부 장관 등이 인증한 신기술(NET, NEP, 전력신기술)인증, 중소기업기술개발제품 성능인증 보유자	1.0
			B. 특허, GD인증, GS(국산 우수 S/W)마크 보유자	0.5
③ 환경 관리	오염 억제	0.5	A. 환경표지(GR마크 포함) 인증 및 환경친화기업 지정자	0.5
			B. 녹색기술(녹색사업) 인증 및 녹색전문기업 확인서 보유자	0.5
			C. 고효율에너지기자재 인증보유자	0.5

※ [주]

ㄱ. 물품 품질정도는 **물품제조 적격심사시에만 적용**한다.

ㄴ. **당해입찰 대상물품에 해당되는 경우만 평가**하며, 취득한 자격이나 인증이 당해입찰 대상물품의 일부 구성품인 경우에는 평가하지 아니하고, 계약품목 중 일부 품목에만 해당되는 경우에는 당해 입찰 대상물품의 금액비율만큼 적용한다.

ㄷ. 인증서 평가는 입찰공고에서 정한 계약목적물과 관련된 인증인 경우에 한하여 직접 인증을 받은 자(권리취득자, 특허 전용실시권자 포함)을 평가한다. 다만, 공동권리자의 경우에는 각각의 권리권자 모두를 해당배점으로 평가한다.

1) 계약목적물과의 관련성은 해당 계약목적물에 직접 적용·활용·포함된 경우에 한하여 인정한다. 또한, 관련성에 대한 증빙은 적격심사 대상자의 책임으로 하며, 필요시에는 관련기관 등이 확인한 자료의 제출을 요청할 수 있다.

ㄹ. 적격심사대상자가 **동열 심사항목 내 해당 인증서를 2개 이상 보유한 경우에는 그 중 한 가지만 평가**한다. 이 경우 평가는 반드시 유효기간(최초인증 후, 사후관리 등을 통해 계속 인증의 효력이 연장된 인증서인 경우 그 기간까지를 유효기간으로 본다)내의 것으로 평가한다. 다만, GD 등 유효기간이 정해지지 않은 경우의 유효기간은 입찰공고일 전일부터 기산하여 2년 이내에 인증 또는 마크를 받은 것에 한하여 적용한다.

ㅁ. 인증서 평가는 관계기관(위임한 경우 포함)의 증명서류를 제출한 경우에 한하며, 국방품질경영시스템 인증은 국방기술품질원에서 직접 품질보증활동을 실시하는 대상품목의 경우에만 인정한다.

ㅂ. ①항 관련하여 다음과 같이 적용한다.

1. 모듈 A(자기적합선언; DoC) 방식과 직접 생산자가 아닌 판매자 CE 인증서는 제외한다.
2. KS에 상응하는 해당국 국가산업표준규격 인증평가는 관계기관(위임한 경우 포함)의 증명서류를 제출한 경우에 한하며, KS에 상응하는 해당국 국가산업표준규격인증 여부는 입찰자가 해당국의 국가표준을 관장하는 정당한 권한을 가진 기관으로부터 확인서류를 제출받아 입증하여야 한다.
3. 우수 단체표준제품은 국가기술표준원 고시에 따라 우수 단체표준제품 확인서로 확인한다.

ㅅ. ②항 특허의 경우, 다음 각 호의 경우는 평가하지 아니한다.

1. 전용실시권이 설정된 경우 전용실시권자가 아닌 특허권자
2. 통상실시권자

2) 계약이행 성실도

(단위 : 점)

심사항목	평가요소	배점한도	등 급	평점
① 품질 하자	하자 발생 유무	△1.2	A. 최근 1년 이내 국방관서와의 계약이행과정에서 하자 발생사실이 있는 자로서 하자가 발생한 계약(단가계약시 납품요구)의 종결계약금액 대비 하자금액 비율에 따라 - 5%이상 - 3%이상 ~ 5%미만 - 1%이상 ~ 3% 미만 - 0.1%이상 ~ 1% 미만	 △0.6 △0.5 △0.4 △0.3
			A. 최근 1년 이내 국방관서와의 계약이행과정에서 감액 사실이 있는 자로서 감액이 발생한 계약(단가계약시 납품요구)의 종결계약금액 대비 감액비율에 따라 - 20%이상 - 10%이상 ~ 20%미만 - 1%이상 ~ 10%미만 - 0.1%이상 ~ 1%미만	 △0.6 △0.5 △0.4 △0.3
② 납품 지연	지체 상금	△2	A. 최근 1년 이내 국방관서와의 계약이행과정에서 지체상금 부과대상자로서 지체상금이 발생한 계약(단가계약시 납품요구)의 종결계약금액 대비 지체상금 부과율에 따라 - 10%이상 - 8%이상 ~ 10%미만 - 6%이상 ~ 8%미만 - 4%이상 ~ 6%미만 - 2%이상 ~ 4%미만 - 2%미만	 △2.0 △1.75 △1.5 △1.0 △0.5 △0.25
③ 부정당 업자 제재	부정당업자로 제재받은 총제재기간	△2	A. 최근 2년 이내에 부정당업자 제재를 받은 자로서 부정당업자 제재기간 종료일이 입찰공고일로부터 2년 이내에 포함된 전체 부정당업자 제재 건의 총제재기간에 따라 - 총제재기간이 2년 이상 - 총제재기간이 1년 이상 2년 미만 - 총제재기간이 9개월 이상 1년 미만 - 총제재기간이 6개월 이상 9개월 미만 - 총제재기간이 3개월 이상 6개월 미만 - 총제재기간이 3개월 미만	 △2.0 △1.8 △1.5 △1.0 △0.5 △0.3

※ [주]

ㄱ. ①의 품질하자와 ②의 납품지연 평가는 **물품 · 일반용역 · 기술용역 계약건을 모두 포함**하며, **국방관서는 제1조에 따라 국방부본부와 국방부 소속기관, 국직부대 · 국직기관, 합참 및 각 군을 의미**한다.

ㄴ. ①의 품질하자 평가시 하자발생유무와 감액유무는 각각 계약건별로 합산하여 평가하며, 하자발생일은 검사관으로부터 하자로 판정되어 업체에 통보한 날짜를 기준으로 하고, 감액발생일은 면제승인된 후 품질 보증기관의 납품조서발행일을 기준으로 한다. 또한, 하자금액은 품질검사기관에서 통보된 하자발생 내역별로 산정한다. 다만, 하자발생 유무 평가에 있어 A/S 기간이 경과된 경우에는 적용하지 아니한다.

ㄷ. ②의 납품지연 평가는 다음 각 호에 따른다.

1. 계약금액 지급(종결)일자를 기준으로 입찰공고일로부터 최근 1년 이내에 지체상금을 부과받은 자인 경우에 감점한다.
2. 지체상금 부과율은 **지체상금이 발생된 계약(단가계약의 경우 납품요구)의 종결계약금액 대비 지체상금 부과액의 비율로 산정**한다.

※ 적용례 : 최근 1년 이내 3건의 지급(종결)건이 있을 경우

계약번호 (납품요구 번호)	계약 (납품요구) 종결계약액	지체상금	지체발생계약 (납품요구) 종결계약액	지체상금 부과액	지체상금 부과율 (비고)
A	7,000,000	350,000	7,000,000	350,000	"A"는 분할납품
	3,000,000	0	0	0	
B	20,000,000	0	0	0	
C	15,000,000	420,000	15,000,000	420,000	
계			22,000,000	770,000	3.5%

* 지체상금 부과율 = 지체상금 부과액/지체발생 계약(납품요구) 종결계약금액

= 770,000/22,000,000 = 0.035 = 3.5%

ㄹ. 부정당업자 제재 받은 자에 대하여 **부정당업자 제재기간 종료일이 입찰공고일로부터 2년 이내에 포함된 전체 부정당업자 제재 건의 총제재기간에 따라 해당 배점으로 평가**한다. 이 경우 총제재기간은 제재 받은 기간의 **종료일이 입찰공고일로부터 2년 이내에 있는 부정당업자 제재 건의 전체기간을 합산**한다.

※ 적용례 : 입찰공고일이 '10. 10. 9.인 입찰 건에 대하여 해당 적격심사대상자가 '07. 11. 20.부터 12개월간 부정당업자 제재를 받고, '09. 5. 20.부터 3개월간 부정당업자 제재를 받은 경우 부정당업자 제재기간 종료일이 입찰공고일로부터 2년 이내에 2건이 존재하므로 전체 제재기간을 합산하여 총제재기간은 15개월로 평가한다.

3) 사회적 책임 등 신뢰정도

(단위 : 점)

<table>
<tr><th>심사항목</th><th>평가요소</th><th>배점한도</th><th>등 급</th><th>평점</th></tr>
<tr><td>①
고용
창출</td><td>고용
창출
우수</td><td>1.0</td><td>A. 신규채용 우수기업 (설립 18개월 이상)
- 전년도 6개월간 평균고용인원 대비 해당연도 최근 6개월간 평균고용인원 증가율이 기업규모에 따라 다음의 증가율 이상인 기업
<table><tr><th>대기업</th><th>중기업</th><th>소기업 및 소상공인</th></tr><tr><td>7% 이상</td><td>8% 이상</td><td>11% 이상</td></tr><tr><td>6% 이상</td><td>7% 이상</td><td>9% 이상</td></tr><tr><td>5% 이상</td><td>5% 이상</td><td>5% 이상</td></tr></table>
B. 신설기업 (설립 18개월 미만)
- 총 고용인원(대표자 제외) 6인 이상
- 총 고용인원(대표자 제외) 3~5인</td><td>1.0
0.8
0.6

0.5
0.4</td></tr>
<tr><td>②
혁신형
중소
기업</td><td>혁신형
중소
기업</td><td>0.8</td><td>중소벤처기업부장관(또는 수임권자)으로부터 혁신형(벤처,기술혁신형, 경영혁신형, 우수그린비즈) 중소기업으로 지정받은 자로서
A. 혁신형기업이면서 제조기업
B. 혁신형기업</td><td>0.8
0.6</td></tr>
<tr><td>③
장애인
기업</td><td>장애인
기업
지원</td><td>0.5</td><td>A. 「장애인고용촉진 및 직업재활법」에 따른 장애인 고용우수사업주 또는 장애인 표준사업장
B. 「장애인기업활동 촉진법」에서 정한 기업으로서 중소벤처기업부 장관이 확인한 장애인기업
C. 장애인고용 우수기업
- 최근 3개월 평균 장애인고용률이 3% 이상이면서 최근 3개월 평균 장애인종업원이 6인 이상인 기업</td><td>0.5
0.4
0.3</td></tr>
</table>

④ 여성기업 지원 등	여성기업 지원 및 고용촉진	0.4	A. 「여성기업지원에 관한 법률」에서 정한 기업으로서 중소벤처기업부장관(수임권자 포함)에 의해 확인서를 받은 여성기업으로서 그 존속기간에 따라 - 10년 이상 - 5년 이상 ~ 10년 미만 - 3년 이상 ~ 5년 미만 - 3년 미만	 0.40 0.35 0.30 0.25
			B. 고용노동부장관에 의해 남녀고용평등 우수기업으로 지정받은 자	0.4
			C. 여성고용 우수기업 - 최근 3개월 평균 여성고용률이 10% 이상이면서 최근 3개월 평균 여성종업원이 10인 이상인 기업 - 최근 3개월 평균 여성고용률이 5% 이상이면서 최근 3개월 평균 여성종업원이 5인 이상인 기업	 0.4 0.3
⑤ 정책지원	쿠처별 정책지원	1.0	A. 고용노동부장관으로부터 「노사문화우수기업」(대상기업 포함)으로 선정된 업체 (유효기간 내에 한함) * 다만, 급식분야는 0.25점	0.5
			B. 「비상대비자원 관리법」에 따른 주무부장관이 확인한 비상대비 중점관리대상업체	0.5
			C. 「사회적기업 육성법」제7조에 따른 고용노동부장관의 인증을 받은 기업	0.4
			D. 「가족친화 사회환경의 조성촉진에 관한 법률」 제15조에 따른 가족친화인증을 받은 기업	0.4
			E. 「모범납세자관리규정」(국세청훈령) 제5조제5항에 따른 국세청장 표창 이상의 모범납세자	0.25
			F. 「협동조합 기본법」제2조제3호에 따른 사회적협동조합	0.4
			G. 「국민기초생활보장법」제18조에 따른 자활기업	0.4
			H. 「도시재생 활성화 및 지원에 관한 특별법」제2조제1항제9호에 따른 마을기업	0.4
			I. 개정 근로기준법(법률 제15513호) 제2조에 따른 근로시간 단축의 시행시기가 도래하기 이전에 자발적으로 1주당 최대 근로시간을 52시간으로 단축하여 시행한 업체로서 고용노동부로부터 근로시간 단축 확인을 받은 업체	0.4

※ [주]

ㄱ. 심사항목의 평가 관련 증빙자료는 주무부처(청)의 장(위임, 위탁한 경우 포함)이 서명(날인) 하거나 관인(직인 또는 청인)이 포함된 자료로 제출하여야 하며, 유효기간 내에 한하여 평가한다. (단, 유효기간이 정해지지 않은 경우에는 입찰공고일 전일부터 기산하여 최근 2년 이내로 한하여 평가한다)

ㄴ. 심사항목 내 **각 항목은 중복하여 평가할 수 없고**, 그 중 **높은 평점 한 가지만 인정**한다. 다만, ⑤정책지원은 배점한도 내에서 중복하여 평가할 수 있다.

ㄷ. 신규채용 우수기업, 장애인고용 우수기업 및 여성고용 우수기업의 평가기준은 다음과 같이 정한다.

1) 동일 입찰자가 신규채용 우수기업, 장애인고용 우수기업, 여성고용 우수기업의 평가에 중복되는 경우에는 그 중 높은 평점 한 가지만 평가한다.

2) 고용인원 계산결과의 소수점 처리는 소수 첫째 자리에서 올림을 하고, 고용비율 계산결과 소수점 처리는 소수점 다섯째 자리에서 반올림한다.

3) 고용사실 증명은 「국민건강보험법」에 따른 국민건강의료보험, 「국민연금법」에 따른 국민연금 관련 증빙서류에 따른다. 다만, 국민연금 가입제외 대상(18세 미만 또는 60세 이상인 자, 국민기초생활수급자, 타공적 연금가입자·수급자)과 건강보험 가입제외 대상(유공자 등 의료보호대상자, 의료급여 수급자)은 「고용보험법」, 「산업재해브상보험법」에 따른 증빙서류에 의할 수 있다.

4) 고용사실 증빙서류 확인결과, 평가대상기간에 퇴직한 자는 근로일수가 연속하여 1개월 이상인 경우에만 해당 월의 고용인원으로 산정한다. 이 경우 가입자명부 등 증빙서류에서 자격취득일은 근로일수에 포함하고, 자격상실일은 근로일수에 포함하지 않는다. 증빙서류는 해당 월별 평균고용인원(전체 고용인원, 해당(신규, 장애인, 여성)고용인원, 퇴직자)이 모두 확인 가능한 서류여야 한다.

ㄹ. 고용창출의 설립기간은 입찰공고일 전월부터 기산하며, 신규채용은 다음과 같이 평가한다.

1) 해당연도 입찰공고일 전월기산 평가기간에 해당하는 고용사실을 증명할 수 있는 서류에 따라 평가한다.

2) 해당연도 최근 6개월간 평균고용연원은 입찰공고일 전월기산 최근 6개월의 고용인원을 합산평균하며, 직전연도 6개월간 평균고용인원은 해당연도 고용인원 산출 시작시점부터 그 직전연도 동 기간의 고용인원을 합산평균한다. 이 경우 대표자는 고용인원에서 제외한다.

3) 해당연도 입찰공고일 전월까지의 신규고용인원 증가율은 해당연도 최근 6개월간 평균고용인원을 직전연도 동 기간 평균고용인원으로 나누어 계산한다.

4) 기업구분에 따른 평가시, 중기업·소기업·소상공인 확인은 중소기업공공구매종합정보망에 등재된 자료로 평가하되, 기업확인이 되지 않는 경우에는 소기업 및 소상공인으로 평가한다.

5) 적용례 : '17년 2월 입찰공고 건의 경우

〈직전연도 6개월간 평균고용인원〉

기간(월)	'15. 8	'15. 9	'15. 10	'15. 11	'15. 12	'16. 1
인원(명)	100	100	100	100	102	101

〈해당연도 최근 6개월간 평균고용인원〉

기간(월)	'16. 8	'16. 9	'16. 10	'16. 11	'16. 12	'17. 1
인원(명)	103	104	103	104	104	105

* 직전연도 6개월간 평균고용인원 = 해당연도 고용인원 산출 시작시점부터 = 그 직전연도의 동 기간 고용인원의 평균 = (100+100+100+100+102+101)/6 = 100.5 = 101명

* 해당연도 최근 6개월간 평균고용인원 = 입찰공고일 전월기산 최근 6개월간 고용인원의 평균 = (103+104+103+104+104+105)/6 = 103.8333.. = 104명

* 해당연도 입찰공고일 전월까지의 신규고용인원 증가율 = 104/101 = 1.02970297... = 2.9703%

ㅁ. ① 벤처・기술혁신형 · 경영혁신형 중소기업은 중소기업제품 공공구매종합정보망에 등재된 자료로 평가하되, **<u>제조기업평가는 계약목적물과 관련된 제조기업평가는 다음과 같이 평가</u>**한다. 단, 「중소기업제품 구매촉진 및 판로지원에 관한 법률」 제8조의2에 해당하는 중소기업(중소기업자간 경쟁입찰 참여제한 대상 중소기업)에 대해서는 동 신인도 평가를 적용하지 아니한다.

1) 제조기업의 평가는 계약목적물과 관련된 제조(공장등록증 또는 「중소기업기본법」 및 「소상공인 보호 및 지원에 관한 법률」에 따른 **<u>소기업 및 소상공인은 사업자등록증명원에 명시</u>**)인 경우에 한하여 평가한다. 다만, 「중소기업기본법」 및 「소상공인 보호 및 지원에 관한 법률」에 따른 **<u>소기업 및 소상공인은 공장등록증명원이 없을 경우 사업자등록증명원과 건축물관리대장 및 임대차계약서 등 제조를 증명할 수 있는 서류일체를 반드시 제출</u>**하여야 한다.

ㅂ. ④ 장애인기업은 중소기업벤처부 장관(수임권자 포함)에 의해 확인서를 발급받은 장애인 기업으로서 중소기업제품 공공구매종합 정보망에 등재된 자료로 평가한다.

ㅅ. 장애인 고용 우수기업 평가는 다음과 같다.

1) 장애인이란 「장애인복지법」 제32조에 따른 장애인 또는 「국가유공자 등 예우 및 지원에 관한 법률 시행령」 제14조제3항에 따른 상이등급에 해당하는 자를 말한다.

2) 입찰공고일 전월을 기준으로 장애인 고용사실을 증명할 수 있는 서류에 기재된 "장애인종업원비율(대표인 장애인은 제외하여 산정)" 자료로서 최근 3개월 매월 말 고용인원 자료를 제출받아서 평가한다.

3) 적용례 : 12월 입찰공고건의 경우

구 분	9월	10월	11월
월별 장애인(여성)고용인원 (당해월 고용인원이며, 신규고용인원 아님)	8	11	15
월별 총 고용인원	100	104	102

* 최근 3개월 평균 장애인(여성) 고용율 = [(8+11+15)/(100+104+102)] = (34/306) = 0.1111 = 11.11%

* 최근 3개월 평균 장애인(여성) 고용인원 = [8+11+15]/3 = 11.3333... = 12명

4) 최근 3개월의 자료가 없는 경우에는 평가에서 제외한다. (기업설립기간과 무관하게 3개월 모두 장애인(여성) 고용이 존재해야 평가가능)

5) 「장애인고용촉진 및 직업재활법 시행령」제4조 각 호에서 정한 중증장애인의 고용은 그 인원의 2배에 해당하는 장애인의 고용으로 본다.

ㅇ. ⑦ 여성기업은 중소기업제품 공공구매종합 정보망에 등재된 자료로 확인하며, 존속기간은 법인인 경우 법인등기부등본, 개인사업자인 경우 사업자 등록증상 여성대표자로서 그 유지기간(연속되어 있어야 함)을 확인한다.

ㅈ. ⑦ 남녀고용평등 우수기업은 고용노동부장관에 의해 확인된 자료를 제출한 경우에 평가하되, 유효기간 이내인 것에 한하여 평가한다. 다만, 유효기간이 정해지지 아니한 경우에는 입찰공고일 전일부터 기산하여 2년 이내에 받은 것에 한하여 평가한다.

ㅊ. 여성고용 우수기업 평가는 입찰공고일 전월을 기준으로 여성고용사실을 증명할 수 있는 서류에 기재된 '여성종업원비율(대표인 여성은 제외하여 산정)' 자료로서 최근 3개월 매월 말 고용인원 자료를 제출받아서 평가하며, 평가산식은 장애인고용 우수기업 평가산식과 같다.

ㅋ. 비상대비 중점관리대상업체 확인은 「비상대비자원 관리법」에 따른 주무부장관(권한이 위임된 자 포함)이 발행한 비상대비 중점관리대상업체 확인서(임무고지서 사본포함)로 한다.

[별지 제1호 서식]

적 격 심 사 신 청 서

○ 입찰대상물품명 :
○ 입 찰 일 시 :

위 건 물품 제조·구매입찰의 적격심사와 관련하여 적격심사 자기평가 및 심사표와 제증빙자료를 신의성실의 원칙에 입각하여 붙임과 같이 작성 제출하며, 만일 제출한 서류가 허위 또는 부정한 방법으로 작성된 사실이 확인될 경우에는 계약예규 「적격심사기준」 및 국가를 당사자로 하는 계약에 관한 법령 등에 따라 처리하여도 아무런 이의를 제기하지 않겠음을 확약합니다.

201 . . .

입 찰 자 주 소 :
회사명 :
대표자 : (인)

붙임 : 제출서류 목록 및 관련서류 1부

○○ 부 대 장 귀 하

....

접 수 증

1. 입찰대상 물품명 : 2. 제출자 :

위건 물품 제조·구매입찰 적격심사신청서 및 관련서류를 접수하였음을 확인합니다.

201 . . .

○○ 부대 ○○과장 (인)

[별지 제2호 서식]

적격심사 자기평가 및 심사표

1. 심사대상물품

입 찰 일 시	
품 명	
수 량	
입 찰 금 액	
추 정 가 격	

2. 심사대상입찰자

업 체 명	(전화)
대 표 자	
업종구분	제조( ), 구매( )

3. 회사를 대표하는 연락책임자 인적사항

소 속	
직 위	
성 명	
전화번호	(FAX)

4. 종합평가 (예시)

(단위 : 점)

구 분	배점한도	자기평점	심사평점	비 고
계	100			
납품실적				10억원 미만 구매시 미적용
기술능력				제조시에만 적용
경영상태				
입찰가격				
신 인 도				
결격사유				

* 물품 제조·구매 입찰시 해당배점을 적용하여 위 심사표를 작성할 것.
* 항목별 평점 세부내역 (별지 제2-1호)

[별지 제2호의2 서식]

항목별 평점 세부내역

종 합 평 점	점

평가대상업종	

Ⅰ. 당해물품 납품능력 : (　　)점

1. 납품실적 : (　　)점

가. 최근 5년 이내 납품실적(계약목적물과 동등이상 물품)(부가가치세 제외)

납품실적(a)	추정가격(b)	계산 : (a/b)x100	등급	평점

또는

납품수량(a)	입찰수량(b)	계산 : (a/b)x100	등 급	평 점

나. 최근 5년 이내 납품실적(계약목적물과 유사물품)(부가가치세 제외)

납품실적(a)	추정가격(b)	계산 : (a/b)x100	등 급	평 점

또는

납품수량(a)	입찰수량(b)	계산 : (a/b)x100	등 급	평 점

2. 기술능력 : (　　)점

가. 기술인력 보유

당해업체 기술인력 보유내역	등급내용	등급	평점

나. 생산기술 축적정도

당해업체 공장등록(사업자등록) 일자	등급내용	등급	평점

3. 경영상태 : (　　)점

가. 신용평가등급 : (‘등급표시”)

Ⅱ. 입찰가격 : (　　)점

입찰가격(a)	예정가격(b)	계 산 평점(점) = 배점한도 $-\left|\left(\frac{88}{100}-\frac{\text{입찰가격}}{\text{예정가격}}\right)\times 100\right|$	평점

＊ 배점한도는 [별표 1]의 입찰가격에 따라 제조 및 10억원 이상 구매의 경우 50점, 10억원 미만 구매의 경우 70점으로 한다.
＊ 예정가격의 100분의 93인 경우 평점은 제조 및 10억원 이상 구매의 경우 45점, 10억원 미만 구매의 경우 65점으로 각각 적용한다.
＊ 최저평점은 2점으로 한다.
＊ 단, 입찰가격에 대한 평가는 계약담당공무원이 작성한다.

Ⅲ. 신인도 : (　　)점

심사항목	평가요소	배점한도	등급내용	평　점

〈별지 제3호 서식〉

납품실적증명서

<table>
<tr><td rowspan="5">신청인</td><td>업체명(상호)</td><td colspan="3"></td><td colspan="2">대 표 자</td><td></td></tr>
<tr><td>영업소재지</td><td colspan="3"></td><td colspan="2">전 화 번 호</td><td></td></tr>
<tr><td>사업자번호</td><td colspan="3"></td><td colspan="2">FAX 번호</td><td></td></tr>
<tr><td>증명서용도</td><td colspan="3">물품적격심사 신청용</td><td colspan="2">제 출 처</td><td>0 0 부대</td></tr>
<tr><td>사업의종류</td><td colspan="6">제조 ( ), 구매 ( )</td></tr>
<tr><td rowspan="4">계약 및 납품내용</td><td>품 명</td><td colspan="2"></td><td colspan="2">실적 구분</td><td colspan="2">계약목적물과 동등이상물품( )
계약목적물과 유사물품( )</td></tr>
<tr><td>규 격
(품질, 성능등)</td><td colspan="6"></td></tr>
<tr><td>계 약 일 자</td><td>납품일자</td><td>단위</td><td colspan="2">수량</td><td>납품금액
(단위 : 천원)</td><td>비 고</td></tr>
<tr><td></td><td></td><td></td><td colspan="2"></td><td></td><td></td></tr>
<tr><td rowspan="4">증명서 발급기관 (회사)</td><td colspan="7">위 사실을 증명함.
년 월 일</td></tr>
<tr><td colspan="7">기관(회사)명 (인) (전화번호 :)</td></tr>
<tr><td colspan="7">주 소 (FAX번호 :)</td></tr>
<tr><td colspan="4">발 급 부 서 :</td><td colspan="3">담당자 :</td></tr>
</table>

※ 【주】

① 민간거래실적은 세금계산서, 계약서, 거래명세표 등 증빙자료를 첨부하여야 함.

② 실적평가는 입찰공고시에 제시한 성능, 품질 등의 조건에 부합되는 실적에 한하여 "규격"란에 동 납품규격 내용을 구체적으로 명시하여야 하고, 공동 계약으로 이행하였을 경우 비율과 이행실적을 기재하여야 함.

③ "계약 및 납품내용"란은 기재후 투명접착테이프를 붙여 증명을 받아야 함.

■ 물품 적격심사기준에 관한 훈령[별지 제4호 서식] <개정 2019. 12. 2.>

제 출 서 류 목 록 표

심사분야	연번	내 용	발급기관 (확인기관)	비 고
총 괄	1	적격심사신청서	신청자	[별지 제1호 서식]
	2	적격심사 자기평가 및 심사표		[별지 제2호 서식]
	3	항목별 평점 세부내역		[별지 제2호의2 서식]
경영상태	4	신용평가등급 확인서	신용평가업자	
납품실적	5	실적증명서 (실적 평가 건에 한함)	납품받은 기관 (수요기관) 또는 조달청	[별지 제3호 서식]
기술능력	6	적격심사기준표 상 필요한 증빙서류 (기술능력 평가 건에 한함)	관계기관	
근로조건	7	근로조건 이행확약서 (용역 중 평가대상 사업에 한함)	신청자	
신인도	8	품질관리, 기술보유, 환경관리 (물품 제조 적격심사의 건에 한함), 고용창출, 혁신형 중소기업, 장애인기업, 여성기업 지원 등, 정책지원 (해당사항 있는 항목에 한함)	관계기관	
기 타	9	사업자등록증	신청자	
	10	금융거래확인서	주거래은행	

※ 제출서류 중 사본을 제출하는 경우, 원본을 제시하여야 하며 동 사본에는 "사실과 다름없음"을 대표자가 확인 • 날인하여야 한다.

위 제출서류 목록에 기재된 서류 이외에 추가로 제출할 서류가 없음을 확인합니다.

20 . . .

입찰자 주 소:

회사명:

대표자: (인)

210mm×297mm[백상지 80g/㎡ 또는 중질지80g/㎡]

3-2). 직접 해보는 물품 적격심사

<사례 분석>

1. 전제조건

사업명	입찰공고일	예산액	업체명	입찰가격	예정가격	결격사유
○○ 제조	2020.3.7.	480,000,000원	주식회사 ○○	392,000,000원	463,843,972원	해당없음

2. 평가순서

심사기준 파악 → 적격심사신청서 등 확인 → 당해물품 납품이행능력 평가 → 입찰가격 평가 → 신인도 및 결격사유 평가 → 총점계산

3. 평가항목 정리

구분	심사분야	심사항목	평가기준	배점한도
I. 당해물품 납품이행 능력	납품실적	① 계약목적물과 동등이상 물품 ② 계약목적물과 유사물품	① 계약목적물과 동등이상 물품 A. 100%이상 : 10, B. 70%이상~100%미만 : 9 C. 50%이상~70%미만 : 8 D.20%이상~50%미만 : 7 등	10
	기술능력	① 기술인력 보유 ② 생산기술 축적정도	① 기술인력 보유 - 각 자격증 보유에 따라 차등적용 ② 생산기술 축적정도 - 공장등록연수에 따라 차등적용	10
	경영상태	신용평가등급	A0이상 : 30점, A- : 29.8점 BBB+ : 29.6점 등	30
	소계			50
II. 입찰가격	-	50-|(0.88-입찰가격/예정가격)×100|		50
III. 신인도	품질정도	① 품질관리 ② 기술보유 ③ 환경관리		+3 ~ -5
	계약이행 성실도	① 품질하자 ② 납품지연 ③ 부정당업자 제재		
	사회적 책임 등 신뢰정도	① 고용창출 ② 혁신형 중소기업 ③ 장애인기업 ④ 여성기업 지원 등 ⑤ 정책 지원		
IV. 결격사유	당해물품 납품이행 결격여부	부도 등 및 부정당업자제재 상태인 경우 또는 부도 등의 우려가 있어 해당 계약이행이 어렵다고 판단되는 경우(다만, 법정관리, 화의인가 결정 등 법원의 경영정상화 판결을 받은 경우는 제외)		-10
		생산능력 부족으로 당해 계약이행이 어렵다고 판단		-10
합계				100

Ⅰ. 심사기준 파악

입 찰 공 고

1. 본 입찰은 전자입찰/전자계약 및 청렴계약제 대상사업입니다.

2. 입찰에 부치는 사항

가. 건 명 : ○○ 제조

나. 기초예비가격공개 : '20. 3. 13.

다. 등록마감 일시 : '20. 3. 14. 11:00

라. 투찰마감 일시 : '20. 3. 15. 10:30

마. 개찰일시 : '20. 3. 15. 11:00

바. 납기 : 계약일 ~ '20.12.26

사. 계약종류 / 낙찰자결정방법

: 총액계약 / 적격심사

아. 예산액(제비용 및 부가세 포함)

: 480,000,000원

자. 적격심사 서류접수 마감일시

: '20. 3. 20. 16:00한

3. 입찰참가자격 / 제한

가. ○○법에 의한 ○○제조업을 등록한 업체에 한합니다.

8. 낙찰자 결정에 필요한 사항

가. 적격심사는 "국방부 물품적격심사기준에 관한 훈령"에 의하며, 평가기준은 【별표】의 "제조" 세부 심사기준을 적용합니다.

나. 심사에 따른 평가기준일은 입찰공고일로 합니다. 다만, 본 공고 건이 재공고 시에는 재공고일, 정정공고 시에는 최초 입찰공고일, 결격여부는 낙찰자 결정일을 평가기준일로 합니다.

다. 적격심사 평가기준

- 납품실적(10점)

동등이상 물품: ○○ 제조 실적

유사 물품: △△ 제조 실적

- 기술능력(10점) : ○○기술사, ○○기사, ○○산업기사 자격증 인정

- 경영상태(30점) : 신용평가 등급으로 평가

- 입찰가격(50점) : 평점산식으로 평가

라. 심사서류 제출

1) 심사 대상자 선정 여부는 국방전자조달시스템을 통하여 반드시 확인하시기 바랍니다.

2) 마감일시까지 서류가 제출되지 않을 경우 추가제출 기회를 부여하지 않으며, 부정 또는 허위로 작성된 서류를 제출한 자는 국가계약법 제27조 및 동법 시행령 제76조의 규정에 따라 입찰참가 자격 제한조치를 받습니다.

마. 적격심사 결과 종합평점이 95점 이상으로서 최저가격으로 입찰한 자를 낙찰자로 결정합니다.

[주 내용]

심사기준은 사업성격(제조/구매) 및 추정가격(예산액/1.1)에 따라 달라진다. 단, 제조는 추정가격과 무관하게 심사기준이 같다.

[보조 내용]

나. 적격심사기준에서 동등이상 및 유사실적 인정기준과 기술능력에서 유효하게 인정하는 자격증 범주를 정하고 있다.

● 사례적용

당해 사례는 제조사업으로 [별표]의 제조 평가기준을 따른다.

Ⅱ. 적격심사 신청서, 자기평가 및 심사표 확인

[별지 제1호서식]

적 격 심 사 신 청 서

○ 입찰 등록 번호 : 0000-0000
○ 입찰대상용역명 : ○○ 제조
○ 입 찰 일 시 : 2020-3-15 11:00

위 건 물품 제조·구매입찰의 적격심사와 관련하여 적격심사 자기평가 및 심사표와 제증빙자료를 신의성실의 원칙에 입각하여 붙임과 같이 작성 제출하며, 만일 제출한 서류가 허위 또는 부정한 방법으로 작성된 사실이 확인될 경우에는 계약예규 「적격심사기준」 및 국가를 당사자로 하는 계약에 관한 법령 등에 따라 처리하여도 아무런 이의를 제기하지 않겠음을 확약합니다.

2020 년 3 월 20 일

입 찰 자 주 소 : 서울특별시 용산구 00번지
회사명 : 주식회사 ○○
대표자 : ○○○

붙 임 : 제출서류 목록 및 관련서류 1부.

○○단 귀하

접 수 증

1. 입찰등록번호 : 0000-0000 2. 입찰대상용역건명 : ○○ 제조
3. 회 사 명 : 주식회사○○ 4. 제 출 자 : ○○○

위건 용역 입찰적격업체평가신청서 및 관련서류를 접수하였음을 확인합니다.

2020 년 3 월 20 일

○○단

[별지 제2호서식]

적격심사 자기평가 및 심사표

1. 심사대상물품

입찰일시	2020.03.15
품 명	○○
수 량	00
입찰금액	392,000,000
추정가격	

2. 심사대상 입찰자

업체명	주식회사○○ (전화) 000-0000
대표자	○○○
업종구분	제조(○), 구매( )

3. 회사를 대표하는 연락책임자 인적사항

소 속	주식회사○○
직 위	대표이사
성 명	○○○
전화번호	(FAX)000-0000

4. 종합평가(예시) (단위 : 점)

구 분	배점한도	자기평점	심사평점	비 고
계	100	95.71		
납품실적	10	10		
기술능력	10	9		
경영상태	30	29.4		
입찰가격	50	46.51		
신 인 도	+3 ~ -5	0.80		
결격사유	-20			

[주 내용]
적격심사 시 적격심사신청서와 자기평가 및 심사표를 제출하여야 한다.
적격심사 신청서에 사업과 관련된 기본 정보와 업체의 기본정보를 적시한다.
적격심사 자기평가 및 심사표에 업체 및 담당자의 정보를 적시하고 업체가 직접 평가한 점수를 적시한다. 이는 업체가 자가 평가한 사항으로서 실제 점수와는 다를 수 있다.

Ⅲ. 납품이행능력평가(1) - 실적과 경영상태 평가

납품실적증명서

<table>
<tr><td rowspan="5">신청인</td><td>업체명</td><td colspan="3">주식회사○○</td><td>대 표 자</td><td>○○○</td></tr>
<tr><td>영업소재지</td><td colspan="3">서울시 용산구 00번지</td><td>전 화 번 호</td><td>000-0000</td></tr>
<tr><td>사업자번호</td><td colspan="3">000-00-0000</td><td>FAX 번호</td><td>000-0000</td></tr>
<tr><td>증명서용도</td><td colspan="3">적격심사신청용</td><td>제 출 처</td><td>재정관리단</td></tr>
<tr><td>사업의종류</td><td colspan="5">제조 (○), 구매 ( )</td></tr>
<tr><td rowspan="5">계약 및 납품내용</td><td>품 명</td><td colspan="2">○○ 제조</td><td>실적 구분</td><td colspan="2">계약목적물과 동등이상물품(0)
계약목적물과 유사물품( )</td></tr>
<tr><td>규 격</td><td colspan="5">해당사업 규격과 동일</td></tr>
<tr><td>계약일자</td><td>납품일자</td><td>단위</td><td>수량</td><td>납품금액
(단위 : 천원)</td><td>비 고</td></tr>
<tr><td>2018.1.19.</td><td>2018.12.29</td><td>-</td><td>-</td><td>600,000,000원</td><td></td></tr>
<tr><td colspan="6"></td></tr>
<tr><td>증명서</td><td colspan="6">위 사실을 증명함.
2020 년 2 월 15 일</td></tr>
<tr><td rowspan="3">발급기관(회사)</td><td colspan="6">기관(회사)명 주식회사○○ (인) (전화번호 : 000-0000)</td></tr>
<tr><td colspan="6">주 소 000 (FAX번호 : 000-0000)</td></tr>
<tr><td colspan="3">발 급 부 서: 00부</td><td colspan="3">담당자 : ○○○</td></tr>
</table>

※ 【주】

① 민간거래실적은 세금계산서, 계약서, 거래명세표 등 증빙자료를 첨부하여야 함.

② 실적평가는 입찰공고시에 제시한 성능, 품질 등의 조건에 부합되는 실적에 한하여 "규격"난에 동 납품규격 내용을 구체적으로 명시하여야 하고, 공동계약으로 이행하였을 경우 비율과 이행실적을 기재하여야 함.

③ "계약 및 납품내용"란은 기재후 투명접착테이프를 붙여 증명을 받아야 함.

신용평가등급 확인서

주식회사○○ 귀중

귀사의 의뢰에 따라 작성된 신용평가등급을 아래와 같이 통보합니다.

회사명	주식회사○○	기업신용평가등급
대표자	○○○	
법인등록번호	000000-0000000	
사업자등록번호	000-00-00000	
주소	서울시 용산구 00번지	BBB0
재무결산기준일	2018.12.31	
등급평가일	2019.06.01.	
등급유효기간	2020.05.31	
제출처	○○단	

유의사항

..(중략)..

본 신용평가등급 확인서는 조달청 및 공공기관 제출 목적으로 사용이 가능합니다.

○○ 신용평가정보 주식회사

[주 내용]

납품실적은 최근5년이내 실적을 모두 합산하여 평가한다.

동등실적과 유사실적 점수를 각각 산정하여 합산한다.

신용평가등급 확인서는 신용평가업체에서 발급해 주는 것으로서 등급평가일, 등급유효기간, 신용평가등급을 확인하여야 한다.

또한, 신용평가등급 확인서는 공공기관 제출용인지 확인해야 한다.

● 사례적용

납품실적증명서에 적시된 납품일자는 2018.12.29.로 최근 5년 이내에 해당한다.

납품금액은 600,000,000로서

$$금액평가 = \frac{600,000,000/1.1}{480,000,000/1.1} = 125\%$$

100%이상이다.

☞ 실적 : 10점

신용평가등급확인서의 유효기간은 입찰공고일을 포함하고 있어 유효하며, 등급이 BBB0이므로 29.4점이다.

☞ 경영상태 : 29.4점

Ⅳ. 납품이행능력평가(2) - 기술능력평가(기술인력 보유평가)

<국가기술자격증>

자격번호 : 00
자격종목 : ○○기술사
성　　명 : 김길동
생년월일 : 1970.1.11.

위 사람은 국가기술자격법에 따른 국가기술
자격을 취득하였음을 증명합니다.

합격 연월일 : 1990. 00. 00.
발급 연월일 : 1990. 00. 00.

한국산업인력공단 이사장

<국가기술자격증>

자격번호 : 00
자격종목 : ○○기술사
성　　명 : 이영희
생년월일 : 1975.2.22.

위 사람은 국가기술자격법에 따른 국가기술
자격을 취득하였음을 증명합니다.

합격 연월일 : 1995. 00. 00.
발급 연월일 : 1995. 00. 00.

한국산업인력공단 이사장

<사업장 가입자 명부>

사업장명	주식회사○○	사업장 관리 번호 000-00-00000	
일련번호	가입자	자격취득일	자격상실일
1	김길동	2012.2.12.	
2	이영희	2015.7.30.	
3	박가나	2011.1.12.	
4	최다라	2009.2.23.	
5	정마바	2005.4.23.	
6	장사아	2016.2.23.	
7	조자차	2017.7.31.	

2020년 3월 15일
국민건강보험공단 이사장

[주 내용]
기술인력 보유평가시 업체 직원이 보유한 자격증과 이 직원이 해당 업체에 고용되어있음을 입증하는 4대보험가입확인서 등을 제출하여야 한다.
해당 직원이 업체에 고용된지 6개월 이상인 경우에 한하여 인정된다는 점에 유의하여야 한다.

● 사례적용

업체가 제출한 국가기술자격증은 00 기술사 자격을 보유한 인원 2명이다. 이들은 보험가입확인서를 통하여 6개월 이상 근무한 사실이 입증되었으므로 모두 유효하게 인정 가능하다.
기본점수 3점에 기술사 2명 보유에 따른 2점이 추가된다.
☞ 기술인력 보유 : 5점

V. 납품이행능력평가(3) - 기술능력평가(생산기술 축적정도)

<공장등록증명(신청)서>

신청인	회사명 : 주식회사○○	전화번호 : 000-0000	
	대표자성명: ○○○	생년월일(법인등록번호) 000000-0000000	
	대표자주소(법인소재지) 서울특별시 용산구 00번지		
등록 내용	공장소재지 서울특별시 용산구 00번지	지목 공장용지	보유구분 자가(○), 임대( )
	공장등록일 2005. 2. 26	사업시작일 2004.1.28	종업원수 00명
	공장의 업종 : ○○ 등 9종		
	공장부지면적 500,000m^2	제조시설면적 50,000m^2	부대시설면적 60,000m^2

'산업집적활성화 및 공장설립에 관한 법률 시행규칙; 제12조의3에 따라 위와 같이 공장등록증명서를 신청합니다.
2020년 3월 15일 신청인 : ○○○ (인)

'산업집적활성화 및 공장설립에 관한 법률 시행규칙; 제16조 제1항, 제2항, 제3항 따라 위와 같이 등록된 공장등록증명서를 증명합니다.
2020년 3월 15일 △△△ (인)

사업자등록증

(법인사업자)
등록번호 : 000-00-00000

법인명(단체명) : 주식회사○○
대 표 자 : ○○○

개 업 연 월 일 : 2004년 1월 28일 법인등록번호 : 000000-0000000
사업장 소재지 : 서울특별시 용산구 00번지
본 점 소 재 지 : 서울특별시 용산구 00번지
사업의 종류 : 업태 제조업 종목 ○○

발 급 사 유 : 정정

사업자 단위 과세 적용사업자 여부 : 여( ) 부(V)
전자세금계산서 전용 전자우편주소 : 00000@hometax.go.kr

2010년 2월 5일

○○ 세 무 서 장

[주 내용]
생산기술 축적정도는 공장등록연수를 기준으로 평가한다. 공장등록증명서 상에 언급된 공장등록일의 경과일수를 기준으로 점수를 부여한다.
또한, 사업장 면적이 500m^2 미만인 경우 업체의 개업연월일이 평가에 반영되므로 사업자등록증도 제출 받도록 한다.

● 사례적용

해당 업체의 공장등록일은 2005년 2월 26일로서 5년이 넘었음을 알 수 있다.
☞ 생산기술 축적정도 : 4점

☞ 기술능력 :
= 기술인력 보유 + 생산기술 축적
= 9점

Ⅵ. 입찰가격, 신인도 및 결격사유

경영혁신형 중소기업(MAIN-BIZ)
확인서

업체명 : 주식회사 ○○
대표자명 : ○○○
주소 : 서울시 용산구 00번지
유효기간 : 19.01.24 ~ 22.01.23

위 업체는 경영혁신형 중소기업 발굴 육성사업에 의해 선정된 경영혁신형 중소기업(MAIN-BIZ)임을 확인합니다.

중소벤처기업부 장관 (인)

[주 내용]

입찰가격 평가 시 투찰률은 소수 다섯째자리에서 반올림하여야 한다는 점에 유의하여야 한다. 신인도는 업체가 제출한 인증서 등을 통하여 확인한다.

● 사례적용

입찰가격 : 392,000,000원
예정가격 : 463,843,972원 이므로

⇨ 투찰률 : $\frac{392,000,000}{463,843,972}$ = 0.8451(반올림)

⇨ 입찰가격 평점 :

$$50-\left|\left(\frac{88}{100}-\frac{84.51}{100}\right)\times 100\right| = 46.51$$

☞ 입찰가격 : 46.51점

업체는 경영혁신형 중소기업 확인서를 보유하고 있으며, 이미 제출한 공장 등록증명서를 통하여 제조기업임을 알 수 있다.(감점은 없다고 가정)

☞ 신인도 : 0.8점

☞ 결격사유는 해당없음 가정

Ⅶ. 적격심사결과 산정

구분	심사분야	심사항목	배점한도	평가기준	평가	점수
Ⅰ. 당해물품 납품이행 능력	납품실적	① 계약목적물과 동등이상 물품 ② 계약목적물과 유사물품	10	① 계약목적물과 동등이상 물품 A. 100%이상 : 10, B. 70%이상~100%미만 : 9 C. 50%이상~70%미만 : 8 D.20%이상~50%미만 : 7	동등이상 물품 125%로서 A등급 10점	10
	기술능력	① 기술인력 보유 ② 생산기술 축적정도	10	① 기술인력 보유 - 각 자격증 보유에 따라 차등적용 ② 생산기술 축적정도 - 공장등록연수에 따라 차등적용	① 기술사 2명으로서 5점 ② 등록연수 5년 이상이므로 4점	9
	경영상태	신용평가등급	30	A0이상 : 30점, A- : 29.8점, BBB+ : 29.6점 BBB0 : 29.4점, BBB- : 29.2점, BB+, BB0 : 29점 등	신용평가등급 BBB0이므로 29.4점	29.4
	소계		50			48.4
Ⅱ. 입찰가격	-	50-|(0.88-입찰가격/예정가격)×100|	50		$50-\left\|\left(\frac{88}{100}-\frac{84.51}{100}\right)\times 100\right\| = 46.51$	46.51
Ⅲ. 신인도	품질정도	① 품질관리 ② 기술보유 ③ 환경관리	+3 ~ -5		해당없음	
	계약이행 성실도	① 품질하자 ② 납품지연 ③ 부정당업자 제재			해당없음	
	사회적 책임 등 신뢰정도	① 고용창출 ② 혁신형 중소기업 ③ 장애인기업 ④ 여성기업 지원 등 ⑤ 정책 지원			혁신형 중소기업이면서 제조기업	0.8
Ⅳ. 결격사유	당해물품 납품이행 결격여부	부도 등 및 부정당업자제재 상태인 경우 또는 부도 등의 우려가 있어 해당 계약이행이 어렵다고 판단되는 경우(다만, 법정관리, 화의인가 결정 등 법원의 경영정상화 판결을 받은 경우는 제외)	-10		해당없음	
		생산능력 부족으로 당해 계약이행이 어렵다고 판단	-10		해당없음	
합계			100		-	95.71

⇨ 주식회사 ○○의 **총점은 95.71점**으로 적격심사 통과점수(95점) 이상이므로 **적격**하다.

4. 기술용역 적격심사기준에 관한 훈령

4-1). 기술용역 적격심사기준에 관한 훈령 해설

[시행 2020. 1. 10.] [국방부훈령 제2431호, 2020. 1. 10., 일부개정]

기술용역 적격심사기준에 관한 훈령

제1조(목적) 이 훈령은 「국가를 당사자로 하는 계약에 관한 법률 시행령」 제42조제5항 규정에 따라 국방부 본부와 국방부 소속기관, 국직부대·국직기관, 합참 및 각군에서 기술용역입찰의 낙찰자 결정에 적용할 적격심사세부기준을 정함을 목적으로 한다.

제2조(적용대상) 이 훈령은 엔지니어링산업 진흥법령, 건설기술진흥법령, 건축서비스산업 진흥법령, 건축사법령, 전기·정보통신·소방 및 그 밖의 다른 법령에 따른 기술용역 등을 대상으로 한다.

제3조(적용기준) ① 심사에 따른 평가기준일은 다른 규정이 없는 한 입찰공고일로 한다. 다만, 제8조에 따른 결격사유의 심사에 대하여는 낙찰자결정일을 기준으로 한다.

> 적격심사의 평가기준일은 입찰공고일이 원칙이다. 개찰일 또는 적격심사 서류제출 마감일 등을 기준일로 생각하는 경우가 있는데 이는 맞지 않다. 경영상태 등 대부분의 항목은 별다른 언급이 없는 한 입찰공고일을 기준일로 하는 것이 타당하다. 다만, 결격사유는 낙찰자결정일을 기준으로 판단한다.
>
> <Example>
>
> Q) A업체는 입찰공고일이 '20.1.15.인 사업의 1순위업체다. 적격심사서류를 작성하던 중 1.25.에 부정당업자로 제재를 받았으며, 1.28.에 서류를 제출하였다. (단, 결격사유 외 항목은 모두 만점이다.) A업체는 적격심사 결과는?
>
> A) A업체는 입찰공고일에는 결격사유가 없었지만 낙찰자결정 전에 부정당업자 제재를 받았다. 이는 결격사유에 해당되어 부적격 처리된다.

② 심사서류의 외화표시금액은 입찰공고일의 「외국환거래법」에 의한 기준환율 또는 재정환율(매매기준율)을 적용하여 원화로 환산한다. 다만, 외화와 원화가 같이 표시된 경우에는 원화를 적용한다.

③ **<u>비율, 평점(입찰가격 포함) 등을 계산한 결과 소수점이하의 숫자가 있는 경우에는 소수점 다섯째 자리에서 반올림</u>**한다. 이때 비율은 백분율(%)단위로 전환 이전단계의 수치를 의미한다.

원칙적으로 소수점 다섯째 자리에서 반올림을 한다. 다만, [별표1]에서 당해용역수행능력 평가시 소수점 셋째자리에서 반올림하는 규정도 있어 유의하여야 한다.

<Example>

Q) A업체가 추정가격이 4억원인 사업에 347,016,000원으로 투찰했다. A업체의 사업수행능력* 평가점수가 97.77점인 경우 적격심사 총점은?
(단, 신인도 및 결격사유는 특이사항이 없는 것으로 가정한다.)
* 당해용역수행능력 점수 = 사업수행능력 평가점수 × 0.3

A) 1. 입찰가격 평가(소수점 <u>다섯째 자리</u>에서 반올림)

입찰가격 점수의 산식 $70-4\times\left|\left(\frac{88}{100}-\frac{347,016,000}{400,000,000}\right)\times 100\right|$ 에서 $\frac{347,016,000}{400,000,000}=0.86754$ 는 소수점 이하 다섯째 자리까지 나온다.

0.86754의 소수점 다섯째 자리에서 반올림 한 값은 0.8675이다. 따라서 입찰가격 점수는 $70-4\times\left|\left(\frac{88}{100}-\frac{86.75}{100}\right)\times 100\right|=65$ 점이다.

2. 당해용역수행능력 평가(소수점 <u>셋째 자리</u>에서 반올림)

당해용역 수행능력 점수의 산식 97.77×0.3 의 계산결과는 29.331이다. [별표1]에서 소수점 이하 셋째자리에서 반올림하도록 규정하고 있어 29.33점이다.

적격심사 최종점수는 입찰가격 점수(65점)와 당해용역수행능력 점수(29.33점)의 합계인 94.33점이다.

제4조(심사항목 및 배점한도) ① 적격심사의 심사항목 및 배점한도는 별표 1에서 정한 바에 의한다.

② 발주관서의 장 또는 계약담당공무원은 계약의 특성・목적 및 내용 등을 종합 고려하여 심사분야별 배점한도(입찰가격은 제외)를 20% 범위 내에서 가・감 조정할 수 있으며, 항목별(신인도 제외) 세부사항을 추가하거나 제외할 수 있다. 이 때에는 입찰공고 또는 입찰설명서에 조정내용을 명시하여 입찰참가자가 열람 또는 교부 등을 통해 그 내용을 알 수 있도록 조치하여야 한다.

제5조(당해용역 수행능력심사) 개별법에서 정하는 사업수행능력 평가기준에 따라 당해용역 수행능력을 평가한 후 해당 장에서 정하는 배점한도를 만점 환산하여 적용한다. 사업수행능력 평가를 하지 않는 추정가격 고시금액 미만인 용역의 경우에는 관련법령의 평가기준에 의하지 아니하고 별표 1에 명시된 심사항목에 따라 평가한다.

제6조(공동수급체 등에 대한 평가) 공동계약이 가능함을 입찰공고에 명시한 경우로서, 심사대상자가 공동수급체를 구성하고 있는 경우의 평가는 다음 각 호에 따른다.

1. 경영상태 평가
   공동수급체 구성원 각각 평가요소별 분모 및 분자에 해당하는 금액에 출자비율을 곱한 후 이를 각각 분모, 분자별로 수치를 모두 합산하여 평가한다.
2. 신인도(특별신인도 제외) 평가
   공동수급체 구성원별로 각각 산출한 신인도 평가점수에 각각의 출자비율을 곱하여 이를 합산하여 평가한다. 다만, 감점대상업체가 공동수급체의 구성원으로 입찰에 참가하는 경우에는 해당감점에 당해 업체의 출자비율을 곱하여 산정한 점수를 감점한다.
3. 특별신인도 평가
   당해용역과 동일한 공종으로서 기초예비가격 대비 최근 3년간 공동수급체 구성원 각각의 이행실적에 구성원 각자의 출자비율을 곱하여 산정한 후 이를 합산한 실적으로 평가한다.
4. 공동수급체의 구성원 중 다른 법령에 의한 업종을 보완하는 분담이행방식일 경우 당해구성원(업종보완자)은 평가에서 제외한다.

제7조(제출서류 등) ① 계약담당공무원은 적격심사 대상자에게 적격심사 서류제출 통보서를 접수한 날로부터 특별히 정한 기일이 없는 한 7일 이내에 제2항 각호의 관련서류를 첨부한 적격심사신청서를 국방전자조달(D2B)시스템을 통해 제출하도록 하여야 한다. 다만, 입찰가격점수와 다른 심사분야의 배점한도를 합산한 종합평점이 적격심사 통과점수에 미달하는 입찰자에 대해서는 적격심사서류 제출 요구를 생략한다.

② 적격심사 대상자는 제1항의 규정에도 불구하고 국방전자조달(D2B)시스템으로 제출할 수 없는 경우에는 다음 각 호의 서류를 첨부한 적격심사 신청서를 제1항의 기한 내에 제출하여야 하며, 국방전자조달(D2B)시스템으로 제출하는 경우에도 원본확인 등이 필요한 서류에 대하여는 계약담당공무원의 요청에 따라 별도로 제출하여야 한다.

1. 적격심사 신청서 (별지 제1호 서식)
2. 적격심사 자기평가 및 심사표 (별지 제2호 서식)
3. 기술용역이행 실적증명서 (별지 제3호 서식)
4. 공인회계사 또는 세무사가 증명한 정기결산서 또는 기업진단보고서를 첨부한 최초결산서 1부
5. 관련법령에 따른 등록업무 수탁기관이 발급한 등록증, 기술자 보유 증명서 등 업종등록 기준충족 여부를 확인할 수 있는 서류(입찰공고일 및 개찰일 기준 각 1식)

6. 사업수행능력평가 확인서류 등 계약담당공무원이 낙찰자선정에 필요하여 문서로 제출을 요청하는 자료(부대조달정보체계에서 확인이 제한되는 신용평가등급 확인서 등)
7. 재무제표, 「신용정보의 이용 및 보호에 관한 법률」 제4조 제1항 제1호의 신용정보회사가 발급한 신용평가등급확인서 또는 「자본시장과 금융투자업에 관한 법률」 제335조의 3에 의거 업무를 영위하는 신용정보회사가 발급한 신용평가서(부대조달정보체계로 입찰자의 신용평가등급을 확인할 수 없는 경우에 한함)
8. 기타 입찰공고에 제출토록 명시된 서류

③ 재무상태 평가시 「주식회사 등의 외부감사에 관한 법률」(이하 "외부감사법"이라 한다)제2조에 의한 외부감사 대상업체는 공인회계사의 감사보고서를, 외부감사 비대상업체는 결산서에 별표 2에 따라 작성된 재무상태 진단결과보고서(별지 제4호 서식)를 첨부한다.

④ 재무제표에 첨부된 감사보고서에 외부감사법 및 회계감사기준에 따라 표명된 감사인의 감사의견이 "의견거절" 또는 "부적정의견"인 경우에는 재무상태 평가자료를 제출하지 않은 것으로 보아 당해업체의 재무상태를 0점 처리한다. 다만, "한정의견"인 경우에는 당해 업체가 한정부분에 대한 수정재무제표를 작성, 공인회계사의 확인을 받아 제출한 경우에는 이에 의해 평가할 수 있으며, 한정부분을 보완하지 않을 경우에는 당해 재무제표상의 한정부분이 적용되는 평가항목에 한해 0점 처리한다.

⑤ 계약담당공무원은 제2항에 의하여 제출된 적격심사서류 중 첨부목록에 있는 서류가 첨부되어 있지 않거나 제출된 서류가 불명확하여 인지할 수 없는 경우에는 기한을 정하여 보완을 요구할 수 있다.

주어진 기한 내에 적격심사 서류를 제출하지 않은 경우 추가 제출할 수 없는 것이 원칙이다. 다만, 제출한 서류가 명확하지 않아 인지할 수 없는 경우와 제출서류 목록에는 명시되어 있으나 상세 내용이 일부 누락된 경우에 한하여 보완을 요구할 수 있다.

<참조> 적격심사 기한 정리

◆ 적격심사과정은 ①적격심사통보→②적격심사→③보완요청→④낙찰통보→⑤재심사순이다.
- ① **서류제출기한**(계약예규 제4조 및 물품적격심사기준에 관한 훈령 제7조) : **5일 이상**
  ② **적격심사기한**(계약예규 제7조) : **7일 이내(불가피한 경우 3일 연장)**
  ③ **보완요청시 제출기한**(계약예규 제4조) : **3일 이상**
  ④ **낙찰통보는 지체 없이** 하여야한다.(계약예규 제8조 및 제9조)
  ⑤ **재심사요청기한, 재심사기간**(계약예규 제9조) : **3일 이내**

⑥ 제5항의 규정에 의해 정해진 기한까지 제출서류를 보완하지 아니한 때에는 기제출한 서류만으로 심사하되, 기제출된 서류가 불명확하여 심사하기가 곤란한 경우에는 심사에서 제외한다.

⑦ 제2항의 규정에 의해 제출한 서류 중 입찰공고일 다음날 이후에 발생 또는 신고하였거나 수정된 자료는 인정하지 않는다. 다만, 이미 제출된 서류에 오기 또는 오산과 같은 명백한 오류가 있는 경우 심사대상자의 신청을 받아 정정할 수 있다

⑧ 신인도 평가는 적격심사대상자의 사업수행능력 취득점수가 심사분야별 배점한도에 부족한 경우에만 배점한도 범위 내에서 가산하여 부여한다.

제8조(결격사유의 심사) ① 심사대상자가 부도・파산・해산・영업정지(이하 '부도 등'이라 한다) 및 부정당업자제재 상태인 경우에는 결격사유로 평가하며, 부도 등의 우려가 있어 계약이행이 어렵다고 판단되는 경우에는 적격심사위원회의 심사결과에 따라 결격여부를 결정한다. 이 경우 적격심사위원회는 심사대상자에게 자료제출을 요구하거나 관계자 또는 전문가의 의견을 청취 또는 자문을 받을 수 있다.

② 제3조제1항에도 불구하고, 관련법령이 정하는 업종 또는 면허등록 기준의 **기술자 보유기준은 입찰공고일을 기준**으로 결격여부를 판단한다. 다만, **입찰공고일이 관련법령에 정한 변경신고 기한 내**에 있고, **입찰서 제출 마감일 전일까지 업종등록기준을 충족한 자**는 그러하지 아니하다.

결격사유는 2가지다. 하나는 기술자가 부족한 경우, 다른 하나는 부도 등으로 계약이행이 어려운 경우다. 2가지에 모두 해당하지 않아야 결격이 아니다.

근거	제8조	[별표1]
결격사유	업종 또는 면허등록 기준의 기술자 부족	부도 등 및 부정당업자제재 상태인 경우 또는 부도 등의 우려가 있어 해당 계약이행이 어렵다고 판단되는 경우
기준일	입찰공고일 낙찰자결정일(조건: 입찰공고일 기준으로 기술자가 부족하더라도 1)입찰공고일이 관련법령이 정한 변경신고기한 내에 있을 것 + 2)입찰서 제출마감일 전일까지 등록기준 충족)	낙찰자결정일

<Example>

Q) A사업의 입찰공고일은 '20.4.5, 입찰서 제출 마감일은 '20.4.12, 입찰참가자격은 00업을 등록한 업체다.(00업 등록을 위해선 총 10명의 기술자 필요, 관련법령은 변경신고 기한을 변경사유가 발생한 날부터 30일 이내로 규정) B업체는 '20.3.31까지 총 10명의 기술자를 보유하고 있었으나, '20.4.1에 1명이 퇴사하였으며 '20.4.10.에 새로운 기술자 1명이 입사했다.(발주기관이 낙찰자 결정할 때까지 유지) B업체의 결격여부는?

A) 우선, B업체는 입찰공고일('20.4.5) 기준으로 총 9명의 기술자만 보유하고 있어 등록기준을 충족하지 못하였다. 다만, 1)입찰공고일('20.4.5)이 변경사유가 발생한 날(퇴사, '20.4.1.)로부터 30일 이내에 해당하고, 2)입찰서 제출 마감일('20.4.12) 전일까지 업종등록기준을 충족하였다. B업체는 낙찰자 결정일까지 기술자 수를 유지하였으므로 결격사유에 해당하지 않는다.

③ 공동수급체 대표자 이외의 구성원이 제1항 및 제2항의 결격사유에 해당하는 경우, 잔여구성원만으로 계약이행이 가능한 경우에는 적격심사를 할 수 있다. 다만, 공동수급체 대표자가 동 결격사유에 해당하는 경우에는 당해 공동수급체의 결격사유로 본다.

제9조(낙찰자 결정) ① 예정가격 이하로서 최저가 입찰자에 대한 심사결과 종합평점이 용역규모별 적격통과점수 이상(추정가격이 30억원 이상 용역은 85점, 추정가격이 30억원 미만 10억원 이상인 용역은 90점, 10억원 미만인 용역은 95점 이상을 말한다.)이면 낙찰자로 결정하며, 용역규모별 통과점수 미만인 경우에는 차순위 최저가 입찰자 순으로 심사하여 낙찰자를 결정한다. 다만, 동일가격으로 입찰한 최저가 입찰자가 2인 이상인 경우에는 용역규모별 적격통과점수 이상인 자 중에서 최고점수인 자를 낙찰자로 결정한다.

동일가격 최저가 입찰자가 2인 이상인 경우 동시에 적격심사를 진행한다. 적격심사 통과점수 이상인 자 중에서 최고점수 받은 자를 낙찰자로 결정하며 점수까지 동일한 경우엔 국가를 당사자로 하는 계약에 관한 법률 시행령 제47조에 따라 추첨으로 낙찰자를 결정한다.

<Example>

Q) A사업의 동일가격 최저가 입찰자가 ㄱ, ㄴ, ㄷ 총 3인인 경우, 낙찰자는 어떻게 선정할까?
(적격통과점수는 95점, 적격심사결과는 ㄱ : 95.5점, ㄴ : 95.5점, ㄷ : 95.0점이다.)

A) ㄱ, ㄴ, ㄷ 모두 적격통과점수인 95점 이상 취득하였지만 최고점수인 자가 낙찰자로 결정되기 때문에 ㄷ은 제외되며, ㄱ과 ㄴ의 적격심사점수는 같기 때문에 최종낙찰자는 추첨으로 결정한다.

② 선순위 낙찰자가 계약체결 이전에 부적격자(적격통과점수에 미달된 자를 말한다)로 판명되어 낙찰자 결정이 취소된 경우와 부도 등 불가피한 사유로 해당계약을 이행할 수 없어 적격심사대상에서 제외한 경우에는 차순위자부터 순서대로 적격심사를 하여 낙찰자를 결정한다.

③ 예정가격을 작성할 수 없는 경우 또는 계약의 특성 평가가 곤란한 항목이 있는 경우에는 입찰공고시 그 내용을 명시하여 그 항목을 제외한 나머지 심사항목만으로 심사하여 그 결과 종합평점이 나머지 심사항목의 배점한도에 100분의 용역규모별 적격통과점수를 곱한 점수 이상인 자를 낙찰자로 결정할 수 있다.

제10조(부정한 방법에 의한 심사서류 제출자 및 미제출자 처리) ① 적격심사서류와 "해당용역 수행능력평가(감리용역은 책임감리전문회사 선정평가서)"에 필요한 제출서류를 부정하게 행사하거나 위조·변조·허위 작성된 서류가 포함된 것으로 판명된 자(공동수급체는 각 구성원을 말한다)는 다음 각 호와 같이 처리한다.

1. 계약체결 이전에는 낙찰자 결정대상에서 제외하거나 낙찰자 결정 통보를 취소한다.
2. 계약체결 이후인 경우에는 당해 계약을 해제 또는 해지할 수 있다.

② 계약담당공무원은 제1항에 해당하는 자에 대하여 「국가를 당사자로 하는 계약에 관한 법률 시행령」 제76조에 따라 국방부장관(참조: 계획예산관)에게 입찰참가자격 제한을 건의하여야 한다.

제11조(재심사) ① 제9조의 규정에 의하여 부적격 통보를 받은 자가 통보일로부터 3일 이내에 심사결과에 대한 재심사를 요청하였을 때에는 특별한 사유가 없는 한 재심사요청서 접수일로부터 3일 이내에 재심사를 하여야 한다. 다만, 재심사는 1회에 한한다.

② 제1항에 의한 재심사 결과는 해당자에게 지체 없이 통보하여야 한다.

③ 제1항의 재심사 요청서를 접수할 때에는 적격심사에 필요한 추가서류는 접수할 수 없다.

제12조(적격심사위원회 운영) ① 발주관서의 장 또는 계약담당공무원은 가능한 공정하고 합리적인 심사를 위해 적격심사위원회를 구성하여 심사할 수 있다.

② 제1항의 적격심사위원회 심사위원은 관계부서의 5인 이상 담당관으로 구성한다.

제13조(세칙) 이 훈령을 적용하는 기관의 장은 국방부장관의 승인을 얻어 이 기준의 시행을 위하여 필요한 세부사항을 정할 수 있다. 다만, 사업의 특성에 의하여 계약건별로 적용하는 세부사항에 대하여는 예외로 한다.

제14조(기타사항) 이 훈령에 정하지 아니한 사항에 대하여는 계약예규 「적격심사기준」에 의하고, 용역의 특성에 따라 이 지침을 적용하기 곤란하다고 인정되는 사항에 대하여는 입찰공고 또는 입찰설명서 등에 반영하여 시행할 수 있다.

제15조(존속기한) 이 훈령은 「훈령·예규 등의 발령 및 관리에 관한 규정」에 따라 이 훈령을 발령한 후의 법령이나 현실 여건의 변화 등을 검토하여야 하는 2022년 12월 31일까지 효력을 가진다.

【별 표 1】

평 가 기 준 표(제4조제1항 관련)

1. 추정가격 10억원 이상인 용역

구 분	심사항목	평가방법	배점 한도	비 고
계			100	
(가) 당해용역 수행능력	당해용역 관련법령에서 정하는 평가기준	사업수행능력 평가점수를 70점 만점으로 환산하여 적용 * 평점 = $\frac{\text{평가점수}}{100} \times 70$	70	○ 발주기관에서 공고한 세부평가기준에 따라 평가한 평점 적용 ○ 소수점 이하 셋째자리에서 반올림
(나) 입찰가격	평점산식	$30 - \left\| \left(\frac{88}{100} - \frac{\text{입찰가격}}{\text{예정가격}} \right) \times 100 \right\|$ * │ │는 절대값 표시임	30	○ 입찰가격을 예정가격으로 나눈 결과 소수점이하의 숫자가 있는 경우에는 소수점 다섯째자리에서 반올림한다. ○ 최저평점은 2점으로 함
(다) 신인도	계약이행 성 실 도	① 하자발생 ② 이행지체 ③ 임금체불 ④ 고용개선조치 미이행 ⑤ 정책지원	-7.2~1	* 아래 <신인도 평가방법>참조
(라) 결격사유	당해용역 이행능력 결격여부	부도 등 및 부정당업자제재 상태인 경우 또는 부도 등의 우려가 있어 해당 계약이행이 어렵다고 판단되는 경우 (다만, 법정관리, 화의인가 결정 등 법원의 경영정상화 판결을 받은 경우는 제외)	-25	

※ 〈신인도 평가방법〉

1) 계약이행 성실도

(단위 : 점)

<table>
<tr><th>심사
항목</th><th>평가요소</th><th>배점
한도</th><th>등 급</th><th>평점</th></tr>
<tr><td rowspan="2">①
품질
하자</td><td rowspan="2">하자
발생
유무</td><td rowspan="2">△1.2</td><td>A. 최근 1년 이내 국방관서와의 계약이행과정에서 하자 발생사실이 있는 자로서 하자가 발생한 계약(단가계약시 납품요구)의 종결계약금액 대비 하자금액 비율에 따라
- 5%이상
- 3%이상 ~ 5%미만
- 1%이상 ~ 3% 미만
- 0.1%이상 ~ 1% 미만</td><td>

△0.6
△0.5
△0.4
△0.3</td></tr>
<tr><td>A. 최근 1년 이내 국방관서와의 계약이행과정에서 감액 사실이 있는 자로서 감액이 발생한 계약(단가계약시 납품요구)의 종결계약금액 대비 감액비율에 따라
- 20%이상
- 10%이상 ~ 20%미만
- 1%이상 ~ 10%미만
- 0.1%이상 ~ 1%미만</td><td>

△0.6
△0.5
△0.4
△0.3</td></tr>
<tr><td>②
납품
지연</td><td>지체
상금</td><td>△2</td><td>A. 최근 1년 이내 국방관서와의 계약이행과정에서 지체상금 부과대상자로서 지체상금이 발생한 계약(단가계약시 납품요구)의 종결계약금액 대비 지체상금 부과율에 따라
- 10%이상
- 8%이상 ~ 10%미만
- 6%이상 ~ 8%미만
- 4%이상 ~ 6%미만
- 2%이상 ~ 4%미만
- 2%이만</td><td>

△2.0
△1.75
△1.5
△1.0
△0.5
△0.25</td></tr>
<tr><td>③ 임금
체불</td><td>임금체불</td><td>△2.0</td><td>A. 「근로기준법」에 따라 고용노동부장관으로부터 체불사업주로 명단이 공개중인 자</td><td>△2.0</td></tr>
<tr><td>④ 고용
개선조치
미이행</td><td>고용개선
조치미이행</td><td>△2.0</td><td>A. 「남녀고용평등과 일·가정 양립 지원에 관한 법률」에 따라 최근 2년 이내에 고용노동부장관으로부터 적극적 고용개선조치 미이행사업주로 명단이 공개된 자</td><td>△2.0</td></tr>
</table>

심사 항목	평가요소	배점 한도	등급	평점
⑤ 정책 지원	정책지원	1	A. 「가족친화 사회환경의 조성 촉진에 관한 법률」 제15조에 따른 가족친화 인증을 받은 업체	0.4
			B. 고용노동부장관으로부터 '남녀고용평등 우수기업'으로 지정된 업체	0.4
			C. 고용노동부장관으로부터 '일생활균형 캠페인 참여기업'으로 선정된 업체	0.2
			D. 고용노동부장관으로부터 '일 · 학습병행제 참여기업'으로 선정된 업체	0.2
			E. 「사회적기업육성법」 제7조에 따라 고용노동부장관으로부터 '사회적기업'으로 인증을 받은 업체	0.2
			F. 「협동조합기본법」 제85조제1항에 따라 기획재정부장관으로부터 설립인가를 받은 '사회적협동조합'	0.2
			G. 「국민기초생활보장법」 제18조에 따라 거주지 관할 시 · 도지사 또는 시장 · 군수 · 구청장으로부터 '자활기업'으로 지정된 업체	0.2
			H. 「도시재생 활성화 및 지원에 관한 특별법」 제2조제1항제9호에 따라 행정안전부장관으로부터 '마을기업'으로 지정된 업체	0.2
			I. 고용노동부장관으로부터 '대한민국 일자리 으뜸기업'으로 선정된 업체	0.2
			J. 고용노동부장관으로부터 노동시간 '조기 단축 사업장'으로 확인된 기업으로 「근로기준법」에 따른 법정시행일보다 3개월 이상 조기 단축한 기업	0.2

※ [주]

ㄱ. ①의 품질하자와 ②의 납품지연 평가는 물품 · 일반용역 · 기술용역 계약건을 모두 포함하며, 국방관서는 제1조에 따라 국방부본부와 국방부 소속기관, 국직부대 · 국직기관, 합참 및 각 군을 의미한다.

ㄴ. ①의 품질하자 평가시 하자발생유무와 감액유무는 각각 계약건별로 합산하여 평가하며, 하자발생일은 검사관으로부터 하자로 판정되어 업체에 통보한 날짜를 기준으로 하고, 감액발생일은 면제승인된 후 품질 보증기관의 납품조서발행일을 기준으로 한다. 또한, 하자금액은 품질검사기관에서 통보된 하자발생 내역별로 산정한다. 다만, 하자발생 유무 평가에 있어 A/S 기간이 경과된 경우에는 적용하지 아니한다.

ㄷ. ②의 납품지연 평가는 다음 각 호에 따른다.

1. 계약금액 지급(종결)일자를 기준으로 입찰공고일로부터 최근 1년 이내에 지체상금을 부과받은 자인 경우에 감점한다.
2. 지체상금 부과율은 지체상금이 발생된 계약(단가계약의 경우 납품요구)의 종결계약금액 대비 지체상금 부과액의 비율로 산정한다.

계약번호 (납품요구번호)	계약(납품요구) 종결계약액	지체상금	지체발생계약(납품요구) 종결계약액	지체상금 부과액	지체상금부과율 (비고)
A	7,000,000	350,000	7,000,000	350,000	"A"는 분할납품
	3,000,000	0	0	0	
B	20,000,000	0	0	0	
C	15,000,000	420,000	15,000,000	420,000	
계			22,000,000	770,000	3.5%

* 지체상금 부과율 = 지체상금 부과액/지체발생 계약(납품요구) 종결계약금액
= 770,000/22,000,000 = 0.035 = 3.5%

ㄹ. 신인도 평가기준

1. 신인도 가점은 당해용역의 "수행능력"의 배점한도 안에서 적용한다.
2. 신인도 각 심사항목(①~⑤)은 중복하여 평가할 수 있고, 동일 심사항목 내 등급에 따른 중복평가는 각 심사항목별 세부평가기준에 따른다.
3. 공동수급체를 구성할 경우 구성원별로 각각 산출한 신인도 평가점수에 각각의 출자비율을 곱하여 산정한 후 이를 합산하여 평가한다. 감점대상업체가 공동수급체의 구성원으로 입찰에 참가하는 경우에는 해당 감점점수에 해당 업체의 출자비율을 곱한 점수를 감점한다.
4. 공동수급체의 구성원 중 다른 법령에 의한 업종을 보완하는 분담이행방식일 경우 당해구성원(업종보완업체)는 평가에서 제외한다.
5. 남녀고용평등 우수기업 등 인증(지정)서 등으로 확인하는 경우 유효기간 이내인 것에 한하여 평가하며, 유효기간이 정해지지 아니한 경우에는 입찰공고일 전일부터 기산하여 2년 이내에 받은 것에 한하여 평가한다.(사후관리 등을 통해 유효기간이 계속 연장되는 경우 그 기간까지를 유효기간으로 평가)

ㅁ. 신인도 심사항목별 세부평가기준

1. "③. 임금체불" 평가
 가. 입찰공고일을 기준으로 고용노동부장관으로부터 체불사업주로 명단이 공개중인 자
2. "④. 고용개선조치 미이행" 평가
 가. 입찰공고일을 기준으로 최근 2년 이내에 고용노동부장관으로부터 적극적 고용개선조치 미이행 사업주로 명단이 공개된 자
 나. 2017. 5. 1. 이후 공개된 자부터 적용한다.

3. "⑤. 정책지원" 평가

가. 다음 각 항에 명기된 주무부(처, 청) 등의 장이 확인 또는 통보(위임, 위탁한 경우 포함)해 준 유효한 자료를 제출한 경우에 평가한다.

세부항목	확인기관	확인서류
A. 가족친화인증기업	여성가족부장관	가족친화인증서
B. 남녀고용평등 우수기업	고용노동부장관	승인(선정)통보서
C. 일생활균형 캠페인 참여기업	고용노동부장관	승인(선정)통보서
D. 일・학습병행제 참여기업	고용노동부장관	승인(선정)통보서
E. 사회적기업	고용노동부장관	사회적기업인증서
F. 사회적협동조합	기획재정부장관	설립인가증
G. 자활기업	시・도지사 또는 시장・군수・구청장	자활기업 인정서
H. 마을기업	행정안전부장관	마을기업 지정서
I, 대한민국 일자리 으뜸기업	고용노동부장관	선정통보서 또는 선정패사진
J. 노동시간 조기단축 기업	고용노동부장관	노동시간 단축 확인서

나. 각 세부항목은 중복하여 평가할 수 있으나, 'E.사회적기업', 'F.사회적협동조합', 'G.자활기업', 'H.마을기업' 사이의 중복평가는 할 수 없다.

다. 최대가점은 1.0점을 초과할 수 없다.

라. 사업수행능력의 평가점수 산정 시 「건설기술진흥법시행규칙」 제28조제2항에 따라 기술제안서 또는 기술자평가서를 평가한 용역은 신인도 가점을 적용하지 않는다.

마. 'J.노동시간 조기 단축기업'은 「근로기준법」(법률 제15513호, 2018.3.20.) 부칙 제1조제2항에 따른 시행일 전일 입찰 공고분까지 적용한다.(시행일 및 단축일은 '노동시간 단축 확인서'로 확인)

2. 추정가격 5억원이상 10억원 미만인 용역

(단위 : 점)

구 분	심사항목	평가방법	배점한도	비 고
계			100	
(가) 당해용역 수행능력	당해용역 관련법령에서 정하는 평가기준	사업수행능력 평가점수를 50점 만점으로 환산하여 적용 * 평점 = $\frac{\text{평가점수}}{100}\times 50$	50	○ 발주기관에서 공고한 세부평가기준에 따라 평가한 평점 적용 ○ 소수점 이하 셋째자리에서 반올림
(나) 입찰가격	평점산식	$50 - 2\times\left\|\left(\frac{88}{100}-\frac{\text{입찰가격}}{\text{예정가격}}\right)\times 100\right\|$ * | |는 절대값 표시임	50	○ 입찰가격을 예정가격으로 나눈 결과 소수점이하의 숫자가 있는 경우에는 소수점 다섯째자리에서 반올림한다. ○ 최저평점은 2점으로 함 ○ 예정가격 대비 입찰가격의 비율이 90.5% 이상인 경우 평점은 45점으로 함
(다) 신인도	계약이행 성실도	<추정가격 10억원이상인 용역>과 동일함.	-7.2～1	
(라) 결격사유	당해용역 이행능력 결격여부	부도 등 및 부정당업자제재 상태인 경우 또는 부도 등의 우려가 있어 해당 계약이행이 어렵다고 판단되는 경우 (다만, 법정관리, 화의인가 결정 등 법원의 경영정상화 판결을 받은 경우는 제외)	-25	

3. 추정가격 고시금액 이상 5억원 미만, 추정가격 고시금액 미만으로서 사업수행능력평가 대상인 용역

(단위 : 점)

구 분	심사항목	평가방법	배점한도	비 고
계			100	
(가) 당해용역 수행능력	당해용역 관련법령에서 정하는 평가기준	사업수행능력 평가점수를 30점 만점으로 환산하여 적용 * 평점 = $\frac{\text{평가점수}}{100} \times 30$	30	○ 발주기관에서 공고한 세부평가기준에 따라 평가한 평점 적용 ○ 소수점 이하 셋째자리에서 반올림
(나) 입찰가격	평점산식	$70 - 4 \times \left\| \left(\frac{88}{100} - \frac{\text{입찰가격}}{\text{예정가격}} \right) \times 100 \right\|$ * | |는 절대값 표시임	70	○ 입찰가격을 예정가격으로 나눈 결과 소수점이하의 숫자가 있는 경우에는 소수점 다섯째자리에서 반올림한다 ○ 최저평점은 2점으로 함 ○ 예정가격 대비 입찰가격의 비율이 89.25% 이상인 경우 평점은 65점으로 함
(다) 신인도	계약이행 성실도	<추정가격 10억원이상인 용역>과 동일함.	-7.2～1	
(라) 결격사유	당해용역 이행능력 결격여부	부도 등 및 부정당업자제재 상태인 경우 또는 부도 등의 우려가 있어 해당 계약이행이 어렵다고 판단되는 경우 (다만, 법정관리, 화의인가 결정 등 법원의 경영정상화 판결을 받은 경우는 제외)	-25	

※ [주]

ㄱ. 고시금액은 「국가를 당사자로 하는 계약에 관한 법률」 제4조의 규정에 의하여 기획재정부장관이 고시하는 금액을 말함.

ㄴ. 「건축서비스산업 진흥법 시행령」 제18조에 의한 용역 등 추정가격 고시금액 미만으로서 사업수행능력평가 대상인 용역은 평가기준표 3에 따른다.

4. 추정가격 고시금액 미만인 용역 (사업수행능력평가 대상이 아닌 경우)

<table>
<tr><th>구분</th><th colspan="3">심사분야</th><th>심사항목</th><th>배점한도</th></tr>
<tr><td>계</td><td colspan="3"></td><td></td><td>100</td></tr>
<tr><td rowspan="6">(가)
당해용역
수행능력
(10)</td><td colspan="3">소 계</td><td></td><td>10</td></tr>
<tr><td rowspan="3">경영
상태
(10)</td><td colspan="2">신용평가(10)</td><td>신용평가등급에 의한 평가</td><td>10</td></tr>
<tr><td rowspan="2">재
무
평
가
(10)</td><td>1) 최근연도
자기자본비율
(자기자본
/총자산)</td><td>A. 기준비율의 100% 이상 :5.0
B. 기준비율의 100% 미만~90%이상 :4.5
C. 기준비율의 90% 미만~80%이상 :4.0
D. 기준비율의 80% 미만~70%이상 :3.5
E. 기준비율의 70% 미만 :3.0</td><td>5</td></tr>
<tr><td>2) 최근연도
유동비율
(유동자산
/유동부채)</td><td>A. 기준비율의 100% 이상 :5.0
B. 기준비율의 100% 미만~90%이상 :4.5
C. 기준비율의 90% 미만~80%이상 :4.0
D. 기준비율의 80% 미만~70%이상 :3.5
E. 기준비율의 70% 미만 :3.0</td><td>5</td></tr>
<tr><td colspan="3" rowspan="2">특 별
신인도
(2.5)</td><td>당해용역과 동일한 공종의 최근 3년간 실적합계액이 당해용역 기초예비가격 이상인 경우</td><td>2</td></tr>
<tr><td>「여성기업 지원에 관한 법률」 및 동법 시행령에서 정한 기업으로서 중소벤처기업부 장관(위임받은 자를 포함)에 의해 확인서를 발급받은 여성기업으로서 그 존속기간에 따라
A. 3년 이상
B. 3년 미만</td><td>

0.50
0.25</td></tr>
<tr><td colspan="4">(나) 입찰가격</td><td>※ 평점산식 참조</td><td>90</td></tr>
<tr><td>(다)
결격사유</td><td colspan="3">당해용역
이행능력
결격여부</td><td>부도 등 및 부정당업자제재 상태인 경우 또는 부도 등의 우려가 있어 해당 계약이행이 어렵다고 판단되는 경우 (다만, 법정관리, 화의인가 결정 등 법원의 경영정상화 판결을 받은 경우는 제외)</td><td>-25</td></tr>
</table>

※ [주]

ㄱ. 「건축서비스산업 진흥법 시행령」 제18조에 의한 용역 등 추정가격 고시금액 미만으로서 사업수행능력평가 대상인 용역은 평가기준표 3에 따른다.

ㄴ. 입찰가격 평점산식

○ 평점산식 : 90-20×｜(88/100 - 입찰가격/예정가격)×100｜

* ｜ ｜은 절대값 표시임.

* 입찰가격을 예정가격으로 나눈 결과 소수점이하의 숫자가 있는 경우에는 소수점 다섯째자리에서 반올림함.

* 최저평점은 2점으로 함

* 예정가격 대비 입찰가격 비율이 88.25% 이상인 경우 평점은 85점으로 함

ㄷ. 경영상태 평가방법

○ **"신용평가"와 "재무평가(최근연도 자기자본비율 점수와 최근연도 유동비율 점수합산)" 중에서 입찰자가 선택한 방법으로 평가**하고, **비영리법인은 신용평가방법으로 평가**한다.

○ 재무평가는 최근연도 **한국은행 발행 "기업경영 분석" 자료**와 **동일한 연도의 정기결산서**에 의하며, 관련서류를 제출하지 않을 경우 최저등급으로 평가한다. (다만, 기준비율이 산정된 이후 설립된 신규업체는 최초결산서와 기업진단보고서에 의한다.)

○ **기준비율은 최근연도 한국은행 발행 "기업경영분석" 자료를 적용하되, 입찰공고시 별도 명시**한다.

○ 신규업체, 합병, 분할, 사업 양수・도를 한 업체 등은 별표 3 "수시결산제 폐지에 따른 경영상태 평가기준"에 의한다.

경영상태 평가는 "신용평가"와 "재무평가" 중에서 입찰자가 선택한 방법으로 평가가 가능하다.(비영리법인은 신용평가방법만 가능)
신용평가시 [별표4]를 따르며, 유효기간 내에 입찰공고일이 포함된 경우에 한하여 인정가능하다.
재무평가항목은 자기자본비율($\frac{\text{업체의 자기자본비율}(A)}{\text{자기자본 기준비율}(C)}\times 100\%$)과 유동비율($\frac{\text{업체의 유동비율}(B)}{\text{유동 기준비율}(D)}\times 100\%$)이다. 업체의 자기자본비율(A)은 $\frac{\text{자기자본}}{\text{총자산}}$,
업체의 유동비율(B)은 $\frac{\text{유동자산}}{\text{유동부채}}$ 이고, 각 기준비율(C, D)은 한국은행 "기업경영분석" 자료를 따른다.(발주기관은 입찰공고문에 기준비율을 반드시 명시)
기준년도는 한국은행 "기업경영분석"의 가장 최근연도다. 따라서 각 업체의 자기자본비율과 유동비율도 기준년도와 동일한 연도로 산정해야 한다.
* 한국은행 "기업경영분석" 자료의 발표일은 통상 매년 11월 1일이다.(사정에 따라 변동될 수 있음)

<Example 1>

Q) '20.5.16.에 공고한 사업이 있다. 적격심사 대상자인 1순위 업체는 아래와 같이 2개의 신용평가등급확인서를 가지고 있다. 이 업체의 신용등급은?

(1) - 신용평가 등급 : BB0 유효기간 : 19.5.20.부터 20.5.19.까지 (2) - 신용평가 등급 : BB+ 유효기간 : 20.5.19.부터 21.5.18.까지

A) (2)번 신용평가는 유효기간 내에는 입찰공고일('20.5.16)이 포함되지 않으므로 인정불가하다. 결국 이 업체는 신용평가등급은 BB0다.

<Example 2>

Q) 입찰공고일이 '20.6.1.인 경우 A업체의 재무평가점수는?(한국은행 기업경영분석상 자기자본비율은 46.91%, 유동비율은 209.48%다.)

연도	자기자본	총자산	유동자산	유동부채
'18년	400,000,000	1,000,000,000	600,000,000	100,000,000
'19년	300,000,000	2,000,000,000	1,700,000,000	300,000,000

A) 입찰공고일이 '20.3.1.이라면 업체는 '19년도 재무상태표를 가지고 있을 것이다. 하지만, 한국은행 "기업경영분석" 가장 최근 자료는 '19.11.1일에 만들어진 자료이며 이는 '18년도 기준이다. 따라서 기준년도는 '18년도다. A업체의 '18년도 자기자본비율은 $\frac{400,000,000}{1,000,000,000} \times 100 = 40.00\%$ 이고, 유동비율은 $\frac{600,000,000}{100,000,000} \times 100 = 600.00\%$ 이다. A업체의 자기자본비율은 기준비율 대비 90%미만 80%이상 ($\frac{40.00}{46.91} \times 100 = 85.27\%$)로 4점, 유동비율은 기준비율 대비 100%이상($\frac{600.00}{209.48} \times 100 = 286.42\%$)으로 5점을 받는다. 따라서 A업체의 재무평가점수는 9(4+5)점이다.

ㄹ. 특별신인도 평가방법

○ "당해용역"은 실적인정범위 및 규모(금액)을 입찰공고에 명시한다.

○ "당해용역" 이행실적은 관련협회 또는 공공기관의 확인을 받은 실적증명서에 의한다.
단, 관련협회에 신고·관리되지 않은 **민간회사의 용역이행실적이 있을 경우**에는 **세금계산서 사본(원본제시), 계약서 사본** 등 증빙자료를 첨부한 실적증명서에 한하여 평가한다.

○ 여성기업 존속기간에 따른 평가는 중소벤처기업부 장관(위임받은 자를 포함)에 의해 확인서를 발급받은 여성기업으로서 "중소기업제품 공공구매 종합정보망"에 등재된 자료로 평가하며, 그 존속기간을 확인할 수 있는 서류 일체를 제출받아 평가한다. 이 경우 존속기간은 법인인 경우 법인등기부등본상, 개인사업자인 경우 사업자등록증상, 여성대표로서 그 유지기간(연속되어 있어야 함)을 확인하여 평가한다.

○ 특별신인도 가산점은 "당해용역수행능력"의 배점한도(10점) 안에서 적용한다.

특별신인도는 두 가지다. 먼저, 당해용역과 동일한 공종의 최근 3년간 실적합계액이 기초예비가격 이상인 경우에 2점을 가점한다. 만약 실적합계액이 기초예비가격의 50%라면 가점 2점 중 50%인 1점을 취득하는 것이 아니라 기초예비가격에 미치지 못했기에 0점이 된다. 다음으로 중소벤처기업부 장관에 의해 확인서를 발급받은 여성 기업은 가점을 받을 수 있다. 여성 기업 확인서를 받은 기업은 기본적으로 0.25점 가점이 주어지고 존속기간이 3년을 넘을 경우 총 0.5점을 취득한다. 두 가지 가점은 중복으로 취득가능하다.

<Example>

Q) A사업의 기초예비가격은 1억 원이다. B업체가 제출한 서류는 다음과 같다. 이 업체가 받을 수 있는 가점의 총 합계는 얼마일까?

계약명	당해용역과 동일한 공종여부	실적액	실적증명서의 발급	세금계산서 등 증빙자료
ㄱ	O	80,000,000원	공공기관 실적증명서	없음
ㄴ	O	70,000,000원	민간회사 실적증명서	없음
※ 중소벤처기업부 장관에 의해 발급받은 여성기업 확인서가 있으며 존속기간은 5년이다.				

A) 먼저 실적관련 항목 평가를 보면 총 2개의 실적증명서를 제출했다. ㄱ계약의 실적금액은 0.8억원으로 당해용역과 동일한 공종의 공공기관 실적증명서를 제출했다. 그러므로 0.8억원 모두 실적으로 인정이 가능하다. ㄴ계약의 실적금액은 0.7억원으로 당해용역과 동일한 공종의 민간회사 실적증명서를 제출했다. 하지만 세금계산서 등 증빙자료를 누락했기 때문에 이는 실적으로 인정이 불가능하다. 그러므로 인정가능한 실적합계액은 0.8억원으로 기초예비가격(1억원) 이하이므로 가점을 받지 못한다. 다음, 중소벤처기업부 장관에 의해 발급된 여성기업 확인서가 있고 그 존속기간이 5년이므로 0.5점 가점을 받는다. 따라서 B업체의 총 가점은 0.5점이다.

【별표 2】

외부감사 비대상업체의 재무상태 진단요령(제7조제3항 관련)

제 1 장 총 칙

제1조(목적) 이 규정은 본 기준상 적격심사대상업체 중 「주식회사 등의 외부감사에 관한 법률」(이하 "외부감사법"이라 한다)의 적용을 받지 않는 사업자(이하 "외감비대상업체"라 한다)의 재무상태 및 경영성과에 대한 진단에 관하여 필요한 사항을 규정함을 목적으로 한다.

제2조(적용범위) ① 이 규정은 본 기준상 적격심사대상업체 중 외감비대상업체의 재무상태 및 경영성과에 대한 진단에 관하여 적용한다.
② 진단을 실시함에 있어 이 규정에서 정하는 사항을 제외하고는 기업회계기준에 의한다.

제3조(용어의 정의) ① '진단자'란 본 진단규정에 의하여 외감비대상업체의 경영상태 및 경영성과에 대한 진단을 하는 자로서, 「공인회계사법」에 의하여 등록된 공인회계사 또는 「중소기업진흥에 관한 법률」에 의하여 등록된 재무관리 경영지도사, 「세무사법」에 의하여 등록된 세무사를 말한다.
② '신규사업자'란 기중에 설립되어 진단기준일 현재 회계연도가 1년미만인 개인사업자 및 법인을 말한다.
③ '해당 협회'란 제1항 규정에 의한 재무상태 진단자가 속하는 협회로서 한국공인회계사회, 또는 한국경영기술컨설턴트 협회, 한국 세무사회를 말한다

제4조(진단기준) ① 계속기업의 경우 진단기간은 직전회계연도로 한다. 다만, 신규사업자의 경우에는 영업개시일로부터 회계연도말일까지로 한다.
② 진단기준일은 직전회계연도 말일로 한다.
③ 직전회계연도 종료일 이후 사업의 양수도, 법인의 인수·분할·합병 등에 따른 기업진단의 경우에는 【별표 3】 "수시결산제 폐지에 따른 경영상태 평가기준"에 따라 평가한다.

제5조(장부와 증빙서류의 제시 등) ① 진단을 받고자 하는 자(이하 "진단을 받는 자"라 한다)는 「법인세법」 제60조 2항 1호 및 「소득세법」 규정에 따라 입찰공고일까지 세무서에 제출하는 재무제표를 세무대리인의 확인을 받아 제출하여야 하며, 부속명세서 및 회계장부, 기타 진단자가 요구하는 서류를 작성 제출하거나 제시하여야 한다.

② 제1항의 규정에 의하여 제출된 서류는 재작성 또는 정정 등을 이유로 반려를 요구하지 못한다. 이미 제출된 서류에 오기 또는 오산과 같은 명백한 오류가 있을 때에 한하여 진단자의 확인절차를 거쳐 정정할 수 있다.

③ 제1항과 제2항의 규정에 의하여 제출하였거나 정정된 서류에 대하여 추가서류를 제출하고자 할 때에는 진단자의 승인을 얻어야 한다.

제6조(진단방법) ① 진단자는 진단을 받는 자가 제출 또는 제시하는 서류를 확인하여 성실하게 평가하여야 하며 필요한 경우에는 실제조사하여 확인할 수 있다.

② 진단을 받는 자가 제1항의 규정에 의한 진단자의 진단에 대하여 이의가 있을 때에는 그 반증을 제시하여야 한다.

제7조(진단보고서 제출) ① 진단을 실시한 진단자는 별지 제4호 서식에 의해 작성된 진단결과보고서 및 본 규정이 반영된 수정대차대조표 및 수정손익계산서를 기명 날인 후 해당협회의 확인을 거쳐 진단을 받는 자에게 교부하고, 해당협회에 1부를 교부하며, 진단자가 1부를 보관한다.

② 진단자는 다음 각호의 사유에 해당하는 경우에는 진단불능으로 처리하고, 진단보고서에 진단서 작성과 의견제출이 불가하다는 뜻을 표시하여 해당협회를 거쳐 진단을 받는 자에게 통보한다.

1. 제5조 제1항의 규정에 의한 자료의 제출과 제시를 하지 않은 경우
2. 진단에 필요한 입증서류와 보완요구를 거부, 기피, 태만히 하는 경우
3. 진단 받는 자가 작성, 제출한 서류 중 중대한 허위사실이 발견된 경우

③ 진단자는 진단을 받는 자의 요구가 있을 경우, 진단결과의 사본에 기명날인하고 원본과 동일함을 확인(원본대조필)하여 추가로 진단결과를 제공할 수 있다.

제8조(진단조서의 작성, 비치) ① 진단을 실시한 진단자는 진단조서를 작성, 비치하여야 하며 이를 5년간 보존하여야 한다.

제 2 장 회계 부문 진단

제9조(현금과 전도금의 평가) ① 현금 및 현금등가물은 진단자가 실사한 범위내에서 인정한다.
② 전도금에 대하여는 예금잔액증명이 있는 금액을 자산으로 인정한다.

제10조(제예금의 평가) ① 제예금의 평가는 진단을 받는 자의 명의(법인인 경우에는 법인명의)로 된 진단기준일의 예금잔액증명과 진단일 이전 2개월의 은행거래실적증명을 대조 확인하여 이를 평가한다. 이 경우 예금잔액증명 및 진단일 이전 2개월의 은행거래실적증명을 제시하지 못하는 경우, 또는 그 예금이 일시적으로 조달된 것으로서 출처가 불분명한 경우에는 자산으로 인정하지 아니한다.
② 신규 사업자의 예금잔액이 자산총액의 20%를 초과하는 경우에는 1개월간의 은행거래 평잔으로 평가한다.

제11조(가지급금 등의 자산인정 제한) 가지급금은 자산으로 인정하지 아니함을 원칙으로 한다. 다만, 신규사업자의 경우에는 특별한 사정이 있는 경우에 한하여 임직원의 1개월 급여액을 초과하지 않는 범위내에서 자산으로 인정할 수 있다.

제12조(매출채권 등의 평가) 매출채권, 미수금 등의 채권은 합리적이고 객관적인 기준에 따라 산출한 대손충당금을 차감하여 평가한다.

제13조(유가증권의 평가) 유가증권 중 상장주식은 진단기준일 현재의 시가로 평가한다.

제14조(재고자산의 평가) 재고자산은 취득원가로 평가한다.

제15조(출자금의 평가) 출자금은 다음 각호의 경우를 제외하고는 취득원가로 평가함을 원칙으로 한다.
1. 출자한 법인의 순자산가치가 그 출자금의 취득원가보다 하락한 경우에는 이에 상당한 금액을 감액하여 평가한다.
2. 조합 등에 대한 출자금은 기준일 현재의 지분액에 의하여 평가한다. 다만, 출자금이 압류되어 있는 경우에는 지분액에서 압류금액을 감액한다.

제16조(보증금의 평가) ① 임차보증금은 임대차계약서 및 임대인이 발행한 영수증 등 증빙에 의하여 확인하되 그 금액이 시가보다 현저히 과다할 경우에는 진단시의 시가에 의하여 이를 평가한다.

② 계약보증금과 하자보수보증금은 그 보증기간이 만료되지 아니한 것에 한하여 자산으로 인정한다.

③ 영업보증금은 보증기간이 만료되지 아니한 것과 보증기간 만료후라도 보증기관이 보관하고 있음을 증명한 경우에 한하여 인정한다.

제17조(유형자산의 평가) 평가대상이 되는 유형자산은 진단을 받는 자의 소유로서 취득가액 혹은 재평가액에서 세법의 규정에 의한 감가상각 상당액을 차감한 금액으로 이를 평가한다. 취득가액이 불분명한 경우에는 취득당시의 시가나 기준시가 또는 국가가 인정하는 감정기관의 감정가액을 취득가액으로 본다.

제18조(무형자산의 평가) 무형자산은 당해자산의 취득을 위하여 소요된 가액에서 감가상각 상당액을 차감한 금액으로 평가한다.

제19조(부채의 평가) ① 부채의 평가에 있어서는 그 발생사유를 자산 및 자본과 관련하여 회사가 부담할 금액으로 평정하여야 한다.

② 퇴직급여충당금 등 당기의 수익에 대응하는 비용으로서 장래에 지출될 것이 확실하고 당기의 수익에서 차감되는 것이 합리적인 것에 대하여는 그 금액을 추산하여 계상하여야 한다. 다만, 그 계상근거가 기업회계기준 등 다른 법령으로 정하여져 있는 경우에는 그 법령에 따라 계상한다.

③ 만기일이 1년미만인 부채의 경우에는 유동부채로 분류하여야 한다.

제20조(자본금의 확인) ① 자본금의 조달원천과 증감원인을 검토하여 의제납입 또는 부채의 변태처리 여부를 확인하여 의제납입이나 부채를 변태처리한 경우에는 이를 부실자본으로 보아 감액 처리한다.

② 진단기준일 1개월내에 자본금의 증가가 있는 경우, 진단을 받는 자가 자금의 조달원천 등에 대하여 구체적이고 명백한 증거를 제시하지 못하는 경우에는 자본금의 증가를 인정하지 아니한다.

제21조(수익의 인식기준) 수익은 기업회계기준에 의하여 인식함을 원칙으로 한다.

제22조(감가상각비 등) 감가상각비, 대손상각비, 이자비용 등 당해연도에 현금으로 지급되지 않았더라도 발생주의에 의하여 당해연도에 비용으로 인식하여야 할 금액을 당해연도 비용으로 계상한다.

제23조(자산 등에 대한 입증서류) ① 진단을 받는 자는 다음 각호에 게기하는 입증서류를 구비하여야 하며, 진단자의 요구가 있을 때에는 즉시 제출하여야 한다.

1. 현금에 대하여는 현금출납 제증빙
2. 제예금에 대하여는 진단을 받는 자의 명의(법인의 경우에는 법인명의)로 된 예금증명서 및 진단일 전후 각2개월간의 은행거래실적증명서
3. 매출채권 등에 대하여는 계약서 및 부속명세서
4. 유가증권에 대하여는 현물매입증빙 및 예치보관증
5. 지급보증금에 대하여는 계약서 및 증빙
6. 가지급금 및 대여금에 대하여는 계약서 및 증빙
7. 재고자산에 대하여는 대입영수증 및 수불장부
8. 보증금에 대하여는 임대차계약서, 영수증, 거래 상대방의 인감증명서
9. 토지 및 건물에 대하여는 매매계약서 및 등기부등본
10. 9호외의 유형자산에 대하여는 매매계약서, 매입증빙, 등록부등본, 검사증
11. 무형자산은 유상취득에 한하여 그에 관계되는 증빙서

② 진단자는 제1항에 규정한 자산별 증빙 중 신빙성이 없다고 판단되는 부분에 대하여는 보완증빙의 제시를 요구하여야 한다.

③ 제1항 각호의 1의 서류 중 일부 미비되어 해당자산의 실재성과 적정성을 입증할 수 없을 때에는 이를 자산으로 인정하지 아니한다.

【별표 3】

수시결산제 폐지에 따른 경영상태평가기준(제7조제2항 관련)

1. 이 기준은 제7조 제2항의 경영상태 평가에 적용한다.
2. 이 기준시행일 이후 수시·반기결산이 이루어 지더라도 모든 업체는 직전년도 정기결산서로 평가하며, 회계연도중 신설, 합병·분할 및 영업양수도 등이 발생하는 경우에는 다음 적용기준에 따라 평가한다.
3. 적용 기준

가. 최초설립

최근에 업계전체 평균비율이 산정된 이후 새로이 설립된 업체는 설립일 현재 최초 결산서(개시 재무제표)로 평가한다.

나. 합 병

1) 합병으로 존속하는 회사

새로이 평가하지 않고 존속하는 회사의 전년도 정기결산서로 평가하며 소멸되는 회사의 정기결산서는 반영하지 않는다.

2) 합병으로 신설된 회사

합병으로 소멸된 회사들의 직전 회계연도 정기결산서만을 단순합산하나 당기에 신설된 회사의 최초결산서는 합산하지 않는다.

다만, 직전회계연도의 정기결산서가 하나도 없거나 합병대상업체가 모두 신설업체인 경우에는 합병으로 신설된 회사의 최초 결산서로 평가한다.

다. 분 할

1) 분할로 존속하는 회사

존속하는 회사의 정기결산서만으로 평가하며 분할로 신설되는 회사의 최초결산서는 반영하지 않는다.

다만, 존속하는 회사가 당기에 설립되어 전년도 정기결산서가 없는 경우에는 존속회사의 설립시 최초결산서를 계속 적용한다.

2) 분할로 신설된 회사

새로이 신설된 것으로 보아 신설되는 법인의 최초 결산서로 평가한다

3) 분할합병한 회사

「상법」 제530조의 2 제2항의 규정에 따라 분할합병한 경우에는 분할되는 업체를 제외하고 합병대상업체의 직전 회계연도 정기결산서의 합으로 평가한다.

라. 영업 양수도

1) 영업양수도로 존속하는 회사

새로이 평가하지 않고 존속하는 회사의 전년도 정기결산서로 평가하되, 당기에 설립되어 전년도 정기결산서가 없는 경우에는 설립시 작성한 최초 결산서로 한다.

마. 기 타

1) 개인이 법인전환으로 신설된 경우 : 신설당시의 최초결산서로 평가한다

2) 인적(물적)회사 〔***주 참조**〕 간 조직변경의 경우

새로이 평가하지 않고 조직 변경 이전 회사의 직전회계연도 정기결산서로 평가하며 정기결산서가 없는 경우, 조직변경 이전회사의 설립시 최초 결산서로 한다.

3) 인적(물적)회사에서 물적(인적)회사로 변경한 경우 신설법인의 최초결산서로 평가한다. 끝.

***주) 인적회사 : 상법상의 합명회사, 합자회사**

물적회사 : " 주식회사, 유한회사

【별표 4】

신용평가등급에 의한 경영상태 평가기준(제7조제1항 관련)

회사채에 대한 신용평가등급	기업어음에 대한 신용평가등급	기업신용평가 등급	평 점(점)	
			배점한도가 10점인 경우	배점한도가 5점인 경우
AAA	-	AAA (회사채에 대한 신용평가등급 AAA에 준하는 등급	10.0	5.0
AA+, AA0, AA-	A1	AA+, AA0, AA- (회사채에 대한 신용평가등급 AA+, AA0, AA- 에 준하는 등급	9.9	4.9
A+	A2+	A+ (회사채에 대한 신용평가등급 A+에 준하는 등급	9.8	4.8
A0	A20	A0 (회사채에 대한 신용평가등급 A0에 준하는 등급	9.7	4.7
A-	A2-	A- (회사채에 대한 신용평가등급 A-에 준하는 등급	9.6	4.6
BBB+	A3+	BBB+ (회사채에 대한 신용평가등급 BBB+에 준하는 등급	9.5	4.5
BBB0	A30	BBB0 (회사채에 대한 신용평가등급 BBB0에 준하는 등급	9.4	4.4
BBB-	A3-	BBB- (회사채에 대한 신용평가등급 BBB-에 준하는 등급	9.3	4.3
BB+, BB0	B+	BB+, BB0 (회사채에 대한 신용평가등급 BB+, BB0에 준하는 등급	9.0	4.0
BB-	B0	BB- (회사채에 대한 신용평가등급 BB- 에 준하는 등급	8.7	3.7
B+, B0, B-	B-	B+, B0, B- (회사채에 대한 신용평가등급 B+, B0, B-에 준하는 등급	8.5	3.5
CCC+ 이하	C 이하	CCC+ 이하 (회사채에 대한 신용평가등급 CCC+ 에 준하는 등급	5.0	2.0

[주] ① 신용평가등급은 「신용정보의 이용 및 보호에 관한 법률」 제4조제1항제1호 또는 「자본시장과 금융투자업에 관한 법률」 제9조제26항의 업무를 영위하는 신용정보업자가 심사기준일 이전에 평가한 유효기간 내 회사채(또는 기업어음)에 대한 신용평가등급 또는 기업신용평가등급(위의 신용정보업자가 신용평가등급, 등급평가일 및 등급유효기간 등을 명시하여 작성한 '신용평가등급 확인서')을 기준으로 평가한다.(다만 "조달청 신용평가등급 조회시스템" 또는 "중소기업제품 공공구매 종합정보망"에 의하여 신용평가등급 조회가 가능한 경우에는 동 시스템 조회결과에 의해 평가할 수 있다.)

② 적격심사대상자의 회사채(또는 기업어음) 및 기업신용평가에 따른 평점이 다른 경우에는 높은 평점으로 평가하며, '신용평가등급확인서'를 제출하지 않은 경우에는 최저등급으로 평가한다.

③ 합병한 업체에 대하여는 합병후 새로운 신용평가등급으로 심사하여야 하며 합병후의 새로운 신용평가등급이 없는 경우에는 합병대상업체 중 가장 낮은 신용평가등급을 받은 업체의 신용평가등급으로 심사한다.

〈별지 제1호서식〉

적 격 심 사 신 청 서

○ 입찰 대상 용역명 :
○ 입 찰 일 시 :

위 건 용역입찰의 적격심사와 관련하여 적격심사 자기평가표 및 제증빙자료를 신의성실의 원칙에 입각하여 붙임과 같이 작성 제출하며, 만일 제출한 서류가 허위 또는 부정한 방법으로 작성된 사실이 확인될 경우에는 적격심사기준(계약예규)등 관련법령에 따라 처리하여도 아무런 이의를 제기하지 않겠음을 확약합니다.

20 . . .

입 찰 자 주 소 :
회사명 :
대표자 : (인)

붙임 : 제출서류 목록 및 관련서류 1부

○○ 부 대 장 귀 하

접 수 증

1. 입찰대상 용역명 : 2. 제출자 :

위건 용역입찰 적격심사신청서 및 관련서류를 접수하였음을 확인합니다.

20 . . .

○○ 부대 ○○과장 (인)

〈별지 제2호서식〉

적격심사 자기평가 및 심사표

1. 심사대상용역

입 찰 일 시	
용 역 명	
수 량	
입 찰 금 액	
추 정 가 격	

2. 심사대상입찰자

업 체 명	(전화)
대 표 자	
업종구분	

3. 회사를 대표하는 연락책임자 인적사항

소 속	
직 위	
성 명	
전화번호	(FAX)

4. 종합평가(예)

(1) 추정가격 10억원 이상인 용역의 경우

(단위 : 점)

구 분	배 점	자기평점	심사평점	비고
계	100			
이행실적	20			
기술능력	40			
경영상태	10			
입찰가격	30			
신 인 도	0~ -3			
결격사유	-25			

(2) 추정가격 고시금액 미만인 용역의 경우

(단위 : 점)

구 분	배 점	자기평점	심사평점	비고
계	100			
경영상태	10			
특별 신인도	2			
입찰가격	90			
결격사유	-25			

※ 위와 같이 용역입찰시 해당배점을 적용하여 위 심사표를 작성할 것.

〈별지 제3호서식〉

용역이행 실적증명서

<table>
<tr><td rowspan="5">신청인</td><td>업체명(상호)</td><td colspan="3"></td><td colspan="2">대 표 자</td><td></td></tr>
<tr><td>영업소재지</td><td colspan="3"></td><td colspan="2">전화번호</td><td></td></tr>
<tr><td>사업자번호</td><td colspan="3"></td><td colspan="2">FAX 번호</td><td></td></tr>
<tr><td>증명서용도</td><td colspan="3">용역 적격심사 신청용</td><td colspan="2">제 출 처</td><td>○○ 부대</td></tr>
<tr><td>사업의종류</td><td colspan="6"></td></tr>
<tr><td rowspan="5">용역이행
실적내용</td><td>용 역 명</td><td colspan="6"></td></tr>
<tr><td>용역범위 및 기준
(면적, 금액 등)</td><td colspan="6"></td></tr>
<tr><td rowspan="2">계 약 일 자</td><td rowspan="2">계약기간</td><td rowspan="2">규모</td><td colspan="3">이 행 실 적</td><td rowspan="2">비 고</td></tr>
<tr><td colspan="2">비 율</td><td>실 적</td></tr>
<tr><td></td><td></td><td></td><td colspan="2"></td><td></td><td></td></tr>
<tr><td rowspan="4">증명서
발급기관
(회사)</td><td colspan="7">위 사실을 증명함.
년 월 일</td></tr>
<tr><td colspan="7">기관(호사)명 (인) (전화번호 :)</td></tr>
<tr><td colspan="7">주 소 (FAX번호 :)</td></tr>
<tr><td colspan="4">발 급 쿠 서:</td><td colspan="3">담당자 :</td></tr>
</table>

※ 【주】

① 민간거래실적은 세금계산서, 계약서, 거래명세표 등 증빙자료를 첨부하여야 함.

② 용역이행실적내용은 입찰공고시에 제시한 용역범위 및 기준(면적, 금액 등) 등의 조건에 부합되는 실적에 한하며, 공동계약으로 이행하였을 경우 비율과 이행실적을 기재하여야 함.

③ 이행실적란은 기재후 투명접착테이프를 붙여 증명을 받아야 함.

<별지 제4호서식>

해당 협회 확인	
(　　　)회	(인)

재무상태 진단결과 보고서

입찰참가 등록번호							
상 호		대표자		전화번호		팩스번호	
영업소재지							
업 종							
면 번				용 도			

1. 재무상태 검토내용

구 분	경영비율(%)	산출근거 (단위: 천원)	
매출 증가율		당기매출액-전기매출액	전기매출액
총자산 증가율		당기총자산-전기총자산	전기총자산
매출액 영업이익율		영업이익	총매출액
부채비율		부채총계	자본총계
유동비율		유동자산	유동부채
총자산 회전율		총매출액	자산총계
기계장치비율		기계장치비	총매출액
연구개발비율		연구개발비	총매출액

2. 첨부서류

가. 수정대차대조표　나. 수정손익계산서　다. 기타 첨부자료

※ 연구개발비는 제조원가명세서상의 경상개발비, 손익계산서상의 경상개발비 • 연구비 및 개발비 상각액을 포함하여 적용한다. 단, 손익계산서상 무형자산상각비의 구분이 곤란할 경우에는 대차대조표상의 무형자산과 개발비의 비율로 안분하여 계산한다.

상기 내용은 상기회사가 법인세법 또는 소득세법에 따라 세무대리인의 확인을 받아 세무서에 제출한 재무제표를 국방부 기술용역적격심사기준에 관한 훈령(국방부 훈령 제 호, 20 . . .) <별표 2>의 "외부감사비대상업체의 재무상태 진단요령"에 의하여 진단하였음을 확인합니다.

20　　년　　월　　일

진단자 (공인회계 • 경영지도 • 세무)사 : 등록번호 제　　　호　성　명 :　　　(인)

※(공인회계 • 경영지도 • 세무)사는 해당부분에 V 표 하시오

사무소 소재지 :

소속(법인 • 감사반 • 사무소)명칭 :　　　　(전화번호:　　　/팩스번호:　　　)

4-2). 직접 해보는 기술용역 적격심사

<사례 분석-1>

1. 전제조건

사업명	입찰공고일	참가자격	업체명	추정가격	입찰가격	기초예비가격 = 예정가격	사업수행능력 평가점수	신인도 및 결격사유
○○부대 설계용역	'20.1.15	건축사 면허를 소지하고 건축사사무소 개설 신고업체, 엔지니어링사업자(구조, 토질・지질, 설비, 정보통신) 신고업체	○○건축사	1,200,000,000원	1,036,200,000원	1,320,000,000원	99.70	해당없음

2. 평가순서

심사기준 파악 → 적격심사신청서 등 확인 → 수행능력 평가 → 입찰가격 평가 → 신인도 및 결격사유 평가 → 총점계산

3. 평가항목 정리(별표 1)

구분	평가항목		평가기준	배점한도
Ⅰ. 당해용역 수행능력	당해용역 관련법령에서 정하는 평가기준	$\frac{\text{사업수행능력 평가점수}}{100} \times 70$	발주기관에서 공고한 세부평가기준에 따라 평가한 평점 적용 소수점 이하 셋째자리에서 반올림	70
Ⅱ. 입찰가격	30-|(0.88-입찰가격/예정가격)×100| * | |는 절대값 표시임		입찰가격을 예정가격으로 나눈 결과 소수점이하의 숫자가 있는 경우에는 소수점 다섯째자리에서 반올림한다. 최저평점은 2점으로 함	30
Ⅲ. 신인도	가. 하자발생 나. 이행지체 다. 임금체불 라. 고용개선조치 미이행 마. 정책지원			-7.2~1
Ⅳ. 결격사유	부도 등 및 부정당업자제재 상태인 경우 또는 부도 등의 우려가 있어 해당 계약이행이 어렵다고 판단되는 경우(다만, 법정관리, 화의인가 결정 등 법원의 경영정상화 판결을 받은 경우는 제외)			-25
합 계				100

Ⅰ. 심사기준 파악

공고 제2020-0000호

입 찰 공 고

※ 보안성 검토 "필"

1. 본 입찰은 전자입찰 및 청렴계약제, 사업수행능력 평가대상입니다.
   ※ 본 용역은 설계용역으로 사업수행능력 평가대상이며, 국방부 『건축사법』에 따른 설계자 선정을 위한 사업수행능력 세부평가기준으로 평가하니, 반드시 확인하시고 입찰에 참여하시기 바랍니다.

2. 입찰에 부치는 사항
   가. 용 역 명 : ○○부대 설계용역(○○○○)
   나. 용역범위 : 기본 및 실시설계 등(세부사항 과업내용서 참조)
   다. 용 역 비(추정가격) : 1,320,000,000원(1,200,000,000원)
   라. 계약기간 : 계약일로부터 10개월
   마. 용역현장 : 서울특별시 ○○구 일대
   바. 주요일정
   1) 기초예비가격공개 : '20. 1. 15.(수) ※ 기초예비가격공개일 변동 가능함
   2) 사업수행능력평가서 접수마감 : '20. 1. 20.(월),
   3) 사업수행능력평가 결과통보 : '20. 1. 27.(월), 사업수행능력평가 합격업체에 한함
   4) 입찰참가등록마감 : '20. 1. 28.(화), 15:00
   ※ SMS서비스를 신청하여 입찰단계별 문자안내를 받으시기 바랍니다.(12항 기타사항 참조)
   5) 입찰서 제출마감/개찰 : '20. 1. 29.(수), 10:00/11:00

3. 입찰참가자격 / 제한 ①
   가. 참가자격 : 아래 각 항의 자격을 모두 갖춘 업체(공동계약 가능)
   1) 사업수행능력 심사결과 입찰참가적격자로 선정된 업체
   2) 건축사법 제7조에 따라 건축사 면허를 소지하고, 동법 제23조에 따른 건축사사무소 개설 신고업체
   3) 엔지니어링산업진흥법 제21조에 따라 산업통산자원부장관에게 건설부문(구조, 토질·지질), 설비부문(설비), 정보통신부문(정보통신)에 대하여 엔지니어링사업자 신고 또는 기술사법 제6조에 따라 건설부문(구조, 토질·지질), 설비부문(설비), 정보통신부문(정보통신)에 대하여 기술사사무소 개설 등록업체

---------------------------(생략)---------------------------

9. 낙찰자 결정방법
   가. 본 용역은 사업수행능력 평가 및 적격심사 대상용역이며 국방부 기술용역적격심사기준에 관한 훈령을 적용하니, 입찰공고 시 첨부문서를 확인하고 입찰에 참여하기 바랍니다.
   나. 적격심사 세부평가별 심사기준일은 입찰공고일을 기준으로 합니다.
   다. 평가기준은 추정가격 10억원 이상인 용역을 적용하고, 사업수행능력 평가결과 입찰참가 유자격 업체에 한하여 가격입찰을 실시한 후 "가"항의 훈령에 따라 평가한 결과 종합평점 90점 이상(낙찰하한율 : 77.995%)인 업체 중 최저가 순으로 낙찰자를 선정합니다.
   라. 신인도 및 결격사유 평가는 아래와 같이 평가합니다.
   - 국방부 기술용역적격심사기준에 관한 훈령에 의거 신인도 및 결격사유를 평가한 후 최종낙찰자를 결정합니다.
   마. 적격심사제출서류 등은 추후 적격심사통보문에서 정한 바에 따릅니다.
   바. 동일가격 입찰일 경우 국가계약법시행령 제47조에 의거 적격심사결과 최고점수인 자를 낙찰자로 결정하며, 적격심사 결과 동일점수일 경우에는 용역 입찰유의서 제15조에 의거 처리합니다.

[주 내용]

심사기준은 입찰공고문 상 추정가격에 따라 달라진다.

[보조 내용]

① '3.입찰참가자격 / 제한'에는 입찰시 필요한 면허를 나열한다. 향후 결격사유 평가시 활용된다.

● 사례적용

당해 사례는 추정가격이 12억원으로 추정가격 10억원 이상인 용역의 평가기준 [별표 1]의 1. 기준을 따른다.

Ⅱ. 적격심사신청서 및 적격심사 자기평가 및 심사표

〈별지 제1호서식〉

적 격 심 사 신 청 서

○입찰 대상 용역명 : ○○부대 설계용역(○○○○)
○입 찰 일 시 : 2020. 1. 15.

위 건 용역입찰의 적격심사와 관련하여 적격심사 자기평가표 및 제증빙자료를 신의성실의 원칙에 입각하여 붙임과 같이 작성 제출하며, 만일 제출한 서류가 허위 또는 부정한 방법으로 작성된 사실이 확인될 경우에는 적격심사기준(계약예규)등 관련법령에 따라 처리하여도 아무런 이의를 제기하지 않겠음을 확약합니다.

2020. 1. 29.

입 찰 자 주 소 : 서울특별시 ○○구
회사명 : ○○ 건축사
대표자 : 김대표 (인)

붙임 : 제출서류 목록 및 관련서류 1부

○○ 부 대 장 귀 하

접 수 증

1. 입찰대상 용역명 : ○○부대 설계용역(○○○○) 2. 제출자 : ○○○

위건 용역입찰 적격심사신청서 및 관련서류를 접수하였음을 확인합니다.

2020. 1. 29

○○ 부대 ○○ 과장 (인)

〈별지 제2호서식〉

적격심사 자기평가 및 심사표

1. 심사대상용역

입 찰 일 시	2020. 1. 15.
용 역 명	○○부대 설계용역 (○○○○)
수 량	-
입 찰 금 액	1,036,200,000
추 정 가 격	1,200,000,000

2. 심사대상입찰자

업 체 명	○○건축사 (전화) 00-000-0000
대 표 자	김대표
업종구분	건축사사무소

3. 회사를 대표하는 연락책임자 인적사항

소 속	○○건축사
직 위	○○
성 명	○○○
전화번호	00-000-0000 (FAX) 00-000-0000

①

4. 종합평가(예)

(1) 추정가격 10억원 이상인 용역의 경우

(단위 : 점)

구 분	배점	자기평점	심사평점	비고
계	100	90.29		
수행능력	70	69.79		
입찰가격	30	20.50		
신 인 도	-7.2 ~1	0		
결격사유	-25	0		

(2) 추정가격 고시금액 미만인 용역의 경우

(단위 : 점)

구 분	배점	자기평점	심사평점	비고
계	100			
경영상태	10			
특별 신인도	2			
입찰가격	90			
결격사유	-25			

※ 위와 같이 용역입찰시 해당배점을 적용하여 위 심사표를 작성할 것.

[주 내용]

적격심사 신청서에 기입해야하는 항목들이다. 각 항목을 모두 기입해야하며 ○○부대장에는 접수부대를 적고 정확히 알 수 없는 경우에는 담당자에게 확인하여 작성한다.

[보조 내용]

①적격심사 자기평가 및 심사표의 종합평가는 예시다. 추정가격에 따라 표의 배점 등을 수정하여 평가 및 작성한다.

● 사례적용

당해 사업은 추정가격 10억원 이상으로 적격심사 자기평가 및 심사표4. 종합평가 중 (1)에 자기평가를 작성한다.

Ⅲ. 당해용역 수행능력, 입찰가격 및 신인도 평가

사업수행능력평가결과

0000

번호	업체명	점수	
1	건축사	100	합격
2	○○건축사	99.7	합격
3	△△고려	75	불합격

건설기술자 보유증명서

문서번호확인 : R2-00000000000000-00 / 기준일자 : 2020.01.15.

회사명	업종	업무신고번호
○○건축사	건축사사무소	서울특별시-건축사사무소

번호	성명	생년월일	입사일	직위	기술자격		
					자격종목 및 등급	합격일	등록번호
1	김대표	60.01.01	2010.01.01	대표	건축사	1990.01.01	제00호
2	이사원	70.01.01	2013.01.01	사원	건축과	1995.01.01	전문대졸업

대 한 건 축 사 협 회 회 장

[주 내용]

당해용역 수행능력 점수는 사업수행능력평가 점수에 70%를 곱해 계산한다.

입찰가격 평가점수는 입찰가격을 예정가격으로 산정한다. 투찰률은 다섯째자리에서 반올림하여야 한다는 점에 유의하여야 한다.

● 사례적용

①당해용역 수행능력 평가

99.7 × 0.7 = 69.79

②입찰가격 평가

입찰가격 : 1,036,200,000원

예정가격 : 1,320,000,000원

⇨ 투찰률 : $\frac{1,036,200,000}{1,320,000,000}$ = 0.7850

⇨ 입찰가격 평점 :

$30-\left|\left(\frac{88}{100}-\frac{78.50}{100}\right)\times 100\right|$

= 20.50

③신인도는 해당없음

Ⅳ. 결격사유 평가

기술자 보유 증명 및 경영상태 확인서

신고번호	엔지니어링업	E09-000000	컨설팅업	
상호	○○건축사			
대표자	김대표		사업자등록번호	000-00-00000
소재지	서울특별시 ○○구 ○○동			
증명기준일	20200115		제출처	○○단
참여사업명	○○부대 설계용역(20-B001)			

[엔지니어링사업자의 경영상태 / 최근연도(2016년)]

구분	엔지니어링 사업자	엔지니어링 서비스업 평균비율	산출근거(단위:천원)			
자기자본비율	00.00	00.00	자기자본	000	총자산	000
유동비율	000.00	000.00	유동자산	000	유동부채	000

[엔지니어링사업자의 기술자 보유 현황]

☐ 엔지니어링업

전문분야	신고현황	신고기준	세부사항
구조	기술인력 : 5인	충족	
	000000-0000000	김○○	-특급기술자
	000000-0000000	이○○	-고급기술자
	000000-0000000	박○○	-중급기술자
	000000-0000000	최○○	-고급기술자
	000000-0000000	오○○	-중급기술자
토질 · 지질	기술인력 : 3인	충족	
	000000-0000000	김○○	-특급기술자
	000000-0000000	이○○	-고급기술자
	000000-0000000	박○○	-중급기술자
설비	기술인력 : 3인	충족	
	000000-0000000	김○○	-특급기술자
	000000-0000000	이○○	-고급기술자
	000000-0000000	박○○	-중급기술자
정보통신	기술인력 : 3인	충족	
	000000-0000000	김○○	-특급기술자
	000000-0000000	이○○	-고급기술자
	000000-0000000	박○○	-중급기술자

사 업 자 등 록 증

(법인사업자)

등록번호 : 000-00-00000

법인명(단체명) : ○○건축사

대 표 자 : 김대표

개 업 연 월 일 : 0000년 00월 00일 법인등록번호 : 000000-0000000

사업장 소재지 : 서울특별시

본 점 소 재 지 : 서울특별시

사 업 의 종 류 : 업태 서비스 종목 건축설계업

발 급 사 유 : 정정

사업자 단위 과세 적용사업자 여부 : 여( ) 부(V)

전자세금계산서 전용 전자우편주소 : 00000@hometax.go.kr

0000년 00월 00일

○○ 세 무 서 장

[주 내용]

제8조 제2항에 따라 기술자 보유기준 충족여부를 검토해야 한다.

기술자 보유기준 관련 증빙서류는 관련협회에서 발급하는 기술자보유증명서고, 협회가 없을 경우 기술자격증 사본 및 4대보험 가입 증명서 등에 의한다.

부도 및 부정당업자 여부는 계약기관 시스템으로 확인한다.

● 사례적용

입찰참가자격은 1)건축사면허 + 건축사사무소 및 2)엔지니어링사업자 또는 기술사사무소로서 구조, 토질·지질, 설비, 정보통신부문을 등록한 업체다.

1)건축사사무소 요건은 대표자가 건축사면 충족한다. ○○건축사 대표는 김대표(사업자등록증)고, 김대표는 건축사를 보유(건설기술자 보유증명서)하고 있으므로 요건을 충족한다.

2)엔지니어링 요건은 '기술자 보유증명 및 경영상태 확인서' 상 모든 부문의 인력요건을 충족한다.

부도 등이 아님을 가정하였으므로, 결격사유에 해당하지 않는다.

Ⅴ. 적격심사결과 산정

구분	평가항목		배점한도	평가기준	평가	평가점수
Ⅰ. 당해용역 수행능력	당해용역 관련법령에서 정하는 평가기준	$\frac{\text{사업수행능력 평가점수}}{100} \times 70$	70	발주기관에서 공고한 세부평가기준에 따라 평가한 평점 적용 소수점 이하 셋째자리에서 반올림	$\frac{99.70}{100} \times 70 = 69.79$	69.79
Ⅱ. 입찰가격	30-|(0.88-입찰가격/예정가격)×100| * | |는 절대값 표시임		30	입찰가격을 예정가격으로 나눈 결과 소수점이하의 숫자가 있는 경우에는 소수점 다섯째자리에서 반올림한다. 최저평점은 2점으로 함	$30-\left\|\left(\frac{88}{100}-\frac{1,036,200,000}{1,320,000,000}\right)\times 100\right\|$ $=30-\left\|\left(\frac{88}{100}-\frac{78.50}{100}\right)\times 100\right\|$ $=30-\left\|\frac{9.50}{100}\times 100\right\|$ $=20.50$	20.50
Ⅲ. 신인도	가. 하자발생 나. 이행지체 다. 임금체불 라. 고용개선조치 미이행 마. 정책지원		-7.2~1		해당없음	0
Ⅳ. 결격사유	부도 등 및 부정당업자제재 상태인 경우 또는 부도 등의 우려가 있어 해당 계약이행이 어렵다고 판단되는 경우(다만, 법정관리, 화의인가 결정 등 법원의 경영정상화 판결을 받은 경우는 제외)		-25	-	해당없음	0
합 계						90.29

⇨ ○○건축사의 **총점은 90.29점**으로 적격심사 통과점수(90점) 이상이므로 **적격**하다.

<사례 분석-2>

1. 전제조건

사업명	입찰공고일	참가자격	업체명	추정가격	입찰가격	기초예비가격 = 예정가격	신인도 및 결격사유
○○부대 설계용역	'20.1.15	건축사 면허를 소지하고 건축사사무소 개설 신고업체, 엔지니어링사업자(구조, 토질 • 지질, 설비, 정보통신) 신고 업체	○○건축사	150,000,000원	144,787,500원	165,000,000원	해당없음

2. 평가순서

심사기준 파악 → 적격심사신청서 등 확인 → 수행능력 평가 → 특별신인도 평가 → 입찰가격 평가 → 결격여부 평가 → 총점계산

3. 평가항목 정리(별표 1)

구분	평가항목			평가기준	배점한도
Ⅰ. 당해용역 수행능력	경영상태 (신용평가 또는 재무평가)	신용평가	신용평가등급에 의한 평가	[별표4]에 따라 평가	10
		재무평가	최근연도 자기자본비율 (자기자본 / 총자산)	A. 기준비율의 100%이상 : 5.0 B. 기준비율의 100%미만 90%이상 : 4.5 C. 기준비율의 90%미만 80%이상 : 4.0 D. 기준비율의 80%미만 70%이상 : 3.5 E. 기준비율의 70%미만 : 3.0	
			최근연도 유동비율 (유동자산 / 유동부채)	A. 기준비율의 100%이상 : 5.0 B. 기준비율의 100%미만 90%이상 : 4.5 C. 기준비율의 90%미만 80%이상 : 4.0 D. 기준비율의 80%미만 70%이상 : 3.5 E. 기준비율의 70%미만 : 3.0	
	특별신인도	최근 3년간 실적합계	당해용역과 동일한 공종의 최근 3년간 실적합계액이 당해용역 기초예비가격 이상인 경우	$\frac{\text{최근 3년간 실적합계액}}{\text{기초예비가격}} \geq 1$	2
		여성기업	「여성기업 지원에 관한 법률」 및 동법 시행령에서 정한 기업으로서 중소기업청장(위임받은 자를 포함)에 의해 확인서를 발급받은 여성기업으로서 그 존속기간	A. 3년 이상 : 0.50 B. 3년 미만 : 0.25	0.5
Ⅱ. 입찰가격	90-20×|(0.88-입찰가격/예정가격)×100| * | |는 절대값 표시임			입찰가격을 예정가격으로 나눈 결과 소수점이하의 숫자가 있는 경우에는 소수점 다섯째자리에서 반올림한다. 최저평점은 2점으로 함	90
Ⅳ. 결격사유	부도 등 및 부정당업자제재 상태인 경우 또는 부도 등의 우려가 있어 해당 계약이행이 어렵다고 판단되는 경우(다만, 법정관리, 화의인가 결정 등 법원의 경영정상화 판결을 받은 경우는 제외)			-	-25
합 계					100

Ⅰ. 심사기준 파악

공고 제2020-0000호

입 찰 공 고

※ 보안성 검토 "필"

1. 본 입찰은 전자입찰 및 청렴계약제 대상입니다.

2. 입찰에 부치는 사항
   가. 용 역 명 : ○○부대 설계용역(○○○○)
   나. 용역범위 : 기본 및 실시설계 등(세부사항 과업내용서 참조)
   다. 용 역 비(추정가격) : 165,000,000원(150,000,000원)
   라. 계약기간 : 계약일로부터 4개월
   마. 용역현장 : 서울특별시 일대
   바. 주요일정
      1) 기초예비가격공개 : '20. 1. 15.(수), ※ 기초예비가격공개일 변동 가능함
      2) 입찰참가등록마감 : '20. 1. 20.(월), 15:00
      ※ SMS서비스를 신청하여 입찰단계별 문자안내를 받으시기 바랍니다.(12항 기타사항 참조)
      3) 입찰서 제출마감일시 : '20. 1. 21.(화), 10:00
      4) 개 찰 일 시 : '20. 1. 21.(화), 11:00

3. 입찰참가자격 / 제한 ①
   가. 참가자격 : 아래 각 항의 자격을 모두 갖춘 업체(공동계약 가능)
      1) **사업수행능력 심사결과 입찰참가적격자로 선정된 업체**
      2) 건축사법 제7조에 따라 **건축사 면허를 소지**하고, 동법 제23조에 따른 **건축사사무소** 개설 신고업체
      3) 엔지니어링산업진흥법 제21조에 따라 산업통산자원부장관에게 **건설부문(구조, 토질·지질), 설비부문(설비), 정보통신부문(정보통신)에 대하여 엔지니어링사업자 신고** 또는 기술사법 제6조에 따라 **건설부문(구조, 토질·지질), 설비부문(설비), 정보통신부문(정보통신)**에 대하여 **기술사사무소** 개설 등록업체

---------------------------(생략)---------------------------

8. 낙찰자 결정방법
   가. 본 용역은 적격심사 대상용역이며 '국방부 기술용역적격심사기준에 관한 훈령을 적용하니, 입찰공고 시 첨부문서를 확인하고 입찰에 참여하기 바랍니다.
   나. 적격심사 세부평가별 심사기준일은 **입찰공고일**을 기준으로 합니다.
   다. 평가기준은 추정가격 고시금액 미만인 용역(사업수행능력평가 대상이 아닌 경우)을 적용하고, 가격입찰을 실시한 후 "가"항의 훈령에 따라 평가한 결과 종합평점 95점 이상(낙찰하한율 : 87.745%)인 업체 중 최저가 순으로 낙찰자를 선정합니다.
   라. **신인도 및 결격사유 평가는 아래와 같이 평가**합니다.
   - 국방부 기술용역적격심사기준에 관한 훈령에 의거 신인도 및 결격사유를 평가한 후 최종낙찰자를 결정합니다.

   ② ※ 특별신인도 평가를 위한 당해용역 평가 기준
      - 실적인정범위 : 설계용역 - 실적인정규모 : 모두 인정
   ※ 재무상태 평가를 위한 기준비율
      - 자기자본비율 : 46.91% - 유동비율 : 209.48%
   마. 적격심사제출서류 등은 추후 적격심사통보문에서 정한 바에 따릅니다.
   바. 동일가격 입찰일 경우 국가계약법시행령 제47조에 의거 적격심사결과 최고점수인 자를 낙찰자로 결정하며, 적격심사 결과 동일점수일 경우에는 용역 입찰유의서 제15조에 의거 처리합니다.

[주 내용]

심사기준은 입찰공고문 상 추정가격에 따라 달라진다.

[보조 내용]

①'3.입찰참가자격 / 제한'에는 입찰시 필요한 면허를 나열한다. 향후 결격사유 평가시 활용된다.

②'8.낙찰자 결정방법'의 특별신인도 평가기준과 재무상태 평가 기준 비율은 향후 특별신인도, 당해용역 수행능력평가시 사용된다.

● 사례적용

당해 사례는 추정가격이 1.5억원으로 추정가격 고시금액(2억원) 미만인 용역의 평가기준 [별표 1]의 4.를 따른다.

Ⅱ. 적격심사신청서 및 적격심사 자기평가 및 심사표

〈별지 제1호서식〉

적 격 심 사 신 청 서

○입찰 대상 용역명 : ○○부대 설계용역(○○○○)
○입 찰 일 시 : 2020. 1. 15.

위 건 용역입찰의 적격심사와 관련하여 적격심사 자기평가표 및 제증빙자료를 신의성실의 원칙에 입각하여 붙임과 같이 작성 제출하며, 만일 제출한 서류가 허위 또는 부정한 방법으로 작성된 사실이 확인될 경우에는 적격심사기준(계약예규)등 관련법령에 따라 처리하여도 아무런 이의를 제기하지 않겠음을 확약합니다.

2020. 1. 23.

입 찰 자 주 소 : 서울특별시 ○○구
회사명 : ○○건축사
대표자 : 김대표 (인)

붙임 : 제출서류 목록 및 관련서류 1부

○ ○ 부 대 장 귀 하

접 수 증

1. 입찰대상 용역명 : ○○부대 설계용역(○○○○) 2. 제출자 : ○○○
위건 용역입찰 적격심사신청서 및 관련서류를 접수하였음을 확인합니다.

2020. 1. 23.

○○ 부대 ○○ 과장 (인)

〈별지 제2호서식〉

적격심사 자기평가 및 심사표

1. 심사대상용역

입 찰 일 시	2020. 1. 15.
용 역 명	○○부대 설계용역 (○○○○)
수 량	-
입 찰 금 액	144,787,500
추 정 가 격	150,000,000

2. 심사대상입찰자

업 체 명	○○건축사 (전화) 00-000-0000
대 표 자	김대표
업종구분	건축사사무소

3. 회사를 대표하는 연락책임자 인적사항

소 속	○○건축사
직 위	○○
성 명	○○○
전화번호	00-000-0000 (FAX) 00-000-0000

4. 종합평가(예)

(1) 추정가격 10억원 이상인 용역의 경우

(단위 : 점)

구 분	배점	자기평점	심사평점	비고
계	100			
수행능력	70			
입찰가격	30			
신 인 도	-7.2 ~1			
결격사유	-25			

(2) 추정가격 고시금액 미만인 용역의 경우

(단위 : 점)

구 분	배점	자기평점	심사평점	비고
계	100	95		
경영상태	10	9.5		
특별 신인도	2	2		
입찰가격	90	85		
결격사유	-25	0		

※ 위와 같이 용역입찰시 해당배점을 적용하여 위 심사표를 작성할 것.

[주 내용]
적격심사 신청서에 기입해야하는 항목들이다. 각 항목을 모두 기입해야하며 ○○부대장은 접수부대를 적고 정확히 알 수 없는 경우에는 담당자에게 확인하여 작성한다.

● 사례적용

당해 사업은 추정가격이 고시금액(2억원) 미만으로 종합평가 중 (2)에 자기평가를 작성한다.

Ⅲ. 당해용역 수행능력 평가 - 재무평가

발급번호	표준재무제표증명 ☑ 개인 □ 법인		처리기간
000-00-000			즉시
상호(법인명)	○○	사업자등록번호	000-00-00000
성명(대표자)	○○○	주민(법인)등록번호	000000-*******
업태	서비스(사업관련)업		
종목	건축사		
주소	서울특별시 ○○구		
사업연도	2018년 귀속분	첨부서류명	표준대차대조표
신고구분	정기신고	신고일	2019.05.25.

붙임의 표준재무제표는 과세표준 신고시 세무서에 제출한 표준재무제표와 같음을 증명합니다.

표준재무상태표

상호	○○건축사	사업자 등록번호	000-00-00000	대상 과세 기간	2018.01.01부터 2018.12.31까지
계정과목	코드	금액	계정과목	코드	금액
Ⅰ.유동자산	01	800,000,000	Ⅲ.자본금	75	400,000,000
⋮			Ⅳ.당기순이익	76	50,000,000
Ⅱ.비유동자산	30	200,000,000	자본총계(Ⅲ+Ⅳ)	77	450,000,000
⋮			부채 및 자본 총계(Ⅰ+Ⅱ+Ⅲ+Ⅳ)	78	1,000,000,000
자산총계(Ⅰ+Ⅱ)	60	1,000,000,000			
Ⅰ.유동부채	65	100,000,000			
⋮					
부채총계(Ⅰ+Ⅱ)	70	550,000,000			

[주 내용]

당해용역 수행능력 평가 중 신용평가가 아닌 재무평가를 신청한 경우를 살펴본다. 재무평가는 자기자본비율과 유동비율을 평가한다. 평가기준 연도는 기준비율의 연도를 따른다.

기준 비율은 최근연도 한국은행 기업경영분석 자료를 적용하므로 한국은행 자료의 최신연도를 따른다.

● 사례적용

'20.1월 기준 한국은행 자료의 최신 연도는 '18년이다. 따라서 '18년도 표준재무상태표를 기준으로 평가한다.

자기자본비율:

$$\frac{450,000,000}{1,000,000,000} \times 100 = 45.00\%$$

$$\frac{45.00}{46.91} \times 100 = 95.93\%$$

유동비율:

$$\frac{800,000,000}{100,000,000} \times 100 = 800.00\%$$

$$\frac{800.00}{209.48} \times 100 = 381.90\%$$

기준비율 대비 최근연도 자기자본비율은 95.93%로 100%미만 90%이상인 (B)구간에 해당하여 4.5점을 취득하고, 기준비율 대비 최근연도 유동비율은 381.90%로 100%이상인 (A)구간에 해당하여 5점을 취득한다. 따라서, 총점은 9.5점(4.5+5)이 된다.

Ⅳ. 특별신인도 및 입찰가격 평가

기술용역이행 실적증명서

구분	항목	내용	항목	내용
신청인	업체명	○○건축사	대표자	김대표
	영업소재지	서울특별시 ○○구	전화번호	00-000-0000
	사업자번호	00000000○	조달청등록번호	0000000000
	증명서용도	적격심사제출용	제출처	관공서
	용역범위 및 기준	일금이억원정(₩250,000,000)		
용역이행실적내용	용역명	○○지역 설계용역	구분	설계
	용역개요	○○지역 설계용역		

계약번호	계약일자	계약기간	이행실적(금액또는면적) 비율	이행실적(금액또는면적) 실적	비고
20180000	2018.8.1	2018.8.2. ~ 2018.11.15	100	250,000,000	

증명서 발급업체/발급기관	
	위 사실을 증명함
	상호명/기관명 : ○○단
	주소 : 서울특별시 ○○구
	발급부서 : ○○○ / 담당자 : ○○○

※실적증명서발급번호 : 0000-0000■-000 　나라장터 발급일 : 2020.1.23

건설기술자 보유증명서

문서번호확인 : R2-0000000000000-00 / 기준일자 : 2020.01.15.

회사명	업종	업무신고번호
○○건축사	건축사사무소	서울특별시-건축사사무소

번호	성명	생년월일	입사일	직위	기술자격 자격종목 및 등급	기술자격 합격일	기술자격 등록번호
1	김대표	60.01.01	2010.01.01	대표	건축사	1990.01.01	제00호
2	이사원	70.01.01	2013.01.01	사원	건축과	1995.01.01	전문대졸업

대 한 건 축 사 협 회 회 장

[주 내용]

특별신인도 평가시 당해용역과 동일한 공종의 실적을 인정한다. 인정 실적규모는 총 실적에 이행비율을 곱하여 산정한다.

입찰가격 평가점수는 입찰가격과 예정가격으로 산정한다. 투찰률은 다섯째자리에서 반올림해야 한다는 점에 유의하여야 한다.

● 사례적용

①특별신인도

- 계약 종료일이 '18.11.15일로 입찰공고일 기준으로 최근 3년 이내다.
- 입찰공고문 상 실적인정공종은 설계용역이고, 실적증명서 상 용역도 설계용역으로 동일한 공종이다.
- 이행비율은 100%로 250,000,000원 인정 250,000,000 > 165,000,000이므로 특별신인도 2점 인정

②입찰가격 평가

○ 입찰가격 : 144,787,500원
　예정가격 : 165,000,000원

⇨ 투찰률 : $\frac{144,787,500}{165,000,000}$ = 0.8775

⇨ 입찰가격 평점 :

$$90-20\times\left|\left(\frac{88}{100}-\frac{87.75}{100}\right)\times100\right|$$

= 85.00

V. 결격사유

기술자 보유 증명 및 경영상태 확인서

신고번호	엔지니어링업	E09-000000	컨설팅업	
상호	○○건축사			
대표자	김대표		사업자등록번호	000-00-00000
소재지	서울특별시 ○○구 ○○동			
증명기준일	20200115		제출처	○○단
참여사업명	○○부대 설계용역(○○○○)			

[엔지니어링사업자의 경영상태] / 최근연도(2018년)

구분	엔지니어링 사업자	엔지니어링 서비스업 평균비율	산출근거(단위:천원)			
자기자본비율	00.00	00.00	자기자본	000	총자산	000
유동비율	000.00	000.00	유동자산	000	유동부채	000

[엔지니어링사업자의 기술자 보유 현황]

☐ 엔지니어링업

전문분야	신고현황	신고기준	세부사항
구조	기술인력 : 5인	충족	
	000000-0000000	김○○	-특급기술자
	000000-0000000	이○○	-고급기술자
	000000-0000000	박○○	-중급기술자
	000000-0000000	최○○	-고급기술자
	000000-0000000	오○○	-중급기술자
토질·지질	기술인력 : 3인	충족	
	000000-0000000	김○○	-특급기술자
	000000-0000000	이○○	-고급기술자
	000000-0000000	박○○	-중급기술자
설비	기술인력 : 3인	충족	
	000000-0000000	김○○	-특급기술자
	000000-0000000	이○○	-고급기술자
	000000-0000000	박○○	-중급기술자
정보통신	기술인력 : 3인	충족	
	000000-0000000	김○○	-특급기술자
	000000-0000000	이○○	-고급기술자
	000000-0000000	박○○	-중급기술자

사 업 자 등 록 증

(법인사업자)

등록번호 : 000-00-00000

법인명(단체명) : ○○건축사

대 표 자 : 김대표

개 업 연 월 일 : 0000년 00월 00일 법인등록번호 : 000000-0000000

사업장 소재지 : 서울특별시

본 점 소 재 지 : 서울특별시

사 업 의 종 류 : 업태 서비스 종목 건축설계업

발 급 사 유 : 정정

사업자 단위 과세 적용사업자 여부 : 여( ) 부(V)

전자세금계산서 전용 전자우편주소 : ○○○○@hometax.go.kr

0000년 00월 00일

○ ○ 세 무 서 장

[주 내용]

제8조 제2항에 따라 업종 또는 면허등록기준의 기술자 보유기준 충족여부를 검토해야 한다.

기술자 보유기준 관련 증빙서류는 관련협회에서 발급하는 기술자보유 증명서이고, 협회가 없을 경우 기술자격증 사본 및 4대보험 가입 증명서 등에 의한다.

부도 및 부정당업자 여부는 계약기관 시스템으로 확인한다.

● 사례적용

입찰참가자격은 1)건축사면허 + 건축사사무소 및 2)엔지니어링사업자 또는 기술사사무소로서 구조, 토질·지질, 설비, 정보통신부문을 등록한 업체다.

1)건축사사무소 요건은 대표자가 건축사면 충족한다. ○○건축사 대표는 김대표(사업자등록증)고, 김대표는 건축사를 보유(건설기술자 보유증명서)하고 있으므로 요건을 충족한다.

2)엔지니어링 요건은 '기술자 보유 증명 및 경영상태 확인서' 상 모든 부문의 인력요건을 충족한다.

부도 등이 아님을 가정하였으므로, 결격사유에 해당하지 않는다.

Ⅵ. 적격심사결과 산정

구분	평가항목			배점한도	평가기준	평가	평가점수
Ⅰ. 당해용역 수행능력	경영상태	신용평가	신용평가등급에 의한 평가	10	-	-	-
		재무평가	최근연도 자기자본비율 (자기자본 / 총자산)	5	A. 기준비율의 100%이상 : 5.0 B. 기준비율의 100%미만 90%이상 : 4.5 C. 기준비율의 90%미만 80%이상 : 4.0 D. 기준비율의 80%미만 70%이상 : 3.5 E. 기준비율의 70%미만 : 3.0	$\frac{450,000,000}{1,000,000,000}\times 100 = 45.00\%$ $\frac{45.00}{46.91}\times 100 = 95.93\%$	4.5
			최근연도 유동비율 (유동자산 / 유동부채)	5	A. 기준비율의 100%이상 : 5.0 B. 기준비율의 100%미만 90%이상 : 4.5 C. 기준비율의 90%미만 80%이상 : 4.0 D. 기준비율의 80%미만 70%이상 : 3.5 E. 기준비율의 70%미만 : 3.0	$\frac{800,000,000}{100,000,000}\times 100 = 800.00\%$ $\frac{800.00}{209.48}\times 100 = 381.90\%$	5
	특별신인도	최근 3년간 실적합계	당해용역과 동일한 공종의 최근 3년간 실적합계액이 당해용역 기초예비가격 이상인 경우	2	$\frac{\text{최근 3년간 실적합계액}}{\text{기초예비가격}}\times 100 \geq 100\%$	$\frac{250,000,000}{165,000,000}\times 100 = 151.52\%$	2
		여성기업	「여성기업 지원에 관한 법률」 및 동법 시행령에서 정한 기업으로서 중소기업청장(위임받은 자를 포함)에 의해 확인서를 발급받은 여성기업으로서 그 존속기간	0.5	A. 3년 이상 : 0.50 B. 3년 미만 : 0.25	-	-
Ⅱ. 입찰가격	90-20×|(0.88-입찰가격/예정가격)×100| * | |는 절대값 표시임			90	입찰가격을 예정가격으로 나눈 결과 소수점이하의 숫자가 있는 경우에는 소수점 다섯째자리에서 반올림한다. 최저평점은 2점으로 함	$90-20\times\left\|\left(\frac{88}{100}-\frac{144,787,500}{165,000,000}\right)\times 100\right\|$ $=90-20\times\left\|\left(\frac{88}{100}-\frac{87.75}{100}\right)\times 100\right\|$ $=90-20\times\left\|\frac{0.25}{100}\times 100\right\|$ $=85.00$	85
Ⅳ. 결격사유	부도 등 및 부정당업자제재 상태인 경우 또는 부도 등의 우려가 있어 해당 계약이행이 어렵다고 판단되는 경우(다만, 법정관리, 화의인가 결정 등 법원의 경영정상화 판결을 받은 경우는 제외)			-25	-	해당 없음	-
합 계							95

⇨ 특별신인도 가점은 당해용역 수행능력 배점한도에 미달되는 점수만큼만 적용되므로, **0.5점만 가점**된다.

⇨ 따라서 ○○건축사의 **총점은 95.00점**(94.5+0.5)으로 적격심사 통과점수(95점) 이상이므로 **적격**하다.

5. 일반용역 적격심사기준에 관한 훈령

5-1). 일반용역 적격심사기준에 관한 훈령 해설

[시행 2019. 12. 2.] [국방부훈령 제2348호, 2019. 12. 2., 일부개정]

일반용역 적격심사기준에 관한 훈령

제1조(목적) 이 훈령은 「국가를 당사자로 하는 계약에 관한 법률 시행령」 제42조제5항 규정에 따라 국방부본부와 국방부 소속기관, 국직부대 · 국직기관, 합참 및 각 군에서 일반용역입찰의 낙찰자 결정에 적용할 적격심사세부기준을 정함을 목적으로 한다.

제2조(적용대상) 이 훈령은 「국가를 당사자로 하는 계약에 관한 법률 시행령」 제42조제1항의 규정에 해당하는 용역계약 중 「건설기술 진흥법」, 「건축서비스산업 진흥법」 및 「엔지니어링산업진흥법」과 그에 준하는 용역을 제외한 나머지 모든 종류의 용역입찰을 대상으로 한다. 다만, 다음 각 호의 용역은 해당 관계법령 평가기준에 따른다.

1. 건설폐기물 처리용역 : 「건설폐기물의 재활용촉진에 관한 법률」 제15조제3항에 의한 평가기준
2. 매장문화재 조사용역 : 「매장문화재 보호 및 조사에 관한 법률」 제11조에 의한 평가기준

제3조(적용기준) ① 심사분야별[납품실적, 기술능력, 경영상태, 신인도(품질관리 등 신뢰정도) 등] 기간계산 등의 **심사 평가기준일은 법령 등 다른 규정에서 정한 것에도 불구하고 입찰공고일**로 하고, 입찰공고일 다음날 이후에 발생 또는 신고하였거나 수정된 자료는 평가에서 제외한다. 다만, 「중소기업 범위 및 확인에 관한 규정」 중소벤처기업부 고시) 제6조에 따른 **중소기업 확인서는 적격심사서류제출 마감일 까지 발급된 자료도 심사에 포함**한다. 다만, 제8조에 따른 결격사유의 심사에 대하여는 낙찰자결정일을 기준으로 한다

② 심사서류의 외화표시금액은 입찰공고일의 「외국환거래법」에 의한 기준환율 또는 재정환율(매매기준율)을 적용하여 원화로 환산한다. 다만, 외화와 원화가 같이 표시된 경우에는 원화를 적용한다.

적격심사의 평가기준일은 입찰공고일이 원칙이다. 개찰일 또는 적격심사 서류제출 마감일 등을 기준일로 생각하는 경우가 있는데 이는 옳지 않다. 다만, 예외적으로 평가기준일을 입찰공고일이 아닌 다른 날로 규정하는 경우(중소기업 확인서 : 적격심사 서류제출 마감일 등)가 있는데 이에 유의할 필요가 있다.

<Example>

Q) 입찰공고일이 2020.1.15., 개찰일이 1.23., 적격심사 서류접수 마감일이 1.28.라고 가정해보자. 업체가 제출한 신용평가등급 확인서의 유효기간이 '19.1.23.~'20.1.22.라고 한다면 이는 인정이 가능한가?

A) 서류접수 받은 시점에 유효기간이 완료되었더라도, 평가기준일은 입찰공고일이고 해당 신용평가서의 유효기간은 입찰공고일을 포함하므로 인정한다.

③ 비율, 평점(입찰가격 포함) 등을 계산한 결과 <u>소수점이하의 숫자가 있는 경우에는 소수점 다섯째 자리에서 반올림</u>한다. 이때 비율은 백분율(%) 단위로 전환 이전단계의 수치를 의미한다.

<Example>

Q) 어떠한 사업의 예정가격이 123,456,789원이고 A업체의 입찰가격이 103,256,578원이라고 가정할 때, 업체의 투찰률은 얼마로 보아야 하는가?

A) 투찰률은 103,256,578/123,456,789 = 0.836378289....이지만 소수점이하 다섯째자리에서 반올림해야 하므로 0.8364로 적용해야 할 것이다.

제4조(심사항목 및 배점한도) ① 적격심사의 심사항목 및 배점한도는 별표 1에서 정한 바에 의한다. 단, 「국가를 당사자로 하는 계약에 관한 법률 시행규칙」 제23조의3에 해당하는 용역의 경우에는 별표 2에 의하며, 제2조 제1호에 해당하지 아니한, 폐기물관리법 제25조에 의한 폐기물처리용역은 별표 3에 의한다.

② 발주관서의 장 또는 계약담당공무원은 용역의 특성, 사용목적 및 내용 등에 따라 다음 각 호와 같이 조정할 수 있다. 이 경우 입찰 공고에 조정내용을 명시하여야 한다.

1. 심사분야별(입찰가격은 제외) <u>배점한도를 20% 범위 내에서 가・감 조정</u>
2. 심사항목별(신인도 제외) 세부사항을 추가하거나 제외
3. 해당 심사기준이 없을 때에는 유사용역의 기준에 준하여 심사하며, 유사용역평가기준이 없을 때에는 '기술능력'의 심사기준을 별도로 규정

계약의 특성에 비추어 심사분야별 배점한도를 조정하고자 하는 경우 20% 내에서 조정이 가능하다. 다만, 총점은 100점으로 유지해야 하므로 한 부분에서 배점한도를 증가시켰다면 다른 부분에서는 배점한도를 감소시켜야 할 것이다. 단, 배점 조정 사항은 반드시 공고문 등에 명시하여 입찰참가자들이 사전에 인지할 수 있어야 그 효력이 있다.

<Example>

Q) A사업의 추정가격은 3억원이다. 사업특성상 사업부서에서 실적 배점한도를 10점에서 12점으로 조정하려고 한다. 나머지 평가항목은 어떻게 조정해야 할까?

A) 추정가격 고시금액 이상 5억원 미만인 용역의 배점한도는 실적 10점, 기술능력 15점, 경영상태 5점, 입찰가격 70점이다. 이때, 실적 배점한도를 2점 증가시켰으므로 나머지 평가분야(가격 제외)에서 2점을 감소시켜야 할 것이다. 예컨대, 실적 12점, 기술능력 13점, 경영상태 5점, 입찰가격 70점 등이 가능하다.

제5조(평가방법) ① 계약담당공무원은 세부기준에 따라 예정가격 이하로서 최저가로 입찰한 자의 순서로 심사한다.

② 이행실적 평가는 다음 각 호에 따르되, 세부적용 내용은 별표 1과 별표 2와 별표3의 '이행실적'에 따른다.

1. 계약담당공무원은 적격심사시 적용할 **이행실적 평가기준(동등이상용역 및 유사용역, 금액 또는 규모)을 입찰공고에 명시**하여야 한다.
2. 적격심사대상자의 이행실적은 **계약일자와 납품기한에 관계없이 이행 완료된 시점이 최근 5년 이내**로서 입찰공고에 정하여 명시한 계약목적물과 동등이상용역 또는 유사용역을 이행한 금액(부가가치세 제외) 또는 규모(면적 또는 수량)를 합산하여 평가하되, 이행실적 적용기간을 조정하고자 하는 경우에는 입찰공고에 조정내용을 명시하여야 한다.
3. 합병의 경우 존속되거나 신설된 업체의 실적은 소멸된 자의 실적을 승계한 것으로 합산하여 평가하며, 분할의 경우에는 권리・의무를 승계 받은 업체의 실적으로 보며, 합병・분할과 관련한 업체의 실적증빙서류를 제출하여야 한다. 다만, 분할 관련 실적은 시설, 기술자 등의 요건이 필요할 때에는 이를 갖춘 경우에만 실적으로 인정한다.
4. 사업양도(양수)의 경우에는 해당 업종을 양수한 자의 실적으로 평가하며 사업양도(양수)와 관련한 업체의 실적증빙서류를 제출하여야 한다. 다만, 실적은 시설, 기술자 등의 요건이 필요할 때에는 이를 갖춘 경우에만 실적으로 인정한다.
5. 이행실적의 평가는 **용역이행실적증명서**(별지 제3호 서식)에 따라 평가하되 **공공기관 이외의 이행실적**은 원본이 확인된 해당용역의 **계약서, 세금계산서, 거래명세표 등의 이행실적을 증명하는 서류를 실적증명원에 첨부한 경우에 평가**하고, 필요한 경우 공급받는 자의 거래사실 확인서 기타 이행실적을 증명하는 서류를 제출하게 할 수 있으며 적격심사대상자가 입증책임을 다하지 아니하여 이행실적의 확인이 어려운 경우에는 실적을 인정하지 아니한다. 다만, 국내업체가 외국에서 수행한 용역이행실적 또는 외국에 소재하는 업체가 수행한 용역이행실적으로서 공공기관에서 발주한 용역이 아닌 경우에는 이를 공증하거나 현지 상공회의소의 확인을 받아 제출하고 세금계산서 등 증빙자료를 생략할 수 있다.

실적 평가기준은 이후에 다시 나오지만 먼저 간단히 짚고 넘어가도록 하겠다.
첫째, 입찰공고문에 동등이상/유사용역의 범위를 구체적으로 명시하여야 한다. [별표1]에서는 동등이상/유사용역을 정의하고 있지만 추상적이기 때문이다.
둘째, 이행실적은 계약일자와 관계없이 이행완료된 시점이 최근 5년 이내인 경우에만 인정가능하다.

<Example>

Q) 입찰공고일이 '20.√.10.인 A사업이 있다. 적격심사 대상업체는 과거 수행한 '가'사업과 '나'사업 실적을 제출하였다. 그 내용은 모두 동등이상 용역 실적에 해당이 된다고 가정하였을 때, 심사담당자는 '가'실적과 '나'실적을 모두 인정해줄 수 있을까?
'가' 실적 : 계약일 '14.7.11.), 이행완료일('15.7.10.) 　　'나' 실적 : 계약일('19.7.11.), 이행완료일('20.7.10. 예정)

A) '가'실적은 이행완료 시점이 '15.7.10.으로 최근 5년 이내이므로 인정가능하다. 그러나 '나'실적은 이행완료 시점이 아직 도래하지 않아 인정할 수 없다.

③ 경영상태 평가는 '신용평가등급에 따른 평가방법'에 따르며, 이의 세부적용내용은 별표 4에 따른다.

④ 기술능력 평가는 별표 1에서 정한 기준에 따른다. 합병・분할・사업양도(양수)의 경우에는 제2항제3호에 준하여 평가한다.

⑤ 신인도 평가는 다음 각 호에 의하되, 세부적용내용은 별표 5에서 정한 기준에 따른다.

1. 신인도 심사결과 총 평점은 각 항목의 가점 합계와 감점 합계를 상계한 점수로 한다.
2. 당해용역 **납품이행능력 취득점수가 당해용역 납품이행능력 배점한도에 미달한 경우**에만 **배점한도 내에서 신인도 총 평점을 더하고**, 신인도 총평점이 음인 경우에는 신인도 평가이외에서 취득한 총점에서 뺀다.

신인도는 각 항목의 가점요소와 감점요소를 파악하고 이를 상계한 점수로 한다. 가점 부여시 납품이행능력 취득점수(실적, 기술능력, 경영상태)가 납품이행능력 배점한도에 미달한 경우에 한하여 더한다. 만약 납품이행능력 취득점수가 배점한도와 동일하다면 가점은 추가적으로 부여되지 않는다.

<Example>

Q) 추정가격 3억원인 사업에서 1순위인 A업체는 실적 10점, 기술능력 14.5점, 경영상태 4.8점, 입찰가격 67점을 획득하였다. 추가적으로 혁신형 중소기업 등 총 1.3점에 해당하는 신인도를 보유하고 있다고 가정할 때, A업체의 최종 획득점수는 몇 점일까?

A) 추정가격 고시금액 이상 5억원 미만인 사업의 배점한도는 실적 10점, 기술능력 15점, 경영상태 5점, 입찰가격 70점이므로 A업체의 취득점수 중 실적, 기술능력, 경영상태의 점수는 배점한도에 비해 각각 0점, 0.5점, 0.2점이 미달되며 이를 합산하면 총 0.7점이다. 결국 가점요소 1.3점 중 0.7점만 더해지므로 A업체의 최종 획득점수는 10+14.5+4.8+67+0.7 = 97점이 된다.

⑥ 외주근로자 근로조건 이행계획의 적정성 평가는 심사대상자가 제출한 근로조건이행확약서(별지 제4호 서식, 고용승계조건 용역은 별지 제5호 서식)를 별표 2의1의 근로조건 이행계획의 적정성 평가기준에 따라 평가한다. 다만, 공동수급체를 구성하여 입찰에 참가한 경우는 공동수급체 구성원 연명으로 이행계획서를 제출하여야 한다.

제6조(공동수급체 등에 대한 평가) ① 공동계약이 가능함을 입찰공고에 명시한 경우로서, 심사대상자가 공동수급체를 구성하고 있는 경우의 평가는 다음 각 호에 따른다.

1. 이행실적 평가

공동수급체 구성원별로 각각 이행실적에 출자비율을 곱하여 산출한 구성원 모두의 실적을 합산하여 해당되는 등급으로 평가한다. 다만, 분담이행일 경우는 각각의 이행실적 평가점수에 분담비율을 곱한 후 합산하여 평가한다.

2. 기술능력과 경영상태 평가
   공동수급체 구성원별로 각각 산출한 기술능력 및 경영상태 평가점수에 출자비율 또는 분담비율을 곱한 후 합산하여 평가한다.
3. 신인도(특별신인도 포함) 평가
   공동수급체 구성원별로 각각 산출한 신인도 평가점수에 각각의 출자비율 또는 분담비율을 곱하여 이를 합산하여 평가한다(제5조 제5항제2호는 공동수급체 구성원 점수 합산 후 적용). 감점대상업체가 공동수급체의 구성원으로 입찰에 참가하는 경우에는 해당감점에 당해 업체의 출자비율 또는 분담비율을 곱한 점수를 감점한다.

② 「중소기업협동조합법」에 따른 중소기업협동조합이 일반용역에 관한 경쟁입찰에 참가하는 경우(배정받을 조합원은 해당 입찰참가자격 조건을 구비하여야 한다)에는 해당계약을 이행할 조합원 및 그 분담내용에 따른 "출자비율 또는 분담비율"을 입찰서 제출 마감일 전일까지 확정 제출하여야 한다.

③ 조합이 확정한 계약이행업체는 부도, 파산 등 특별한 사유로 당해 업체의 계약이행이 불가능한 경우외에는 계약이행 완료시까지 다른 조합원으로 변경할 수 없다.

④ 중소기업협동조합의 적격심사는 해당 계약을 이행할 출자 또는 분담업체에 대하여 심사하며, 제1항의 평가방법에 따라 평가한다.

제7조(제출서류 등) ① 계약담당공무원은 입찰을 집행한 후 예정가격 이내 최저가입찰자 순위별 대상자를 선정하여 국방전자조달(D2B)시스템 등을 통해 제출하도록 하여야한다. 다만, 입찰가격점수와 다른 심사분야의 배점한도를 합산한 종합평점이 적격심사 통과점수에 미달하는 입찰자에 대해서는 적격심사서류 제출 요구를 생략한다.

② 제1항의 경우 적격심사에 필요한 서류를 제출하도록 요구하되 그 제출기한을 분명히 해야 하며 **제출기한은 입찰자가 통보 받은 날부터 5일 이상**으로 하여야 한다.

③ 제1항에 따라 적격심사서류 제출을 통보 받은 입찰자는 제2항의 기한 내에 다음 각 호의 서류를 첨부한 적격심사신청서를 국방전자조달(D2B)시스템을 통하여 제출하여야 한다. 다만, 제3호부터 제4호까지의 서류는 제4조 제1항에 따른 심사항목의 평가에 필요한 경우에 한하여 제출하며, 별표 2에 해당하는 용역 입찰자가 제4호의 서류를 제출하지 않을 경우 부적격으로 처리한다.

1. 적격심사 신청서 (별지 제1호서식)
2. 적격심사 자기평가 및 심사표 (별지 제2호서식)
3. 해당용역이행 실적증명서 (별지 제3호서식)
4. 근로조건 이행확약서 (별지 제4호서식, 제5호 서식)
5. 기타 제출서류 각 1부

④ 제1항에 따라 적격심사서류 제출을 통보 받은 입찰자가 제3항에도 불구하고 국방전자조달(D2B)시스템으로 제출할 수 없는 경우 해당 입찰자가 제3항 각

호의 서류를 첨부한 적격심사신청서를 직접 제출 등의 방법으로 제2항의 기한 내에 제출하여야 하며, 국방전자조달(D2B)시스템으로 제출하는 경우에도 원본확인 등이 필요한 서류에 대하여는 계약담당공무원의 요청에 따라 별도로 제출하여야 한다.

⑤ 계약담당공무원은 제3항과 제4항에 의하여 제출된 적격심사서류가 다음 각 호 중 어느 하나에 해당하는 경우에는 **기한을 정하여 해당 입찰자에게 보완을 요구**할 수 있으며, **보완기간은 해당 입찰자가 통보를 받은 날로부터 3일 이상**으로 하여야 한다.

1. 적격심사서류 중 첨부 목록에 있는 서류가 첨부되어 있지 아니한 경우
2. 제출받은 서류만으로는 심사항목의 충족여부 확인이 불가한 경우
3. 제출된 서류 중 모순되는 내용이 있거나, 오류가 있는 경우
4. 제출된 서류가 [별표] 평가기준표에서 정하고 있는 입증자료에 해당하지 않거나 서류발급기관의 확인 등이 없어 객관적인 입증자료에 해당하지 않는 경우

> 주어진 기한 내에 적격심사 서류를 제출하지 않은 경우 추가 제출할 수 없는 것이 원칙이다. 다만, 제출한 서류가 명확하지 않아 인지할 수 없는 경우(계약예규 적격심사기준 제4조)와 제출서류 목록에는 명시되어 있으나 상세 내용이 일부 누락된 경우 등에 한하여 보완을 요구할 수 있다.

⑥ 제5항에 따라 보완 요구한 서류가 기한까지 제출되지 아니한 경우에는 당초 제출된 서류만으로 심사하되, 당초 제출된 서류가 불명확하여 심사하기가 곤란한 경우에는 심사에서 제외한다. 단, 심사서류를 보완한 후에도 종합평점이 낙찰자 결정에 필요한 점수에 미달하는 경우에는 낙찰대상에서 제외하고 차순위 입찰자에 대하여 동일한 방법으로 심사하여 낙찰자를 결정한다.

제8조(결격사유의 심사) ① 심사대상자가 부도・파산・해산・영업정지(이하 '부도 등'이라 한다) 및 부정당업자제재 상태인 경우에는 결격사유로 평가하며, 부도 등의 우려가 있어 계약이행이 어렵다고 판단되는 경우에는 적격심사위원회의 심사결과에 따라 결격여부를 결정한다. 이 경우 적격심사위원회는 심사대상자에게 자료제출을 요구하거나 관계자 또는 전문가의 의견을 청취 또는 자문을 받을 수 있다.

② 공동계약을 허용한 경우로서, 공동수급체 일부 구성원이 입찰서제출마감일 이후 낙찰자결정 이전에 부도, 부정당업자제재, 영업정지, 입찰무효 등의 결격사유가 발생한 경우에는 해당 구성원을 제외하고 잔존구성원의 출자비율 또는 분담내용을 변경하게 하여 심사하여야 한다. 다만, 공동수급체 대표자가 부도, 부정당업자제재, 영업정지, 입찰무효 등의 결격사유가 발생한 경우에는 공동수급체를 낙찰자 결정대상에서 제외한다.

제9조(낙찰자 결정) ① 예정가격 이하로서 최저가 입찰자에 대한 심사결과 종합평점이 다음 각 호에 따라 용역별 적격통과점수 이상이면 낙찰자로 결정한다.

1. 별표 1의 추정가격 **30억원 이상인 용역** : **85점**
2. 별표 1의 추정가격 **30억원 미만 10억원 이상인 용역** : **90점**
3. 별표 1의 추정가격 **10억원 미만인 용역** : **95점**
4. **별표 2와 별표 3에 해당**하는 용역 : **85점**

② 동일가격으로 입찰한 **최저가 입찰자가 2인 이상인 경우**에는 용역규모별 **적격통과점수 이상인 자 중에서 최고점수인 자를 낙찰자로 결정**한다. 다만, 이외의 경우에는 추첨에 따라 낙찰자를 결정한다.

③ 최저가 입찰자에 대한 심사결과 종합평점이 용역규모별 통과점수 미만인 경우 또는 최저가입찰자가 정당한 사유 없이 심사서류를 제출하지 아니하거나 심사서류 제출 후 낙찰자 결정 전에 심사를 포기한 경우에는 차순위 최저가 입찰자 순서로 심사하여 낙찰자를 결정한다.

④ 예정가격을 작성할 수 없는 경우 또는 계약의 특성 평가가 곤란한 항목이 있는 경우에는 입찰공고시 그 내용을 명시하여 그 항목을 제외한 나머지 심사항목만으로 심사하여 그 결과 종합평점이 나머지 심사항목의 배점한도에 100분의 용역규모별 적격통과점수를 곱한 점수 이상인 자를 낙찰자로 결정할 수 있다.

⑤ 적격심사에 소요되는 **행정소요일수를 감안**하여 계약담당공무원이 필요하다고 인정하는 경우에는 **예정가격 이내 입찰자를 대상으로 동시에 적격심사**를 할 수 있다.

동일가격 최저가 입찰자가 2인 이상인 경우 동시에 적격심사를 진행한다. 적격심사 통과점수 이상인 자 중에서 최고점수 받은 자를 낙찰자로 결정하며 점수까지 동일한 경우엔 국가를 당사자로 하는 계약에 관한 법률 시행령 제47조에 따라 추첨으로 낙찰자를 결정한다. 한편, 심사 관련 행정소요일수가 길어질 것으로 예상하거나 기타 사유가 있는 경우 예정가격 내 입찰자를 대상으로 동시에 적격심사를 진행할 수 있다.

<Example>

Q) A사업의 입찰결과 2개 업체가 참가하였다. 계약담당자는 행정소요일수를 감안하여 2개 업체를 동시에 심사하였고, 그 결과 1순위 업체가 95.5점, 2순위 업체가 97점을 획득하였다. 이후 절차는 어떻게 될 것인가?

A) 두 업체 모두 95점 이상을 획득하였으나, 이 중 1순위 업체가 더 낮은 가격을 투찰하였으므로 1순위 업체가 최종 낙찰된다. 1순위 업체 낙찰 처리 후 계약서를 작성하면 된다.

⑥ 제8조에 따라 결격 구성원을 포함한 공동수급체가 낙찰자로 결정된 경우에는 계약체결 전까지 공동수급 협정내용을 변경하게 할 수 있다.

제10조(재심사) ① 제9조의 규정에 의하여 <u>**부적격 통보를 받은 자가 통보일로부터 3일 이내에 심사결과에 대한 재심사를 요청**</u>하였을 때에는 특별한 사유가 없는 한 재심사요청서 접수일로부터 <u>**3일 이내에 재심사**</u>를 하여야 한다. 다만, 재심사는 1회에 한한다.
② 제1항에 의한 재심사 결과는 해당자에게 지체 없이 통보하여야 한다.
③ 제1항의 재심사 요청서를 접수할 때에는 적격심사에 필요한 추가서류는 접수할 수 없다.

> 부적격 통보를 받은 자는 부적격 통보일로부터 3일 이내에 재심사를 청구할 수 있다. 재심사는 기존에 제출하였던 서류로 진행되며, 1회로 제한되므로 1번의 재심사 이후 추가적인 재심사는 불가하다.

제11조(부정한 방법에 의한 심사서류 제출자 및 미제출자 처리) ① 계약담당공무원은 제7조에 따라 제출한 서류가 부정 또는 허위로 작성된 것으로 판명된 때에는 다음 각 호와 같이 처리하여야 한다.
1. 계약체결 이전인 경우에는 적격낙찰자 결정대상에서 제외 또는 결정 통보를 취소한다.
2. 계약체결 이후인 경우에는 당해 계약을 해제 또는 해지할 수 있다.

② 계약담당공무원은 제1항에 해당하는 자에 대하여는 「국가를 당사자로 하는 계약에 관한 법률 시행령」 제76조에 따라 국방부장관(참조 : 계획예산관)에게 입찰참가자격 제한을 건의하여야 한다.

> 부정한 방법으로 서류를 제출한 자에 대해서는 기재부 계약예규 적격심사기준 제10조에 따라 「국가를 당사자로 하는 계약에 관한 법률 시행령」 제76조에 따른 입찰참가자격제한조치를 하여야 한다. 부정당업자의 입찰참가자격 제한기준은 동법 시행규칙 [별표 2]에서 규정하고 있다.

제12조(적격심사위원회 운영) ① 발주관서의 장 또는 계약담당공무원은 가능한 공정하고 합리적인 심사를 위해 적격심사위원회를 구성하여 심사할 수 있다.
② 제1항의 적격심사위원회 심사위원은 관계부서의 5인 이상 담당관으로 구성한다.

제13조(세칙) 이 훈령을 적용하는 기관의 장은 국방부장관의 승인을 얻어 이 기준의 시행을 위하여 필요한 세부사항을 정할 수 있다. 다만, 사업의 특성에 의하여 계약건별로 적용하는 세부사항에 대하여는 예외로 한다.

제14조(기타사항) ① 이 훈령에서 정하지 아니한 사항에 대하여는 계약예규 「적격심사기준」 등 관련 계약예규와 기타 국방부 계약 관련 훈령을 적용하며, 일반용역의 특성에 따라 이 훈령을 적용하기 곤란하다고 인정되는 사항에 대하여는 입찰공고에 별도로 반영하여 집행할 수 있다.

② 국방전자조달(D2B)시스템에서 조회・확인된 자료의 오류 누락 등의 경우에는 사실확인을 통하여 평가할 수 있다.

제15조(존속기한) 이 훈령은 「훈령・예규 등의 발령 및 관리에 관한 규정」에 따라 이 훈령을 발령한 후의 법령이나 현실 여건의 변화 등을 검토하여야 하는 2022년 12월 2일까지 효력을 가진다.

[별표 1]

평 가 기 준 표 (1)(제4조제1항 관련)

1. 추정가격 10억원 이상인 용역

(1) 적격심사항목 및 배점한도

(단위 : 점)

구분	심사분야	심사항목	배점한도
계			100
(가) 당해용역 수행능력	소 계		70
	1) 이행실적	① 계약대상용역과 동등이상 용역 ② 계약대상용역과 유사용역	20
	2) 기술능력	※ 해당용역별 평가방법 참조	40
	3) 재무상태	신용평가등급에 의한 평가	10
(나) 입찰가격		$30 - \left\| \left(\frac{88}{100} - \frac{\text{입찰가격}}{\text{예정가격}} \right) \times 100 \right\|$ * | |는 절대값 표시임	30
(다) 신 인 도	1) 계약이행 성실도	[붙임 5] 참조	+1.5 ~ -3
	2) 기 타		
(라) 결격사유	당해용역 이행능력 결격여부	부도 등 및 부정당업자제재 상태인 경우 또는 부도 등의 우려가 있어 해당 계약이행이 어렵다고 판단되는 경우 (단, 법정관리, 화의인가결정 등 법원의 경영정상화 판결을 받은 경우는 제외)	-25

※ [주]

ㄱ. 입찰가격 평점산식은 다음에 따른다.

- | |는 절대값 표시이며, 예정가격 이하로서 예정가격의 98%이상인 경우에는 입찰가격이 예정가격의 98%인 경우의 점수로 평가한다.
- 입찰가격을 예정가격으로 나눈 결과 소숫점 이하의 숫자가 있는 경우에는 소숫점 다섯째자리에서 반올림하며, 최저평점은 2점으로 한다.

ㄴ. 이행실적 평가시, 평점의 합계는 배점한도를 초과하지 못한다.
ㄷ. 경영상태 평가는 [별표 4]의 평가기준에 의하여 평가한다.
ㄹ. 신인도 평가는 [별표 5]의 평가기준에 의하여 평가한다.

(2) 당해용역 수행능력 평가방법

1) 이행실적 : 배점한도 20점

(단위 : 점)

심 사 항 목		등 급	평 점	
			30억원 이상	30억원 미만 10억원 이상
해당용역 규모대비 최근5년간 용역이행 실적비율 (금액 또는 수량 기준)	가. 동등이상 용역	A. 100%이상 B. 70%이상~100%미만 C. 50%이상~ 70%미만 D. 20%이상~ 50%미만 E. 5%이상~ 20%미만	20 18 16 14 12	
	나. 유사용역	A. 100%이상 B. 70%이상~100%미만 C. 50%이상~ 70%미만 D. 20%이상~ 50%미만 E. 5%이상~ 20%미만	6 5 4 3 2	10 7 4 2 1

※ [주]

ㄱ. 이행실적의 평가는 **"가"항과 "나"항의 심사항목을 합산하여 평가**하며, 실적이 없는 경우는 "나"항의 최저점을 적용한다. 다만, 합산 한도는 배점한도를 초과하지 못한다.

ㄴ. 이행실적의 평가는 국내·외 모든 실적을 인정하며 국가기관, 지방자치단체, 「공공기관의 운영에 관한 법률」에 따른 **공공기관**(이하 '국가기관 등'이라 한다)의 경우는 **실적증명서로 평가**한다. **국가기관 등 이외의 이행실적**은 원본 확인된 당해용역의 **계약서, 세금계산서, 거래명세표 등의 이행실적을 증명하는 서류를 첨부한 경우에 평가**하고 필요한 경우 공급받는 자의 인감증명을 첨부한 거래사실 확인서 기타 이행실적을 증명하는 서류를 제출하게 할 수 있으며 적격심사대상자가 입증책임을 다하지 아니하여 이행실적의 확인이 어려운 경우에는 실적을 인정하지 아니한다. 단, 국내업체가 외국에서 수행한 용역이행실적 또는 외국에 소재하는 업체가 수행한 용역 이행실적으로서 국가기관 등 에서 발주한 용역이 아닌 경우에는 이를 공증하거나 현지 상공회의소의 확인을 받아 제출하고 세금 계산서 등 증빙자료를 생략할 수 있다.

ㄷ. 이행실적은 **계약일자와 관계없이 이행완료된 시점이 최근 5년 이내**로서 입찰공고에 명시한 동등이상 용역 및 유사용역을 이행한 금액 또는 규모를 기준으로 평가하되, 입찰공고에 이행실적 적용기간을 달리정한 경우에는 그 내용에 따라 평가한다.

ㄹ. 합병의 경우 존속하거나 신설된 업체의 실적은 소멸된 자의 실적을 승계한 것으로 합산하여 평가하며, 분할의 경우에는 권리·의무를 승계받은 업체의 실적으로 본다. 또한 사업 양수도의 경우에는 해당 업종을 양수한 자의 실적으로 평가하며 합병·분할·사업 양수도와 관련한 업체의 실적증빙서류를 제출하여야 한다.(단, 분할 및 사업양수도의 경우 실적 이행을 위하여 분할 및 사업양수도시에 권리 및 시설, 기술자 등의 요건이 필요할 때에는 이를 갖춘 경우에만 실적으로 인정한다.)

ㅁ. **"동등이상 용역"이란 계약목적용역과 동일한 분야이거나 그 이상의 분야가 포함된 용역을 말하며, "유사용역"이란 계약목적용역과 관련 1개 이상의 분야가 미포함된 용역 이행**을 말하며, 각각 개별 입찰공고에서 정하는 용역을 말한다. 이 경우 입찰공고시 제시한 조건에 부합하는 경우에 한하여 실적을 인정한다.

2) 기술능력 : 배점한도 40점

가. 장비정비용역

(단위 : 점)

심사항목	평가요소	배점	등급	평점	
				30억원이상	30억원미만10억원이상
① 정비사 수	업체의 정비사 보유수 (보유인원수/소요인원수)	20	A. 150%이상 B. 125%이상 - 150%미만 C. 100%이상 - 125%미만 D. 100%미만	20 17 14 11	20 18 16 14
② 정비능력	업체보유정비사의 정비경력	20		평점산식 참조	

※ [주]

ㄱ. "①항 정비사 수"란의 **보유인원수**는 계약대상장비에 대한 업체보유 정비사(**최근 3개월 이상 근무자**) 수를 말하며, 당 정비사가 **4대보험(고용보험, 국민건강보험, 국민연금, 산업재해보상보험 중 1개)에 가입한 증빙자료를 제출하여 이를 입증**하여야 한다. **소요인원수**는 발주기관에서 **입찰공고시 요구한 계약대상장비에 필요한 정비사수**를 말한다.

<Example>

Q) A사업의 입찰공고일은 2020.3.2, 추정가격은 12억원, 소요인원수는 3명이다. 1순위인 B업체는 총 5명의 정비사를 보유하고 있으며, 이 중 4명은 2019.2.14.에 나머지 1명은 2020.1.1.에 A업체에 입사하였다. B업체가 정비사 수 항목에서 받는 점수는?

A) 정비사 5명 중 1명은 A업체에 입사한지 3개월이 되지 않았으므로 인정이 불가하다. 정비사 수로 인정되는 인원은 총 4명이고 소요인원수 대비 보유 인원수의 비율이 $\frac{4}{3}=133\%$ 이므로 B업체는 정비사 수 항목에서 18점(B등급)을 받게 된다.

ㄴ. **②항의 정비능력 평점산식은 다음과 같으며, 평점이 ①항의 최저평점보다 낮게 산출되면, ①항의 최저평점을 적용한다.**

- $\sum \frac{(\text{해당경력자 수} \times \text{경력배점})}{\text{소요 정비사수}} = \text{평점}$
- 경력별 배점

	추정가격 30억원이상인 용역	추정가격 30억원미만 10억원이상인 용역
1등급 경력 이상	20점	20점
2등급 경력 이상	17점	18점
3등급 경력 이상	14점	16점
4등급 경력 이상	11점	14점
5등급 경력 이상	8점	12점

㉠. "1등급 경력"이란 해당업무를 매우 능숙하게 수행할 수 있을 정도의 경력, "2등급 경력"이란 해당업무를 능숙하게 수행할 수 있을 정도의 경력, "3등급 경력"이란 해당업무를 보통수준으로 수행할 수 있을 정도의 경력, "4등급 경력"이란 해당업무를 수행할 수 있을 정도의 경력을 말하며, 각 등급별 구체적인 경력년수는 **계약담당공무원이 계약의 특성·목적 및 내용 등을 종합고려하여 정한다.**

㉡. 정비사의 정비경력은 실근무 경력으로서 경력증명서, 사원명부 및 국민연금자격확인청구서 등 객관적인 자료에 의하며, 타회사에서의 경력도 인정한다.

㉢. 업체가 적격심사시 계약대상장비정비 **소요인원 이상의 인원을 업체가 제출한 경우 높은 경력 순으로 소요인원만으로 정비능력을 평가**하며, 동등이상의 정비경력 보유자를 계약대상장비정비에 근무토록 계약서에 명시하여야 한다.

㉣. 전산장비는 P/C프린터부문, LAN/WAN부문, 주장비(중대형 컴퓨터)부문으로 분류하며, 각 장비를 종합하여 일괄계약하는 경우는 배점한도 범위내에서 각 부문의 정비예상물량, 중요성 정도 등에 따라 가중치를 부여하여 평가할 수 있다.

정비능력은 업체의 정비사 등급을 평가하고 주어진 평점산식 $\Sigma\frac{\text{해당경력자 수}\times\text{경력배점}}{\text{소요인원수}}$ 으로 계산한다. 1~5등급의 기준은 각 사업의 특성, 목적 등에 따라 다르게 정의될 수 있는 사항이므로 입찰공고 시 명시적으로 지정하여야 한다. 또한, 업체가 제출한 인원이 소요인원 수보다 많은 경우에는 높은 등급 순으로 소요인원 수 만큼만 능력을 평가한다.

<Example 1>

Q) 추정가격이 12억원이고 소요인원수가 3명인 사업이 있다. A업체는 총 4명의 유효한 정비사(1등급 1명, 2등급 1명, 3등급 2명)을 보유하고 있다. A업체의 정비능력 점수는 몇 점이 될까?

A) A업체는 소요인원수인 3명보다 많은 4명을 보유하고 있다. 그러므로 상위 3명에 한하여 평가가 이루어진다. 즉 1, 2, 3등급 각 1명씩 반영되며, 이들의 점수는 각 20점, 18점, 16점이다. 그러므로 A업체의 정비능력 점수는 $\frac{(20\times1+18\times1+16\times1)}{3}=18\text{점}$ 이 된다.

<Example 2>

Q) 추정가격이 17억원이고 소요인원수가 7명인 사업이 있다. B업체는 총 2명의 정비사를 보유하고 있으며 2명 모두 3등급이라고 한다. 이때, B업체의 정비능력 점수는 몇 점이 될까?

A) B업체는 3등급 2명을 보유하고 있으므로 $\frac{(16\times2)}{7}=4.5714\text{점}$ 이 된다. 그러나 평점산식에 근거한 평점이 ①항(정비사 수)의 최저평점보다 낮게 산출되면 ①항의 최저평점을 적용하도록 되어있고, 4.5714점은 ①항의 최저점인 14점보다 낮다. 그러므로 B업체의 정비능력 점수는 14점이 된다.

나. 시설관리용역 : 기능인력 보유수준

(단위 : 점)

심사항목	평가요소	배점	등급	평점 30억원 이상	평점 30억원미만 10억원이상
① 사원 수	업체의 기능인력 보유수 (보유인원수/소요인원수)	10	A. 150%이상 B. 125%이상 - 150%미만 C. 100%이상 - 125%미만 D. 100%미만	10 8 6 4	10 9 8 7
② 사원의 경력	업체보유 기능인력의 경력	15		평점산식참조	
③ 자격증 보유사항	업체보유기능인력의 자격증 보유수준	15		평점산식참조	

※ [주]

ㄱ. "①항 사원수"란의 보유인원수는 해당 기능분야에 대한 업체보유 인원(**최근 3개월 이상 근무자**) 수를 말하며, 해당 인원이 **4대보험(고용보험, 국민건강보험, 국민연금, 산업재해보상보험 중 1개)에 가입한 증빙자료를 제출하여 이를 입증**하여야 한다. 소요인원수는 발주기관에서 입찰공고시 요구한 해당 기능분야에 필요한 인원수를 말한다.

ㄴ. ②항의 사원능력 평점산식은 다음과 같으며, 평점이 ①항의 최저평점보다 낮게 산출되면, ①항의 최저평점을 적용한다.

- $\sum \frac{(\text{해당경력자 수} \times \text{경력배점})}{\text{소요인원수}} = \text{평점}$

· 경력별 배점

	추정가격 30억원이상인 용역	추정가격 30억원미만 10억원이상인 용역
1등급 경력 이상	15점	15점
2등급 경력 이상	13점	14점
3등급 경력 이상	11점	13점
4등급 경력 이상	9점	12점
5등급 경력 이상	7점	11점

ㄷ. ③항의 자격증 보유사원 평점산식은 다음과 같으며, 평점이 ①항의 최저평점보다 낮게 산출되면, ①항의 최저평점을 적용한다.

· $\sum \frac{(\text{해당경력자 수} \times \text{경력배점})}{\text{소요인원수}} = \text{평점}$

· 자격증 등급 배점 : 위 항(ㄴ)과 동일

ㄹ. "1등급 경력(자격증 등급배점, 이하 같다)"이란 해당업무를 매우 능숙하게 수행할 수 있을 정도의 경력, "2등급 경력"이란 해당업무를 능숙하게 수행할 수 있을 정도의 경력, "3등급 경력"이란 해당업무를 보통수준으로 수행할 수 있을 정도의 경력, "4등급 경력"이란 해당업무를 수행할 수 있을 정도의 경력을 말하며, 각 등급별 구체적인 경력년수는 계약담당공무원이 계약의 특성·목적 및 내용 등을 종합고려하여 정한다.

ㅁ. ②, ③항의 평가시 업체가 적격심사시 계약대상 **시설관리 소요인원 이상의 인원을 업체가 제출한 경우** 사업의 경력 및 자격증 보유사원의 평가를 업체가 제출한 이원 중 **높은 경력 순으로 소요인원 만으로 사원의 경력 및 자격증 보유사원을 평가**하며, 동등이상의 경력자 및 자격증 보유자를 계약대상 시설관리에 근무토록 계약서에 명시하여야 한다.

ㅂ. 기능인력은 해당업체의 사원명부에 등재된 자에 한하여 평가한다.

ㅅ. 기능인력의 경력은 실근무 경력으로서 경력증명서, 사원명부 및 국민연금자격 확인청구서 등 객관적인 자료에 의하며, 타회사에서의 경력도 인정한다.

ㅇ. 전기, 기계, 가스 및 청소와 기타 설비 등을 종합하여 일괄계약하는 경우에는 각 관리분야별로 평가하고, 계약내용상의 중요도에 따라 분야별 가중치를 부여할 수 있다. 이 때 심사항목의 정비경력 평가가 곤란한 분야에 대해서는 그 외의 심사항목만으로 평가할 수 있다.

다. 수송용역

(단위 : 점)

심사항목	평가요소	배점	등급	30억원이상 용역 평점	30억원미만10억원이상용역평점
① 차량보유 수준	차량 대수 (보유차량대수/소요대수)	20	A. 150%이상 B. 125%이상 - 150%미만 C. 100%이상 - 125%미만 D. 100%미만	20 17 14 11	20 18 16 14
② (운전)기사의 숙련도	기사의 경력년수	20		평점산식 참 조	

※ [주]

ㄱ. **<u>보유차량은 입찰공고일 현재 자기의 명의로 등록된 차량</u>**에 한하며, 적격심사대상자는 **<u>보유차량을 정당하게 운행함을 입증</u>**할 수 있는 **<u>장비등록원부, 보험가입증명, 정기점검.검사합격증 기타 필요한 자료를 제출</u>**하여야 한다.

차량보유 수준은 입찰공고일 기준 본인의 명의로 보유한 차량 수로 평가하며, 차량 운행의 정당성을 입증하기 위해서는 장비등록원부, 보험가입증명서 등 서류를 제출하여야 한다. 소요대수는 계약목적을 달성하기 위해 필요한 차량 수로서 입찰공고 시에 명시하여야 한다.

<Example>

Q) 추정가격이 15억원이고 소요대수가 8대인 사업이 있다. 1순위인 A업체는 총 11대의 차량을 보유하고 있으며, 이 중 8대는 A업체 명의고, 3대는 타업체로부터 임차한 차량이다. 이때 A업체의 차량보유 수준 점수는?

A) 총 11대의 차량을 제출하였으나 3대는 입찰공고일 기준 자기의 명의로 등록된 차량이 아니므로, 8대만 인정이 가능하다. 인정되는 차량은 총 8대이고 소요대수 대비 보유대수의 비율이 $\frac{8}{8} = 100\%$에 해당하므로 A업체는 차량보유 수준 항목에서 16점을 얻는다.

ㄴ. **<u>②항의 기사 숙련도 평점산식은 다음과 같으며, 평점이 ①항의 최저평점보다 낮게 산출되면, ①항의 최저평점을 적용한다.</u>**

- $\sum \frac{(\text{해당경력자 수} \times \text{경력배점})}{\text{업체의 보유인원수}} = \text{평점}$

· 경력별 배점

	추정가격 30억원이상인 용역	추정가격 30억원미만 10억원이상인 용역
1등급 경력 이상	20점	20점
2등급 경력 이상	17점	18점
3등급 경력 이상	14점	16점
4등급 경력 이상	11점	14점
5등급 경력 이상	8점	12점

· 업체가 적격심사시 **소요인원 이상의 인원을 업체가 제출한 경우** **높은 경력순으로 소요인원만으로 기사의 경력을 평가**하며, 동등이상의 경력 보유자를 당해 용역에 근무토록 계약서에 명시하여야 한다.

기사의 숙련도는 업체가 제출한 기사에 대하여 등급을 평가하고 주어진 평점산식 $\Sigma\frac{\text{해당경력자 수}\times\text{경력배점}}{\text{보유인원수}}$ 에 근거하여 계산한다. 1~5등급의 기준은 각 사업의 특성, 목적 등에 따라 다르게 정의될 수 있는 사항이므로 입찰공고 시 명시적으로 지정하여야 한다. 또한, 업체가 제출한 인원이 소요인원 수보다 많은 경우 높은 등급 순으로 소요인원 수만큼만 능력을 평가한다.

<Example>

Q) 추정가격이 15억원이고 소요대수가 8대인 사업이 있다. B업체는 총 8명의 운전기사를 보유하고 있으며 8명 모두 5등급이다. B업체의 기사의 숙련도 점수는?

A) B업체는 5등급 8명을 보유하고 있으므로 평점산식에 따를 경우 $\frac{(12\times8)}{8}=12$점 이 된다. 그러나 평점산식에 근거한 평점이 ①항(차량보유 수준)의 최저평점보다 낮게 산출되면 ①항의 최저평점을 적용하도록 되어있고, 12점은 ①항의 최저점인 14점보다 낮다. 그러므로 B업체의 기사의 숙련도 점수는 14점이다.

3) 재무상태 : 신용평가등급에 의한 평가 (배점한도 10점)

2. 추정가격 5억원이상 10억원 미만인 용역

(1) 적격심사항목 및 배점한도

(단위 : 점)

구분	심사분야	심사항목	배점한도	비고
계			100	
(가) 당해용역 수행능력	소 계		50	
	1) 이행실적	① 계약대상용역과 동등이상 용역 ② 계약대상용역과 유사용역	15	
	2) 기술능력	※ 해당용역별 평가방법 참조	25	
	3) 재무상태	신용평가등급에 의한 평가	10	
(나) 입찰가격		$50-2\times\left\|\left(\frac{88}{100}-\frac{입찰가격}{예정가격}\right)\times 100\right\|$ * | | 는 절대값 표시임	50	○입찰가격을 예정가격으로 나눈 결과 소수점이하의 숫자가 있는 경우에는 소수점 다섯째자리에서 반올림한다. ○최저평점은 2점으로 함 ○예정가격 대비 입찰가격의 비율이 90.5% 이상인 경우 평점은 45점으로 함
(다) 신 인 도	1)계약이행 성실도 2)기 타	[별표 5] 참조	+1.5～-3	
(라) 결격사유	1)당해용역 이행능력 결격여부	부도 등 및 부정당업자제재 상태인 경우 또는 부도 등의 우려가 있어 해당 계약이행이 어렵다고 판단되는 경우(단, 법정관리, 화의인가결정 등 법원의 경영정상화 판결을 받은 경우는 제외)	-25	

※ [주]

ㄱ. 심사항목별 평가계산은 소수점이하 5자리수에서 반올림한다.

(2) 당해용역 수행능력 평가방법

1) 이행실적 : 배점한도 15점

(단위 : 점)

심사항목		등 급	평 점
해당용역 규모대비 최근5년간 용역이행 실적비율 (금액 또는 수량 기준)	가 동등이상 용역	A. 100%이상	15
		B. 70%이상~100%미만	14
		C. 50%이상~ 70%미만	13
		D. 20%이상~ 50%미만	12
		E. 5%이상~ 20%미만	11
	나. 유사용역	A. 100%이상	10
		B. 70%이상~100%미만	6.0
		C. 50%이상~ 70%미만	2.0
		D. 20%이상~ 50%미만	1.0
		E. 5%이상~ 20%미만	0.5

※ [주]

ㄱ. 본 항 평가관련 주석사항은 추정가격 10억원 이상인 용역과 같다.

2) 기술능력 : 배점한도 25점

가. 장비정비용역

(단위 : 점)

심사항목	평가요소	배점	등 급	평 점
① 정비사 수	업체 정비사 보유수 (보유인원/소요인원)	12	A. 150%이상	12.0
			B. 125%이상 ~ 150%미만	11.5
			C. 100%이상 ~ 125%미만	11.0
			D. 100%미만	10.5
② 정비능력	업체보유 정비사 정비경력	13		평점산식 참 조

※ [주]

ㄱ. ①항과 ②항의 평점산식 및 평가사항은 〈추정가격 10억원 이상인 용역〉과 동일하다. 다만, 경력별 배점은 다음과 같다.

ㄴ. 경력별 배점은 다음과 같다.

- 1등급 경력 이상 : 13.0점
- 2등급 경력 이상 : 12.5점
- 3등급 경력 이상 : 12.0점
- 4등급 경력 이상 : 11.5점
- 기 타 : 11.0점

나. 시설관리용역 : 기능인력 보유수준

(단위 : 점)

심사항목	평가요소	배점	등급	평 점
① 사원 수	업체의 기능인력 보유수 (보유인원수/소요인원수)	5	A. 150%이상 B. 125%이상 ~ 150%미만 C. 100%이상 ~ 125%미만 D. 100%미만	5.0 4.5 4.0 3.5
② 사원의 경력	업체보유 기능인력의 경력	10		평점산식 참조
③ 자격증 보유사원	업체보유기능인력의 자격증 보유수준	10		평점산식 참조

※ [주]

ㄱ. ②, ③항의 평점산식 및 기타 평가사항은 〈추정가격 10억원 이상인 용역〉과 동일

ㄴ. 경력별 및 자격증 등급별 배점은 다음과 같다.

- 1등급 경력(자격증 보유) 이상 : 10점
- 2등급 〃 : 9.5점
- 3등급 〃 : 9점
- 4등급 〃 : 8.5점
- 기 타 : 8점

다. 수송용역

(단위 : 점)

심사항목	평가요소	배점	등 급	평 점
① 차량보유수준	차량 대수 (보유차량대수/ 소요대수)	12	A. 150%이상 B. 125%이상 ~ 150%미만 C. 100%이상 ~ 125%미만 D. 100%미만	12.0 11.5 11.0 10.5
② (운전)기사의 숙련도	기사 경력년수	13		평점산식 참 조

※ [주]

ㄱ. ②항의 평점산식 및 기타 평가사항은 〈추정가격 10억원 이상인 용역〉과 동일

ㄴ. 경력별 배점은 다음과 같다.

- 10년 이상 : 13점
- 5년 이상~10년미만 : 12.5점
- 3년 이상~ 5년미만 : 12점
- 1년 이상~ 3년미만 : 11.5점
- 1년미만 : 11점

3) 재무상태 : 신용평가등급에 의한 평가 (배점한도 10점)

3. 추정가격 고시금액 ○상 5억원 미만인 용역

(1) 적격심사항목 및 배점한도

(단위 : 점)

구분	심사분야	심사항목	배점 한도	비고
계			100	
(가) 당해용역 수행능력	소 계		30	
	1) 이행실적	① 계약대상용역과 동등이상 용역 ② 계약대상용역과 유사용역	10	
	2) 기술능력	해당용역별 평가방법 참조	15	
	3) 재무상태	신용평가등급에 의한 평가	5	
(나) 입찰가격		$70-4\times\left\|\left(\frac{88}{100}-\frac{입찰가격}{예정가격}\right)\times100\right\|$ * | |는 절대값 표시임	70	○입찰가격을 예정가격으로 나눈 결과 소수점이하의 숫자가 있는 경우에는 소수점 다섯째자리에서 반올림한다 ○최저평점은 2점으로 함 ○예정가격 대비 입찰가격의 비율이 89.25% 이상인 경우 평점은 65점으로 함
(다) 신 인 도	1) 계약이행 성실도	[별표 5] 참조	+1.5 ~ -3	
	2) 기 타			
(라) 결격사유	1) 당해용역 이행능력 결격여부	부도 등 및 부정당업자제재 상태인 경우 또는 부도 등의 우려가 있어 해당 계약이행이 어렵다고 판단되는 경우(단, 법정관리, 화의인가결정 등 법원의 경영정상화 판결을 받은 경우는 제외)	-25	

※ [주]

ㄱ. 심사항목별 평가계산은 소수점이하 5자리수에서 반올림한다.

(2) 당해용역 수행능력 평가방법

1) 이행실적 : 배점한도 10점

(단위 : 점)

심사항목		등 급	평 점
해당용역 규모대비 최근5년간 용역이행 실적비율 (금액 또는 수량 기준)	가. 동등이상 용역	A. 100%이상	10
		B. 70%이상~100%미만	9
		C. 50%이상~ 70%미만	8
		D. 20%이상~ 50%미만	7
		E. 5%이상~ 20%미만	6
	나. 유사용역	A. 100%이상	5.0
		B. 70%이상~100%미만	3.5
		C. 50%이상~ 70%미만	2.0
		D. 20%이상~ 50%미만	1.0
		E. 5%이상~ 20%미만	0.5

※ [주]

ㄱ. 본 항 평가관련 주석사항은 추정가격 10억원 이상인 용역과 같다.

2) 기술능력 : 배점한도 15점

가. 장비정비용역

(단위 : 점)

심사항목	평가요소	배점	등급	평점
① 정비사 수	업체의 정비사 보유수 (보유인원수/소요인원수)	7.5	A. 150%이상	7.5
			B. 125%이상 ~ 150%미만	7.0
			C. 100%이상 ~ 125%미만	6.5
			D. 100%미만	6.0
② 정비능력	업체보유정비사의 정 비 경 력	7.5		평점산식 참 조

※ [주]

ㄱ. ①항과 ②항의 평점산식 및 평가사항은 〈추정가격 10억원 이상인 용역〉과 동일하다.
다만, 경력별 배점은 다음과 같다.

- 1등급 경력 이상 : 7.5점
- 2등급 경력 이상 : 7.0점
- 3등급 경력 이상 : 6.5점
- 4등급 경력 이상 : 6.0점
- 기 타 : 5.5점

나. 시설관리용역 : 기능인력 보유수준

(단위 : 점)

심사항목	평가요소	배점	등급	평점
① 사원 수	업체의 기능인력 보유수 (보유인원수/소요인원수)	3	A. 150%이상 B. 125%이상 ~ 150%미만 C. 100%이상 ~ 125%미만 D. 100%미만	3.0 2.5 2.0 1.5
② 사원의 경력	업체보유 기능인력의 경력	6		평점산식 참조
③ 자격증 보유사원	업체보유기능인력의 자격증 보유수준	6		평점산식 참조

※ [주]

ㄱ. ②, ③항의 평점산식 및 기타 평가사항은 〈추정가격 10억원 이상인 용역〉과 동일

ㄴ. 경력별 및 자격증 등급별 배점은 다음과 같다.

- 1등급 경력(자격증 보유) 이상 : 6.0점
- 2등급 〃 : 5.5점
- 3등급 〃 : 5.0점
- 4등급 〃 : 4.5점
- 기 타 : 4.0점

다. 수송용역

(단위 : 점)

심사항목	평가요소	배점	등급	평점
① 차량보유수준	차량 대수 (보유차량대수/ 소요대수)	7.5	A. 150%이상 B. 125%이상 ~ 150%미만 C. 100%이상 ~ 125%미만 D. 100%미만	7.5 7.0 6.5 6.0
② (운전)기사의 숙련도	기사의 경력년수	7.5		평점산식 참 조

※ [주]

ㄱ. ②항의 평점산식 및 기타 평가사항은 〈추정가격 10억원 이상인 용역〉과 동일

ㄴ. 경력별 배점은 다음과 같다.

- 10년 이상 : 7.5점
- 5년 이상~10년미만 : 7점
- 3년 이상~ 5년미만 : 6.5점
- 1년 이상~ 3년미만 : 6점
- 1년 미만 : 5.5점

3) 재무상태 : 신용평가등급에 의한 평가 (배점한도 5점)

4. 추정가격 고시금액 미만인 용역

구분	심사분야	심사항목	배점한도	비고
계			100	
(가) 당해용역 수행능력	소 계		10	
	재무상태	신용평가등급에 의한 평가	10	
	특 별 신인도	당해용역 최근 3년간 실적합계액이 기초예비가격 이상인 경우	2	
	계약이행 성실도	[별표] 참조	-2	
(나)입찰가격		※ 평점산식 참조	90	
(다) 결격사유	당해용역 이행능력 결격여부	부도 등 및 부정당업자제재 상태인 경우 또는 부도 등의 우려가 있어 해당 계약이행이 어렵다고 판단되는 경우 (다만, 법정관리, 화의인가 결정 등 법원의 경영정상화 판결을 받은 경우는 제외)	-25	

【주】

ㄱ. (가)당해용역수행능력 특별신인도 심사분야의 "당해용역"은 실적인정범위 및 규모(금액)를 입찰공고에 명시하여야 한다.

ㄴ. 입찰가격 평점산식

○ 평점산식 : 90-20× | (88/100 - 입찰가격/예정가격)×100 |

* | | 은 절대값 표시임.

* 입찰가격을 예정가격으로 나눈 결과 소수점이하의 숫자가 있는 경우에는 소수점 다섯째자리에서 반올림함.

* 최저평점은 2점으로 함

* 예정가격 대비 입찰가격의 비율이 88.25% 이상인 경우 평점은 85점으로 함

[별표 2]

평 가 기 준 표 (2)(제4조제1항 관련)

1. 적격심사항목 및 배점한도

(단위 : 점)

구 분	심사분야	심 사 항 목	배점한도	
			추정가격 5억원이상	추정가격 5억원미만
계			100	100
(가) 당해용역 수행능력	소 계		35	25
	1) 이행실적	①계약대상용역과 동등이상 용역 ②계약대상용역과 유사용역	10	-
	2) 경영상태	신용평가등급에 의한 평가 ([별표 3] 참조)	25	25
(나)근로조건 이행계획의 적정성		예정가격 산정시 적용한 노임에 낙찰율을 곱한 수준 이상의 임금지급, 퇴직금 및 4대사회 보험료 등 법정부담금 지급, 포괄적인 재하청 금지, 근로기준법 및 최저임금법 준수여부([별표 2-2] 참조)	5	5
(다) 입찰가격		※ 입찰가격 평점산식 참조	60	70
(라) 신인도		[별표 4] 참조	+1.5 ~ -3	
(마) 결격사유	당해용역 결격여부	부도・파산・해산・폐업・영업정지 및 부정당업자제재 등의 상태인 경우 또는 동 결격사유의 우려가 있어 해당 계약이행이 어렵다고 판단되는 경우(단, 법정관리, 화의인가결정 등 법원의 경영정상화 판결을 받은 경우는 제외)	-25	-25

※【주】

ㄱ. 본 "평가기준표"는 「국가를 당사자로 하는 계약에 관한 법률 시행규칙」 제23조의 3에 해당하는 용역의 경우에 적용한다.

ㄴ. 입찰가격 평점산식

- 평점(점) = $\text{배점한도} - 5 \times \left| \left(\frac{91}{100} - \frac{\text{입찰가격}}{\text{예정가격}} \right) \times 100 \right|$

(다만, 입찰가격이 예정가격 이하로서 예정가격의 94%이상인 경우에는 입찰가격이 예정가격의 94%인 경우의 점수로 평가)

- | | 는 절대값 표시임.

- 입찰가격을 예정가격으로 나눈 결과 소숫점 이하의 숫자가 있는 경우에는 소숫점 다섯째자리에서 반올림하며, 최저평점은 2점으로 한다.

2. **당해용역 수행능력 평가방법**

1) 이행실적 : [별표 1]의 '추정가격 고시금액 이상 5억원 미만인 용역'의 평가방법과 같다. 다만, 이행실적은 3개월 이상 계속 수행한 실적에(분할실적 포함) 한하여 인정하며, 아파트 및 주상복합건물의 청소용역실적은 인정하지 아니한다.

[별표 2의1]

근로조건 이행계획의 적정성 평가기준(제5조제6항 관련)

심사항목	평가점수		비 고
	제출시	미제출시	
1. 예정가격 산정시 적용한 노임에 낙찰율을 곱한 수준이상의 임금을 지급한다는 "근로조건 이행확약서" 제출 2. 근로기준법 등 관련법규 준수여부 ① 퇴직금, 4대 사회보험료 등 법정부담금을 지급한다는 "근로조건 이행확약서" 제출 ② 포괄적인 재하청을 하지 않겠다는"근로조건 이행확약서" 제출 ③ 「근로기준법」, 「최저임금법」, 「남녀고용평등과 일·가정 양립 지원에 관한 법률」을 위반하지 않겠다는 "근로조건 이행확약서" 제출 3. 정부의 공공부문 비정규직 고용개선 추진지침 등에 따라 특별한 사정이 없는 한 고용승계를 한다는 "근로조건 이행확약서"제출 (고용승계조건이 필요한 용역에 한함.)	5	0	
계	5	0	

※【주】

ㄱ. "예정가격 산정시 적용한 노임"은 청소·경비용역의 경우는 해당연도 중소기업협동조합중앙회에서 발표하는 제조부분 시중노임단가(보통인부, 작업반장 등)에 과업지시서상 해당인원, 근로기간을 곱하여 계산하되, 「근로기준법」에서 정하고 있는 제수당, 상여금, 퇴직충당금의 합계액으로 하고, 시설물관리용역의 경우에는 해당직종의 시중노임단가에 과업지시서상의 해당인원, 근로기간을 곱하여 계산한다.

예시) 예정가격 산정시 적용한 노임 = 인건비(기본급 + 제수당 + 상여금 +퇴직충당금)×예정가격결정비율(사정율)

ㄴ. "퇴직금, 4대사회보험료"는 근로자퇴직급여보장법 등에 의한 퇴직금과 국민연금법, 국민건강보험법, 고용보험법, 산업재해보상보험법 등 각각의 관계법령에서 규정한 법정부담금인 의료보험, 국민연금, 산재보험, 고용보험을 의미한다.

ㄷ. "「근로기준법」및 「최저임금법」을 위반하지 않겠다는 확약사항"은 「근로기준법」 제107조 내지 제114조와 「최저임금법」 제28조의 벌칙조항을 위반하지 아니하고 등 법규를 성실히 준수한다는 확약을 말한다.

ㄹ. 고용승계조건은 발주기관에서 입찰공고문에 명기한 경우에만 해당한다.

[별표 3]

폐기물처리용역 적격심사

1. 심사항목 및 배점한도

(단위 : 점)

구 분	심사분야	심 사 항 목	배점한도	
			추정가격 5억원이상	추정가격 5억원미만
Ⅰ. 해당용역 수행능력	1. 이행실적	해당 용역규모 대비 최근 5년(창업기업은 7년)간 동등이상용역 및 유사용역 이행실적비율	20	10
	2. 경영상태	신용평가등급	10	10
	3. 기술능력	가. 기술인력 보유상황	9	9
		나. 기술 보유상황	1	1
	4. 신인도		+1.5～△5.2	+1.5～△5.2
	계		40	30
Ⅱ.입찰가격		※ 입찰가격 평점산식 참조	60	70
합 계			100	100
Ⅲ. 결격사유	해당용역수행능력 결격여부	- 부도·파산·해산·폐업·영업정지 등의 상태인 경우 또는 부도 등의 우려가 있어 해당 계약이행이 어렵다고 판단되는 경우(다만, 법정관리·화의인가 결정 등 법원의 정상화 판결을 받은 경우 제외) - 관련 법령이 정하는 업종 또는 면허 등록 요건 입증서류를 제출하지 않거나, 입찰서 제출 마감일 전일 현재 관련 법령이 정하는 업종 또는 면허 등록기준의 인력 보유기준을 충족하지 못한 경우	△20	△20

① 입찰가격 평점산식

사업예산규모	평점산식	예외사항
추정가격 고시금액 이상	○ 평점(점) = 배점한도 − 2 × $\left\|\left(\frac{88}{100} - \frac{입찰가격}{예정가격}\right) \times 100\right\|$	입찰가격이 예정가격 이하로서 예정가격의 95.5%이상인 경우에는 입찰가격이 예정가격의 95.5%인 경우의 점수로 평가
추정가격 고시금액 미만	○ 평점(점) = 배점한도 − 4 × $\left\|\left(\frac{88}{100} - \frac{입찰가격}{예정가격}\right) \times 100\right\|$	입찰가격이 예정가격 이하로서 예정가격의 91.75%이상인 경우에는 입찰가격이 예정가격의 91.75%인 경우의 점수로 평가

- ｜｜는 절대값 표시임.
- 입찰가격을 예정가격으로 나눈 결과 소숫점 이하의 숫자가 있는 경우에는 소숫점 다섯째자리에서 반올림함.
- 최저평점은 2점으로 함.

② 이행실적 평가는 2. 이행실적 평가기준에 의하여 평가한다.

③ 경영상태 평가는 [별표 4]의 평가기준에 의하여 평가한다.

④ 기술능력 평가는 3. 기술능력 평가기준에 의하여 평가한다.

⑤ 신인도 평가는 [별표 5]의 평가기준에 의하여 평가한다.

2. 이행실적 평가기준

(단위 : 점)

심사항목		평 가 등 급	평 점		비 고
			추정가격 5억원이상	추정가격 5억원미만	
해당용역 규모 대비 최근 5년간(창업기업은 최근 7년간) 용역이행실적비율 [금액 또는 수량 기준]	가.동등이상용역	A. 100%이상	20	10	계약목적용역과 동일한 분야이거나 그 이상의 분야가 포함된 용역이행실적
		B. 70%이상~100%미만	18	9	
		C. 40%이상~70%미만	16	8	
		D. 10%이상~40%미만	14	7	
	나.유사용역	A. 100%이상	6	3	계약목적용역과 관련 1개 이상의 분야가 미포함된 용역이행실적
		B. 70%이상~100%미만	4	2	
		C. 40%이상~70%미만	2	1	
		D. 10%이상~40%미만	1	0.5	

※ [주]

① 이행실적증명은 다음 각 호에 따라 처리한다.

1. 국내 소재업체의 이행실적은 해당용역을 「중소기업제품 구매촉진 및 판로지원에 관한 법률」 제2조 제2호의 공공기관(이하 "공공기관"이라 한다)에 이행한 "용역이행 실적 증명서"(별지 제3호)를 제출하여야 한다. 다만, 공공기관 이외의 이행 실적은 원본이 확인된 해당용역의 계약서, 세금계산서, 거래명세표 등을 실적증명서(별지 제3호)에 첨부한 경우에 평가하고, 특히 필요한 경우 공급받는 자의 거래사실확인서를 제출하게 할 수 있다.

2. 국외 소재업체의 이행실적도 국내소재업체에 준하여 "용역이행 실적증명서"(별지 제3호)를 제출하여야 한다. 다만, 공공기관 이외의 납품실적은 이를 공증하거나 해당국가의 상공회의소 또는 해당국가에 주재하는 대한민국 공관의 확인을 받은 경우에는 세금계산서 등 증빙자료 첨부를 생략할 수 있다.
3. 이행실적에 대한 입증책임은 적격심사대상자가 부담하며 의무를 다하지 아니하여 실적확인이 어려운 경우에는 실적을 인정하지 아니한다.

② 이행실적의 평가는 "가"항과 "나"항의 심사항목을 합산하여 평가한다.

3. 기술능력 평가기준

(단위 : 점)

심 사 항 목		배점한도	
		추정가격 5억원이상	추정가격 5억원미만
가. 기술인력 보유상황	B. 폐기물관리법시행규칙 제28조에 정한 해당분야의 기술능력 기준에 미달하는 업체 A. 폐기물관리법시행규칙 제28조에 정한 해당분야의 기술능력 기준을 충족하는 업체	9 0	9 0
나. 기술보유 상황	A. 신기술(NET) - 「환경기술 및 환경산업 지원법」에의한 환경신기술, 「건설기술관리법」에의한 건설신기술, 「산업기술혁신촉진법」에 의하여 지정・인정된 신기술. B. 품질인증(GR) - 「자원의절약과 재활용촉진에관한법률」에 의한 우수재활용제품 품질인증	1	1

① 기술인력에 대한 평가는 해당자격요건을 갖춘 자(대표자 포함)가 최근 1개월 이상 근무한 경우에 한하여 인정하며, 자격증 사본과 4대보험(고용보험, 국민건강보험, 국민연금, 산업재해보상보험 중 1개)에 가입한 증빙자료를 제출하여 이를 입증하여야 하며, 외국업체의 경우에는 해당국의 관계기관에서 인정하는 관련자료를 제출하여야 한다. 다만, 입찰대상인 폐기물을 처리함에 있어서 폐기물관리법이 직접 적용되지 않는 경우에는 입찰공고에 별도 명시한 기준에 의하여 평가하되 입찰공고에 별도 명시한 기준이 없는 경우에는 최고점으로 평가한다.

② 기술보유상황 평가는 심사항목에 해당하는 기술 등으로서 적격심사대상자가 폐기물관리법 제13조 또는 「자원의절약과 재활용촉진에 관한법률」 제25조의 규정에 의하여 해당 폐기물을 처리(재활용)하는데 직접 관련된 기술인 경우(GR인 경우에는 적격심사대상자가 해당 폐기물을 활용하여 재활용제품을 직접 생산하는 경우)에 인정하되 해당 기술의 유효기간을 정한 경우에는 유효기간의 범위내에서, 유효기간을 정하지 않은 경우에는 최초인증일자가 입찰공고일을 기준으로 2년 이내인 것에 한하여 인정하고, 2건 이상이 적용되는 경우에는 그중 1건에 대하여만 인정한다. 다만, 폐기물 수집운반업 등 기술보유사항을 적용할 수 없는 경우에는 배점한도를 부여한다.

③ 기술보유상황 평가는 적격심사대상자가 제출한 신기술 등 지정서・인증서 등 사본과 기술을 대여・협약・제휴한 경우에는 적법한 기술사용 관계에 있음을 입증하는 증빙서와 기술의 적용사실을 입증하는 증빙서(정부가 기술평가기관으로 지정한 기관 또는 허가기관이 발행한 확인서 등) 기타 필요한 자료에 의하여 심사기준에 해당하는 사실을 확인하여야 한다. 이 경우 배점한도의 90%를 적용한다.

[별표 4]

신용평가등급에 의한 경영상태 평가기준(제5조제3항 관련)

회사채에 대한 신용평가등급	기업어음에 대한 신용평가등급	기업신용평가 등급	평 점(점) 배점한도별 25점	10점	5점
AA+, AA0, AA-	A1	AA+, AA0, AA-	25	10	5.0
A+	A2+	A+			
A0	A20	A0			
A-	A2-	A-	24.8	9.8	4.8
BBB+	A3+	BBB+	24.6	9.6	4.6
BBB0	A30	BBB0	24.4	9.4	4.4
BBB-	A3-	BBB-	24.2	9.2	4.2
BB+, BB0	B+	BB+, BB0	24.0	9.0	4.0
BB-	B0	BB-	23.8	8.8	3.8
B+, B0, B-	B-	B+, B0, B-	23.6	8.6	3.6
CCC+ 이하	C 이하	CCC+ 이하	20.0	7.0	2.0

※ [주]

ㄱ. 신용평가등급은 「신용정보의 이용 및 보호에 관한 법률」 제4조제1항제1호 또는 「자본시장과 금융투자업에 관한 법률」 제9조제26항의 업무를 영위하는 신용정보업자가 **심사기준일 이전에 평가한 유효기간 내** 회사채(또는 기업어음)에 대한 신용평가등급 또는 기업신용평가등급(위의 신용정보업자가 신용평가등급, 등급평가일 및 등급유효기간 등을 명시하여 작성한 '신용평가등급 확인서')을 기준으로 평가한다.(다만, 부대조달정보체계에 의하여 신용평가등급 조회가 가능한 경우에는 동 시스템 조회결과에 의해 평가한다.)

ㄴ. 적격심사대상자의 회사채(또는 기업어음)에 대한 신용평가등급 및 기업신용평가에 따른 평점이 다른 경우에는 높은 평점으로 평가하며, **'신용평가등급 확인서'가 확인되지 않은 경우에는 최저등급으로 평가**하며, **유효기간 만료일이 입찰공고일인 경우에도 유효한 것으로 평가**한다.

ㄷ. **가장 최근의 신용평가등급으로 평가**하되, 가장 최근의 신용평가등급이 동일일자에 다수가 있어 그 결과가 상이한 경우 가장 낮은 등급으로 평가한다.

ㄹ. 합병한 업체에 대하여는 합병 후 새로운 신용평가등급으로 심사하여야 하며 합병 후의 새로운 신용평가등급이 없는 경우에는 합병 대상업체 중 가장 낮은 신용평가등급을 받은 업체의 신용평가등급으로 심사한다.

ㅁ. 「국가를 당사자로 하는 계약에 관한 법률 시행령」 제26조제1항제5호 바목에 해당하는 경우에는 배점한도를 적용한다.

[별표 4]

신인도 평가방법(제5조제5항 관련)

1. 계약이행 성실도

(단위 : 점)

심사 항목	평가요소	배점 한도	등 급	평점
① 품질 하자	하자 발생 유무	△1.2	A. 최근 1년 이내 국방관서와의 계약이행과정에서 하자 발생사실이 있는 자로서 하자가 발생한 계약(단가계약시 납품요구)의 종결계약금액 대비 하자금액 비율에 따라 - 5%이상 - 3%이상 ~ 5%미만 - 1%이상 ~ 3% 미만 - 0.1%이상 ~ 1% 미만	 △0.6 △0.5 △0.4 △0.3
			A. 최근 1년 이내 국방관서와의 계약이행과정에서 감액 사실이 있는 자로서 감액이 발생한 계약(단가계약시 납품요구)의 종결계약금액 대비 감액비율에 따라 - 20%이상 - 10%이상 ~ 20%미만 - 1%이상 ~ 10%미만 - 0.1%이상 ~ 1%미만	 △0.6 △0.5 △0.4 △0.3
② 납품 지연	지체 상금	△2	A. 최근 1년 이내 국방관서와의 계약이행과정에서 지체상금 부과대상자로서 지체상금이 발생한 계약(단가계약시 납품요구)의 종결계약금액 대비 지체상금 부과율에 따라 - 10%이상 - 8%이상 ~ 10%미만 - 6%이상 ~ 8%미만 - 4%이상 ~ 6%미만 - 2%이상 ~ 4%미만 - 2%미만	 △2.0 △1.75 △1.5 △1.0 △0.5 △0.25
③ 부정당 업자 제재	부정당 업자로 제재 받은 총제재 기간	△2	A. 최근 2년 이내에 부정당업자 제재를 받은 자로서 부정당업자 제재기간 종료일이 입찰공고일로부터 2년 이내에 포함된 전체 부정당업자 제재 건의 총제재기간에 따라 - 총제재기간이 2년 이상 - 총제재기간이 1년 이상 2년 미만 - 총제재기간이 9개월 이상 1년 미만 - 총제재기간이 6개월 이상 9개월 미만 - 총제재기간이 3개월 이상 6개월 미만 - 총제재기간이 3개월 미만	 △2.0 △1.8 △1.5 △1.0 △0.5 △0.3

※ [주]

ㄱ. ①의 품질하자와 ②의 납품지연 평가는 **물품 · 일반용역 · 기술용역 계약건을 모두 포함**하며, **국방관서는 제1조에 따라 국방부본부와 국방부 소속기관, 국직부대 · 국직기관, 합참 및 각 군을 의미**한다.

ㄴ. ①의 품질하자 평가시 하자발생유무와 감액유무는 각각 계약건별로 합산하여 평가하며, 하자발생일은 검사관으로부터 하자로 판정되어 업체에 통보한 날짜를 기준으로 하고, 감액발생일은 면제승인된 후 품질 보증기관의 납품조서발행일을 기준으로 한다. 또한, 하자금액은 품질검사기관에서 통보된 하자발생 내역별로 산정한다. 다만, 하자발생 유무 평가에 있어 A/S 기간이 경과된 경우에는 적용하지 아니한다.

ㄷ. ②의 납품지연 평가는 다음 각 호에 따른다.

1. 계약금액 지급(종결)일자를 기준으로 입찰공고일로부터 최근 1년 이내에 지체상금을 부과받은 자인 경우에 감점한다.
2. 지체상금 부과율은 지체상금이 발생된 계약(단가계약의 경우 납품요구)의 종결계약금액 대비 지체상금 부과액의 비율로 산정한다.

※ 적용례 : 최근 1년 이내 3건의 지급(종결)건이 있을 경우

계약번호 (납품요구번호)	계약 (납품요구) 종결계약액	지체상금	지체발생계약 (납품요구) 종결계약액	지체상금 부과액	지체상금 부과율 (비고)
A	7,000,000	350,000	7,000,000	350,000	"A"는 분할납품
	3,000,000	0	0	0	
B	20,000,000	0	0	0	
C	15,000,000	420,000	15,000,000	420,000	
계			22,000,000	770,000	3.5%

* 지체상금 부과율 = 지체상금 부과액/지체발생 계약(납품요구) 종결계약금액

= 770,000/22,000,000 = 0.035 = 3.5%

ㄹ. 부정당업자 제재 받은 자에 대하여 **부정당업자 제재기간 종료일이 입찰공고일로부터 2년 이내에 포함된 전체 부정당업자 제재 건의 총제재기간에 다라 해당 배점으로 평가**한다. 이 경우 총제재기간은 제재 받은 기간의 **종료일이 입찰공고일로부터 2년 이내에 있는 부정당업자 제재 건의 전체기간을 합산**한다.

※ 적용례 : 입찰공고일이 '10. 10. 9.인 입찰 건에 대하여 해당 적격심사대상자가 '07. 11. 20.부터 12개월간 부정당업자 제재를 받고, '09. 5. 20.부터 3개월간 부정당업자 제재를 받은 경우 부정당업자 제재기간 종료일이 입찰공고일로부터 2년 이내에 2건이 존재하므로 전체 제재기간을 합산하여 총제재기간은 15개월로 평가한다.

2. 사회적 책임 등 신뢰정도

(단위 : 점)

<table>
<tr><th>심사
항목</th><th>평가
요소</th><th>배점
한도</th><th>등 급</th><th>평점</th></tr>
<tr><td>① 고용창출</td><td>고용창출
우수</td><td>1.0</td><td>A. 신규채용 우수기업 (설립 18개월 이상)
- 전년도 6개월간 평균고용인원 대비 해당연도 최근 6개월간 평균고용인원 증가율이 기업규모에 따라 다음의 증가율 이상인 기업
<table><tr><th>대기업</th><th>중기업</th><th>소기업 및 소상공인</th></tr><tr><td>7% 이상</td><td>8% 이상</td><td>11% 이상</td></tr><tr><td>6% 이상</td><td>7% 이상</td><td>9% 이상</td></tr><tr><td>5% 이상</td><td>5% 이상</td><td>5% 이상</td></tr></table>B. 신설기업 (설립 18개월 미만)
- 총 고용인원(대표자 제외) 6인 이상
- 총 고용인원(대표자 제외) 3~5인
C. 고용노동부장관이 선정한 고용창출 100대 우수기업</td><td>

1.0
0.8
0.6

0.5
0.4
0.4</td></tr>
<tr><td>② 서비스우수</td><td>서비스
인증</td><td>0.8</td><td>A. 「산업표준화법」 제16조에 따른 KS 서비스 인증
B. 산업통상자원부장관이 지정한 서비스품질 우수업체</td><td>0.8
0.5</td></tr>
<tr><td>③ 혁신형 중소기업</td><td>혁신형
중소기업</td><td>0.6</td><td>중소벤처기업부 장관(또는 수임권자)으로부터 혁신형(벤처,기술혁신형, 경영혁신형, 우수그린비즈) 중소기업으로 지정받은 자</td><td>0.6</td></tr>
<tr><td>④ 장애인기업</td><td>장애인
기업지원</td><td>0.5</td><td>A. 「장애인고용촉진 및 직업재활법」에 따른 장애인 고용우수사업주 또는 장애인 표준사업장
B. 「장애인기업활동 촉진법」에서 정한 기업으로서 중소벤처기업부 장관이 확인한 장애인기업
C. 장애인고용 우수기업
- 최근 3개월 평균 장애인고용률이 3% 이상이면서 최근 3개월 평균 장애인종업원이 6인 이상인 기업</td><td>0.5

0.4

0.3</td></tr>
</table>

<table>
<tr><td rowspan="11">⑤
여성기업
지원 등</td><td rowspan="11">여성기업 지원 및
고용촉진</td><td rowspan="11">0.4</td><td>A. 「여성기업지원에 관한 법률」에서 정한 기업으로서 중소벤처기업부장관(수임권자 포함)에 의해 확인서를 받은 여성기업으로서 그 존속기간에 따라</td><td></td></tr>
<tr><td>- 10년 이상</td><td>0.40</td></tr>
<tr><td>- 5년 이상 ~ 10년 미만</td><td>0.35</td></tr>
<tr><td>- 3년 이상 ~ 5년 미만</td><td>0.30</td></tr>
<tr><td>- 3년 미만</td><td>0.25</td></tr>
<tr><td>B. 고용노동부장관에 의해 남녀고용평등 우수기업으로 지정받은 자</td><td>0.4</td></tr>
<tr><td>C. 여성고용 우수기업</td><td></td></tr>
<tr><td>- 최근 3개월 평균 여성고용률이 10% 이상이면서
최근 3개월 평균 여성종업원이 10인 이상인 기업</td><td>0.4</td></tr>
<tr><td>- 최근 3개월 평균 여성고용률이 5% 이상이면서
최근 3개월 평균 여성종업원이 5인 이상인 기업</td><td>0.3</td></tr>
<tr><td rowspan="8">⑥
정책지원</td><td rowspan="8">부처별 정책지원</td><td rowspan="8">1.0</td><td>A. 고용노동부장관으로부터 '노사문화우수기업'(대상기업 포함)으로 선정된 업체(유효기간 내에 한함)</td><td>0.5</td></tr>
<tr><td>B. 「비상대비자원 관리법」에 따른 주무부장관이 확인한 비상대비 중점관리 대상업체</td><td>0.5</td></tr>
<tr><td>C. 「사회적기업 육성법」 제7조에 따른 고용노동부장관의 인증을 받은 기업</td><td>0.4</td></tr>
<tr><td>D. 「가족친화 사회환경의 조성촉진에 관한 법률」 제15조에 따른 가족친화 인증을 받은 기업</td><td>0.4</td></tr>
<tr><td>E. 「모범납세자관리규정」(국세청훈령) 제5조제5항에 따른 국세청장 표창 이상의 모범납세자</td><td>0.25</td></tr>
<tr><td>F. 「협동조합 기본법」 제2조제3호에 따른 사회적협동조합</td><td>0.4</td></tr>
<tr><td>G. 「국민기초생활보장법」 제18조에 따른 자활기업</td><td>0.4</td></tr>
<tr><td>H. 「도시재생 활성화 및 지원에 관한 특별법」 제2조제1항제9호에 따른 마을기업</td><td>0.4</td></tr>
</table>

※ [주]

ㄱ. 심사항목의 평가 관련 증빙자료는 주무부처(청)의 장(위임한 경우 포함)이 확인 한 자료를 제출하여야 하며, 유효기간 내에 한하여 평가한다. (단, 유효기간이 정해지지 않은 경우에는 입찰공고일 전일부터 기산하여 최근 2년 이내로 한하여 평가한다)

ㄴ. 심사항목 내 **각 항목은 중복하여 평가할 수 없고**, 그 중 **높은 평점 한 가지만 인정**한다.
다만, ⑥정책지원은 배점한도 내에서 중복하여 평가할 수 있다.

ㄷ. 신규채용 우수기업, 장애인고용 우수기업 및 여성고용 우수기업의 평가기준은 다음과 같이 정한다.

1) 동일 입찰자가 신규채용 우수기업, 장애인고용 우수기업, 여성고용 우수기업의 평가에 중복되는 경우에는 그 중 높은 평점 한 가지만 평가한다.
2) 고용인원 계산결과의 소수점 처리는 소수 첫째 자리에서 올림을 하고, 고용비율 계산결과 소수점 처리는 소수점 다섯째 자리에서 반올림한다.
3) 고용사실 증명은 「국민건강보험법」에 따른 국민건강의료보험, 「국민연금법」에 따른 국민연금 관련 증빙서류에 따른다. 다만, 국민연금 가입제외대상(18세 미만 또는 60세 이상인 자, 국민기초생활수급자, 타공적 연금가입자・수급자)과 건강보험가입제외 대상(유공자 등 의료보호대상자, 의료급여수급자)은 「고용보험법」, 「산업재해보상보험법」에 따른 증빙서류에 의할 수 있다. 증빙서류는 해당 월별 평균고용인원(전체 고용인원, 해당(신규, 장애인, 여성)고용인원, 퇴직자)이 모두 확인 가능한 서류여야 한다.
4) 고용사실 증빙서류 확인결과, 평가대상기간에 퇴직한 자는 근로일수가 연속하여 1개월 이상인 경우에만 해당 월의 고용인원으로 산정한다. 이 경우 가입자명부 등 증빙서류에서 자격취득일은 근로일수에 포함하고, 자격상실일은 근로일수에 포함하지 않는다.

ㄹ. 고용창출의 설립기간은 입찰공고일 전월부터 기산하며, 신규채용은 다음과 같이 평가한다.

1) 해당연도 입찰공고일 전월기산 평가기간에 해당하는 고용사실을 증명할 수 있는 서류에 따라 평가한다.
2) 해당연도 최근 6개월간 평균고용인원은 입찰공고일 전월기산 최근 6개월의 고용인원을 합산평균하며, 직전연도 6개월간 평균고용인원은 해당연도 고용인원 산출 시작시점부터 그 직전연도 동 기간의 고용인원을 합산평균한다. 이 경우 대표자는 고용인원에서 제외한다.
3) 해당연도 입찰공고일 전월까지의 신규고용인원 증가율은 해당연도 최근 6개월간 평균고용인원을 직전연도 동 기간 평균고용인원으로 나누어 계산한다.
4) 기업구분에 따른 평가시, 중기업・소기업・소상공인 확인은 "중소기업공공구매종합정보망"에 등재된 자료로 평가하되, 기업확인이 되지 않는 경우에는 소기업 및 소상공인으로 평가한다.

5) 적용례 : '17년 2월 입찰공고 건의 경우

〈직전연도 6개월간 평균고용인원〉

기간(월)	'15. 8	'15. 9	'15. 10	'15. 11	'15. 12	'16. 1
인원(명)	100	100	100	100	102	101

〈해당연도 최근 6개월간 평균고용인원〉

기간(월)	'16. 8	'16. 9	'16. 10	'16. 11	'16. 12	'17. 1
인원(명)	103	104	103	104	104	105

* 직전연도 6개월간 평균고용인원 = 해당연도 고용인원 산출 시작시점부터 = 그 직전연도의 동 기간 고용인원의 평균 = (100+100+100+100+102+101)/6 = 100.5 = 101명
* 해당연도 최근 6개월간 평균고용인원 = 입찰공고일 전월기산 최근 6개월간 고용인원의 평균 = (103+104+103+104+104+105)/6 = 103.8333... = 104명
* 해당연도 입찰공고일 전월까지의 신규고용인원 증가율 = 104/101 = 1.02970297... = 2.9703%

ㅁ. ② 서비스품질 우수업체는 해당 기업 전체 또는 본사(사업부문별 인증인 경우에는 해당용역 수행에 직접 관련된 분야의 전체 또는 본사의 해당분야)에 대한 인증인 경우에 한하며 개별 사업장 또는 해당용역 수행에 직접 관련되지 아니한 분야에 대한 인증인 경우는 평가하지 아니한다. 또한, 서비스품질 우수업체의 경우 지식경제부 고시 제2009-205호(2009.9.1)와 기술표준원 고시 제2012-351 부칙 제3호(2012.7.31)에 의하여 발급된 한국서비스품질우수기업의 인증서는 당해 인증의 유효기간까지 평가하며, 국가기술표준원 고시 제2014-0463호('14.9.12) "한국서비스품질우수기업인증요령 폐지 고시"에 의거 2014.9.12부터의 민간자율인증은 평가하지 않는다.

ㅂ. ③ 혁신형 중소기업은 중소벤처기업부장관(위임한 경우 포함)이 확인한 자료를 제출한 경우에 평가하되, 「중소기업제품 구매촉진 및 판로지원에 관한 법률」 제8조의2에 해당하는 자는 적용하지 아니한다.

ㅅ. ④ 장애인기업은 중소벤처기업부 장관(수임권자 포함)에 의해 확인서를 발급받은 장애인 기업으로서 중소기업제품 공공구매종합 정보망에 등재된 자료로 평가한다.

ㅇ. 장애인 고용 우수기업 평가는 다음과 같다.

1) 장애인이란 「장애인복지법」 제32조에 따른 장애인 또는 「국가유공자 등 예우 및 지원에 관한 법률 시행령」 제14조제3항에 따른 상이등급에 해당하는 자를 말한다.

2) 입찰공고일 전월을 기준으로 장애인 고용사실을 증명할 수 있는 서류에 기재된 "장애인종업원비율(대표인 장애인은 제외하여 산정)" 자료로서 최근 3개월 매월 말 고용인원 자료를 제출받아서 평가한다.

3) 적용례 : 12월 입찰공고건의 경우

구 분	9월	10월	11월
월별 장애인(여성)고용인원 (당해월 고용인원이며, 신규고용인원 아님)	8	11	15
월별 총 고용인원	100	104	102

* 최근 3개월 평균 장애인(여성) 고용율 = [(8+11+15)/(100+104+102)] = (34/306) = 0.1111 = 11.11%
* 최근 3개월 평균 장애인(여성) 고용인원 = [8+11+15]/3 = 11.3333… = 12명

4) 최근 3개월의 자료가 없는 경우에는 평가에서 제외한다. (기업설립기간과 무관하게 3개월 모두 장애인(여성) 고용이 존재해야 평가가능)

5) 「장애인고용촉진 및 직업재활법 시행령」 제4조 각 호에서 정한 중증장애인의 고용은 그 인원의 2배에 해당하는 장애인의 고용으로 본다.

ㅈ. ⑦ 여성기업은 중소기업제품 공공구매종합 정보망에 등재된 자료로 확인하며, 존속기간은 법인인 경우 법인등기부등본, 개인사업자인 경우 사업자등록증상 여성대표자로서 그 유지기간(연속되어 있어야 함)을 확인한다.

ㅊ. ⑦ 남녀고용평등 우수기업은 고용노동부장관에 의해 확인된 자료를 제출한 경우에 평가하되, 유효기간 이내인 것에 한하여 평가한다. 다만, 유효기간이 정해지지 아니한 경우에는 입찰공고일 전일부터 기산하여 2년 이내에 받은 것에 한하여 평가한다.

ㅋ. 여성고용 우수기업 평가는 입찰공고일 전월을 기준으로 여성고용사실을 증명할 수 있는 서류에 기재된 '여성종업원비율(대표인 여성은 제외하여 산정)'자료로서 최근 3개월 매월 말 고용인원 자료를 제출받아서 평가하며, 평가산식은 장애인고용 우수기업 평가산식과 같다.

ㅌ. 비상대비 중점관리대상업체 확인은 「비상대비자원 관리법」에 따른 주무부장관(권한이 위임된 자 포함)이 발행한 비상대비 중점관리 대상업체 확인서(임무고지서 사본포함)로 한다.

■ 일반용역 적격심사기준에 관한 훈령[별지 제1호 서식]

적 격 심 사 신 청 서

○ 입찰대상물품명 :
○ 입 찰 일 시 :

위 건 일반용역의 적격심사와 관련하여 적격심사 자기평가 및 심사표와 제증빙자료를 신의성실의 원칙에 입각하여 붙임과 같이 작성 제출하며, 만일 제출한 서류가 허위 또는 부정한 방법으로 작성된 사실이 확인될 경우에는 계약예규「적격심사기준」 및 「국가를 당사자로 하는 계약에 관한 법률」 등에 따라 처리하여도 아무런 이의를 제기하지 않겠음을 확약합니다.

201 .   .   .

입 찰 자 주 소 :
회사명 :
대표자 :   (인)

붙임 : 제출서류 목록 및 관련서류 1부

○○ 부 대 장 귀 하

접 수 증

1. 입찰대상 :   2. 제출자 :

위건 적격심사신청서 및 관련서류를 접수하였음을 확인합니다.

201 . . .

○○ 부대 ○○ 과장 (인)

■ 일반용역 적격심사기준에 관한 훈령[별지 제2호 서식]

적격심사 자기평가 및 심사표

1. 심사대상용역

입 찰 일 시	
용 역 명	
수 량	
입 찰 금 액	
추 정 가 격	

2. 심사대상입찰자

업 체 명	(전화)
대 표 자	
업종구분	

3. 회사를 대표하는 연락책임자 인적사항

소 속	
직 위	
성 명	
전화번호	(FAX)

4. 종합평가(예)

(1) 추정가격 10억원 이상인 용역의 경우

(단위 : 점)

구 분	배 점	자기평점	심사평점	비고
계	100			
이행실적	20			
기술능력	40			
경영상태	10			
입찰가격	30			
신 인 도	+1.5~-3			
결격사유	-25			

※ 위와 같이 용역입찰시 해당배점을 적용하여 위 심사표를 작성할 것.

(2) 추정가격 고시금액 미만인 용역의 경우

(단위 : 점)

구 분	배 점	자기평점	심사평점	비고
계	100			
경영상태	10			
특별 신인도	2			
입찰가격	90			
결격사유	-25			

■ 일반용역 적격심사기준에 관한 훈령[별지 제3호 서식]

용역이행 실적증명서

<table>
<tr><td rowspan="5">신청인</td><td>업체명(상호)</td><td colspan="3"></td><td colspan="2">대 표 자</td><td></td></tr>
<tr><td>영업소재지</td><td colspan="3"></td><td colspan="2">전 화 번 호</td><td></td></tr>
<tr><td>사업자번호</td><td colspan="3"></td><td colspan="2">FAX 번호</td><td></td></tr>
<tr><td>증경서용도</td><td colspan="3">용역 적격심사 신청용</td><td colspan="2">제 출 처</td><td>○○ 부대</td></tr>
<tr><td>사업의종류</td><td colspan="6"></td></tr>
<tr><td rowspan="5">용역이행
실적내용</td><td>용 역 명</td><td colspan="6"></td></tr>
<tr><td>용역범위 및 기준
(면적, 금액 등)</td><td colspan="6"></td></tr>
<tr><td rowspan="2">계 약 일 자</td><td rowspan="2">계약기간</td><td rowspan="2">규모</td><td colspan="3">이 행 실 적</td><td rowspan="2">비 고</td></tr>
<tr><td colspan="2">비 율</td><td>실 적</td></tr>
<tr><td></td><td></td><td></td><td colspan="2"></td><td></td><td></td></tr>
<tr><td rowspan="4">증명서
발급기관
(회사)</td><td colspan="7">위 사실을 증명함.
년 월 일</td></tr>
<tr><td colspan="7">기관(회사)명 (인) (전화번호 :)</td></tr>
<tr><td colspan="7">주 소 (FAX번호 :)</td></tr>
<tr><td colspan="4">발 급 부 서:</td><td colspan="3">담당자 :</td></tr>
</table>

※ 【주】

① 민간거래실적은 세금계산서, 계약서, 거래명세표 등 증빙자료를 첨부하여야 함.

② 용역이행실적내용은 입찰공고시에 제시한 용역범위 및 기준(면적, 금액 등) 등의 조건에 부합되는 실적에 한하며, 공동계약으로 이행하였을 경우 비율과 이행실적을 기재하여야 함.

③ 이행실적란은 기재 후 투명접착테이프를 붙여 증명을 받아야 함.

■ 일반용역 적격심사기준에 관한 훈령[별지 제4호 서식]

근로조건 이행확약서

- 입찰공고번호 :
- 용역건명 :

1. 인건비는 별표 2의1 근로조건 이행계획의 적정성 평가기준에 따라 "예정가격산정시 적용한 노임에 낙찰율을 곱한 수준이상의 임금"을 지급하겠습니다.

: 예 (　)
: 아니오 (　)

★ 예정가격 산정시 적용한 노임 : (기본급+제수당+상여금+퇴직충당금)의 인건비 합계액×예정가격결정비율(사정율)

2. 「근로기준법」 등 아래의 관련법규를 준수 하겠습니다. : 예 (　)
: 아니오 (　)

① 퇴직금, 의료보험, 국민연금, 산재보험, 고용보험은 관계법령이 정한 금액을 별도 책정하여 지급하겠습니다.

② 포괄적인 재하청을 하지 않겠습니다.

③ 「근로기준법」(제107조 내지 제114조) 및 「최저임금법」(제28조)을 준수하겠습니다.

(회사명)는 본 용역을 수행함에 있어 위에 언급한 내용대로 계약을 성실히 이행할 것이며, 만일 이를 이행하지 않을 경우 부정당업자로 입찰참가자격제한조치 등 불이익 처분을 받더라도 하등의 이의를 제기하지 아니할 것을 확약하고 근로조건 이행확약서를 제출합니다.

년 월 일

주 소 :
회 사 명 :

(공동구성원 모두기재) 대 표 자 : (인)

■ 일반용역 적격심사기준에 관한 훈령[별지 제5호 서식]

근로조건 이행확약서

- 입찰공고번호 :
- 용역건명 :

1. 인건비는 별표 2의1 근로조건 이행계획의 적정성 평가기준에 따라 "예정가격산정시 적용한 노임에 낙찰율을 곱한 수준이상의 임금"을 지급하겠습니다.

: 예 ( )
: 아니오 ( )

★ 예정가격 산정시 적용한 노임 : (기본급+제수당+상여금+퇴직충당금)의 인건비 합계액×예정가격결정비율(사정율)

2. 「근로기준법」 등 아래의 관련법규를 준수 하겠습니다. : 예 ( )
: 아니오 ( )

① 퇴직금, 의료보험, 국민연금, 산재보험, 고용보험은 관계법령이 정한 금액을 별도 책정하여 지급하겠습니다.

② 포괄적인 재하청을 하지 않겠습니다.

③ 「근로기준법」(제107조 내지 제114조) 및 「최저임금법」(제28조)을 준수하겠습니다.

3. 「남녀고용평등과 일·가정 양립 지원에 관한 법률」을 준수하겠습니다.
: 예 ( ) 아니오 ( )

4. 정부의 공공부문 비정규직 고용개선 추진지침 등에 따라 특별한 사정이 없는 한 고용승계를 하겠습니다. :
: 예 ( )
: 아니오 ( )

(회사명)는 본 용역을 수행함에 있어 위에 언급한 내용대로 계약을 성실히 이행할 것이며, 만일 이를 이행하지 않을 경우 부정당업자로 입찰참가자격제한조치 등 불이익 처분을 받더라도 하등의 이의를 제기하지 아니할 것을 확약하고 근로조건 이행확약서를 제출합니다.

년 월 일

주 소 :
회 사 명 :

(공동구성원 모두기재) 대 표 자 : (인)

■ 일반용역 적격심사기준에 관한 훈령[별지 제6호 서식] <개정 2019. 12. 2.>

제 출 서 류 목 록 표

심사분야	연번	내 용	발 급 기 관 (확인기관)	비 고
총 괄	1	적격심사신청서	신청자	[별지 제1호 서식] [별지 제2호 서식] [별지 제3호 서식]
	2	적격심사 자기평가 및 심사표		
	3	항목별 평점 세부내역		
경영상태	4	신용평가등급 확인서	신용평가업자	
근로조건	5	근로조건 이행확약서 근로조건 이행확약서(청소용역)	신청자	[별지 제4호 서식] [별지 제5호 서식]
기술능력	6	적격심사기준표 상 필요한 증빙서류 (기술능력 평가 건에 한함)	관계기관	
신인도	7	품질관리, 기술보유, 환경관리 (물품 제조 적격심사의 건에 한함), 고용창출, 혁신형 중소기업, 장애인기업, 여성기업 지원 등, 정책지원 (해당사항 있는 항목에 한함)	관계기관	
기 타	8	사업자등록증	신청자	
	9	금융거래확인서	주거래은행	

※ 제출서류 중 사본을 제출하는 경우, 원본을 제시하여야 하며 동 사본에는 "사실과 다름없음"을 대표자가 확인・날인하여야 한다.

위 제출서류 목록에 기재된 서류 이외에 추가로 제출할 서류가 없음을 확인합니다.

20 . . .

입찰자 주 소:

회사명:

대표자: (인)

210mm×297mm[백상지 80g/㎡ 또는 중질지80g/㎡]

5-2). 직접 해보는 일반용역 적격심사

<사례 분석>

1. 전제조건

사업명	입찰공고일	예산액	업체명	입찰가격	예정가격	결격사유
○○ 정비용역	2020.3.5.	400,000,000원	주식회사 ○○	348,000,000원	393,348,279원	해당없음

2. 평가순서

심사기준 파악 → 적격심사신청서 등 확인 → 당해용역 수행능력 평가 → 입찰가격 평가 → 신인도 및 결격사유 평가 → 총점계산

3. 평가항목 정리

구분	심사분야	심사항목	평가기준	배점한도
Ⅰ. 당해용역 수행능력	이행실적	① 계약대상용역과 동등이상 용역 ② 계약대상용역과 유사용역	① 계약대상용역과 동등이상 용역 A. 100%이상 : 10, B. 70%이상~100%미만 : 9 C. 50%이상~70%미만 : 8 D.20%이상~50%미만 : 7 등	10
	기술능력	① 정비사 수 ② 정비능력	① 정비사 수 - 소요인원수 대비 보유한 정비사 수 따라 차등적용 ② 정비능력 - 정비인원의 등급에 따라 차등적용	15
	재무상태	신용평가등급	A0이상 : 5점, A- : 4.8점 BBB+ : 4.6점 등	5
	소계			30
Ⅱ. 입찰가격	-	70-4|(0.88-입찰가격/예정가격)×100|		70
Ⅲ. 신인도	계약이행 성실도	① 품질하자 ② 납품지연 ③ 부정당업자 제재	-	+1.5 ~ -3
	사회적책임 등 신뢰정도	① 고용창출 ② 서비스 우수 ③ 혁신형 중소기업 ④ 장애인기업 ⑤ 여성기업 지원 등 ⑥ 정책지원	-	
Ⅳ. 결격사유	당해용역 이행능력 결격여부	부도 등 및 부정당업자제재 상태인 경우 또는 부도 등의 우려가 있어 해당 계약이행이 어렵다고 판단되는 경우(다만, 법정관리, 화의인가 결정 등 법원의 경영정상화 판결을 받은 경우는 제외)	-	-25
합계				100

Ⅰ. 심사기준 파악

입 찰 공 고

1. 본 입찰은 전자입찰/전자계약 및 청렴계약제 대상사업입니다.

2. 입찰에 부치는 사항

가. 건 명 : ○○ 정비용역

나. 기초예비가격공개 : '20. 3. 11.

다. 등록마감 일시 : '20. 3. 12. 11:00

라. 투찰마감 일시 : '20. 3. 13. 10:30

마. 개찰일시 : '20. 3. 13. 11:00

바. 납기 : 계약일 ~ '20.12.26

사. 계약종류 / 낙찰자결정방법

: 총액계약 / 적격심사

아. 예산액(제비용 및 부가세 포함)

: 400,000,000원

자. 적격심사 서류접수 마감일시

: '20. 3. 18. 16:00한

3. 입찰참가자격 / 제한

가. ○○법에 의한 ○○정비업을 등록한 업체에 한합니다.

8. 낙찰자 결정에 필요한 사항

가. 적격심사는 "국방부 일반용역적격심사기준에 관한 훈령"에 의하며, 평가기준은 【별표1】의 "추정가격 고시금액 이상 5억원 미만 용역" 세부 심사기준을 적용합니다.

나. 심사에 따른 평가기준일은 입찰공고일로 합니다. 다만, 본 공고 건이 재공고 시에는 재공고일, 정정공고 시에는 최초 입찰공고일, 결격 여부는 낙찰자 결정일을 평가기준일로 합니다.

다. 적격심사 평가기준

- 이행실적(10점)
  - 동등이상 용역: ○○ 장비정비 실적
  - 유사 용역: ○○ 정비 실적
- 기술능력(15점)
  - 소요인원 : 2명
  - 평가등급 :
    - 1등급 - 기술사, 특급기술자
    - 2등급 - 고급기술자
    - 3등급 - 중급기술자
    - 4등급 - 초급기술자
    - 5등급 - 기능사
- 재무상태(5점)
- 입찰가격(70점)

라. 심사서류 제출

1) 심사 대상자 선정 여부는 국방전자조달시스템을 통하여 반드시 확인하시기 바랍니다.

2) 마감일시까지 서류가 제출되지 않을 경우 추가제출 기회를 부여하지 않으며, 부정 또는 허위로 작성된 서류를 제출한 자는 국가계약법 제27조 및 동법 시행령 제76조의 규정에 따라 입찰참가 자격 제한조치를 받습니다.

마. 적격심사 결과 종합평점이 95점 이상으로서 최저가격으로 입찰한 자를 낙찰자로 결정합니다.

[주 내용]

심사기준은 입찰공고문 상 추정가격(예산액/1.1)에 따라 달라진다.

[보조 내용]

다. 적격심사 평가기준에서 구체적인 실적인정기준(동등, 유사)과 기술능력 상 소요인원 수 및 평가등급별 기준을 정해야만 한다.

● 사례적용

당해 사례는 추정가격이 약 3.6억원(4억/1.1)으로 [별표 1]의 추정가격 고시금액 이상 5억원 미만인 용역의 평가기준을 따른다.

Ⅱ. 적격심사 신청서, 자기평가 및 심사표 확인

［별지 제1호 서식］

적 격 심 사 신 청 서

○ 입찰대상용역명 : ○○ 정비용역
○ 입 찰 일 시 : 2020-3-13 11:00

위 건 일반용역의 적격심사와 관련하여 적격심사 자기평가 및 심사표와 제증빙자료를 신의성실의 원칙에 입각하여 붙임과 같이 작성 제출하며, 만일 제출한 서류가 허위 또는 부정한 방법으로 작성된 사실이 확인될 경우에는 계약예규 「적격심사기준」 및 「국가를 당사자로 하는 계약에 관한 법령」 등에 따라 처리하여도 아무런 이의를 제기하지 않겠음을 확약합니다.

2020 년 3 월 15 일

입 찰 자 주 소 : 서울특별시 용산구 00번지
회사명 : 주식회사 ○○
대표자 : ○○○

붙 임 : 제출서류 목록 및 관련서류 1부.

○○단 귀하

접 수 증

1. 입찰대상 : ○○정비용역 2. 제 출 자 : ○○○

위건 적격심사신청서 및 관련서류를 접수하였음을 확인합니다.

2020 년 3 월 15 일

○○단

［별지 제2호서식］

적격심사 자기평가 및 심사표

1. 심사대상용역

입찰일시	2020.03.13
품 명	○○
수 량	○○
입찰금액	348,000,000
추정가격	

2. 심사대상 입찰자

업체명	주식회사 ○○ (전화)000-0000
대표자	○○○
업종구분	○○ 업

3. 회사를 대표하는 연락책임자 인적사항

소 속	○○○
직 위	대표이사
성 명	○○○
전화번호	(FAX)000-0000

4. 종합평가(예)

(단위 : 점)

구 분	배점한도	자기평점	심사평점	비 고
계	100	96.87		
이 행 실 적	10	10		
기 술 능 력	15	13.75		
재 무 상 태	5	4.4		
입 찰 가 격	70	68.12		
신 인 도	+1.5 ~ -3	0.60		
결 격 사 유	-25			

[주 내용]
적격심사 시 적격심사신청서와 자기평가 및 심사표를 제출하여야 한다.
적격심사 신청서의 경우 사업과 관련된 기본 정보와 업체의 기본 정보를 적시한다.
적격심사 자기평가 및 심사표의 경우 업체 및 담당자의 정보를 적시하고 업체가 직접 평가한 점수를 적시한다. 이는 업체가 자가 평가한 사항으로서 실제 점수와는 다를 수 있다.

Ⅲ. 당해용역 수행능력 평가(1) - 이행실적, 재무상태 평가

용역이행 실적증명서

신청인	업체명	주식회사 ○○		대 표 자		○○○
	영업소재지	서울특별시 용산구 00번지		전 화 번 호		000-0000
	사업자번호	000-00-0000		FAX 번호		000-0000
	증명서용도	용역 적격심사 신청용		제 출 처		○○ 부대
	사업의종류	○○ 정비용역				
용역이행실적내용	용 역 명	○○ 정비용역				
	용역범위 및 기준	해당사업 규격과 동일				
	계 약 일 자	계약기간	규모	이행실적 비율	이행실적 실적	비 고
	2016.1.2.	2016.12.31	-	100%	600,000,000원	
증명서발급기관(회사)	위 사실을 증명함. 2020 년 3 월 5 일					
	기관(회사)명 ○○○ (인)			(전화번호 : 000-0000)		
	주 소 ○○○			(FAX번호 : 000-0000)		
	발 급 부 서: ○○부			담당자 : ○○○		

※ 【주】
① 민간거래실적은 세금계산서, 계약서, 거래명세표 등 증빙자료를 첨부하여야 함.
② 용역이행실적내용은 입찰공고시에 제시한 용역범위 및 기준(면적, 금액 등) 등의 조건에 부합되는 실적에 한하며, 공동계약으로 이행하였을 경우 비율과 이행실적을 기재하여야 함.
③ 이행실적란은 기재 후 투명접착테이프를 붙여 증명을 받아야 함.

신용평가등급 확인서

주식회사 ○○ 귀중
귀사의 의뢰에 따라 작성된 신용평가등급을 아래와 같이 통보합니다.

회사명	주식회사 ○○	기업신용평가등급
대표자	○○○	BBB0
법인등록번호	000000-0000000	
사업자등록번호	000-00-00000	
주소	서울특별시 용산구 00번지	
재무결산기준일	2018.12.31	
등급평가일	2019.06.01.	
등급유효기간	2020.05.31	
제출처	○○기관 제출용	

유의사항

..(중략)..

본 신용평가등급 확인서는 조달청 및 공공기관 제출 목적으로 사용이 가능합니다.

○○ 신용평가정보 주식회사

[주 내용]
이행실적은 최근5년 이내 실적을 모두 합산하여 평가한다. 또한, 동등실적과 유사실적 점수를 각각 산정하여 합산한다.

신용평가등급 확인서는 신용평가업체에서 발급해 주는 것으로서 등급평가일, 등급유효기간, 신용평가등급을 확인하여야 한다.
또한, 신용평가등급 확인서는 공공기관 제출용인지 확인해야 한다.

● 사례적용

용역이행 실적증명서에 적시된 계약완료일자는 2016.12.31.로서 최근 5년 이내다.
해당실적이 동등이상 용역이라 가정하면 이행실적금액은 600,000,000로

$$실적비율 = \frac{600,000,000/1.1}{400,000,000/1.1} = 150\%$$

100%이상이다.
☞ 이행실적 : 10점

신용평가등급확인서의 등급유효기간은 입찰공고일을 포함하고 있어 유효하며, 등급이 BBB0이므로 4.4점이다.
☞ 재무상태 : 4.4점

Ⅳ. 당해용역 수행능력 평가(2) - 기술능력평가

<소프트웨어기술 경력증>

1. 등　　　급 : 특급기술자
2. 등급 취득일 : 2005.00.00
3. 성　　　명 : 김길동
4. 주민등록번호 : 701111-1000000
5. 주　　　소 : ○○시 ○○구 ○○동

'소프트웨어산업 진흥법 시행규칙' 제13조 제2항에 따라 소프트웨어 기술 경력증을 발급합니다.

2010. 00. 00.

○○협회장

<소프트웨어기술 경력증>

1. 등　　　급 : 고급기술자
2. 등급 취득일 : 2005.00.00
3. 성　　　명 : 이영희
4. 주민등록번호 : 701111-1000000
5. 주　　　소 : ○○시 ○○구 ○○동

'소프트웨어산업 진흥법 시행구칙' 제13조 제2항에 따라 소프트웨어 기술 경력증을 발급합니다.

2010. 00. 00.

○○협회장

<사업장 가입자 명부>

사업장명	○○○	사업장 관리 번호 000-00-00000	
일련번호	가입자	자격취득일	자격상실일
1	김길동	2012.2.12.	
2	이영희	2015.7.30.	
3	박가나	2011.1.12.	
4	최다라	2009.2.23.	
5	정마바	2005.4.23.	
6	장사아	2016.2.23.	
7	조자차	2017.7.31.	

2020년 0월 0일
국민건강보험공단 이사장

[주 내용]
기술능력 평가를 위해서는 업체 직원이 보유한 자격증과 이 직원이 해당업체에 재직중이라는 사실을 입증하는 4대 보험 중 1개 이상의 보험가입확인서를 제출해야 한다. 또한, 해당 직원이 업체에 고용된 지 최근 3개월 이상인 경우에만 인정된다.

● 사례적용

업체가 보유한 정비사는 총 2명(특급기술자 1명, 고급기술자 1명)이다. 이들은 보험가입확인서로써 3개월 이상 근무한 사실이 입증되어 모두 인정 가능하다.

정비사 소요인원이 2명이고 보유인원도 2명이므로 $\frac{2}{2} = 100\%$ 로서 C등급에 해당한다.

☞ 정비사 수 : 6.5점

공고문 상 등급표에 따르면 특급기술자는 1등급, 고급기술자는 2등급이다.
소요인원수는 2명이므로 $\frac{(7.5\times1+7\times1)}{2} = 7.25$점 이 된다.

☞ 정비능력 : 7.25점

Ⅴ. 입찰가격, 신인도 및 결격사유

경영혁신형 중소기업(MAIN-BIZ)
확인서

업체명 : 주식회사 ○○
대표자명 : ○○○
주소 : 서울특별시 용산구 00번지
유효기간 : 19.01.24 ~ 22.01.23

위 업체는 경영혁신형 중소기업 발굴 육성사업에 의해 선정된 경영혁신형 중소기업(MAIN-BIZ)임을 확인합니다.

중소벤처기업부 장관 (인)

사 업 자 등 록 증
(법인사업자)
등록번호 : 000-00-00000

법인명(단체명) : 주식회사 ○○
대 표 자 : ○○○

개 업 연 월 일 : 0000년 00월 00일 법인등록번호 : 000000-0000000
사업장 소재지 : 서울특별시 용산구 00번지
본 점 소 재 지 : 서울특별시 용산구 00번지
사 업 의 종 류 : 업태 ○○ 정비업 종목 ○○

발 급 사 유 : 정정

사업자 단위 과세 적용사업자 여부 : 여( ) 부(∨)
전자세금계산서 전용 전자우편주소 : 00000@hometax.go.kr

0000년 00월 00일

○ ○ 세 무 서 장

[주 내용]
입찰가격 평가점수는 입찰가격과 예정가격으로 산정한다. 투찰률은 다섯째자리에서 반올림하여야 한다는 점에 유의하여야 한다.

신인도는 업체가 제출한 인증서 등을 통하여 확인한다.

결격사유는 발주기관 시스템 등으로 확인한다.

● 사례적용

입찰가격 : 348,000,000원
예정가격 : 393,348,279원이므로
⇨ 투찰률 : $\frac{348,000,000}{393,348,279}$ = 0.8847(반올림)
⇨ 입찰가격 평점 :
$70-4\left|\left(\frac{88}{100}-\frac{88.47}{100}\right)\times 100\right|$
= 68.12
☞ 입찰가격 : 68.12점

업체는 경영혁신형 중소기업 확인서를 보유하고 있다.(감점은 없다고 가정)
☞ 신인도 : 0.6점

☞ 결격사유 : 해당없음

Ⅵ. 적격심사결과 산정

구분	심사분야	심사항목	배점한도	평가기준	평가	점수
Ⅰ. 당해용역 수행능력	이행실적	① 계약대상용역과 동등이상 용역 ② 계약대상용역과 유사용역	10	① 계약대상용역과 동등이상 용역 A. 100%이상 : 10 B. 70%이상~100%미만 : 9 C. 50%이상~70%미만 : 8 D. 20%이상~50%미만 : 7 등	동등이상 용역 150%로 A등급 10점	10
	기술능력	① 정비사 수 ② 정비능력	15	① 정비사 수 - 소요인원수 대비 보유한 정비사 수에 따라 적용 ② 정비능력 - 정비인원의 등급에 따라 차등적용	① 정비사 수 2명으로 6.5점 ② 1등급 1명, 2등급 1명이므로 7.25점	13.75
	재무상태	신용평가등급	5	A0이상 : 5점, A- : 4.8점, BBB+ : 4.6점 BBB0 : 4.4점, BBB- : 4.2점, BB+, BB0 : 4점 등	BBB0이므로 4.4점	4.4
	소계		30			28.15
Ⅱ. 입찰가격	-	70-4|(0.88-입찰가격/예정가격)×100|	70		$70-4\left\|\left(\frac{88}{100}-\frac{88.47}{100}\right)\times 100\right\| = 68.12$	68.12
Ⅲ. 신인도	계약이행 성실도	① 부실하자 ② 납품지연 ③ 부정당업자 제재	+1.5 ~ -3		해당없음	
	사회적 책임 등 신뢰정도	① 고용창출 ② 서비스 우수 ③ 혁신형 중소기업 ④ 장애인기업 ⑤ 여성기업 지원 등 ⑥ 정책지원			혁신형 중소기업	0.6
Ⅳ. 결격사유	당해용역 이행능력 결격여부	부도 등 및 부정당업자제재 상태인 경우 또는 부도 등의 우려가 있어 해당 계약이행이 어렵다고 판단되는 경우(다만, 법정관리, 화의인가 결정 등 법원의 경영정상화 판결을 받은 경우는 제외)	-25		해당없음	
합계			100			96.87

⇨ 주식회사 ○○의 **총점은 96.87점**으로 적격심사 통과점수(95점) 이상이므로 **적격**하다.

6. 건설폐기물 처리용역 적격업체 평가기준

6-1). 건설폐기물 처리용역 적격업체 평가기준 해설

[시행 2019. 10. 24.] [환경부고시 제2019-179호, 2019. 10. 8., 일부개정]

건설폐기물처리용역 적격업체 평가기준

제1조(목적) 이 기준은 「건설폐기물의 재활용촉진에 관한 법률」 (이하 "「건설폐기물법」"이라 한다) 제15조제3항의 규정에 따라 같은 법 같은 조 제1항의 규정에 의한 국가, 지방자치단체, 공공기관 및 「사회기반시설에 대한 민간투자법」 제2조제7호에 따른 사업시행자(같은 법 제4조제4호에 해당하는 경우는 제외한다)가 발주하는 건설폐기물처리용역의 적격업체를 선정하기 위한 평가기준을(이하 "평가기준"이라 한다) 정함을 목적으로 한다.

제1조의2(심사대상) ① 이 기준은 「건설폐기물법」 제16조제1항에 따른 건설폐기물 처리용역 중 같은 항 제1호에 해당하는 자와 체결하고자 하는 용역의 계약에서 계약이행능력을 심사하여 낙찰자를 결정하는 입찰을 대상으로 한다. **다만, 중간처리를 포함하지 않는 수집·운반 용역계약을 위한 입찰은 제외**한다.

② 제1항 단서에 따른 용역계약 및 「건설폐기물법」 **제16조제1항제2호부터 제4호에 해당하는 자와 체결**하고자 하는 건설폐기물 처리용역 계약은 **기획재정부 계약예규 「적격심사기준」에서 정하는 바에 따른다**.

당해기준은 건설폐기물법 제16조제1항제1호에 규정된 건설폐기물 처리업자(수집·운반업자와 중간처리업자)와의 계약에만 적용된다. 따라서 건설폐기물법 제16조제1항제2호부터 제4호에 규정된 폐기물관리법 상 중간처분업(소각 등), 최종처분업(매립 등) 적격심사는 당해기준을 적용할 수 없고 제2항에 따라 기재부 계약예규 「적격심사기준」에서 정하는 바에 따른다.

<참고> 건설폐기물의 재활용촉진에 관한 법률(건설폐기물법)

○ 제7조(건설폐기물 처리업자 등의 의무) ① 수집·운반업자와 중간처리업자(이하 "건설폐기물 처리업자"라 한다)는 건설폐기물을 친환경적으로 수집·운반하고 적절하게 처리하여야 한다.

○ 제16조(건설폐기물 처리용역의 위탁·수탁 계약 등) ① 배출자는 해당 건설공사 현장에서 발생하는 건설폐기물을 스스로 처리하거나 <생략>

1. 건설폐기물 처리업자
2. 「폐기물관리법」 제4조 또는 제5조에 따른 폐기물처리시설을 설치·운영하는 자
3. 「폐기물관리법」 제25조제3항에 따른 폐기물처리업의 허가를 받은 자
4. 「폐기물관리법」 제46조에 따른 폐기물처리 신고를 한 자

제2조(평가기준) ① 평가기준의 평가항목 및 배점기준은 별표에 따른다.

② 각 평가항목별 **평가기준일**은 **입찰공고 등에 다르게 정한 경우를 제외하고는 입찰 공고일**로 한다. 다만, **이행능력 중 당해용역금액 대비 최근 3년간 용역수행금액**의 경우는 **입찰공고일 바로 전년도부터 기산하여 국가 회계연도**를 기준으로 평가하고, **결격여부**에 대하여는 **낙찰자 결정일**을 기준일로 한다.

적격심사의 평가기준일은 입찰공고일이 원칙이다. 개찰일 또는 적격심사 서류제출 마감일 등을 기준일로 생각하는 경우가 있는데 이는 옳지 않다. 또한 단서에서 규정하는 2가지 예외사항에 유의하여야 한다.

<Example>

Q) 입찰공고일이 '20.1.15., 개찰일이 1.23., 적격심사 서류접수 마감일이 1.28.라고 가정해보자. 업체가 제출한 신용평가등급 확인서의 유효기간이 '19.1.23.~'20.1.22.라고 한다면 이는 인정이 가능한가?

A) 서류접수 받은 시점에 유효기간이 완료되었더라도, 평가기준일은 입찰공고일이고 해당 신용평가서의 유효기간은 입찰공고일을 포함하므로 유효하게 인정해야 한다.

③ 평가기준에 의한 평가점수의 계산결과 소수점 이하의 숫자가 있는 경우로서 별도로 정하지 아니한 때에는 **소수점 이하 셋째 자리에서 반올림하여 계산**한다.

제2조의2(신인도평가) 신인도 평가는 별표에서 정한 기준에 따라 평가하되, 신인도 심사결과 총평점은 각 항목의 가점 합계와 감점 합계를 상계한 점수로 한다. 다만, 신인도 총평점이 음(-)인 경우에는 적격심사 대상자가 취득한 해당용역 수행능력의 취득점수에서 감점하고, **신인도** 총평점이 **양(+)**인 경우에는 적격심사 대상자가 취득한 **해당용역 수행능력**의 취득**점수**가 심사분야별 **배점한도**에 부족한 경우에만 **배점한도 내에서 가산점**을 부여한다.

최종신인도는 가점합계와 감점합계를 상계한 점수이며, 가점은 해당용역수행능력 합계가 배점한도에 미달하는 경우에만 부여한다. 여기서 해당용역 수행능력은 제4조 및 [별표] 상 I. 당해용역 수행능력과 동일한 의미로 보인다.

<Example>

Q) 추정가격 20억원인 사업에서 A업체는 이행능력 49.9점, 경영상태 20점, 입찰가격 25점을 획득하였다. A업체는 행정안전부장관이 확인해 준 '비상대비 중점관리 대상업체'로 가정(신인도 0.15점)할 때, A업체의 최종점수는?

A) 추정가격 15억원 이상인 사업의 당해용역 수행능력의 배점한도는 70점(50+20)이다. A업체의 취득점수 중 당해용역 수행능력 점수는 69.9점(49.9+20)으로 배점한도에 비해 0.1점이 미달되므로 가점요소 0.15점 중 0.1점만 더해져 A업체의 최종 획득점수는 49.9+20+25+0.1 = 95점이 된다.

제3조(수행능력 결격사유) 적격평가 대상자가 부도・파산상태에 있는 경우에는 평가에서 제외한다.

제4조(낙찰자결정) ① 예정가격 이하로서 **최저가입찰자로부터** 당해용역 수행능력과 입찰가격 등의 평가점수를 합산하여 종합평점이 추정가격에 따른 다음 각 호의 용역규모별 적격통과점수 이상인 최저가 입찰자를 낙찰자로 결정한다.

1. 100억원 이상 용역의 경우 85점 이상
2. 100억원 미만 30억원 이상 용역의 경우 90점 이상
3. 30억원 미만 용역의 경우 95점 이상

적격심사에서 가장 높은 점수를 얻은 업체가 낙찰되어야 하지 않느냐고 질문하는 경우가 있다. 이는 낙찰자 선정과정을 잘못 이해한 것이다. 낙찰하한율 이상이되 최저가격으로 투찰한 업체가 1순위 업체가 되고, 그 업체가 적격심사에서 일정 점수만 넘으면 낙찰자로 선정되는 것이다. 즉, 입찰가격이 적격심사 점수보다 먼저 고려되어야 하는 것이다.

<참조> 낙찰하한율 정의 및 산출방식

◆ 낙찰하한율은 수행능력점수에서 배점한도 점수를 받는다고 가정할 때, 적격심사를 통과하기 위해 입찰가격점수에서 얻어야할 최소한의 투찰률(= $\frac{입찰가격}{예정가격}$)을 의미한다.

◆ 예를 들어, 추정가격 30억원 미만 15억원 이상인 경우 적격심사점수가 95점 이상이어야 낙찰된다. 당해용역 수행능력 배점한도는 70점이다. 따라서 입찰가격에서 최소한 25점(95-70)을 받아야 낙찰된다. 입찰가격 평점산식에서 $25 \le 30 - \left|\left(\frac{88}{100} - \frac{입찰가격}{예정가격}\right) \times 100\right|$ 로 표현되고, $0.83 \le \frac{입찰가격}{예정가격} \le 0.93$ 이며, $\frac{입찰가격}{예정가격}$는 최소 0.83이 되어야 한다. 다만, 소수점 다섯째자리에서 반올림 가능하므로 $\frac{입찰가격}{예정가격}$는 최소 0.82995가 되어야 한다. 따라서 낙찰하한율은 82.995%다.

② 제1항의 규정에 의한 낙찰자 결정에 있어서 동일가격으로 입찰한 자가 2인 이상인 때에는 당해용역 수행능력 평가결과 최고점수인 자를 낙찰자로 결정하며, 당해용역 수행능력 평가점수도 동일한 경우에는 추첨에 의하여 낙찰자를 결정한다.

③ **계약담당공무원은 부적격 통보를 받은 자가 통보일로부터 3일 이내에 심사결과에 대한 재심사를 요청하였을 때에는 특별한 사유가 없는 한 요청서 접수일로부터 3일 이내에 재심사를 하고, 그 결과를 지체 없이 통보**하여야 한다.

제7조에 따라 기재부 계약예규 적격심사기준 제9조제3항을 준용하여 재심사요청서 접수할 때에는 추가서류를 접수할 수 없다.

제5조(제출서류 및 심사자료 요구 등) ① 계약담당공무원은 입찰을 집행한 후 예정가격 이하로서 최저가입찰자에게 적격심사서류 제출을 요구해야 한다. 다만, 입찰가격점수와 다른 심사분야의 배점한도를 합산한 종합평점이 제4조제1항의 적격심사 통과점수에 미달하는 입찰자에 대해서는 적격심사서류 제출을 생략하게 할 수 있다.

② **적격업체 평가대상자로 통보 받은 입찰자는 통보서를 접수한 날부터 7일 이내**에 별지 1호서식의 적격업체 평가신청서와 함께 다음 각 호의 **서류를 제출**하여야 한다. 다만, 평가대상에 해당하지 않는 서류는 제외한다.

1. 각서 1부(별지 제2호서식)
2. 적격업체 자기평가 및 종합평가표 1부 (별지 제3호서식)
3. 용역이행 실적증명서 1부 (별지 제4호서식)
4. 「신용정보의 이용 및 보호에 관한 법률」 제4조제4항제1호 또는 제4호의 업무를 영위하는 신용정보업자가 발급한 신용평가등급 확인서 1부
5. 기술인력보유 현황 1부(별지 제5호서식)
6. 시설보유 및 적용기술 현황 1부(별지 제6호서식)
7. 장비보유 현황 1부(별지 제7호서식)
8. 신인도 평가에 필요한 서류(허가 관할청, 관계기관 또는 「건설폐기물의 재활용촉진에 관한 법률」 제55조의 규정에 따른 협회 에서 확인한 서류) 1부
9. 배출현장으로부터 당해용역처리장까지의 거리평가에 필요한 서류(「건설폐기물의 재활용촉진에 관한 법률」 제55조에 따른 협회에서 확인한 서류) 1부.
10. 용역이행능력 평가등급 증명서(별지 제8호서식)

> 기재부 계약예규 적격심사기준 제4조에서는 제출기한을 5일 이상으로 규정하고 있고, 훈령에서는 제출기한을 7일 이내로 하도록 하고 있으므로 제출기한을 5일 이상 7일 이내로 정하면 된다.

③ 공동수급체를 구성하여 입찰에 참가할 경우에는 하나의 적격업체 평가신청서에 공동수급체의 구성원별로 관련서류를 제출하여야 한다.

④ 계약담당공무원은 제2항과 제3항에 따라 **제출된 심사서류가 누락되었거나 제출된 서류가 불명확한 경우에는 기한을 정하여 보완을 요구**할 수 있다.

> 기재부 계약예규 적격심사기준 제4조 제2항에서는 보완기간을 통보를 받은 날로부터 3일 이상으로 하여야한다고 규정하고 있다.

<참조> 적격심사 기한 정리

◆ 적격심사과정은 ①적격심사통보→②적격심사→③보완요청→④낙찰통보→⑤재심사 순이다.
- ① **서류제출기한**(계약예규 제4조 및 폐기물기준 제5조 제1항) : **5일 이상 7일 이내**
  ② **적격심사기한**(계약예규 제7조) : **7일 이내(불가피한 경우 3일 연장)**
  ③ **보완요청시 제출기한**(계약예규 제4조) : **3일 이상**
  ④ **낙찰통보는 지체 없이** 하여야한다.(계약예규 제8조 및 제9조 제2항)
  ⑤ **재심사요청기한, 재심사기간**(계약예규 제9조) : **3일 이내**

제6조(부정한 방법으로 서류를 제출한 자) ① 적격업체 평가 시 '신용평가등급확인서', '적격업체 자기평가 및 종합평가표' 등 평가에 필요한 제출서류를 위조, 변조, 허위 등 **부정한 방법으로 제출한자(공동수급체의 경우에는 각 구성원을 말함)는 기획재정부의 회계예규 「적격심사기준」을 준용하여 다음 각 호와 같이 처리**한다.

1. 계약체결 이전인 경우에는 낙찰자 결정대상에서 제외 또는 결정통보 취소
2. 계약체결 이후인 경우에는 당해 계약의 해제 또는 해지

② **제1항에 해당되는 자**에 또는 정당한 사유없이 **심사서류의 전부나 일부를 제출하지 아니한 자** 또는 정당한 사유없이 심사서류 제출 후 **낙찰자 결정전에 심사를 포기한 자**에 대하여는 「국가를 당사자로 하는 계약에 관한 법률」 시행령 제76조, 「지방자치단체를 당사자로 하는 계약에 관한 법률」 시행령 제92조 등 관련 법령에 따라 **입찰참가자격제한 조치**를 취한다.

구체적인 부정당업자의 입찰참가자격 제한기준은 「국가를 당사자로 하는 계약에 관한 법률」 시행규칙 [별표 2]에서 규정하고 있다.

제7조(기타사항) ① 이 평가기준을 적용하기 위한 입찰공고, 적격업체 평가기준 등의 열람, 평가자료 요구, 재평가 등에 관하여는 **기획재정부·행정안전부 회계예규 또는 지침·기준 등 계약·입찰 관련 규정을 준용**한다.

기재부 계약예규 적격심사기준을 준용할 수 있도록 하는 근거규정이다.

② 계약담당공무원은 건설폐기물처리용역계약에 대한 적격업체를 평가함에 있어 이 평가기준에 정하지 아니한 사항과 당해 용역의 '공동수급체 구성 방법 및 기준(규모 또는 금액)' 등 이 평가기준 적용에 필요한 사항에 대하여는 입찰공고 또는 입찰설명서 등에 반영하여 집행할 수 있다.

③ 계약담당공무원은 이행능력 중 '배출현장으로부터 당해용역처리장까지의 거리'에 대한 평가를 위하여 **입찰공고** 또는 입찰설명서 등에 **배출현장의 대표주소지**(도로명 단위명시) 또는 「건설폐기물법」 제55조에 따른 협회에서 운영중인 'GIS 기반 거리측정시스템'에서 확인된 배출현장 대표좌표를 **명시**할 수 있다.

제8조(재검토기한) 환경부장관은 「행정규제기본법」 및 「훈령 · 예규 등의 발령 및 관리에 관한 규정」에 따라 이 고시에 대하여 이 고시일 기준으로 매 3년이 되는 시점(매 3년째의 12월 31일까지를 말한다)마다 그 타당성을 검토하여 개선 등의 조치를 하여야 한다.

[별 표]

평가항목 및 배점기준(제2조 관련)

1. 추정가격 15억원 이상인 용역

구 분	평가분야	평 가 항 목	배점한도
I. 당해용역 수행능력	1.이행능력	가. 당해용역금액대비 최근 3년간 당해용역 수행금액 나. 당해용역 수행능력	50
	2.경영상태	가. 신용평가등급에 의한 평가	20
II. 입찰가격	-	※ 입찰가격 평점산식 참조	30
계			100
III. 신인도	1. 부적정처리 가능성	가. 최근 2년내 사업장폐기물을 버리거나 매립 및 소각하여 벌금형 이상을 받은 자나 행정처분을 받은 자(폐기물관리법 제8조 위반)	△3
		나. 최근 2년내 건설폐기물관리법령에 따른 영업정지 3월 이상 또는 5천만원 이상 과징금 처분을 받은 자	△2
		다. 최근 2년내 건설폐기물관리법령에 따른 영업정지 1월 이상 또는 2천만원 이상 과징금 처분을 받은 자	△1
		라. 최근 2년내 건설폐기물관리법령에 따른 징역 또는 벌금형을 받은 자로서 해당법령에서 정한 위반행위의 처분기준에 따라	
		1) 3년 이하의 징역 또는 3천만원 이하의 벌금 처분대상 이상에 해당되는 자	△0.5
		2) 1)의 처분대상 이외에 해당하는 자(다만, 불법투기 · 매립, 부적정 처리 등으로 주변환경오염, 재위탁, 영업정지기간내 영업, 방치폐기물처리명령 등을 위반한 자는 1)의 감점 적용)	△0.15
	2. 부정당업자 제재	가. 최근 2년 이내에 관련 법령에 따라 부정당업자 제재를 받은 자로서 부정당업자로 제재기간 종료일이 입찰공고일로부터 2년 이내에 포함된 전체 부정당업자 제재건의 총 제재기간에 따라	
		1) 총 제재기간이 2년 이상인 경우	△2.0
		2) 총 제재기간이 1년 이상 2년 미만인 경우	△1.5
		3) 총 제재기간이 6월 이상 1년 미만인 경우	△1.0
		4) 총 제재기간이 6월 미만인 경우	△0.15
	3. 기타	가. 행정안전부장관이 확인해준 '비상대비 중점관리 대상업체'	+0.15
		나. 여성기업지원 및 여성고용촉진 기업 A.「여성기업 지원에 관한 법률」및 같은 법 시행령에서 정한 기업으로서 중소벤처기업부장관(위임받은 자를 포함)에 의해 확인서를 발급받은 여성기업 B. 최근 3개월 평균 여성고용률이 5%이상이면서 최근 3개월 평균 여성종업원이 5인 이상인 여성고용 우수기업 C. 고용노동부장관에 의해 남녀고용평등 우수기업으로 지정 받은 기업	+0.15
		다.「가족친화 사회환경의 조성촉진에 관한 법률」제15조에 따른 가족친화 인증을 받은 기업	+0.15
		라. 장애인기업지원 및 장애인 고용촉진기업 A.「장애인기업활동 촉진법」에서 정한 기업으로서, 중소벤처기업부장관(위임받은 자를 포함)에 의해 확인된 장애인기업 B.「장애인고용촉진 및 직업재활법」제24조에 따른 장애인 고용 우수사업주 C. 최근 3개월 평균 장애인 고용률이 3.1% 이상인 기업	+0.15
		마. 전년도 6개월간 평균고용인원 대비 해당년도 최근 6개월간 평균고용인원 증가율이 5% 이상인 신규채용 우수기업	+0.15
		바. 소기업 또는 소상공인과 "공동수급체(10%이상)"를 구성하는 경우	+0.15
		사.「건설폐기물법 시행령」제3조의2에 따른 순환골재 제품으로서 동 시행령 제17조 각 호의 어느 하나에 해당하는 인증을 받은 경우	+0.15
		아.「건설폐기물법」제47조에 따라 설립된 공제조합에 가입된 업체	+0.15
IV. 결격여부	1. 부실수행	가. 당해 업체가 수행중이거나 수행한 용역과 관련하여 최근 1년 이내에 계약목적(물)의 현저한 손괴를 일으킨 경우(단, 천재지변 등 불가항력적 사유 제외)	△15
	2. 재무위험	가. 부도 또는 파산 우려가 있어 당해 계약이행이 어렵다고 판단되는 경우	△15
		나. 법정관리 또는 화의 결정 후 당좌거래가 재개되어도 동 재개일로부터 1년간 보증서 발급 가능 확인서를 제출하지 못하는 경우	△15

※ 입찰가격 평점산식

◎ 평점(점) = $30 - \left| \left(\frac{88}{100} - \frac{\text{입찰가격}}{\text{예정가격}} \right) \times 100 \right|$

- '| |'은 절대값 표시임
- 입찰가격을 예정가격으로 나눈 결과 소수점 이하의 숫자가 있는 경우에는 소수점 다섯째 자리에서 반올림함.
- 최저평점은 2점으로 함.

※ 당해용역 규모란 입찰공고시 제시한 용역규모를 말한다.

※ 신인도 부적정처리 가능성 평가항목에서 동일 위반행위로 행정처분과 징역 또는 벌금형이 동시에 적용될 경우 높은 감점을 적용하고, 같은 평가항목에서 라목의 경우 2019년 1월 1일 이후 처벌된 업체부터 적용하며, 기타 가점 평가항목 중 '가~바' 항목은 중복하여 평가할 수 없고 그 중 한 가지만 가점 적용한다.

15억원 이상 당해용역 수행능력 배점한도 세부내역(제1호 관련)

<table>
<tr><th>평가
분야</th><th colspan="3">평가항목</th><th>배점
한도</th><th>평 점</th></tr>
<tr><td rowspan="8">1.
이행
능력
(50)</td><td rowspan="2">가. 당해용역금액대비
최근3년간용역수행금액(18)</td><td colspan="2">수집 · 운반</td><td>9</td><td>A. 100%이상 : 9 B. 80%이상 ~ 100%미만 : 8 C. 80%미만 : 7</td></tr>
<tr><td colspan="2">중간처리</td><td>9</td><td>A. 150%이상 : 9 B. 100%이상 ~ 150%미만 : 8 C. 100%미만 : 7</td></tr>
<tr><td rowspan="6">나. 당해용역수행능력(32)</td><td colspan="2">당해용역 1일평균 수집운반량 대비 1일 수집 · 운반능력</td><td>6</td><td>A. 100%이상 : 6 B. 50%이상 ~ 100%미만 : 5 C. 50%미만 : 4</td></tr>
<tr><td rowspan="5">중간
처리</td><td>당해용역 1일 평균처리량 대비 1일 처리능력</td><td>6</td><td>A. 150%이상 : 6 B. 100%이상 ~ 150%미만 : 5 C. 100%미만 : 4</td></tr>
<tr><td>배출현장으로부터당해용역 처리장까지의 거리</td><td>3</td><td>A. 100km 미만 : 3 B. 100~150km 미만 : 2.85
C. 150~200km 미만 : 2.70 D. 200km 이상 : 2.55</td></tr>
<tr><td>시설의 우수성 및 기술성</td><td>6</td><td>A. 신기술 및 특허기술
a. 신기술<table><tr><th>구 분</th><th>인 · 검증기술</th><th>인증기술</th></tr><tr><td>환경 · 건설분야 신기술 중 중간처리 신기술</td><td>2.0</td><td>1.7</td></tr><tr><td>환경 · 건설분야 신기술 중 기타 신기술 및 환경 · 건설분야 외 신기술</td><td>1.3</td><td>1.0</td></tr></table>b. 환경건설분야 특허 중 중간처리 특허기술 : 0.5
B. 기본배점 : 4.0</td></tr>
<tr><td>순환골재 품질인증</td><td>6</td><td>A. 품질인증
a. 콘크리트용 0.5 b. 도로공사용 또는 아스콘용 : 0.35
B. 기본배점 : 5.5</td></tr>
<tr><td>용역이행능력평가</td><td>5</td><td><table><tr><th>용역이행능력 평가등급</th><th>용역이행능력 평가액 (억원)</th><th>평 점</th></tr><tr><td>A</td><td>30</td><td>0.60</td></tr><tr><td>B</td><td>20</td><td>0.45</td></tr><tr><td>C</td><td>15</td><td>0.30</td></tr><tr><td>D</td><td>6</td><td>0.15</td></tr><tr><td>기본배점</td><td>-</td><td>4.40</td></tr></table></td></tr>
<tr><td>2.
경영
상태
(20)</td><td colspan="3">신용평가등급에 의한 평가</td><td>20</td><td><table><tr><th>회사채 · 기업신용평가</th><th>기업어음</th><th>평 점</th></tr><tr><td>AAA</td><td>-</td><td>20.0</td></tr><tr><td>AA+, AA0, AA-</td><td>A1</td><td>20.0</td></tr><tr><td>A+</td><td>A2+</td><td>19.85</td></tr><tr><td>A0</td><td>A20</td><td>19.70</td></tr><tr><td>A-</td><td>A2-</td><td>19.55</td></tr><tr><td>BBB+</td><td>A3+</td><td>19.40</td></tr><tr><td>BBB0</td><td>A30</td><td>19.25</td></tr><tr><td>BBB-</td><td>A3-</td><td>19.10</td></tr><tr><td>BB+, BB0</td><td>B+</td><td>18.95</td></tr><tr><td>BB-</td><td>B0</td><td>18.80</td></tr><tr><td>B+, B0, B-</td><td>B-</td><td>18.65</td></tr><tr><td>CCC+ 이하</td><td>C이하</td><td>18.50</td></tr></table></td></tr>
</table>

2. 추정가격 15억원 미만 5억원 이상인 용역

구 분	평가분야	평 가 항 목	배점한도
I. 당해용역 수행능력	1.이행능력	가. 당해용역금액대비 최근 3년간 당해용역 수행금액 나. 당해용역 수행능력	35
	2.경영상태	가. 신용평가등급에 의한 평가	15
II. 입찰가격	-	※ 입찰가격 평점산식 참조	50
계			100
III. 신인도	1. 부적정처리 가능성	가. 최근 2년내 사업장폐기물을 버리거나 매립 및 소각하여 벌금형 이상을 받은 자나 행정처분을 받은 자(폐기물관리법 제8조 위반) 나. 최근 2년내 건설폐기물관리법령에 따른 영업정지 3월 이상 또는 5천만원 이상 과징금 처분을 받은 자 다. 최근 1년내 건설폐기물관리법령에 따른 영업정지 1월 이상 또는 2천만원 이상 과징금 처분을 받은 자 라. 최근 1년내 건설폐기물관리법령에 따른 징역 또는 벌금형을 받은 자로서 해당법령에서 정한 위반행위의 처분기준에 따라 1) 3년 이하의 징역 또는 3천만원 이하의 벌금 처분대상 이상에 해당되는 자 2) 1)의 처분대상 이외에 해당하는 자(다만, 불법투기·매립, 부적정 처리 등으로 주변환경오염, 재위탁, 영업정지기간내 영업, 방치폐기물처리명령 등을 위반한 자는 1)의 감점 적용)	△3 △2 △1 △0.5 △0.12
	2. 부정당업자 제재	가. 최근 2년 이내에 관련 법령에 따라 부정당업자 제재를 받은 자로서 부정당업자로 제재기간 종료일이 입찰공고일로부터 2년 이내에 포함된 전체 부정당업자 제재건의 총 제재기간에 따라 1) 총 제재기간이 2년 이상인 경우 2) 총 제재기간이 1년 이상 2년 미만인 경우 3) 총 제재기간이 6월 이상 1년 미만인 경우 4) 총 제재기간이 6월 미만인 경우	 △2.0 △1.5 △1.0 △0.12
	3. 기타	가. 행정안전부장관이 확인해준 '비상대비 중점관리 대상업체' 나. 여성기업지원 및 여성고용촉진 기업 A.「여성기업 지원에 관한 법률」및 같은 법 시행령에서 정한 기업으로서 중소벤처기업부장관(위임받은 자를 포함)에 의해 확인서를 발급받은 여성기업 B. 최근 3개월 평균 여성고용률이 5%이상이면서 최근 3개월 평균 여성종업원이 5인 이상인 여성고용 우수기업 C. 고용노동부장관에 의해 남녀고용평등 우수기업으로 지정 받은 기업 다.「가족친화 사회환경의 조성촉진에 관한 법률」제15조에 따른 가족친화 인증을 받은 기업 라. 장애인기업지원 및 장애인 고용촉진기업 A.「장애인기업활동 촉진법」에서 정한 기업으로서, 중소벤처기업부장관(위임받은 자를 포함)에 의해 확인된 장애인기업 B.「장애인고용촉진 및 직업재활법」제24조에 따른 장애인 고용 우수사업주 C. 최근 3개월 평균 장애인 고용률이 3.1% 이상인 기업 마. 전년도 6개월간 평균고용인원 대비 해당년도 최근 6개월간 평균고용인원 증가율이 5% 이상인 신규채용 우수기업 바. 소기업 또는 소상공인과 "공동수급체(10%이상)"를 구성하는 경우 사.「건설폐기물법 시행령」제3조의2에 따른 순환골재 제품으로서 동 시행령 제17조 각 호의 어느 하나에 해당하는 인증을 받은 경우 아.「건설폐기물법」제47조에 따라 설립된 공제조합에 가입된 업체	+0.12 +0.12 +0.12 +0.12 +0.12 +0.12 +0.12 +0.12
IV. 결격여부	1. 부실수행	가. 당해 업체가 수행중이거나 수행한 용역과 관련하여 최근 1년 이내에 계약목적(물)의 현저한 손괴를 일으킨 경우(단, 천재지변 등 불가항력적 사유 제외)	△15
	2. 재무위험	가. 부도 또는 파산 우려가 있어 당해 계약이행이 어렵다고 판단되는 경우 나. 법정관리 또는 화의 결정 후 당좌거래가 재개되어도 동 재개일로부터 1년간 보증서 발급 가능 확인서를 제출하지 못하는 경우	△15 △15

※ 입찰가격 평점산식

◎ 평점(점) = $50-2\times\left|\left(\frac{88}{100}-\frac{\text{입찰가격}}{\text{예정가격}}\right)\times100\right|$

-'| |'은 절대값 표시임

- 입찰가격을 예정가격으로 나눈 결과 소수점 이하의 숫자가 있는 경우에는 소수점 다섯째 자리에서 반올림함. 입찰가격이 예정가격이하로서 100분의 90.5 이상인 경우의 평점은 45점으로 함

- 최저평점은 2점으로 함.

※ 당해용역 규모란 입찰공고시 제시한 용역규모를 말한다.

※ 신인도 부적정처리 가능성 평가항목에서 동일 위반행위로 행정처분과 징역 또는 벌금형이 동시에 적용될 경우 높은 감점을 적용하고, 같은 평가항목에서 라목의 경우 2019년 1월 1일 이후 처벌된 업체부터 적용하며, 기타 가점 평가항목 중 '가~바' 항목은 중복하여 평가할 수 없고 그 중 한 가지만 가점 적용한다.

15억원 미만 5억원 이상 당해용역 수행능력 배점한도 세부내역(제2호 관련)

<table>
<tr><th>평가분야</th><th colspan="3">평가항목</th><th>배점한도</th><th>평 점</th></tr>
<tr><td rowspan="8">1. 이행능력(35)</td><td rowspan="2">가. 당해용역금액대비 최근3년간용역수행금액(12)</td><td colspan="2">수집·운반</td><td>6</td><td>A. 100%이상 : 6 B. 80%이상 ~ 100%미만 : 5 C. 80%미만 : 4</td></tr>
<tr><td colspan="2">중간처리</td><td>6</td><td>A. 150%이상 : 6 B. 100%이상 ~ 150%미만 : 5 C. 100%미만 : 4</td></tr>
<tr><td rowspan="6">나. 당해용역수행능력(23)</td><td colspan="2">당해용역 1일평균 수집운반량 대비 1일 수집·운반능력</td><td>4</td><td>A. 100%이상 : 4 B. 50%이상 ~ 100%미만 : 3 C. 50%미만 : 2</td></tr>
<tr><td rowspan="5">중간처리</td><td>당해용역 1일 평균처리량 대비 1일 처리능력</td><td>4</td><td>A. 150%이상 : 4 B. 100%이상 ~ 150%미만 : 3 C. 100%미만 : 2</td></tr>
<tr><td>배출현장으로부터당해용역 처리장까지의 거리</td><td>2</td><td>A. 100km 미만 : 2 B. 100~150km 미만 : 1.88
C. 150~200km 미만 : 1.76 D. 200km 이상 : 1.64</td></tr>
<tr><td>시설의 우수성 및 기술성</td><td>5</td><td>A. 신기술 및 특허기술
a. 신기술<table><tr><th>구 분</th><th>인·검증기술</th><th>인증기술</th></tr><tr><td>환경·건설분야 신기술 중 중간처리 신기술</td><td>1.5</td><td>1.26</td></tr><tr><td>환경·건설분야 신기술 중 기타 신기술 및 환경·건설분야 외 신기술</td><td>1.0</td><td>0.76</td></tr></table>b. 환경건설분야 특허 중 중간처리 특허기술 : 0.4
B. 기본배점 : 3.5</td></tr>
<tr><td>순환골재 품질인증</td><td>5</td><td>A. 품질인증
a. 콘크리트용 : 0.4 b. 도로공사용 또는 아스콘용 : 0.28
B. 기본배점 : 4.6</td></tr>
<tr><td>용역이행능력평가</td><td>3</td><td><table><tr><th>용역이행능력 평가등급</th><th>용역이행능력 평가액 (억원)</th><th>평 점</th></tr><tr><td>A</td><td>20</td><td>0.48</td></tr><tr><td>B</td><td>15</td><td>0.36</td></tr><tr><td>C</td><td>6</td><td>0.24</td></tr><tr><td>D</td><td>4</td><td>0.12</td></tr><tr><td>기본배점</td><td>-</td><td>2.52</td></tr></table></td></tr>
<tr><td>2. 경영상태(15)</td><td colspan="3">신용평가등급에 의한 평가</td><td>15</td><td><table><tr><th>회사채·기업신용평가</th><th>기업어음</th><th>평 점</th></tr><tr><td>AAA</td><td>-</td><td>15.0</td></tr><tr><td>AA+, AA0, AA-</td><td>A1</td><td>15.0</td></tr><tr><td>A+</td><td>A2+</td><td>15.0</td></tr><tr><td>A0</td><td>A20</td><td>14.88</td></tr><tr><td>A-</td><td>A2-</td><td>14.76</td></tr><tr><td>BBB+</td><td>A3+</td><td>14.64</td></tr><tr><td>BBB0</td><td>A30</td><td>14.52</td></tr><tr><td>BBB-</td><td>A3-</td><td>14.40</td></tr><tr><td>BB+, BB0</td><td>B+</td><td>14.28</td></tr><tr><td>BB-</td><td>B0</td><td>14.16</td></tr><tr><td>B+, B0, B-</td><td>B-</td><td>14.04</td></tr><tr><td>CCC+ 이하</td><td>C이하</td><td>13.92</td></tr></table></td></tr>
</table>

3. 추정가격 5억원 미만 2억원 이상인 용역(제3호 관련)

구 분	평가분야	평 가 항 목	배점한도
Ⅰ. 당해용역 수행능력	1.이행능력	가. 당해용역금액대비 최근 3년간 당해용역 수행금액 나. 당해용역 수행능력	30
	2.경영상태	가. 신용평가등급에 의한 평가	10
Ⅱ. 입찰가격	-	※ 입찰가격 평점산식 참조	60
계			100
Ⅲ. 신인도	1. 부적정처리 가능성	가. 최근 2년내 사업장폐기물을 버리거나 매립 및 소각하여 벌금형 이상을 받은 자나 행정처분을 받은 자(폐기물관리법 제8조 위반) 나. 최근 2년내 건설폐기물관리법령에 따른 영업정지 3월 이상 또는 5천만원 이상 과징금 처분을 받은 자 다. 최근 1년내 건설폐기물관리법령에 따른 영업정지 1월 이상 또는 2천만원 이상 과징금 처분을 받은 자 라. 최근 1년내 건설폐기물관리법령에 따른 징역 또는 벌금형을 받은 자로서 해당법령에서 정한 위반행위의 처분기준에 따라 1) 3년 이하의 징역 또는 3천만원 이하의 벌금 처분대상 이상에 해당되는 자 2) 1)의 처분대상 이외에 해당하는 자(다만, 불법투기ㆍ매립, 부적정 처리 등으로 주변환경오염, 재위탁, 영업정지기간내 영업, 방치폐기물처리명령 등을 위반한 자는 1)의 감점 적용)	△3 △2 △1 △0.5 △0.09
	2. 부정당업자 제재	가. 최근 2년 이내에 관련 법령에 따라 부정당업자 제재를 받은 자로서 부정당업자로 제재기간 종료일이 입찰공고일로부터 2년 이내에 포함된 전체 부정당업자 제재건의 총 제재기간에 따라 1) 총 제재기간이 2년 이상인 경우 2) 총 제재기간이 1년 이상 2년 미만인 경우 3) 총 제재기간이 6월 이상 1년 미만인 경우 4) 총 제재기간이 6월 미만인 경우	 △2.0 △1.5 △1.0 △0.09
	3. 기타	가. 행정안전부장관이 확인해준 '비상대비 중점관리 대상업체' 나. 여성기업지원 및 여성고용촉진 기업 A.「여성기업 지원에 관한 법률」및 같은 법 시행령에서 정한 기업으로서 중소벤처기업부장관(위임받은 자를 포함)에 의해 확인서를 발급받은 여성기업 B. 최근 3개월 평균 여성고용률이 5%이상이면서 최근 3개월 평균 여성종업원이 5인 이상인 여성고용 우수기업 C. 고용노동부장관에 의해 남녀고용평등 우수기업으로 지정 받은 기업 다.「가족친화 사회환경의 조성촉진에 관한 법률」제15조에 따른 가족친화 인증을 받은 기업 라. 장애인기업지원 및 장애인 고용촉진기업 A.「장애인기업활동 촉진법」에서 정한 기업으로서, 중소벤처기업부장관(위임받은 자를 포함)에 의해 확인된 장애인기업 B.「장애인고용촉진 및 직업재활법」제24조에 따른 장애인 고용 우수사업주 C. 최근 3개월 평균 장애인 고용률이 3.1% 이상인 기업 마. 전년도 6개월간 평균고용인원 대비 해당년도 최근 6개월간 평균고용인원 증가율이 5% 이상인 신규채용 우수기업 바. 소기업 또는 소상공인과 "공동수급체(10%이상)"를 구성하는 경우 사.「건설폐기물법 시행령」제3조의2에 따른 순환골재 제품으로서 동 시행령 제17조 각 호의 어느 하나에 해당하는 인증을 받은 경우 아.「건설폐기물법」제47조에 따라 설립된 공제조합에 가입된 업체	+0.09 +0.09 +0.09 +0.09 +0.09 +0.09 +0.09 +0.09
Ⅳ. 결격여부	1. 부실수행	가. 당해 업체가 수행중이거나 수행한 용역과 관련하여 최근 1년 이내에 계약목적(물)의 현저한 손괴를 일으킨 경우(단, 천재지변 등 불가항력적 사유 제외)	△15
	2. 재무위험	가. 부도 또는 파산 우려가 있어 당해 계약이행이 어렵다고 판단되는 경우 나. 법정관리 또는 화의 결정 후 당좌거래가 재개되어도 동 재개일로부터 1년간 보증서 발급 가능 확인서를 제출하지 못하는 경우	△15 △15

※ 입찰가격 평점산식

◎ 평점(점) = $60-4\times \left| \left(\frac{88}{100} - \frac{\text{입찰가격}}{\text{예정가격}} \right)\times 100 \right|$

- '| |'은 절대값 표시임
- 입찰가격을 예정가격으로 나눈 결과 소수점 이하의 숫자가 있는 경우에는 소수점 다섯째 자리에서 반올림함. 입찰가격이 예정가격이하로써 100분의 89.25이상인 경우의 평점은 55점으로 함
- 최저평점은 2점으로 함.

※ 당해용역 규모란 입찰공고시 제시한 용역규모를 말한다.

※ 신인도 부적정처리 가능성 평가항목에서 동일 위반행위로 행정처분과 징역 또는 벌금형이 동시에 적용될 경우 높은 감점을 적용하고, 같은 평가항목에서 라목의 경우 2019년 1월 1일 이후 처벌한 업체부터 적용하며, 기타 가점 평가항목 중 '가~바' 항목은 중복하여 평가할 수 없고 그 중 한 가지만 가점 적용한다.

5억원 미만 2억원 이상 당해용역 수행능력 배점한도 세부내역(제3호 관련)

<table>
<tr><th>평가분야</th><th colspan="3">평가항목</th><th>배점한도</th><th>평점</th></tr>
<tr><td rowspan="9">1.이행능력(30)</td><td rowspan="2">가. 당해용역금액대비 최근3년간용역수행금액(11)</td><td colspan="2">수집・운반</td><td>5</td><td>A. 100%이상 : 5 / B. 80%이상 ~ 100%미만 : 4 / C. 80%미만 : 3</td></tr>
<tr><td colspan="2">중간처리</td><td>6</td><td>A. 150%이상 : 6 / B. 100%이상 ~ 150%미만 : 5 / C. 100%미만 : 4</td></tr>
<tr><td rowspan="7">나.당해용역수행능력(19)</td><td colspan="2">당해용역 1일평균 수집운반량 대비 1일 수집・운반능력</td><td>3</td><td>A. 100%이상 : 3 / B. 50%이상 ~ 100%미만 : 2 / C. 50%미만 : 1</td></tr>
<tr><td rowspan="5">중간처리</td><td>당해용역 1일 평균처리량 대비 1일 처리능력</td><td>4</td><td>A. 150%이상 : 4 / B. 100%이상 ~ 150%미만 : 3 / C. 100%미만 : 2</td></tr>
<tr><td>배출현장으로부터당해용역 처리장까지의 거리</td><td>2</td><td>A. 100km 미만 : 2 / B. 100~150km 미만 : 1.91
C. 150~200km 미만 : 1.82 / D. 200km 이상 : 1.73</td></tr>
<tr><td>시설의 우수성 및 기술성</td><td>3</td><td>A. 신기술 및 특허기술
a. 신기술<table><tr><th>구 분</th><th>인・검증기술</th><th>인증기술</th></tr><tr><td>환경・건설분야 신기술 중 중간처리 신기술</td><td>1.0</td><td>0.82</td></tr><tr><td>환경・건설분야 신기술 중 기타 신기술 및 환경・건설분야 외 신기술</td><td>0.65</td><td>0.47</td></tr></table>b. 환경건설분야 특허 중 중간처리 특허기술 : 0.2
B. 기본배점 : 2.0</td></tr>
<tr><td>순환골재 품질인증</td><td>4</td><td>A. 품질인증
a. 콘크리트용 : 0.3 b. 도로공사용 또는 아스콘용 : 0.21
B. 기본배점 : 3.7</td></tr>
<tr><td>용역이행능력평가</td><td>3</td><td><table><tr><th>용역이행능력 평가등급</th><th>용역이행능력 평가액 (억원)</th><th>평 점</th></tr><tr><td>A</td><td>15</td><td>0.36</td></tr><tr><td>B</td><td>6</td><td>0.27</td></tr><tr><td>C</td><td>4</td><td>0.18</td></tr><tr><td>D</td><td>3</td><td>0.09</td></tr><tr><td>기본배점</td><td>-</td><td>2.64</td></tr></table></td></tr>
<tr><td colspan="2"></td><td></td><td></td></tr>
<tr><td>2. 경영상태(10)</td><td colspan="3">신용평가등급에 의한 평가</td><td>10</td><td><table><tr><th>회사채・기업신용평가</th><th>기업어음</th><th>평 점</th></tr><tr><td>AAA</td><td>-</td><td>10.0</td></tr><tr><td>AA+, AA0, AA-</td><td>A1</td><td>10.0</td></tr><tr><td>A+</td><td>A2+</td><td>10.0</td></tr><tr><td>A0</td><td>A20</td><td>10.0</td></tr><tr><td>A-</td><td>A2-</td><td>9.91</td></tr><tr><td>BBB+</td><td>A3+</td><td>9.82</td></tr><tr><td>BBB0</td><td>A30</td><td>9.73</td></tr><tr><td>BBB-</td><td>A3-</td><td>9.64</td></tr><tr><td>BB+, BB0</td><td>B+</td><td>9.55</td></tr><tr><td>BB-</td><td>B0</td><td>9.46</td></tr><tr><td>B+, B0, B-</td><td>B-</td><td>9.37</td></tr><tr><td>CCC+ 이하</td><td>C이하</td><td>9.28</td></tr></table></td></tr>
</table>

4. 추정가격 2억원 미만인 용역

구 분	평가분야	평 가 항 목	배점한도
Ⅰ. 당해용역 수행능력	1. 이행능력	가. 당해용역금액대비 최근 3년간 당해용역 수행금액 나. 당해용역 수행능력	20
	2. 경영상태	가. 신용평가등급에 의한 평가	10
Ⅱ. 입찰가격	-	※ 입찰가격 평점산식 참조	70
계			100
Ⅲ. 신인도	1. 부적정처리 가능성	가 최근 2년내 사업장폐기물을 버리거나 매립 및 소각하여 벌금형 이상을 받은 자나 행정처분을 받은 자(폐기물관리법 제8조 위반) 나 최근 2년내 건설폐기물관리법령에 따른 영업정지 3월 이상 또는 5천만원 이상 과징금 처분을 받은 자 다 최근 1년내 건설폐기물관리법령에 따른 영업정지 1월 이상 또는 2천만원 이상 과징금 처분을 받은 자 라 최근 1년내 건설폐기물관리법령에 따른 징역 또는 벌금형을 받은 자로서 해당법령에서 정한 위반행위의 처분기준에 따라 1 3년 이하의 징역 또는 3천만원 이하의 벌금 처분대상 이상에 해당되는 자 2 1)의 처분대상 이외에 해당하는 자(다만, 불법투기·매립, 부적정 처리 등으로 주변환경오염, 재위탁, 영업정지기간내 영업, 방치폐기물처리명령 등을 위반한 자는 1)의 감점 적용)	△3 △2 △1 △0.5 △0.06
	2. 부정당업자 제재	가 최근 2년 이내에 관련 법령에 따라 부정당업자 제재를 받은 자로서 부정당업자로 제재기간 종료일이 입찰공고일로부터 2년 이내에 포함된 전체 부정당업자 제재건의 총 제재기간에 따라 1 총 제재기간이 2년 이상인 경우 2 총 제재기간이 1년 이상 2년 미만인 경우 3 총 제재기간이 6월 이상 1년 미만인 경우 4 총 제재기간이 6월 미만인 경우	 △2.0 △1.5 △1.0 △0.06
	3. 기타	가. 행정안전부장관이 확인해준 '비상대비 중점관리 대상업체' 나. 여성기업지원 및 여성고용촉진 기업 A 「여성기업 지원에 관한 법률」 및 같은 법 시행령에서 정한 기업으로서 중소벤처기업부장관(위임받은 자를 포함)에 의해 확인서를 발급받은 여성기업 B 최근 3개월 평균 여성고용률이 5%이상이면서 최근 3개월 평균 여성종업원이 5인 이상인 여성고용 우수기업 C 고용노동부장관에 의해 남녀고용평등 우수기업으로 지정 받은 기업 다. 「가족친화 사회환경의 조성촉진에 관한 법률」 제15조에 따른 가족친화 인증을 받은 기업 라. 장애인기업지원 및 장애인 고용촉진기업 A 「장애인기업활동 촉진법」에서 정한 기업으로서, 중소벤처기업부장관(위임받은 자를 포함)에 의해 확인된 장애인기업 B 「장애인고용촉진 및 직업재활법」 제24조에 따른 장애인 고용 우수사업주 C. 최근 3개월 평균 장애인 고용률이 3.1% 이상인 기업 마. 전년도 6개월간 평균고용인원 대비 해당년도 최근 6개월간 평균고용인원 증가율이 5% 이상인 신규채용 우수기업 바. 소기업 또는 소상공인과 "공동수급체(10%이상)"를 구성하는 경우 사. 「건설폐기물법 시행령」 제3조의2에 따른 순환골재 제품으로서 동 시행령 제17조 각 호의 어느 하나에 해당하는 인증을 받은 경우 아. 「건설폐기물법」 제47조에 따라 설립된 공제조합에 가입된 업체	+0.06 +0.06 +0.06 +0.06 +0.06 +0.06 +0.06 +0.06
Ⅳ. 결격여부	1. 부실수행	가. 당해 업체가 수행중이거나 수행한 용역과 관련하여 최근 1년 이내에 계약목적(물)의 현저한 손괴를 일으킨 경우(단, 천재지변 등 불가항력적 사유 제외)	△15
	2. 재무위험	가. 부도 또는 파산 우려가 있어 당해 계약이행이 어렵다고 판단되는 경우 나. 법정관리 또는 화의 결정 후 당좌거래가 재개되어도 동 재개일로부터 1년간 보증서 발급 가능 확인서를 제출하지 못하는 경우	△15 △15

※ 입찰가격 평점산식

◎ 평점(점) = $70-20 \times \left| \left(\frac{88}{100} - \frac{입찰가격}{예정가격} \right) \times 100 \right|$

- '| |'은 절대값 표시임
- 입찰가격을 예정가격으로 나눈 결과 소수점 이하의 숫자가 있는 경우에는 소수점 다섯째 자리에서 반올림함. 입찰가격이 예정가격이하로써 100분의 88.25이상인 경우의 평점은 65점으로 함
- 최저평점은 5점으로 함.

※ 당해용역 규모란 입찰공고시 제시한 용역규모를 말한다.
※ 신인도 부적정처리 가능성 평가항목에서 동일 위반행위로 행정처분과 징역 또는 벌금형이 동시에 적용될 경우 높은 감점을 적용하고, 같은 평가항목에서 라목의 경우 2019년 1월 1일 이후 처벌한 업체부터 적용하며, 기타 가점 평가항목 중 '가~바' 항목은 중복하여 평가할 수 없고 그 중 한 가지만 가점 적용한다.

2억원 미만 당해용역 수행능력 배점한도 세부내역(제4호 관련)

<table>
<tr><th>평가분야</th><th colspan="3">평가항목</th><th>배점한도</th><th>평 점</th></tr>
<tr><td rowspan="9">1. 이행능력(20)</td><td rowspan="2">가. 당해용역금액대비 최근3년간용역수행금액(6)</td><td colspan="2">수집・운반</td><td>3</td><td>A. 100%이상 : 3 B. 80%이상 ~ 100%미만 : 2.6 C. 80%미만 : 2.2</td></tr>
<tr><td colspan="2">중간처리</td><td>3</td><td>A. 150%이상 : 3 B. 100%이상 ~ 150%미만 : 2.6 C. 100%미만 : 2.2</td></tr>
<tr><td rowspan="7">나. 당해용역수행능력(14)</td><td colspan="2">당해용역 1일평균 수집운반량 대비 1일 수집・운반능력</td><td>2</td><td>A. 100%이상 : 2 B. 50%이상 ~ 100%미만 : 1.6 C. 50%미만 : 1.2</td></tr>
<tr><td rowspan="5">중간처리</td><td>당해용역 1일 평균처리량 대비 1일 처리능력</td><td>2</td><td>A. 150%이상 : 2 B. 100%이상 ~ 150%미만 : 1.6 C. 100%미만 : 1.2</td></tr>
<tr><td>배출현장으로부터당해용역처리장까지의 거리</td><td>2</td><td>A. 100km 미만 : 2 B. 100~150km 미만 : 1.94
C. 150~200km 미만 : 1.88 D. 200km 이상 : 1.82</td></tr>
<tr><td>시설의 우수성 및 기술성</td><td>2</td><td>A. 신기술 및 특허기술
a. 신기술<table><tr><th>구 분</th><th>인・검증기술</th><th>인증기술</th></tr><tr><td>환경・건설분야 신기술 중 중간처리 신기술</td><td>1.0</td><td>0.88</td></tr><tr><td>환경・건설분야 신기술 중 기타 신기술 및 환경・건설분야 외 신기술</td><td>0.65</td><td>0.53</td></tr></table>b. 환경건설분야 특허 중 중간처리 특허기술: 0.3
B. 기본배점 : 1.0</td></tr>
<tr><td>순환골재 품질인증</td><td>4</td><td>A. 품질인증
a. 콘크리트용 : 0.2 b. 도로공사용 또는 아스콘용 : 0.14
B. 기본배점 : 3.8</td></tr>
<tr><td>용역이행능력평가</td><td>2</td><td><table><tr><th>용역이행능력 평가등급</th><th>용역이행능력 평가액 (억원)</th><th>평 점</th></tr><tr><td>A</td><td>6</td><td>0.24</td></tr><tr><td>B</td><td>4</td><td>0.18</td></tr><tr><td>C</td><td>2</td><td>0.12</td></tr><tr><td>D</td><td>1</td><td>0.06</td></tr><tr><td>기본배점</td><td>-</td><td>1.76</td></tr></table></td></tr>
<tr><td colspan="3"></td><td></td><td></td></tr>
<tr><td>2. 경영상태(10)</td><td colspan="3">신용평가등급에 의한 평가</td><td>10</td><td><table><tr><th>회사채・기업신용평가</th><th>기업어음</th><th>평 점</th></tr><tr><td>AAA</td><td>-</td><td>10.0</td></tr><tr><td>AA+, AA0, AA-</td><td>A1</td><td>10.0</td></tr><tr><td>A+</td><td>A2+</td><td>10.0</td></tr><tr><td>A0</td><td>A20</td><td>10.0</td></tr><tr><td>A-</td><td>A2-</td><td>10.0</td></tr><tr><td>BBB+</td><td>A3+</td><td>9.94</td></tr><tr><td>BBB0</td><td>A30</td><td>9.88</td></tr><tr><td>BBB-</td><td>A3-</td><td>9.82</td></tr><tr><td>BB+, BB0</td><td>B+</td><td>9.76</td></tr><tr><td>BB-</td><td>B0</td><td>9.70</td></tr><tr><td>B+, B0, B-</td><td>B-</td><td>9.64</td></tr><tr><td>CCC+ 이하</td><td>C이하</td><td>9.58</td></tr></table></td></tr>
</table>

▣ 추정가격별 차이점

추정가격 별로 평가항목별 배점한도, 적격통과점수, 낙찰하한율 및 입찰가격 최저평점 등이 다르다.

추정가격	평가항목별 배점한도			적격통과점수	낙찰하한율	입찰가격 최저평점
	수행능력	입찰가격	신인도			
100억원 이상	70	30	0.45	85	72.995%	2
30억원 이상 100억원 미만				90	77.995%	
15억원 이상 30억원 미만				95	82.995%	
5억원 이상 15억원 미만	50	50	0.36		85.495%	
2억원 이상 5억원 미만	40	60	0.27		86.745%	
2억원 미만	30	70	0.18		87.745%	5

▣ 1. 이행능력 - 가. 당해용역금액대비 최근3년간 당해용역 수행금액

① 당해용역금액대비 최근3년간 당해용역 수행금액은 수집운반과 중간처리 모두 같은 방법으로 구한다.

1. 수집운반 : $\frac{\text{업체의 최근 3년간 수집운반실적}}{\text{수집운반용역금액}} \times 100\%$

2. 중간처리 : $\frac{\text{업체의 최근 3년간 중간처리실적}}{\text{중간처리용역금액}} \times 100\%$

② '최근 3년간 <u>수집운반실적</u>' 산정 시 제출서류로 <u>발주기관의 확인을 받은 실적증명서</u>나 <u>관련협회가 발행하는 용역이행 실적증명서</u>를 제출할 수 있으나, '최근 3년간 <u>중간처리실적</u>' 산정할 때는 <u>반드시 관련협회가 발행하는 용역이행 실적증명서</u>를 제출(협회에 신고 관리되지 않은 실적은 **협회의 확인을 받은** 세금계산서 + 계약서 사본으로 증빙)하여야 한다. ▶ [별표] 5. 나. 2)

③ '최근 3년간 수집운반실적' 및 '최근 3년간 중간처리실적'은 <u>입찰공고일의 직전년도 말일을 기준으로 최근 3년간 실적을 평가</u> ▶ 제2조 제2항

<Example>

Q) A사업의 입찰공고일은 '20.12.23일이고 추정가격은 15억 이상이며 수집운반용역금액과 중간처리용역금액 모두 10억원이다. 1순위 업체의 연도별 실적이 아래와 같은 경우, 1순위 업체의 당해용역금액대비 최근3년간 당해용역 수행금액 점수는?

연도	2016	2017	2018	2019	2020
수집운반실적	2억원	3억원	4억원	5억원	6억원
중간처리실적	2억원	3억원	4억원	5억원	6억원

A) 입찰공고일이 '20년도이므로 그 전년도인 19년도부터 최근 3년의 실적(17, 18, 19년)을 평가해야한다. 따라서 최근 3년간 실적은 수집운반과 중간처리 모두 12억원(3+4+5)이고, 당해용역금액대비 최근 3년간 당해용역수행금액은 모두 $\frac{12억원}{10억원} \times 100\% = 120\%$다. 각 점수는 수집운반은 100%이상이면 만점이므로 9점이고, 중간처리는 150%이상이어야 만점이므로 100~150% 구간에 해당하는 점수인 8점이다. 따라서 최종 점수는 17점(9+8)이 된다.

▣ 1. 이행능력 - 나. 당해용역 수행능력

① 당해용역 1일평균 수집운반량 대비 1일 수집운반능력 : $\frac{\Sigma(\text{업체의 차량별적재량} \times \text{차량대수}) \times \text{운반횟수}}{\text{1일 평균 수집·운반량 기준}} \times 100\%$ ▶ [별표] 5. 나. 4) 가)

- 업체의 수집운반 차량은 입찰공고일 현재 업체(대표자) 소유 자기 장비를 기준으로 해야 한다. ▶ [별표] 5. 나. 1)
- 업체의 차량별 적재량 및 대수는 등록원부 사본 등으로 평가한다. ▶ [별표] 5. 나. 3)
- 운반횟수는 건설공사표준품셈에 따라 산정하는 것이 원칙이나, 곤란할 경우 <운반횟수 산정기준>을 활용할 수 있다. ▶ [별표] 5. 나. 4) 가), 나)
- 1일 평균 수집운반량 기준은 입찰공고문에 제시된다. 주로 총 수집운반량/계약기간으로 계산된다.

② 당해용역 1일 평균처리량 대비 1일 처리능력 : $\frac{\Sigma(\text{업체의 중간처리시설용량} \times \text{시설대수}) \times \text{1일 가동시간}}{\text{1일 평균 중간처리량 기준}} \times 100\%$

- 중간처리장비는 관련법령에 의하여 허용된 임대장비도 가능하다. ▶ [별표] 5. 나. 1)
- 1일가동시간은 8시간이다. ▶ [별표] 5. 나. 1)
- 1일 평균 중간처리량 기준은 입찰공고문에 제시된다. 주로 총 중간처리량/계약기간으로 계산된다.

③ 배출현장으로부터 당해용역처리장까지의 거리 : 배출현장 대표주소지와 업체의 처리장주소지까지 지도상 직선거리(입찰공고문에 배출현장 대표주소지가 제시된 경우)로 산정한다. 다만, 지역제한 입찰인 경우는 만점처리한다. ▶ [별표] 5. 나. 5)

④ 시설의 우수성 및 기술성

- 신기술 및 특허기술은 건설폐기물처리 관련 기술을 시설에 적용한 경우에 한해 인정한다. ▶ [별표] 5.나. 6) 가)
- 중간처리 신기술인지 여부는 신기술 인증서 상 중간처리공정(파쇄 · 분쇄, 분리 · 선별, 세척 등)에 적용된 신기술인지로 판별한다. ▶ [별표] 5.나. 6) 나)
- 신기술 중 인 · 검증기술은 동일한 기술로 인증 및 검증을 받은 기술에 한하여 적용한다. ▶ [별표] 5.나. 6) 가) (4)
- 2종류 이상 보유 시 높은 점수 1개만 인정된다. ▶ [별표] 5.나. 6) 가) (1)
- 신기술 전부를 대여 · 협약 · 제휴 시 관련배점의 90%, 특허 전용실시권 설정등록자는 관련배점의 70%를 적용한다. 관련배점은 가점부분을 의미한다. ▶ [별표] 5.나. 6) 가) (3)

⑤ 순환골재 품질인증 ▶ [별표] 5.나. 7)

<Example 1>

Q) A사업의 1일 평균 수집운반량 및 중간처리량 기준은 모두 10t/일이다. 1순위 업체인 B업체는 수집운반차량인 덤프트럭(25t) 3대와 중간처리장비인 파쇄기(10t/시간)를 2대 가지고 있다. 덤프트럭과 파쇄기 중 1대씩은 관련법령에 의해 허용된 임대장비이고 나머지는 모두 B업체가 자가소유하고 있다. 배출현장으로부터 당해용역처리장까지의 거리는 47km다. B업체의 당해용역 1일평균 수집운반량 대비 1일 수집운반능력과 당해용역 1일평균 처리량 대비 1일 중간처리능력은 각각 얼마인가?

A) <운반횟수 산정기준>에 따라 운반횟수는 4.5, 수집운반 : $\frac{25t \times 2\text{대} \times 4.5}{10t} \times 100\% = 2{,}250\%$, 중간처리 : $\frac{10t/\text{시간} \times 2\text{대} \times 8\text{시간}}{10t} \times 100\% = 1{,}600\%$

<Example 2>

Q) A사업의 추정가격은 20억이고 B업체는 환경 · 건설분야 중간처리 신기술(인증, 검증)을 대여하고 있고, 환경 · 건설분야 중간처리 신기술(인증)을 소유하고 있다. B업체의 시설의 우수성 및 기술성 점수는?

A) 우선 기본배점은 4점이다. 대여한 중간처리 인 · 검증 신기술의 가점은 1.8점(2×90%)이고, 소유한 중간처리 인증 신기술의 가점은 1.7점이다. B업체는 둘 중 배점이 높은 1.8점을 가점으로 받게 된다. 따라서 최종점수는 5.8(4+1.8)점이다.

▣ 2. 경영상태

① 건설폐기물처리용역에서는 시설공사와 달리 「신용정보의 이용 및 보호에 관한 법률」 제4조 제4항제1호 또는 제4호의 규정에 의하여 허가받은 신용정보업자가 발행한 신용평가등급 확인서만 인정하고 「자본시장과 금융투자업에 관한 법률」 제9조 제26항의 업무를 영위하는 신용정보회사가 발행한 것은 인정하지 않는다. ▶ [별표] 5. 다. 1)

② 회사채, 기업신용평가, 기업어음 중 높은 신용등급으로 평가하며, 미제출시 최저점을 부여한다. ▶ [별표] 5. 다. 2)

③ 합병한 경우 합병 후 새로운 신용평가등급으로 심사해야하며, 새로운 신용평가등급이 없는 경우 합병 전 가장 낮은 신용평가등급을 받은 업체의 신용등급으로 한다. ▶ [별표] 5. 다. 3)

<참조> 신용정보의 이용 및 보호에 관한 법률 VS 자본시장과 금융투자업에 관한 법률

◆ 두 법률에서 인정하는 신용평가회사는 다르다.

신용정보의 이용 및 보호에 관한 법률	자본시장과 금융투자업에 관한 법률
나이스 디앤비	나이스 신용평가
나이스 평가정보	한국기업평가
SCI평가정보	서울신용평가
이크레더블	한국신용평가
코리아크레딧뷰로	
한국기업데이터	

<Example>

Q) A사업의 추정가격은 17억이다. B업체의 회사채는 BBB+이고, C업체의 기업어음은 A30이다. B업체와 C업체가 합병했으나 새로운 신용평가등급을 받지 않은 경우, 합병기업의 신용등급점수는?

A) B업체의 신용등급보다 C업체의 신용등급이 낮다. 따라서 C업체의 신용등급을 기준으로 산정하며, 점수는 19.25다.

▣ 3. 입찰가격

입찰가격 평점이 아닌 투찰률(=$\frac{\text{입찰가격}}{\text{예정가격}}$)의 계산결과를 소수점 다섯째 자리에서 반올림하는 것임에 유의하여야 한다.

<Example>

Q) A사업의 추정가격과 예정가격 모두 2.3억이다. B업체는 2억으로 투찰하였다. B업체의 입찰가격 점수는?

A) B업체의 투찰률은 $\frac{2\text{억}}{2.3\text{억}}$ = 약 0.86956이다. 투찰률의 소수점 다섯째 자리에서 반올림하면 0.8696이다. 따라서 입찰가격 점수는 $60 - 4\times\left|\left(\frac{88}{100} - 0.8696\right)\times 100\right|$ = 55.84점이다. 간혹, $60 - 4\times\left|\left(\frac{88}{100} - \frac{2}{2.3}\right)\times 100\right|$ = 약 55.82608의 소수점 다섯째 자리에서 반올림하여 55.8261점이라고 하는 경우가 있지만 이는 잘못됐다.

▣ 4. 신인도

신인도항목 중 3.기타에서 가~바 항목은 중복해서 가점을 받을 수 없으므로 최대 3개 항목(가~바, 사, 아)에서만 가점을 받을 수 있다.

<Example>

Q) A사업의 추정가격은 40억이다. B업체는 비상대비 중점관리 대상 업체(가 항목, 0.15점)이고, 여성고용촉진 기업(나 항목, 0.15점)이며, 공제조합에 가입된 업체(아 항목, 0.15점)인 경우 신인도 점수는?

A) 가 항목, 나 항목은 중복하여 평가할 수 없으므로, 총 점수는 0.3점(0.15+0.15)이다.

▣ 5. 결격여부

부도 · 파산 우려가 있어 당해 계약이행이 어려운 경우 △15점 감점이지만, 부도 · 파산 상태에 있는 경우 평가에서 제외된다. ▶ 제3조

5. 평가항목별 세부 평가기준

가. 이행능력 및 경영상태 평가항목을 평가함에 있어 폐기물처리시설이 공공처리시설인 경우의 당해 평가항목에 대해서는 만점 처리하며, 이행 능력 평가는 건설폐기물처리업 허가를 받은 자(단위 사업장별) 기준으로 적용한다.

나. 이행능력 평가

1) **수집 · 운반 차량**은 입찰공고일 현재 **업체(대표자) 소유 자기 장비**를 기준으로 하고, 수집운반차량 외의 장비는 관련법령에 의하여 허용된 임대장비도 가능하며, 시설 · 장비 등의 **1일 가동시간**은 **8시간**을 기준으로 한다.

2) '최근 3년간 용역수행금액'은 **아래의 서류 중 어느 하나**를 **제출**하여야 한다. 다만, 건설폐기물 **중간처리** 용역수행금액은 「건설폐기물법」 제55조에 따른 **협회**가 **발행**하는 **용역이행 실적증명서**(부득이한 사유 등으로 **협회에 신고 관리되지 않은 용역**이행 실적이 있을 경우에는 세금계산서 및 **계약서 사본** 등의 증빙자료를 **협회에 제출하여 확인**을 받아야 함)를 제출하여야 한다.

가) **발주기관**의 **확인**을 받은 **실적증명서**(**민간회사** 용역수행금액의 경우는 **세금계산서** 및 **계약서 사본** 등 증빙자료 첨부)

나) 관련협회에서 관련자료를 관리하고 있어 용역이행 실적증명서 발행이 가능한 경우에는 **관련협회**가 **발행**하는 용역이행 **실적증명서**

3) 시설, 장비 등은 법정 확보기준과 보유내용을 별지 제6호서식의 '시설보유 및 적용기술 현황'과 별지 제7호서식의 '장비보유 현황'에 각각 명시하여야 하고, 확보장비의 **등록원부 사본** 및 처리시설의 **처리용량** 등을 입증할 수 있는 **증빙서**를 제출하여야 한다.

4) 수집 · 운반 능력 평가

가) 당해용역 1일평균 수집 · 운반량 대비 1일 수집 · 운반능력 평가에서 '**1일 수집 · 운반능력**'은 평가대상 **차량의 대수**, **차량별 적재량** 및 **운반 횟수** 등을 고려하여 산출하되, **운반 횟수**는 국토교통부의 **건설공사 표준품셈**에 의한 **운반거리 산출기준**에 의하여 산출하여야 한다.

나) 다만, 도로여건 및 교통량 등 다양한 변수로 인하여 **운반거리 산출**이 **곤란**한 경우에는 다음의 '**운반횟수 산정기준**'을 적용하여 평가할 수 있다.

〈**운반횟수 산정기준**〉

구분 / 거리	운행시간(분)	1일차량 운행능력(운반횟수)	구분 / 거리	운행시간(분)	1일차량 운행능력(운반횟수)
10km미만	40.98	11.71	55~65km미만	123.84	3.88
10~17km미만	50.98	9.42	65~75km미만	140.98	3.40
17~22km미만	60.98	7.87	75~85km미만	158.12	3.04
22~27km미만	70.98	6.76	85~100km미만	175.27	2.74
27~35km미만	80.98	5.93	100~150km미만	-	2.34
35~45km미만	100.98	4.75	150km이상	-	2.00
45~55km미만	106.69	4.50			

주) 거리는 배출현장으로부터 처리업체 사업장 소재지까지의 거리를 말하며, GPS, GIS 또는 위치정보처리장치 등으로 **실측한 거리**를 기준으로 한다.

5) 운반거리 평가

가) 배출현장으로부터 당해용역 처리장까지의 거리 평가항목은 입찰공고에 GIS 기반 좌표 또는 대표 주소지가 제시된 경우 배출현장 대표주소지로부터 입찰참가업체의 처리장 주소지(허가증)까지의 지도상(地圖上) **직선거리**로서 GPS 등 거리를 측정할 수 있는 시스템을 이용하여 산정하며, 그 외의 경우는 배출현장경계선에서부터 당해용역 처리장까지 같은 방법을 이용하여 가장 짧은 거리로 산정한다.

나) **지역제한** 입찰의 경우는 거리 평가항목을 측정하지 아니하고 **만점 처리**한다.

6) 시설의 우수성 및 기술성 평가

가) 신기술 및 특허기술은 「환경기술 및 환경산업 지원법」, 「건설기술 진흥법」, 「기술개발촉진법」에 의한 환경 · 건설 및 기타분야 신기술과 「특허법」에 의한 특허기술로서 당해 용역과 관련된 **「건설폐기물법」 제13조**의 규정에 의한 **건설폐기물처리 관련 기술**을 시설에 적용한 경우에 한하여 인정하되 다음의 기준에 따라 평가한다.

(1) 2종류 이상 **중복**될 경우 **높은 점수 1개만** 인정한다.

(2) 건설분야 **중간처리 신기술**은 「건설기술 진흥법」제14조에 따라 지정 · 고시한 건설기술을 말한다.

(3) 신기술 개발자 외에 신기술의 전부를 **대여 · 협약 · 제휴** 등 기술사용관계에 있는 경우에는 **관련 배점**의 **90%**(소숫점 셋째자리에서 반올림)을 적용하고, 특허 등록권리자 외에 **전용실시권 설정등록자** 등인 경우에는 **관련 배점**의 **70%**의 배점(소숫점 셋째자리에서 반올림)을 적용한다.

(4) 신기술 중 인 · 검증기술은 **동일한 기술로 인증 및 검증을 받은 기술**에 한하여 적용한다.

나) "**중간처리 신기술**"이라 함은 신기술의 지정 또는 검증 당시 「건설폐기물의 재활용촉진에 관한 법률 시행령」 제6조의 규정에 따른 건설폐기물처리시설에 적용하여 전체공정(**파쇄 · 분쇄, 분리 · 선별, 세척** 등의 중간처리시설에 적용되는 공정기술을 말하며, 건설폐기물 중간처리 공정에 탈부착이 가능하거나 제품 생산 공정의 적용기술은 제외한다)을 평가받은 신기술을 말하며, "기타 신기술"이라 함은 그 외의 신기술을 말한다.

다) 신기술 및 특허기술을 개발하였거나 이를 시설에 적용한 경우에는 **신기술 지정인정서** 및 **특허등록 원부 사본**과 기술의 **시설적용 사실**을 입증하는 **증빙서**를 제출하여야 하고, 위 기술의 전부를 **대여 · 협약 · 제휴한 경우**에는 **적법한 기술사용 관계**에 있음을 입증하는 **증빙서**와 기술의 시설적용 사실을 입증하는 증빙서를 제출하여야 한다.

라) '기술의 시설적용 사실을 입증하는 증빙서'는 「건설폐기물법」 제55조에 따른 **협회**에서 **발행**한 **기술적용시설 설치확인서**를 제출하여야 한다.

마) 기술적용시설 설치확인서의 유효기간은 「건설폐기물법」 제55조에 따른 **협회**에서 **발행한 날로부터 1년**으로 하고, 동 협회에서는 발행 전 반드시 서류심사 및 중간처리업체가 보유한 기술적용시설의 설치 · 가동 여부에 대해 현장심사를 실시하여야 하며, 설치확인 심사자는 외부 전문가 1인을 포함하여 관련 분야의 전문성을 갖춘 인력으로 편성 · 운영한다. 이와 관련하여 환경부는 기술적용시설 설치 · 가동 여부 확인 및 관련 업무처리에 필요한 세부사항을 별도로 정하여 협회에 제공하고, 협회는 이에 따라 업무를 수행한다.

7) 순환골재 품질인증 평가

가) 순환골재 품질인증은 **「건설폐기물법」 제36조**의 규정에 의하여 부여받은 순환골재 품질인증을 말한다.

나) 아스팔트콘크리트용 품질인증은 **폐아스팔트콘크리트**가 **포함**된 경우에 한하여 적용하며, 처리용역 대상 건설폐기물이 폐아스팔트콘크리트만 해당되거나 폐아스팔트콘크리트를 별도로 분리하여 발주하는 경우에는 아스팔트콘크리트용 품질인증만 보유하더라도 당해 평가항목에 대해서는 만점 처리한다.

8) 용역이행능력 평가

가) 용역이행능력의 평가등급은 「건설폐기물법」 제14조에 따라 같은 법 제55조에 따른 협회에서 매년 공시하는 용역이행능력평가액을 기준으로 등급을 산정한다.

나) 평가등급은 **입찰공고일 바로 전년도**에 공시된 **용역이행능력평가액**을 **기준**으로 산정하고, 1)에 따른 **협회**에서 **평가등급 증명서**를 발급받아 제출하여야 한다.

다) A등급의 용역이행능력평가액은 당해 등급에 해당하는 금액이상의 실적을 말하고, B~D등급의 평가액은 당해등급 직상등급의 금액 미만 및 당해등급에 해당하는 금액 이상을 말하며, **D등급에 해당하는 금액 미만**인 경우에는 **기본배점**으로 **평가**한다.

라) 중간처리 용역이행실적을 금액으로 산정할 수 없는 경우 등의 사유로 용역이행능력평가액이 0원인 경우 및 관련 서류 미제출 등으로 용역이행능력 평가액이 공시되지 않은 경우에는 기본배점으로 평가한다.

다. 신용평가등급에 의한 경영상태 평가

1) 신용평가등급은 「**신용정보의 이용 및 보호에 관한 법률**」 제4조 제4항제1호 또는 제4호의 규정에 의하여 허가받은 신용정보업자(또는 지정평가기관)가 입찰공고일 이전 가장 최근에 평가한 유효기간 내 회사채 또는 기업어음 또는 기업신용평가등급(신용평가등급, 평가일 및 유효기간 등이 명시된 '신용평가등급확인서')을 기준으로 평가한다.

2) 적격업체 평가대상자의 회사채에 대한 신용평가등급, 기업어음에 대한 신용평가등급, 기업신용평가등급의 **평점이 다른 경우**에는 **가장 높은 평점**으로 평가하고, '신용평가등급확인서'를 **제출하지 않은 경우**에는 **최저등급**으로 평가한다.

3) 합병한 업체에 대하여는 합병 후 새로운 신용평가등급으로 심사하여야 하며, **합병 후**의 **새로운 신용평가등급이 없는 경우**에는 합병 대상업체 중 **합병 전 가장 낮은 신용평가등급을 받은 업체의 신용평가등급**으로 심사한다.

4) 신용평가등급에 의한 평가는 각 배점한도 세부내역에 따른 배점한도에 따라 해당 등급의 평점을 적용한다.

라. 신인도 평가

1) 장애인 고용 우수기업은 「장애인 고용촉진 및 직업재활법」 제28조에 따른 장애인 고용의무 사업장(상시 고용 근로자가 50명 이상) 대상 여부와 관계없이 해당 법령에 따른 **의무고용률(3.1%) 이상**으로 장애인을 고용하고 있는 사업장을 대상으로 적용한다.

2) 소기업 또는 소상공인이 **단독으로 입찰에 참여**하는 경우에는 **공동수급체를 100% 구성**한 것으로 적용한다.

3) 순환골재 재활용제품에 대한 평가에서 **아스팔트콘크리트 제품의 경우**는 **처리용역 대상 건설폐기물이 폐아스팔트콘크리트만 해당**되거나 **폐아스팔트콘크리트**를 **별도로 분리 발주**한 경우에 한하여 적용한다.

4) 「건설폐기물법」 제47조에 따라 설립된 공제조합에 가입 업체에 대한 가점은 **공제조합**에서 **발급한 증명서**를 제출하여야 하고, **최근 2년 내** 공제조합 정관에 따라 **탈퇴 또는 제명**된 업체에 대해서는 **적용할 수 없다**.

마. 공동수급체에 대한 평가

1) 공동수급체는 「건설폐기물법」 제21조제3항에 따라 허가를 받은 건설폐기물 수집・운반업자와 중간처리업자를 대상으로 구성한다.

2) 공동계약이 가능함을 입찰공고에 명시한 경우로써 심사대상자가 공동수급체를 구성하고 있는 경우의 평가는 다음 각 호에 따른다.

가) **이행실적 및 경영상태 평가**는 공동수급체 구성원별로 각각의 이행실적에 **출자비율**을 **곱**하여 산출한 구성원 모두의 실적을 **합산**하여 **해당되는 등급**으로 평가한다. 다만, 공동수급체가 「건설폐기물법」 제21조제3항에 따라 허가를 받은 건설폐기물 수집・운반업자와 중간처리업자가 공동수급체로 구성하여 **분담이행** 하는 경우에 **이행실적 평가**는 구성원별로 각각 **해당 평가항목별로 적용**하여 평가하고 **경영상태 평가**는 각각의 **경영상태 평가점수**에 **분담비율**을 **곱**하여 **합산**하여 평가한다. 이 경우 나목의 '**시설의 우수성 및 기술성**'과 '**순환골재 품질인증**' 평가는 「건설폐기물법」 제21조제3항에 따라 허가를 받은 건설폐기물 **중간처리업만**을 대상으로 평가한다.

나) **신인도, 결격여부**에 대한 평가는 입찰공고에 다르게 정하지 않은 경우 공동수급체 중 **출자비율 또는 분담비율이 가장 높은 업체**만을 대상으로 평가한다. 또한, **출자비율 또는 분담비율이 같을 경우**에는 **대표사**를 대상으로 평가한다.

다) 이행능력 중 '**배출현장으로부터 당해용역처리장까지의 거리**'에 대한 평가는 **각 업체별 거리의 평균**으로 평가한다.

- 공동이행(실적분담): ㉠ 이행능력은 **각 업체능력을 계산 후 출자비율로 가중평균하여 해당되는 등급으로 평가**
  (배출현장으로부터 당해용역처리장까지의 거리만 산술평균 후 점수산정)
  ㉡ 경영상태는 각 업체의 신용등급 평가점수 산정 후 가중평균한 점수로 평가
  ㉢ 신인도와 결격여부는 **출자비율**이 높은 한 업체만을 평가
- 분담이행(면허분담): ㉠ 이행능력은 **수집운반업체는 수집운반 평가항목을, 중간처리업체는 중간처리 평가항목을 평가**
  (배출현장으로부터 당해용역처리장까지의 거리만 산술평균 후 점수산정)
  ㉡ 경영상태는 각 업체의 신용등급 평가점수 산정 후 가중평균한 점수로 평가
  ㉢ 신인도와 결격여부는 **분담비율**이 높은 한 업체만을 평가

<Example>

Q) A사업의 추정가격은 1억원이다. B업체와 C업체는 분담이행방식으로 공동수급체를 구성하여 A사업에 투찰하였다. 각 업체의 현황이 아래와 같고 입찰가격 점수가 65점일 때, 공동수급체는 적격한가?

	분담비율	배출현장으로부터 당해용역처리장까지의 거리	거리항목을 제외한 나머지 이행능력점수	신용등급	신인도	결격여부
B업체	40%	90km	18점	BBB0	0	-
C업체	60%	108km	18점	BBB+	0.12	-

A) 우선 '배출현장으로부터 당해용역처리장까지의 거리'는 각 업체별 거리의 평균으로 하므로 $\frac{90+108}{2}$= 99km다. 100km 미만이므로 2점이다. 각 업체의 나머지 이행능력점수는 모두 18점이므로 공동수급체의 이행능력점수는 20점(18+2)이다. 공동수급체 경영상태 점수는 9.88×40%+9.94×60%=9.916점이다. 제2조 제3항에 따라 셋째자리에서 반올림하면 9.92점이다. 신인도점수는 분담비율이 높은 C업체를 따르므로 0.12점이다. 다만, 신인도 점수는 당해용역 수행능력 점수의 배점한도 내에서만 가점적용이 되므로 0.08점(30-29.92)만 인정된다. 따라서 적격심사점수는 95점(20+9.92+65+0.08)으로 적격하다.

6-2). 직접 해보는 건설폐기물 처리용역 적격심사

<사례 분석>

1. 전제조건

사업명	입찰공고일	추정가격	업체명	입찰가격	예정가격	결격사유
○○부대 폐기물처리용역	'20.1.2	363,636,363원	(주)○○	347,990,000원	400,000,000원	해당없음

2. 평가순서

심사기준 파악 → 적격업체 평가신청서 등 확인 → 이행능력 평가 → 경영상태 평가 → 입찰가격 평가 → 신인도 및 결격사유 평가 → 총점계산

3. 평가항목 정리([별표] 3.)

구분	평가분야	평가항목			평가기준	배점한도
I. 당해용역 수행능력	1. 이행능력	가. 당해용역 금액대비 최근3년간 당해용역 수행금액	수집·운반		A. 100%이상 : 5, B. 80%이상 ~ 100%미만 : 4 C. 80%미만 : 3	5
			중간처리		A. 150%이상 : 6, B. 100%이상 ~ 150%미만 : 5 C. 100%미만 : 4	6
		나. 당해용역 수행능력	당해용역 1일평균 수집운반량 대비 1일 수집운반능력		A. 100%이상 : 3 B. 50%이상 ~ 100%미만 : 2 C. 50%미만 : 1	3
			중간처리	당해용역 1일 평균처리량 대비 1일 처리능력	A. 150%이상 : 4 B. 100%이상 ~ 150%미만 : 3 C. 100%미만 : 2	4
				배출현장으로부터 당해용역처리장까지의 거리	A. 100km 미만 : 2 B. 100~150km 미만 : 1.91 C. 150~200km 미만 : 1.82 D. 200km 이상 : 1.73	2
				시설의 우수성 및 기술성	A. 신기술 및 특허기술 a. 신기술 구 분 / 인·검증기술 / 인증기술 환경·건설분야 신기술 중 중간처리 신기술 / 1.0 / 0.82 환경·건설분야 신기술 중 기타 신기술 및 환경·건설분야 외 신기술 / 0.65 / 0.47 b. 환경건설분야 특허 중 중간처리 특허기술 : 0.2 B. 기본배점 : 2.0	3
				순환골재 품질인증	A. 품질인증 (a. 콘크리트용 : 0.3 b. 도로공사용 또는 아스콘용 : 0.21) B. 기본배점 : 3.7	4
				용역이행능력평가	용역이행능력 평가등급 / 용역이행능력 평가액 (억원) / 평 점 A / 15 / 0.36 B / 6 / 0.27 C / 4 / 0.18 D / 3 / 0.09 기본배점 / - / 2.64	3
	2. 경영상태	신용평가등급에 의한 평가			[별표] 3. 신용평가등급에 의한 평가	10
	소계					40
II. 입찰가격	-	60-4|(0.88-입찰가격/예정가격)×100|			-	60
III. 신인도	1. 부적정처리가능성	최근2년내 사업폐기물을 버리거나 매립, 소각해 벌금형 이상 또는 행정처분 받은 경우 등			-	△6.5
	2. 부정당업자제재	최근2년이내에 관련 법령에 따라 부정당업자 제재를 받은 자			-	△2.0
	3. 기타	가점사항			-	0.27
IV. 결격사유	1. 부실수행	최근 1년 이내 계약목적물에 현저한 손괴를 가한경우			-	△15
	2. 재무위험	부도 또는 파산 우려			-	△15
		법정관리 또는 화의 후 당좌거래 재개일로부터 1년간 보증서 발급 가능확인서 제출불가시			-	△15
합계						100

Ⅰ. 심사기준 파악

공고 제0000-000호

입 찰 공 고

※ 보안성 검토 "필"

1. 본 입찰은 전자입찰 및 청렴계약제 대상입니다.

2. 입찰에 부치는 사항

가. 용 역 명 : ○○부대 **폐기물처리용역(00-0000)**

나. 용역범위 : 건설폐기물처리 1식(세부내용 물량내역서 참조)

다. 용 역 비(추정가격) : **400,000,000원(363,636,363원)**

1) '20년 예산 : 400,000,000원 2) 계속소요 : 0원

라. 계약기간 : **계약일로부터 100일까지**

※ 사업비구분 ① (부가가치세 포함)

구 분	처 리 량	처 리 비	운반비
계	1,000톤	200,000,000원	200,000,000원

마. 용역현장 : **경기도 수원시 일대**

바. 주요일정

1) 기 초 예 비 가 격 공 개 : '20. 1. 2.(목) ※ 기초예비가격공개일 변동 가능함
2) 입찰참가등록마감일시 : '20. 1. 6.(월), 11:00

※ SMS서비스를 신청하여 입찰단계별 문자안내를 받으시기 바랍니다.(9항 기타사항 참조)

3) 입찰서제출마감일시 : '20. 1. 8.(수), 10:00
4) 개 찰 일 시 : '20. 1. 9.(목), 10:30

3. 입찰참가자격 / 제한

가. 참가자격 : 아래의 자격을 모두 갖춘 업체(공동계약 가능)

1) 폐기물관리법 제25조에 의거 **폐기물종합처분업** 등록업체 또는 건설폐기물 재활용촉진에 관한 법률 제21조에 의거 **폐기물 중간처리업(건설폐기물)** 등록업체

2) 건설폐기물 재활용촉진에 관한 법률 제2조에 의거 **수집・운반업** 등록업체 또는 폐기물관리법 제25조 5항에 의거 **폐기물 수집・운반업 (건설폐기물)** 등록업체

8. 낙찰자 결정방법

가. 본 용역은 총액입찰로서 적격심사대상용역이며 환경부 건설폐기물처리 용역 적격업체 평가기준을 적용하니, 해당 훈령을 확인하고 입찰에 참여하시기 바랍니다.

나. 적격심사 세부평가별 심사기준일은 입찰공고일을 기준으로 합니다.

다. 평가기준은 추정가격 5억원 미만 2억원 이상인 용역을 적용합니다.

1) 당해용역 수행능력 중 이행능력은 건설폐기물처리용역만을 평가합니다.

※ 용역실적은 건설폐기물처리업과 수집・운반업을 각각 평가합니다.

2) 당해용역 1일 평균 수집·운반량 및 처리량 기준은 **10톤**입니다. ②

3) 「배출현장으로부터 당해용역처리장까지의 거리」는 배출현장의 대표주소지는 '**경기도 수원시 장안구 00번지**'입니다. ③

라. 적격심사는 예정가격의 86.745% 이상인 업체 중 최저가격으로 입찰한 순으로 실시하며, "가"항의 기준에 따라 평가한 결과 종합평점 95점 이상을 획득한 경우 낙찰자로 결정합니다.

마. 적격심사제출서류 등은 추후 적격심사통보문에서 정한 바에 따릅니다.

바. 동일가격 입찰일 경우 국가계약법 시행령 제47조에 의거 적격심사결과 최고점수인 자를 낙찰자로 결정하며, 적격심사 결과 동일점수일 경우에는 입찰유의서 제18조에 의거 처리합니다.

[주 내용]

심사기준은 사업의 추정가격에 따라 4가지로 나뉜다.

[보조 내용]

①처리비, 운반비는 당해용역 금액대비 최근3년간 용역수행 금액을 구하는데 사용된다.

②1일 평균 수집・운반량 및 처리량 기준은 당해용역 1일 평균 처리량 대비 1일 수집・운반능력 산정에 사용된다.

③배출현장 대표주소지는 수행거리 산정시 사용된다.

● 사례적용

추정가격이 약 3.6억원으로 5억원 미만 2억원 이상인 용역([별표] 3.)에 해당된다.

Ⅱ. 적격업체 평가신청서와 적격업체 자기평가 및 종합평가표 확인

[별지 제1호서식]

적 격 업 체 평 가 신 청 서

○ 입찰 등록 번호 : 0000-0000
○ 입찰대상용역명 : ○○부대 폐기물처리용역(00-0000)
○ 입 찰 일 시 : 2020-1-9 10:30

위 건 용역의 낙찰자 결정을 위한 적격업체평가와 관련하여 평가자료를 신의성실의 원칙에 입각하여 붙임과 같이 작성 제출하며, 만일 제출한 서류가 허위 또는 부정한 방법으로 작성된 사실이 확인될 경우에는 '건설폐기물처리용역 적격업체 평가기준'이 정한 바에 따라 처리하여도 아무런 이의를 제기하지 않겠음을 확약합니다.

2020 년 1 월 11 일

입 찰 자 주 소 : 서울특별시 용산구 00번지
회사명 : ○○○
대표자 : ○○○

붙 임 : 제출서류 목록 및 관련서류 1부.

○○단 귀하

---------- 접 수 증 ----------

1. 입찰등록번호 : 0000-0000 2. 입찰대상용역건명 : 00부대 폐기물처리용역(00-0000)
3. 회 사 명 : ○○○ 4. 제 출 자 : ○○○

위건 용역 입찰적격업체평가신청서 및 관련서류를 접수하였음을 확인합니다.

2020년 1 월 11 일

○○단

[별지 제3호서식]

적격업체 자기평가 및 종합평가표

1. 평가대상 용역

관 리 번 호	000-000
입 찰 일 시	2020-1-11 11:00
용 역 명	○○부대 폐기물 처리용역 (00-0000)
용 역 기 간	계약일로부터 100일까지
수 요 기 관	○○○
입 찰 금 액	347,990,000
예 정 가 격	400,000,000
제 출 기 한	2020-1-16 16:00

2. 평가대상 입찰자

업 체 명	㈜○○ (전화)000-0000
대 표 자	○○○
업 종 구 분	건설폐기물처리

3. 회사를 대표하는 연락책임자 인적사항

소 속	○○○
직 위	대표이사
성 명	○○○
전 화 번 호	(FAX)000-0000

4. 종합평가

(단위 : 점)

구 분		배 점	자 기 평 점	평 가 평 점
계		100	95.91	
당해용역 수행능력	이행능력	30	29.91	
	경영상태	10	9.82	
입 찰 가 격		60	56	
신 인 도			0.18	
결 격 여 부			0	

[주 내용]

적격심사 시 업체는 적격심사 신청서와 자기평가 및 심사표를 제출하여야 한다.
적격심사 신청서에는 사업과 관련된 기본 정보와 업체의 기본 정보를 적시한다.
적격심사 자기평가 및 심사표의 경우 업체 및 담당자의 정보를 적시하고 업체가 직접 평가한 점수를 적시한다. 이는 업체가 자가 평가한 사항으로서 실제 점수와는 다를 수 있다.

Ⅲ. 각서 및 사업자등록증 확인

[별지 제2호서식]

각 서

용 역 명 : ○○부대 폐기물처리용역(00-0000)

당사는 위 건 적격업체평가서류 제출에 있어 신의성실의 원칙에 따라 작성하고 아래 사항에 대하여 제재 받은 사실이 없으며, 만약 부정한 방법 또는 허위로 제출한 사실이 발견된 때에는 '건설폐기물처리용역 적격업체 평가기준' 제6조제1항 및 제2항에 의거 낙찰대상에서 제외 또는 취소, 계약의 해제 또는 해지 및 부정당업자로 입찰참가자격 제한 조치를 받아도 아무런 이의를 제기치 않겠습니다.

아 래

○ 최근 1년간 발주청이 실시한 용역입찰 계약이행과정에서 입찰 및 계약 질서를 현저히 위반한 사실
○ 부정당업자로 입찰참가자격 제한조치를 받은 후 그 제재기간에 해당하는 기간에 있는 경우
○ 최근 1년 이내에 건설폐기물 처리과정 또는 처리 후 계약목적물의 현저한 손괴를 가져왔거나 사상자를 발생시켜 사회적 물의를 일으킨 경우 (천재지변 등 불가항력적인 경우 제외)

2020 년 1 월 11 일

주 소 : 서울특별시 용산구 00번지
회사명 : (주)○○
대표자 : ○○○ (인)

○○단 귀하

사 업 자 등 록 증
(법인사업자)

등록번호 : 000-00-0000

법인명(단체명) : (주)○○
대 표 자 : ○○○

개 업 년 월 일 : 2000년 1월 1일 법인등록번호 : 0000000-000000

사업장 소재지 : 서울특별시 용산구 00번지

본 점 소 재 지 : 서울특별시 용산구 00번지

사 업 의 종 류 : -

교 부 사 유 : -

사업자단위과세 적용사업자 여부 : 여( ) 부(v)
전자세금계산서 전용메일주소 :

2010년 3월 3일

○○ 세무서장

[주 내용]

각서에는 대표자 직인이 찍혀야 한다. 사업자등록증은 공동 또는 분담업체도 모두 제출하여야 한다.

[보조 내용]

사업장소재지는 배출현장으로부터 당해용역 처리장까지의 거리측정시 사용된다.

Ⅳ. 이행능력 평가(1) - 당해용역금액대비 최근3년간 용역수행금액

<발급번호 제 2020-00000호 >

건설폐기물처리용역이행실적증명서

신청인	업 체 명	(주)○○	사업자등록번호	000-00-00000
	대 표 자	○○○	전 화 번 호	000-0000
	소 재 지	서울특별시 용산구 00번지		
	용 도	적격심사		
	제 출 처	○○부		

건설폐기물 중간처리용역 이행실적

(단위:천원,VAT포함)

구 분	실 적 금 액	비 고
2017년도	100,000	
2018년도	200,000	
2019년도	300,000	
총 계	600,000	

건설폐기물 수집운반용역 이행실적

(단위:천원,VAT포함)

구 분	실 적 금 액	비 고
2017년도	100,000	
2018년도	200,000	
2019년도	300,000	
총 계	600,000	

「건설폐기물의 재활용촉진에 관한 법률」제15조제3항 및 동법 시행규칙 제6조제1호,「건설폐기물처리용역 적격업체 평가기준」(환경부고시 제2014-119호) 별표 제5호 나목의 규정에 근거하여 위 사실을 증명합니다.

2020년 1월 10일

○○협회 회장

<발급번호 제 2020-00000호 >

용역이행능력평가액 확인서

업 체 명	(주)○○	사업자등록번호	000-00-00000
대 표 자	○○○	전 화 번 호	000-0000
소 재 지	서울특별시 용산구 00번지		
업 종	적격심사	허 가 번 호	0000

2019년도 건설폐기물중간처리 용역이행능력평가액

(단위: 천원)

용역이행능력평가액	300,000					
용역이행능력평가액 세부내역	실적평가액	자본금 평가액	기술능력 평가액	경력평가액	환경오염 방지능력 평가액	신인도 평가액
	200,000	10,000	20,000	30,000	40,000	0
건설폐기물중간처리 용역이행실적	300,000					
시설 • 장비	-					
기술능력	-					

「건설폐기물의 재활용촉진에 관한 법률」제14조제3항 및 동법 시행규칙 제6조의 규정에 따라 위 업체가 제출한 용역이행실적 신고자료를 건거로 평가한 용역이행능력평가액을 위와 같이 확인함

2020년 1월 10일

○○협회 회장

[주 내용]

당해용역금액대비 최근 3년간 용역수행금액 항목은 수집운반, 중간처리로 나뉘며, 계산식은 모두 아래와 같다.

$$\frac{\text{업체의 최근 3년간 실적}}{\text{용역금액}} \times 100\%$$

용역금액은 입찰공고문 상 '처리비'와 '운반비'이고, 실적은 업체가 제출한 이행실적증명서 상 실적이다.

● 사례적용

○ 수집운반 : 5점

최근 3년간 실적 : 6억

운반비 : 2억

⇨ $\frac{6억원}{2억원} \times 100\% = 300\%$

⇨100%이상이므로 5점부여

○ 중간처리 : 6점

최근 3년간 실적 : 6억

처리비 : 2억

⇨ $\frac{6억원}{2억원} \times 100\% = 300\%$

⇨150%이상이므로 6점부여

V. 이행능력 평가(2) – 당해용역 1일 평균 수집·운반량 대비 1일 수집·운반능력

［별지 제7호서식］

장 비 보 유 현 황

순번	장 비 명	수량: 법정확보기준	수량: 확보	단위	과부족
계					
1	덤프트럭	5	10		
2					
3					
4					
5					
6					
7					
8					
9					
10					
11					
12					
13					

※등록원부 등 증빙서 사본 첨부

허가번호 제0호

건설폐기물 수집·운반업 허가증

상호(명칭)	(주)○○	사업자등록번호	000
성명(대표자)	○○○	생 년 월 일	000
주소(사무실)	서울특별시 용산구 00번지		
영업대상 건설폐기물	건설폐기물 18종		
자본금 (자산평가액)	1억원		
장 비	전용차량 25톤 10대(000, 000, 000, …)		
허가조건	–		

「건설폐기물의 재활용촉진에 관한 법률」제21조 및 동법시행령 제12조의 규정에 의하여 건설폐기물 처리업(수집・운반업)을 허가합니다.
(최초 허가일:2000년 1월 1일)

2010년 1월 1일

○○ 구 청 장

[주 내용]

해당항목 계산식은 아래와 같다.

$$\frac{\Sigma(\text{업체의 차량별 적재량} \times \text{차량별 댓수}) \times \text{운반횟수}}{\text{1일 평균 수집·운반량 기준}} \times 100\%$$

업체의 차량별 적재량 및 차량 대수는 장비보유현황, 수집・운반업허가증 및 건설기계 등록증(등록원부, 다음페이지)을 통해 확인한다. 건설기계 등록증(등록원부)은 차량대수만큼 모두 제출하여야한다.

운반횟수는 <운반횟수 산정기준>과 수행거리측정서(다음페이지)를 통해 확인한다.

1일 평균 수집・운반량 기준은 입찰공고문에서 확인한다.

● 사례적용

○ **당해용역 1일평균 수집・운반량 대비 1일 수집・운반능력 : 3점**

수집운반차량 : 25톤 10대
운반횟수 : 5.93회
(수행거리 30km)
1일 평균 수집・운반량 기준 : 10톤

$\Rightarrow \frac{25 \times 10 \times 5.93}{10} \times 100\%$

= 14,825%

⇨100%이상이므로 3점부여

Ⅵ. 이행능력 평가(3) – 배출현장으로부터 당해용역처리장까지의 거리

[별지 제 2호 서식]

건 설 기 계 □ 등 록 증
□ 검 사 증

발급번호 : 000-0000-0000 제작년도 : 2010 최초등록일 : 2010-1-1

등록사항	건 설 기 계 의 표 시 (구 등록번호 : 00000)			
	건설기계명	덤프트럭	등 록 번 호	00
	형 식	-	규 격	25톤
	원동기 및 형식	-	차대일련번호	00
	사용본거지(상호 및 사용본거지)	서울시 용산구 00번지		
	소유자의 표시			
	성 명(법인명)	(주)○○	주민등록번호	000000
	주 소	서울시 용산구 00번지		

「건설기계관리법」제3조 및 제13조에 따라 등록 및 검사를 하였음을 증명합니다.

2010년 2월 1일

서울특별시 ○○구청장

1. 주 요 제 원			
형식승인번호 :			
길 이	-	너 비	-
높 이	-	총 중 량	-
주행방식	-	정격출력	-
기 동 수	-	연료종류	-
2. 저 당 권 등 록 사 실			
설정		-	

* 그 밖의 저당권등록의 내용은 건설기계등록원부(을)를 열람 • 확인하시기 바랍니다.

3. 작 업 장 치	
최고속도(90km/h) 제한장치	설치 ( )
대형건설기계 표지	설치 ( )

※ 대형건설기계는 도로운행시 도로관리청의 허가를 받아 운행하거나, 운행제한을 받지 아니하도록 분해 후 이동하여야 합니다.

수행거리측정서

1. 신청자 일반정보

상호(명칭)	(주)○○	사업자등록번호	000
성명(대표자)	○○○	전화번호	000
주소	서울시 용산구 00번지		
업종	건축폐기물처리업	허가번호	0000-0

2. 수행거리

배출현장 주소지	주소	서울특별시 용산구 00번지		
	좌표	X좌표 : 000, Y좌표 : 000		
처리장 대표 주소지	주소	경기도 수원시 장안구 00번지		
	좌표	X좌표 : 000, Y좌표 : 000		
수행거리	30.000km			
지도	#별첨			
상호(명칭)	○○○		사업자등록번호	000-00-0000
성명(대표자)	○○○		전화번호	000
주소	서울시 용산구 00번지			
업종	건축폐기물처리업		허가번호	0000-0

「건설폐기물처리용역 적격업체 평가기준」 제5조 제9호 규정에 따라 배출현장 대표주소지로부터 귀사(처리장)까지의 지도상 직선거리가 위와 같음을 확인하여 증명합니다.

2020년 1월 10일

○○협회 회장 (인)

[주 내용]

배출현장으로부터 당해용역 처리장까지의 거리항목에서는 당해사업이 지역제한 건인지 우선 파악해야한다. 지역제한시 만점처리한다.

수행거리측정서에서는 배출현장 주소지와 처리장대표주소지가 실제와 맞는지 확인하여야 한다. 배출현장주소지는 입찰공고문 상 낙찰자결정방법에서 확인가능하고, 처리장대표주소지는 업체의 사업자등록증에서 확인가능하다.

● 사례적용

○ 배출현장으로부터 당해용역 처리장까지의 거리 : 2점

지역제한 : 해당없음
수행거리 : 30km

⇨100km 미만이므로 2점부여

Ⅶ. 이행능력 평가(4) - 당해용역 1일 평균 처리량 대비 1일 처리능력

[별지 제6호서식]

시설보유 및 적용기술 현황

순번	시 설 명	수 량		단위	적용기술
		법정확보기준	확 보		
계					
1	파쇄 및 분리선별 시설	100	1,050	Ton/시간	
2					
3					
4					
5					
6					
7					
8					
9					
10					
11					
12					
13					

※ 허가요건의 주된 시설에 신기술 • 특허기술 적용 경우 증빙서 등 사본첨부

허가번호 제0호

건 설 폐 기 물 중 간 처 리 업 허 가 증

상호(명칭)	(주)○○	사업자등록번호	000
성명(대표자)	○○○	주민등록번호	000
주소(사무실)	서울특별시 용산구 00번지		
영업대상 건설폐기물	폐콘크리트, 폐아스팔트콘크리트, 폐벽돌, 폐블럭, 폐기와		
처리시설소재지	서울특별시 용산구 00번지		
사업장 부지규모	10,000m^2	자본금(자산평가액)	10억원

시설장비	시설 • 장비명		규격(능력)
	파쇄시설		250톤/시간 1대, 400톤/시간 2대
	선별시설	자력식	-
		진동식	-
		트롬벨	-
	탈수 • 건조시설		-
	기타시설		-
	굴삭기		-
	로우더		-
	계량시설		-
	차량		-
기술능력	-		
허용보관량	-	보관시설 면적	-
허가조건	-		

건설폐기물의 재활용촉진에 관한 법률 제21조 제4항 및 동법시행규칙 제12조 제5항의 규정에 의하여 건설폐기물 중간처리업을 허가합니다.
(최초 허가일:2000년 1월 1일)

2010년 1월 1일

○ ○ 구 청 장

[주 내용]

해당항목 계산식은 아래와 같다.

$$\frac{\Sigma(\text{업체의 중간처리시설용량} \times \text{시설별 댓수}) \times \text{1일 가동시간}}{\text{1일 평균 중간처리량 기준}} \times 100\%$$

중간처리시설용량 및 시설별 댓수는 시설보유 및 적용기술현황과 중간처리업 허가증을 보고 확인한다.

1일 가동시간은 적격심사기준에서 8시간으로 규정하고 있다.

1일 평균 중간처리량 기준 역시 입찰공고문 낙찰자결정방법에서 확인가능하다.

● 사례적용

○ **당해용역 1일평균 처리량대비 1일 처리능력 : 4점**

중간처리차량 : 250톤 1대
400톤 2대

1일 가동시간 : 8시간

1일 평균 수집 • 운반량 기준 : 10톤

⇨ $\frac{(250 \times 1 + 400 \times 2) \times 8}{10} \times 100\%$
= 84,000%

⇨150%이상이므로 4점부여

Ⅷ. 이행능력 평가(5) - 시설의 우수성 및 기술성

제000호

신기술 인증서

1. 기술명 : -

2. 기술보유자
   가. 법인명 : (주)○○ / △△△
   나. 법인등록번호 : - / -
   다. 소재지 : 서울특별시 용산구 00번지 / -

3. 기술개요 : 중간처리 공정에서 순환골재 품질을 향상시키는 기술 ②

4. 신기술 범위 : -

5. 유효기간 : 발급일로부터 5년(2017.1.2.~2022.1.1.) ⑤

6. 기타
   ° 환경신기술은 유효기간 내에서만 인정됩니다.
   °「환경기술 및 환경산업 지원법」제7조에 따라 기술검증을 실시하여 기술검증서(제000호)가 발급된 기술임
   ° 유효기간 연장이 필요한 경우는 기간 만료일 120일 전까지 유효기간 연장신청서를 제출하시기 바랍니다.

「환경기술 및 환경산업 지원법」제7조, 같은 법 시행령 제18조의5 제1항 및 같은법 시행규칙 제6조 제3항에 따라 위의 기술을 환경 분야 신기술로 인증합니다.

①

2017. 1. 2.

환 경 부 장 관

발급번호	제0-0호

신기술 기술적용시설 설치확인서

신기술의 내용			
기 술 명 칭	-		
기 술 범 위	중간처리 공정에서 순환골재 품질을 향상시키는 기술		
기술등록번호	환경신기술 인증 제0호 ③ 환경신기술 검증 제0호	기술등록일	2017년 1월 2일
신기술 보유자	⑥ (주)00 / △△△	기술존속기간	2020년 1월 1일
신기술 적용 확인 대상시설			
시 설 명	-		
업 체 명	(주)○○	허 가 번 호	제0000-0호
대 표 자	○○○	사업자등록번호	000
사업장소재지	서울특별시 용산구 00번지		
시 설 확 인 내 용			
시설평가일시	2019.12.1	기술권리관계	신기술 보유자
유 효 기 간	2019.12.2.~2020.12.1 ④		
시설평가자	-	시설평가책임자	-
확인내용	신기술 인증 제0호 및 검증 제0호의 기술범위 해당하는 시설이 상기 사업장(건설폐기물 처리시설)에 적용, 설치 및 운영되고 있음을 확인함.		

건설폐기물처리용역 적격심사 세부기준과 발명진흥법 제28조 건설폐기물 재활용촉진에 관한 법률 제15조 제3항에 근거하여 기술적용시설 설치확인서를 발급합니다.

2019.12.3.

○○장

(주)○○ 대표이사 귀하

[주 내용]

시설의 우수성 및 기술성 항목에서 확인해야할 사항은 총 6가지다.

① 환경건설분야 여부
② 중간처리 공정과의 관련여부
③ 검증서 존부
④ 인증서 유효기간의 입찰공고일 포함 여부
⑤ 시설설치 유효기간의 입찰공고일 포함 여부
⑥ 신기술 직접보유 여부

만약 해당업체가 신기술을 대여·협약·제휴한 상황이라면, 적법한 기술사용 관계에 있음을 증빙하는 서류를 추가로 제출하여야 하며, 가점의 90%만을 부여받는다.

● 사례적용

○ 시설의 우수성 및 기술성 : 3점

환경건설분야 : ○
중간처리공정 관련 : ○
검증서 : ○
인증서 유효기간 : ○
시설설치 유효기간 : ○
신기술 직접보유 : ○

⇨ 2.0 + 1.0 = 3점

Ⅸ. 이행능력 평가(6) - 순환골재 품질인증서

제0호

기술검증서

기술명		-			
기술보유자	성명 (법인명)	(주)00/△△△		주민등록번호 (법인등록번호)	000-000
	주소	서울특별시 용산구 00번지/-			
검증내용	기술개요	중간처리 공정에서 순환골재 품질을 향상시키는 기술			
	검증결과	-			
	검증시의 조건	○ 검증장소 : - ○ 검증기간 및 현장평가 횟수 : 3개월간 20회 실시			
	유효기간	○ 2017.1.20. ~ 2020.1.19			
	기타	-			

□ 상세한 평가 내용은 기술검증보고서를 참조하시기 바랍니다.

「환경기술 및 환경산업 지원법」 제7조, 같은 법 시행령 제18조의5 제1항 및 같은 법 시행규칙 제6조 제3항에 따라 위의 기술에 대한 현장평가를 실시하고 기술검증서를 발급합니다.

2017년 1월 20일

환 경 부 장 관

인증번호 : 제000호

순환골재 품질인증서

1. 사 업 자 명 : (주)○○
2. 대 표 자 : ○○○
3. 사업장 소재지 : 서울특별시 용산구 00번지
4. 품질인증 용도 : 도로공사용

「건설폐기물의 재활용촉진에 관한 법률」 제36조에 따라 위와 같이 순환골재의 품질을 인증합니다.

2017년 1월 31일

○○연구원장

[주 내용]

품질인증 용도가 콘크리트용, 도로공사용, 아스콘용인지에 따라 가점이 달라지므로 이를 확인해야 한다.

● 사례적용

○ **순환골재 품질인증서 : 3.91점**
도로공사용 품질인증
⇨ 3.7 + 0.21 = 3.91점

X. 이행능력 평가(7) - 용역이행능력평가 + 경영상태평가

건설폐기물 중간처리업자 용역이행능력 평가등급 증명서

신청인	상 호	(주)○○		허가번호	0호	
	대표자	○○○		전화번호	00-000-0000	
	소재지	서울특별시 용산구 00번지				
증명서 용도		적격심사용				
용역이행능력 평가・공시 연도		2019년	용역이행 능력평가액	2,130 백만원		
추정가격별 평가등급주)		15억원 이상	15억 미만 5억 이상	5억 미만 2억 이상	2억 미만	
		B	A	A	A	
평가등급 유효기간		2019 년 1 월 10 일 ~ 2021 년 1 월 10 일				

「건설폐기물의 재활용촉진에 관한 법률」 제15조제3항 및 건설폐기물 처리용역 적격업체 평가기준 고시 제5조제1항제10호에 따른 용역이행능력 평가등급을 증명하여 주시기 바랍니다.

2019 년 1 월 2 일

신청인 : ○○○ (서명 또는 인)

귀하

위 사실을 증명합니다.

2019년 1 월 10 일

○○협회장 (직인)

주) 평가등급은 「건설폐기물의 재활용촉진에 관한 법률」 제14조에 따라 같은 법 제55조에 따른 한국건설자원협회에서 매년 공시하는 해당 건설폐기물 중간처리업자의 용역이행능력 평가액을 기준으로 별표 평가항목 및 배점기준의 추정가격별 용역능력평가에서 정한 해당 등급을 말한다.

기업신용평가등급 확인서

(주)○○ 신용정보회사 : 000000

기업명	(주)00	기업신용평가등급
대표자	○○○	e-4+
법인등록번호	0000-0000	
사업자등록번호	000-00-00000	
재무결산기준	2018년 12월 31일	본 등급은 회사채에 대한 신용평가등급 BBB+ 에 준하는 기업신용평가등급임
등급평가일	2019년 09월 11일	
등급유효기간	2020년 09월 10일	
도로명주소	서울특별시 용산구 00길 00	

유의사항

① -

② -

③ -

④ -

주식회사 ○○○

대표이사 ○○○

[주 내용]

용역이행능력 평가등급 증명서 상 입찰한 사업의 추정가격에 해당하는 등급을 보고 점수를 산정한다.

경영상태평가시 신용등급확인서 상 신용평가등급과 등급유효기간을 확인하여야 한다. 또한 법에서 인정하는 신용정보회사인지도 확인해야한다. 마지막으로, 공공기관 제출용과 민간기관 제출용이 있으므로 공공기관 제출용인지를 확인해야한다.

● 사례적용

○ **용역이행능력 : 3점**
추정가격 5억미만 2억이상에 해당하는 사업으로 A등급
⇨ 2.64 + 0.36 = 3점

○ **경영상태 : 9.82점**
신용평가등급 : BBB+
등급유효기간 : 입찰공고일 포함
신용정보회사 : 법률상 인정기관
제출용도 : 공공기관 확인용

XI. 입찰가격 평가 + 신인도 평가(감점사항)

건설폐기물처리용역 신인도확인서

구분					
조회대상	업 체 명	(주)○○	소재지	서울특별시 용산구 00번지	
조회대상	대 표 자	○○○	허가번호	000-0	
조회기관	기 관 명	○○구청	담 당 자	○○○	
조회기관	전 화 번 호	000-000-0000	직 급	○○○	
구 분	조 회 내 용		조 회 결 과: 처분일자	조 회 결 과: 처분내용(위반내용)	
신인도	1. 최근 2년내(2018. 1. 1 ~ 2019. 12. 31) 사업장폐기물을 버리거나 매립하여 벌금형 이상을 받거나 행정 처분을 받은 사실 여부			해당사항 없음	
신인도	2. 최근 2년내(2018. 1. 1 ~ 2019. 12. 31) 건설폐기물관리법령 규정에 의한 영업정지 3월이상 또는 5천만원이상 과징금 처분을 받은 사실 여부			해당사항 없음	
신인도	3. 최근 1년내(2019. 1. 1 ~ 2019. 12. 31) 건설폐기물관리법령 규정에 의한 영업정지 1월이상 또는 2천만원이상 과징금 처분을 받은 사실여부			해당사항 없음	
신인도	4. 최근 1년내(2019. 1. 1 ~ 2019. 12. 31) 건설폐기물관리법령에 따른 징역 또는 벌금형을 받은 자			해당사항 없음	

「건설폐기물의 재활용촉진에 관한 법률」 제14조 및 동법 시행규칙 제7조 제1항 제4호, 「건설폐기물처리용역 적격업체 평가기준(환경부 고시 제2019-179호)」 제5조 제1항 제8호의 규정에 따른 위 업체에 대한 신인도를 확인합니다.

2020년 1월 10일

○○협회 회장

부정당업자 제재처분 사실 확인서

조 회 대 상	업 체 명	(주)○○	사업자등록번호	000
조 회 대 상	대 표 자	○○○	전 화 번 호	000-000-0000
조 회 대 상	소 재 지	서울특별시 용산구 00번지		
조 회 대 상	업 종	건설폐기물 중간처리업		
부정당업자 제재처분사실	처 분 일	해당사항 없음		
부정당업자 제재처분사실	처분내용	해당사항 없음		
부정당업자 제재처분사실	처분기간	해당사항 없음		

상기 업체는 우리 협회에서 최근 2년간(2018.1.1. ~ 2019.12.31) 부정당업자로 제재한 사실이 없음을 확인합니다.

2020년 1월 10일

○○협회 회장

[주 내용]

입찰가격 평가점수는 입찰가격과 예정가격으로 산정한다. 투찰률은 다섯째자리에서 반올림하여야 한다는 점에 유의하여야 한다.

신인도 감점사항은 신인도 확인서, 부정당업자 제재처분 사실 확인서 및 발주기관(또는 지자체) 내 시스템을 통해 확인한다.

● 사례적용

○ 입찰가격 평가 : 56점

입찰가격 : 347,990,000원
예정가격 : 400,000,000원

⇨ 투찰률 : $\frac{347,990,000}{400,000,000}$ = 0.869975 = 0.87(반올림)

⇨ 입찰가격 평점 :

$60 - 4 \times \left| \left(\frac{88}{100} - \frac{87}{100} \right) \times 100 \right|$ = 56

○ 신인도 감점사항 : 0점

⇨ 해당사항 없음

XII. 신인도 평가(가점사항) + 결격사유

비상대비 중점관리대상업체 확인(신청)서				처리기한 00일
신청업체	업체명	㈜○○	대표자	○○○
	사업자 등록번호	000	전화번호	000-000-0000
			FAX	000-000-0000
	소재지	서울특별시 용산구 00번지		
제출기관	○○단			
용도	적격심사 제출용			
유효기간	발행일로부터 발행년도 12월말까지			

위 업체는 비상대비자원관리법 제11조 및 동법 시행령 제10조에 의해 지정된 비상대비 중점관리대상업체임을 확인하여 주시기 바랍니다.

2020년 1월 10일

신청인 ㈜00

제 0 호

위 사실을 확인합니다.

2020년 1월 11일

분 담 금 납 부 확 인 서

발 급 번 호	00-00000		
업 체 명	(주)○○	허 가 번 호	제0호
대 표 자	○○○	법인 등록 번호 (주민등록번호)	000000-0000000
		등록번호	000-00-00000
보증기간	2015년 12월 13일[가입일] ~		
처리장 주소	서울특별시 용산구 00번지		
사무실 주소	서울특별시 용산구 00번지		
분담금 납부액	-		

위 업체는 건설폐기물의재활용촉진에관한법률 제42조 제1호 규정에 의하여 공제조합에 방치폐기물처리이행보증 분담금을 납부한 조합원임을 확인함.

* 발급 유효기간: 2020년 12월 31일

2020년 1월 10일

○○조합 이사장

[주 내용]

신인도 가점사항은 관련서류를 통해 증빙한다. 이때, 가~바목 중에서는 단 한 가지 항목만 인정된다는 점에 유의하여야 한다.

결격사유 해당여부는 발주기관 내 시스템 등에서 확인한다.

● 사례적용

○ 신인도 가점사항 : 0.18점

1. 비상대비 중점관리 대상업체
2. 공제조합 가입업체

⇨ 0.09 + 0.09 = 0.18점

○ 결격사유 : 0점

해당없음

XIII. 적격심사결과 산정

구분	평가분야	평가항목			배점한도	평가기준	평가	점수
I. 당해용역 수행능력	1. 이행능력	가. 당해용역 금액대비 최근3년간 당해용역 수행금액	수집 · 운반		5	A. 100%이상 : 5, B. 80%이상 ~ 100%미만 : 4 C. 80%미만 : 3	운반비 : 2억원, 실적 : 6억원 ⇒ 계산 : 300%	5
			중간처리		6	A. 150%이상 : 6, B. 100%이상 ~ 150%미만 : 5 C. 100%미만 : 4	처리비 : 2억원, 실적 : 6억원 ⇒ 계산 : 300%	6
		나. 당해용역 수행능력	당해용역 1일평균 수집운반량 대비 1일 수집운반능력		3	A. 100%이상 : 3 B. 50%이상 ~ 100%미만 : 2 C. 50%미만 : 1	차량 : 250톤, 운반횟수 : 5.93 1일 기준 : 10톤 ⇒ 계산 : 14,825%	3
			중간처리	당해용역 1일 평균처리량 대비 1일 처리능력	4	A. 150%이상 : 4 B. 100%이상 ~ 150%미만 : 3 C. 100%미만 : 2	시설 : 1,050톤, 1일 기준 : 10톤 ⇒ 계산 : 84,000%	4
				배출현장으로부터 당해용역 처리장까지의 거리	2	A. 100km 미만 : 2 B. 100~150km 미만 : 1.91 C. 150~200km 미만 : 1.82 D. 200km 이상 : 1.73	30km	2
				시설의 우수성 및 기술성	3	A. 신기술 및 특허기술 a. 신기술 구분 / 인·검증기술 / 인증기술 환경·건설분야 신기술 중 중간처리 신기술 / 1.0 / 0.82 환경·건설분야 신기술 중 기타 신기술 및 환경·건설분야 외 신기술 / 0.65 / 0.47 b. 환경건설분야 특허 중 중간처리 특허기술 : 0.2 B. 기본배점 : 2.0	환경건설분야 중간처리 인 · 검증 신기술(대여) ⇒ 2+1 = 3	3
				순환골재 품질인증	4	A. 품질인증 (a. 콘크리트용 : 0.3 b. 도로공사용 또는 아스콘용 : 0.21) B. 기본배점 : 3.7	도로공사용 순환골재 품질인증 ⇒ 3.7 + 0.21 = 3.91	3.91
				용역이행능력평가	3	용역이행능력 평가등급 / 용역이행능력 평가액 (억원) / 평점 A / 15 / 0.36 B / 6 / 0.27 C / 4 / 0.18 D / 3 / 0.09 기본배점 / - / 2.64	용역이행능력평가: A등급 ⇒ 2.64 + 0.36 = 3	3
	2. 경영상태	신용평가등급에 의한 평가			10	[별표] 3. 신용평가등급에 의한 평가	BBB+	9.82
소계					40			39.73
II. 입찰가격	-	60-4|(0.88-입찰가격/예정가격)×100|			60	-	60-4|(0.88-0.87)×100| = 56	56
III. 신인도	1. 부적정처리가능성	최근2년내 벌금형 이상 또는 행정처분 받은 경우 등			△6.5	-	해당 없음	0
	2. 부정당업자제재	최근2년이내에 관련 법령에 따라 부정당업자 제재를 받은 자 등			△2.0	-	해당 없음	0
	3. 기타	가점사항			0.27	-	가. 비상대비 중점관리 대상업체 아. 공제조합 가입업체	0.18
IV. 결격사유	1. 부실수행	최근 1년 이내 계약목적물에 현저한 손괴를 가한경우			△15	-	해당 없음	0
	2. 재무위험	부도 또는 파산 우려			△15	-	해당 없음	0
		법정관리 또는 화의 후 당좌거래 재개일로부터 1년간 보증서 발급 가능확인서 제출불가시			△15	-	해당 없음	0
합계					100		-	95.91

⇨ ㈜○○의 **총점은 95.91점**으로 적격심사 통과점수(95점) 이상이므로 **적격**하다.

7. 매장문화재 조사용역 적격심사 세부기준

7-1). 매장문화재 조사용역 적격심사 세부기준 해설

문화재청고시 제2020-2호, 2020.1.8, 일부개정

매장문화재 조사용역 적격심사 세부기준

제1조(목적) 이 기준의 목적은 「국가를 당사자로 하는 계약에 관한 법률 시행령」 제42조제5항 및 기획재정부 계약예규 적격심사기준(이하 '계약예규'라 한다) 제6조에 따라 매장문화재 조사용역 입찰에서 낙찰자를 결정할 때에 적용할 적격심사 세부기준(이하 "세부기준"이라 한다)을 정하는 것이며, 「지방자치단체를 당사자로 하는 계약에 관한 법률 시행령」 제42조제4항에 따라 시・도지사가 행정자치부 장관과 협의할 경우의 심사 기준안을 제시한 것이다.

제2조(정의) 이 기준에서 사용하는 용어의 뜻은 다음 각 호와 같다.

1. "매장문화재"란 「매장문화재 보호 및 조사에 관한 법률」 제2조(정의) 제1호에서 제3호까지에 해당하는 문화재 등을 말한다.
2. "조사용역"이란 「매장문화재 보호 및 조사에 관한 법률」 제6조와 제11조에 따라 건설공사의 시행자가 해당 건설공사 지역에 대하여 실시하는 **지표조사와 발굴조사(정밀발굴조사, 시굴조사, 표본조사)**를 말한다.
3. "매장문화재 지표조사"란 「매장문화재 보호 및 조사에 관한 법률」 제6조에 따라 건설공사의 시행자가 해당 건설공사 지역에 문화재가 매장・분포되어 있는지를 확인하기 위하여 미리 실시하는 조사를 말한다.
4. "매장문화재 시굴조사(표본조사 포함)"란 「매장문화재 보호 및 조사에 관한 법률 시행규칙」 제5조제1항제4호나목과 다목에 따라 건설공사 사업면적 중 매장문화재 유존지역 면적의 일부에 대해 실시하는 조사를 말한다.
5. "매장문화재 발굴조사"란 「매장문화재 보호 및 조사에 관한 법률」 제11조에 따라 건설공사 사업 면적 중 매장문화재 유존지역면적 전체에 대하여 매장문화재를 발굴하는 조사를 말한다.
6. "조사기관"이란 「매장문화재 보호 및 조사에 관한 법률」 제24조에 따라 문화재청장에게 등록한 기관을 말한다.
7. "사업시행자"란 「매장문화재 보호 및 조사에 관한 법률」에 따라 개발사업을 계획・시행하기 위하여 「국가를 당사자로 하는 계약에 관한 법률」을 적용하거나 준용하여 매장문화재 조사용역을 입찰 공고하는 정부, 공공기관, 민간 사업자를 말한다.

적격심사하기 앞서 관련 매장문화재 조사용역(지표조사, 정밀발굴조사, 시굴조사, 표본조사)의 법률상 종류와 정의를 정확히 아는 것이 도움이 된다. 특히, 신인도 평가 시 동일공종 조사실적 인정범위를 설정할 때 필요하다.

<참고> **매장문화재 보호 및 조사에 관한 법률**

○ 제2조 (정의) 이 법에서 "매장문화재"란 다음 각 호의 것을 말한다. 1. 토지 또는 수중에 매장되거나 분포되어 있는 유형의 문화재 2. 건조물 등에 포장(포장)되어 있는 유형의 문화재 3. 지표·지중·수중(바다·호수·하천을 포함한다) 등에 생성·퇴적되어 있는 천연동굴·화석, 그 밖에 대통령령으로 정하는 지질학적인 가치가 큰 것

○ 제6조 (매장문화재 지표조사) ① 건설공사의 규모에 따라 대통령령으로 정하는 건설공사의 시행자는 해당 건설공사 지역에 **문화재가 매장·분포되어 있는지를 확인하기 위하여 사전에 매장문화재 지표조사**(이하 "지표조사"라 한다)를 하여야 한다. ② 지표조사의 실시시기에 관하여는 문화체육관광부령으로 정한다.

○ 제11조 (매장문화재의 발굴허가 등) ① **매장문화재 유존지역은 발굴할 수 없다. 다만, 다음 각 호의 어느 하나에 해당하는 경우로서 대통령령으로 정하는 바에 따라 문화재청장의 허가를 받은 때에는 발굴할 수 있다.** 1. 연구 목적으로 발굴하는 경우 2. 유적(유적)의 정비사업을 목적으로 발굴하는 경우 3. 토목공사, 토지의 형질변경 또는 그 밖에 건설공사를 위하여 대통령령으로 정하는 바에 따라 부득이 발굴할 필요가 있는 경우 4. 멸실·훼손 등의 우려가 있는 유적을 긴급하게 발굴할 필요가 있는 경우 ② 문화재청장은 제1항 단서에 따라 발굴허가를 하는 경우 그 허가의 내용을 정하거나 필요한 사항을 지시할 수 있으며, 허가를 한 경우에도 대통령령으로 정하는 바에 따라 발굴의 정지 또는 중지를 명하거나 그 허가를 취소할 수 있다. ③ 매장문화재 유존지역을 발굴하는 경우 그 경비는 제1항제1호·제2호 및 제4호의 경우에는 해당 문화재의 발굴을 허가받은 자가, 같은 항 제3호의 경우에는 해당 공사의 시행자가 부담한다. 다만, 대통령령으로 정하는 건설공사로 인한 발굴에 사용되는 경비는 예산의 범위에서 국가나 지방자치단체가 지원할 수 있다. ④ 발굴조사의 방법 및 절차 등에 관하여 필요한 사항은 문화재청장이 정하여 고시한다.

○ 제24조 (매장문화재 조사기관의 등록) ① 매장문화재에 대한 지표조사 또는 발굴은 다음 각 호의 어느 하나에 해당하는 기관으로서 문화재청장에게 등록한 기관(이하 "조사기관"이라 한다)이 한다. <개정 2014.5.28> 1.「민법」 제32조에 따라 설립된 비영리법인으로서 매장문화재 발굴 관련 사업의 목적으로 설립된 법인 2. 국가 또는 지방자치단체가 설립·운영하는 매장문화재 발굴 관련 기관 3.「고등교육법」 제25조에 따라 매장문화재 발굴을 위하여 설립된 부설 연구시설 4.「박물관 및 미술관 진흥법」 제3조제1항에 따른 박물관 5.「문화재보호법」 제9조에 따른 한국문화재재단 ② 발굴 분야별 조사기관의 종류, 등록 절차, 조사 요원의 자격에 따른 인력기준, 시설 및 장비의 기준 등 조사기관 등록에 관하여 필요한 사항은 문화체육관광부령으로 정한다. ③ 국가와 지방자치단체는 매장문화재의 조사·발굴 및 보존을 위하여 예산의 범위에서 조사기관을 육성·지원할 수 있다. ④ 제6조 또는 제11조제1항에 따라 건설공사의 사업시행자가 조사기관과 지표조사 또는 발굴조사를 위한 계약을 체결할 때에는 해당 공사 관련 계약과 분리하여 체결하여야 한다.

○ 제5조 (지표조사에 따른 문화재 보존 조치) ① 영 제7조제1항 각 호에 따른 문화재 보존 조치의 구체적인 내용은 다음 각 호와 같다.

4. 매장문화재 **발굴조사**

가. **정밀발굴조사**: 건설공사 사업 면적 중 **매장문화재 유존지역 면적 전체**에 대하여 매장문화재를 발굴하여 조사하는 것

나. **시굴(시굴)조사**: 건설공사 사업 면적 중 **매장문화재 유존지역 면적의 10퍼센트 이하의 범위**에서 매장문화재를 발굴하여 조사하는 것

다. **매장문화재 표본조사**: 건설공사 사업 면적 중 **매장문화재 유존지역 면적의 2퍼센트 이하의 범위**에서 가목 및 나목에 따른 매장문화재 발굴조사 조치 여부를 결정하기 위하여 **법 제11조에 따른 발굴허가를 받지 아니하고 매장문화재의 종류 및 분포 등을 표본적으로 조사**하는 것

제3조(심사대상) ① 이 세부기준에 따른 심사는 「국가를 당사자로 하는 계약에 관한 법률 시행령」(이하 "「국가계약법시행령」"이라 한다.) 제42조제1항, 「지방자치단체를 당사자로 하는 계약에 관한 법률 시행령」 제42조제4항(이하 "「지방자치단체계약법 시행령」"이라 한다.)을 적용 받는 조사용역계약에서 계약이행능력을 심사하여 낙찰자를 결정하는 입찰에 적용한다.

② 「국가계약법시행령」의 적용을 받지 않지만, 「매장문화재 보호 및 조사에 관한 법률」 제6조와 제11조에 따라 지표조사 및 발굴조사 용역 계약을 추진할 경우 계약이행능력을 심사하여 낙찰자를 결정하는 입찰에 적용한다.

제4조(입찰 공고를 할 때의 공고사항) ① 사업시행자는 제3조에 따라 적격심사 대상 조사용역을 입찰 공고할 때에는 **용역금액, 선행용역수행보고서(해당 용역 입찰의 원인이 된 선행조사용역이 있을 경우 해당 용역의 조사결과를 정리한 자료를 말한다.), 예정가격 산출근거자료, 용역 공종** 등을 입찰공고에 분명하게 밝혀야 한다.

② 제1항에서 규정한 사항 외에 입찰공고에 포함하여야 할 사항에 관하여는 기획재정부 계약예규를 준용한다.

입찰공고문상 **용역금액**은 연구조사실적 평가에, **선행용역 존부**는 연구조사실적 및 신인도 용역전문성 평가에, **용역공종**은 신인도 용역전문성 평가에 활용된다.

제5조(제출서류 및 심사자료 요구 등) ① 적격심사대상자로 통보 받은 입찰자는 **통보서를 접수한 날부터 특별히 정한 기일이 없는 한 7일 이내에 다음 각 호의 관련서류를 첨부하여 적격심사신청서를 제출**하여야 한다. **다만, 입찰가격점수와 다른 심사분야의 배점한도를 합산한 종합평점이 적격심사 통과점수에 미달하는 입찰자는 제출하지 않는다.**

1. 적격심사신청서 1부 (별지 제2호 서식)
2. 적격심사 자기평가 및 심사표 1부 (별지 제3호 서식)
3. 매장문화재조사이행능력증명서 1부 (별지 제4호 서식)
4. 그 밖의 제출서류 각 1부 (별지 제5호서식 참조)

❶ 기재부 계약예규 적격심사기준 제4조에서는 제출기한을 5일 이상으로 규정하고 있고, 훈령에서는 제출기한을 7일 이내로 하도록 하고 있으므로 제출기한을 5일 이상 7일 이내로 정하면 된다. 제출기한을 따로 정하지 않은 경우 동조에서 규정하였듯이 제출기한을 7일로 보면 될 것이다.

❷ 낙찰하한율 미만에 해당하는 가격으로 입찰한 경우 심사대상에 해당되지 않아 적격심사서류를 제출하지 않아도 된다. 낙찰하한율의 정의는 이하에서 자세히 살펴보자.

<참조> 낙찰하한율 정의 및 산출방식

◆ 낙찰하한율은 입찰가격점수 외 심사분야에서 만점을 받는다고 가정할 때, 적격심사를 통과하기 위해 입찰가격점수에서 얻어야할 최소한의 투찰률($=\frac{\text{입찰가격}}{\text{예정가격}}$)을 의미한다.

◆ 예를 들어, 추정가격 10억원 이상인 경우, 동기준 제11조에 따라 적격심사점수가 85점 이상이어야 낙찰된다. 입찰가격점수 외 심사분야의 배점한도는 70점이다. 따라서 입찰가격에서 최소한 15점(=85-70)을 받아야 한다. 입찰가격 평점산식에서 $15 \le 30 - 1.875 \times \left|\left(\frac{88}{100} - \frac{\text{입찰가격}}{\text{예정가격}}\right)\times 100\right|$ 로 표현되고, $0.80 \le \frac{\text{입찰가격}}{\text{예정가격}} \le 0.96$ 이며, $\frac{\text{입찰가격}}{\text{예정가격}}$는 최소 0.80이 되어야 한다. 다만, 소수점 다섯째자리에서 반올림 가능하므로 $\frac{\text{입찰가격}}{\text{예정가격}}$는 최소 0.79995가 되어야 한다. 따라서 낙찰하한율은 79.995%다.

② 사업시행자는 제1항에 따라 제출된 심사서류의 첨부목록에 적혀 있는 서류가 누락되었거나 제출된 서류가 불명확하여 알아보기 어려운 경우에는 기한을 정하여 보완을 요구할 수 있다.

기재부 계약예규 적격심사기준 제4조 제2항에서는 보완기간을 통보를 받은 날로부터 3일 이상으로 하여야한다고 규정하고 있다.

<참조> 적격심사 기한 정리

◆ 적격심사과정은 ①적격심사통보→②적격심사→③보완요청→④낙찰통보→⑤재심사순이다.
- ① **서류제출기한**(계약예규 제4조 및 매장문화재 조사용역 적격심사 세부기준 제5조) : **5일 이상 7일 이내**
  ② **적격심사기한**(계약예규 제7조) : **7일 이내(불가피한 경우 3일 연장)**
  ③ **보완요청시 제출기한**(계약예규 제4조) : **3일 이상**
  ④ **낙찰통보는 지체 없이** 하여야한다.(계약예규 제8조 및 제9조)
  ⑤ **재심사요청기한, 재심사기간**(계약예규 제9조) : **3일 이내**

③ 제2항에 따른 보완요구 기한까지 보완된 서류가 제출되지 아니한 경우에는 처음 제출된 서류만으로 심사하되 처음 제출된 서류가 불명확하여 심사하기가 곤란한 경우에는 심사에서 제외한다

④ 제1항과 제2항에 따라 제출될 서류로서 입찰공고일 다음날 이후에 발생하였거나 신고하였거나 수정된 자료는 심사에서 제외한다.

다른 적격심사기준과 같이 평가기준일이 입찰공고일임을 의미한다.

제6조(심사항목 및 배점기준) ① 입찰공고 되는 조사용역의 추정가격을 고려한 규모별 적격심사 항목과 배점기준은 다음 각 호에 따른다.

1. 추정가격 10억 원 이상인 매장문화재 조사용역의 적격심사 세부기준은 〈별표 1〉에 따른다.
2. 추정가격 10억 원 미만 5억 원 이상인 매장문화재 조사용역의 적격심사 세부기준은 〈별표 2〉에 따른다.
3. 추정가격 5억 원 미만 2.5억 원 이상인 매장문화재 조사용역의 적격심사 세부기준은 〈별표 3〉에 따른다.
4. 추정가격 2.5억 원 미만 1억 원 이상인 매장문화재 조사용역의 적격심사 세부기준은 〈별표 4〉에 따른다.
5. 추정가격 1억 원 미만의 매장문화재 조사용역의 적격심사 세부기준은 〈별표 5〉에 따른다.

② 용역의 특성, 사용목적, 내용 등에 따라 심사분야별(입찰가격은 제외)배점 한도를 20% 범위에서 가감 조정할 수 있으며, 심사항목별(신인도 제외) 세부사항을 추가하거나 제외할 수 있다. 이 경우 입찰공고에나 입찰설명서에 조정 내용을 분명하게 밝혀야 한다.

계약의 특성에 비추어 심사분야별 배점한도를 조정하고자 하는 경우 20% 내에서 조정이 가능하다. 다만, 총점은 100점으로 유지해야 하므로 한 부분에서 배점한도를 증가시켰다면 다른 부분에서는 배점한도를 감소시켜야 할 것이다. 다만, 입찰가격은 가감조정이 불가능하다. 또한, 배점 조정 사항은 반드시 공고문 등에 명시하여 입찰참가자들이 사전에 인지할 수 있도록 하여야 그 효력이 있다.

<Example>

Q) A지역 문화재 지표조사사업은 추정가격이 13억원이다. 사업부서는 사업의 특성상 연구조사평가항목 배점한도를 25점에서 30점으로 조정하려고 한다. 다음 중 가능한 항목별 배점한도는?

	연구조사실적(10점)	연구조사능력(10점)	연구조사평가(25점)	연구조사기반(5점)	신용평가등급(20점)	입찰가격점수(30점)
①번	9	9	30	3	19	30
②번	8	8	30	5	19	30
③번	9	8	30	5	17	30

A) ①번은 연구조사기반 점수를 5점에서 3점으로 바꿀 때 40% 조정하는 것이므로 불가능하다. ③번은 배점한도 합계액이 99점이므로 불가능하다. 따라서 ②번만 가능하다.

③ 신인도 평가의 가점은 적격심사대상자로 통보받은 입찰자 중 **당해용역수행능력(조사이행능력 및 경영상태) 점수**가 심사분야별 **배점한도**에 **부족**한 경우에만 **배점한도 범위 내**에서 **부여**한다.

제8조 제5항에 따라 최종신인도는 가점합계와 감점합계를 상계한 점수이며, 가점은 당해용역수행능력 합계가 배점한도에 미달하는 경우에만 부여한다.

<Example>

Q) A지역 문화재발굴조사사업(추정가격 2억원)에서 1순위업체인 B업체는 조사이행능력 34.5점, 경영상태 19.4점, 입찰가격 33점을 획득하였다. 추가적으로 용역전문성 등 총 2.0점에 해당하는 신인도 가점사항을 보유하고 있을 때, B업체의 최종 획득점수는 몇 점일까?

A) 당해용역수행능력 점수의 합계는 34.5+19.4 = 53.9점이다. 배점한도 55점에 비해 1.1점이 부족하다. 따라서 가점요소 2.0점 중 1.1점만 더해지므로 B업체의 점수는 34.5+19.4+33+1.1 = 88점이 된다.

제7조(적용기준) 심사의 적용기준은 다음 각 호에 따른다.

1. 기간계산 등 심사기준일 : 조사이행능력(연구조사실적, 연구조사능력, 연구조사평가, 연구조사기반), 경영상태, 신인도 등의 적격심사에 따른 기간 계산 등의 심사기준일은 매장문화재 보호 및 조사에 관한 법령 등 **다른 규정에서 정한 것을 제외하고는 입찰공고일**로 한다. **다만, 결격사유인 이행위험에 대하여는 낙찰자를 결정하는 날을 기준일**로 한다.

적격심사의 평가기준일은 입찰공고일이 원칙이다. 개찰일 또는 적격심사 서류제출 마감일 등을 기준일로 생각하는 경우가 있는데 이는 옳지 않다. 다만, 예외적으로 평가기준일을 입찰공고일이 아닌 다른 날로 규정하는 경우가 있는데 이에 유의할 필요가 있다.

<Example>

Q) 입찰공고일이 2020.1.15., 개찰일이 1.23., 적격심사 서류접수 마감일이 1.28.라고 가정해보자. 업체가 제출한 신용평가등급 확인서의 유효기간이 '19.1.23.~'20.1.22.라고 한다면 이는 인정이 가능한가?

A) 서류접수 받은 시점에 유효기간이 완료되었더라도, 평가기준일은 입찰공고일이고 해당 신용평가서의 유효기간은 입찰공고일을 포함하므로 유효하게 인정해야 한다.

2. 외화표시 금액의 적용 : 조사실적 등의 외화표시 금액은 원화로 환산하여 적용하며, 적용환율은 입찰공고일의 「외국환거래법」에 따른 기준환율이나 재정환율(매매기준율)로 적용한다. 다만, 외화와 원화가 함께 표시된 경우는 원화를 적용한다.
3. 계산결과 소수점 이하의 숫자처리 : 비율, 평점 등을 계산한 결과 소수점 이하의 숫자가 있는 경우에는 별도로 정하지 않으면 **소수점 다섯째 자리에서 반올림**한다.

비율, 평점 등을 계산하였을 때, 소수점이하의 숫자가 있다면 이는 소수점 다섯째 자리에서 반올림하여 계산하여야 한다.

<Example>

Q) 어떠한 사업의 예정가격이 123,456,789원이고 A업체의 입찰가격이 103,256,578원이라고 가정할 때, 업체의 투찰률은 얼마로 보아야 하는가?

A) 투찰률은 103,256,578/123,456,789 = 0.836378289....이지만 소수점이하 다섯째자리에서 반올림해야 하므로 0.8364로 적용해야 할 것이다.

제8조(평가방법) ① 사업시행자는 세부기준에 따라 **예정가격 이하에서 최저가로 입찰한 기관의 순서로 심사**한다.

다만, 앞서 설명했듯이 낙찰하한율 미만에 해당하는 가격으로 입찰한 경우 적격심사 대상이 아니다. 따라서 **예정가격 이하이면서 낙찰하한율 이상에 해당하는 입찰가격 중 최저가로 입찰한 기관부터 순서대로** 심사하여야 한다.

② 조사이행능력 평가는 다음 각 호에 따르되, 세부적용 내용은 [별지 제 1-1]에서 [별지 제 1-5]까지를 따른다.

1. 적격심사대상자의 조사실적은 계약일자와 조사기한에 관계없이 조사가 끝난 시점이 최근 3년 이내이어야 하며 계약서에 적힌 용역금액 (부가가치세 제외)을 합산하여 평가한다. 다만, 이행실적 적용기간을 조정하려는 경우에는 입찰공고에 조정내용을 밝혀야 한다.
2. 조사기관이 합병된 경우에는 존속되거나 신설된 조사기관의 실적은 소멸된 조사기관의 실적을 어어 받은 것으로 보아 합산하여 평가하며, 분할된 경우에는 권리・의무를 이어받은 조사기관의 실적으로 본다. 또한 사업 양수도의 경우에는 해당 업종을 넘겨받은 기관의 실적으로 평가하며 합병・분할・사업 양수도와 관련한 조사기관의 실적증빙서류를 제출하여야 한다. (다만, 분할이나 사업 양수도의 경우에는 실적 이행을 위하여 분할하거나 사업 양수도한 때에 권리 이외 시설, 매장문화재조사 참여인력 등의 요건이 필요할 때에는 이를 갖춘 경우에만 실적으로 인정한다.)
3. 이행실적의 평가는 매장문화재 조사용역 이행실적 증명서[별지 제4호 서식]에 따라 평가하되 공공기관 이외의 이행실적은 원본이 확인된 해당 용역의 계약서, 세금계산서, 거래명세표 등의 이행실적을 증명하는 서류를 첨부한 경우에 평가하고, 필요한 경우 공급받는자의 신분증 사본을 첨부한 거래사실확인서나 그 밖에 이행실적을 증명할 수 있는 서류를 제출하게 할 수 있으며, 적격심사대상자가 입증책임을 다하지 아니하여 이행실적의 확인이 어려운 경우에는 실적을 인정하지 아니한다.

③ 경영상태 평가는 '신용평가등급에 의한 평가방법'에 따르며 세부적용내용은 [별지 1-3]에서 정한 기준에 따라 평가한다.

④ 연구조사능력 평가는 [별지 1-2]에서 정한 기준에 따른다. 합병・분할・사업양수도의 경우에는 제2항제2호에 준하여 평가한다.

⑤ 신인도 평가는 [별지 1-4]에서 정한 기준에 따라 평가하되, 신인도 심사결과 총 평점은 각 항목의 가점 합계와 감점 합계를 상계한 점수로 한다.

다만, 신인도 총 평점이 음(-)인 경우에는 적격심사대상자가 취득한 당해용역수행능력(조사이행능력 및 경영상태) 점수에서 감점한다.

제9조(공동수급체 등에 대한 평가) 심사대상자가 공동수급체를 구성하고 있는 경우의 평가는 다음 각 호에 따르되, 세부 적용내용은 제8조에 따른다.

1. 조사실적 평가

   공동수급체 구성원별로 각각의 이행실적에 출자비율이나 분담비율을 곱하여 계산해낸 구성원 모두의 실적을 합산하여 해당되는 등급으로 평가한다.

2. 조사이행능력(조사실적 제외) 및 경영상태 평가

   공동수급체 구성원별로 **각각 산출한 조사이행능력(조사실적 제외) 및 경영상태 평가점수에 출자비율이나 분담비율을 곱한 후 합산하여 평가**한다.

3. 신인도 평가

   공동수급체 구성원별로 각각 계산해낸 신인도 평가점수에 각각의 출자비율이나 분담비율을 곱하고 이를 합산하여 평가한다. 감점대상 조사 기관이 공동수급체의 구성원으로 입찰에 참가하는 경우에는 해당 감점 점수에 해당 조사기관의 출자비율이나 분담비율을 곱한 점수를 감점한다.

공동수급체 평가시 **조사실적평가**는 출자비율 또는 분담비율을 기준으로 **먼저 가중평균을 하고 그 값을 기준으로 최종점수를 산정**하는 반면, 조사실적평가를 제외한 **조사이행능력**과 **경영상태** 및 **신인도 평가**는 **각 업체의 점수를 먼저 산정 후 각 점수를 가중평균 한 값을 최종점수로 한다.**

<Example>

Q) A사업의 추정가격은 2.7억이다. B업체와 C업체는 분담이행방식으로 공동수급체를 구성하여 A사업에 투찰하였다. 각 업체의 현황이 아래와 같고 입찰 가격점수가 25점일 때, 공동수급체는 적격한가?

	분담비율	연구조사실적(부가세 제외)	연구조사능력	연구조사평가	신용등급	신인도	결격여부
B업체	60%	8억	책임조사원 2명, 조사원 2명, 준조사원 2명	89점	BBB0	1.5	0
C업체	40%	6억	책임조사원 2명, 조사원 3명, 준조사원 4명	91점	BBB0	1.5	0

A) 연구조사실적 : 8억×60%+6억×40%=7.2억 → 7.2억/2.7억×100% = 267% → 200%이상 300%미만에 해당 → 9점.

연구조사능력 : 두 업체가 모두 10점 → 공동수급체 점수도 10점.

연구조사평가 : B업체가 19점, C업체가 20점 → 19×60%+20×40% = 19.4점.

경영상태 : 두 업체가 모두 19.6점 → 공동수급체 점수도 19.6점.

신인도 : 두 업체가 모두 1.5점 → 공동수급체 점수도 1.5점.

따라서 적격심사점수는 84.5점(9+10+19.6+19.4+1.5+25)으로 적격통과점수 85점에 미달되어 부적격하다.

제10조(결격사유의 심사) 결격사유의 심사는 [별지 1-5]에서 정한 기준에 따라 평가한다.

제11조(낙찰자 결정) ① 입찰결과 최저가 입찰자부터 적격심사를 실시하여 적용 기준별 적격통과점수(추정가격이 2.5억 원 이상인 경우 85점 이상, 추정가격이 2.5억 원 미만인 경우 88점 이상) 이상이면 낙찰자로 결정한다.

적격심사에서 가장 높은 점수를 얻은 업체가 낙찰되어야 하지 않느냐고 질문하는 경우가 있다. 이는 낙찰자 선정과정을 잘못 이해한 것이다. 낙찰하한율 이상이되 최저가격으로 투찰한 업체가 1순위 업체가 되고, 그 업체가 적격심사통과점수(예를 들어, 추정가격이 2.5억원 미만인 경우는 88점)만 넘으면 낙찰자로 선정되는 것이다. **즉, 입찰가격이 적격심사 점수보다 우선적으로 고려되어야 하는 것이다.**

<Example>

Q) 추정가격이 1억원 미만인 사업에 A, B 2개 업체만 입찰한 경우를 가정해보자. A업체는 입찰가격이 8,000만원이며 적격심사점수가 88점이고, B업체는 입찰가격이 8,100만원이고 적격심사점수가 90점이며, 두 업체의 가격은 모두 낙찰하한가 이상이다. 이때, 낙찰업체는 어느 업체인가?

A) A, B업체 모두 적격심사 점수가 88점 이상으로 적격심사는 통과한다. 다만, 낙찰자는 적격심사 점수가 높은 B업체가 아닌 최저가로 투찰한 A업체가 된다.

② 같은 가격의 최저가 입찰자가 2인 이상인 경우 적격통과점수 이상인 자 중에서 최고점수인 자를 낙찰자로 결정하며 적격통과점수도 같은 경우에는 추첨하여 낙찰자를 결정한다.

③ 최저가 입찰자에 대한 심사결과 적격통과점수 미만인 경우나 최저가낙찰자가 정당한 사유 없이 심사서류를 제출하지 아니하거나 심사서류를 제출한 후 낙찰자가 결정되기 전에 심사를 포기한 경우에는 다음 순위의 최저가 입찰자 순서로 심사하여 낙찰자를 결정한다.

④ 적격심사에 걸리는 행정 소요일수를 참작하여 필요하다고 인정되는 경우에는 예정가격 이내 입찰자를 대상으로 동시에 적격심사를 할 수 있다.

제12조(재심사) ① 제11조에 따라 부적격 통보를 받은 자가 통보한 날부터 3일 내에 심사결과에 대한 재심사를 요청하였을 때에는 특별한 사유가 없는 한 재심사요청서를 접수한 날부터 3일 이내에 재심사를 하여야 한다.

② 제1항에 따른 재심사 결과는 재심사를 요청한 자에게 곧바로 알려야 한다.

③ 제1항의 재심사 요청서를 접수할 때에는 적격심사에 필요한 추가서류는 접수하지 않는다.

제13조(부정한 방법에 의한 심사서류 제출자와 미제출자의 처리) ① 사업시행자는 제5조에 따라 제출된 서류가 부정 또는 거짓으로 작성된 것으로 판명된 때에는 다음 각 호와 같이 처리하여야 한다.

1. 계약체결 이전인 경우에는 적격낙찰자 결정대상에서 제외하거나 결정통보를 취소한다.
2. 계약체결 이후인 경우에는 해당 계약을 해제하거나 해지할 수 있다.

② 제1항에 해당하는 자, 정당한 사유 없이 심사서류의 전부나 일부를 제출하지 아니한 자 및 정당한 사유 없이 심사서류를 제출하고 낙찰자를 결정하기 전에 심사를 포기한 자에 대하여는 국가계약법 시행령 제76조에 따라 입찰참가자격제한조치를 하여야 한다.

제14조(그 밖의 사항) ① 이 심사기준에서 정하지 아니한 사항에 대하여는 적격심사기준 등 관련 계약예규와 그 밖의 문화재청 집행기준(매장문화재 조사용역 관련 법규 및 유권해석)을 적용하며, 용역의 특성에 따라 이 기준을 적용하기 곤란하다고 인정되는 사항에 대하여는 입찰공고에 별도로 반영하여 집행할 수 있다.

제15조(재검토기한) 문화재청장은 「훈령・예규 등의 발령 및 관리에 관한 규정」에 따라 이 고시에 대하여 2016년 1월 1일 기준으로 매3년이 되는 시점(매 3년째의 12월 31일까지를 말한다)마다 그 타당성을 검토하여 개선 등의 조치를 하여야 한다.

[별표 1]

추정가격 10억원 이상

구 분	심사분야	심사항목	배점한도
Ⅰ. 조사이행 능력(전문성)(50점)	1. 연구조사실적(10점)	가. 조사실적(해당 용역금액 대비 최근 3년간 용역금액)	10
	2. 연구조사능력(10점)	가. 참여조사기관 보유 조사인력수	10
	3. 연구조사평가(25점)	가. 직전년도발굴조사보고서 평가점수	25
	4. 연구조사기반(5점)	가. 수장 및 보존처리시설 수준	5
Ⅱ. 경영상태(20점)	1. 신용평가등급(20점)	가. 기업신용평가등급	20
Ⅲ. 입찰가격(경제성)(30점)	1. 가격점수(30점)	입찰가격 평점산식 참조	30
계		Ⅰ+Ⅱ+Ⅲ합산점수 85점 이상 최저가 입찰자	100
Ⅳ. 신인도	1. 신인도	가. 용역전문성	+2
		나. 업무정지(경고)처분	-2, -1, -0.5
		다. 안전관리	-1, -0.5
		라. 공동수급체 구성	+1.0,+0.5
		마. 여성고용	+0.5,+0.2
		바. 장애인고용	+1.0,+0.5
Ⅴ. 결격사유	1. 이행위험	가. 계약이행 불가능	-20
	2. 부정당업자제재	가. 적격심사 서류제출일 현재 부정당업자제재 기간 해당	-20

입찰가격 평점산식

■ 평점(점) = 30 - 1.875 × |(88/100 - 입찰가격/예정가격)×100|

-'| |'은 절대값 표시임

- 입찰가격을 예정가격으로 나눈 결과 소수점 이하의 숫자가 있는 경우에는 소수점 다섯째 자리에서 반올림함
- 평점의 경우는 소수점 둘째 자리에서 반올림함
- 입찰가격이 예정가격이하로서 90/100이상인 경우에는 90/100인 경우의 점수로 함

■ 해당용역_규모란 입찰 공고 시 제시한 용역규모를 말함

[별표 2]

추정가격 10억원 미만 5억원 이상

구 분	심사분야	심사항목	배점한도
Ⅰ. 조사이행능력(전문성) (50점)	1. 연구조사실적(10점)	가. 조사실적(해당 용역금액 대비 최근 3년간 용역금액)	10
	2. 연구조사능력(10점)	가. 참여조사기관 보유 조사인력수	10
	3. 연구조사평가(25점)	가. 직전년도발굴조사보고서 평가점수	25
	4. 연구조사기반(5점)	가. 수장 및 보존처리시설 수준	5
Ⅱ. 경영상태 (20점)	1. 신용평가등급(20점)	가. 기업신용평가등급	20
Ⅲ. 입찰가격(경제성) (30점)	1. 가격점수(30점)	입찰가격 평점산식 참조	30
계		Ⅰ+Ⅱ+Ⅲ합산점수 85점 이상 최저가 입찰자	100
Ⅳ. 신인도	1. 신인도	가. 용역전문성	+2
		나. 업무정지(경고)처분	-2, -1, -0.5
		다. 안전관리	-1, -0.5
		라. 공동수급체 구성	-
		마. 여성고용	+0.5,+0.2
		바. 장애인고용	+1.0,+0.5
Ⅴ. 결격사유	1. 이행위험	가. 계약이행 불가능	-20
	2. 부정당업자제재	가. 적격심사 서류제출일 현재 부정당업자제재 기간 해당	-20

입찰가격 평점산식

■ 평점(점) = 30-2.5×|(88/100 - 입찰가격/예정가격)×100|

-'| |'은 절대값 표시임

- 입찰가격을 예정가격으로 나눈 결과 소수점 이하의 숫자가 있는 경우에는 소수점 다섯째 자리에서 반올림함
- 평점의 경우는 소수점 둘째 자리에서 반올림함
- 입찰가격이 예정가격이하로서 90/100이상인 경우에는 90/100인 경우의 점수로 함

■ 해당용역 규모란 입찰 공고 시 제시한 용역규모를 말함

[별표 3]

추정가격 5억원 미만 2.5억원 이상

구 분	심사분야	심사항목	배점한도
Ⅰ. 조사이행능력(전문성) (40점)	1. 연구조사실적(10점)	가. 조사실적(해당 용역금액 대비 최근 3년간 용역금액)	10
	2. 연구조사능력(10점)	가. 참여조사기관 보유 조사인력수	10
	3. 연구조사평가(20점)	가. 직전년도발굴조사보고서 평가점수	20
Ⅱ. 경영상태 (20점)	1. 신용평가등급(20점)	가. 기업신용평가등급	20
Ⅲ. 입찰가격(경제성) (40점)	1. 가격점수(40점)	입찰가격 평점산식 참조	40
계		Ⅰ+Ⅱ+Ⅲ합산점수 85점 이상 최저가 입찰자	100
Ⅳ. 신인도	1. 신인도	가. 용역전문성	+2
		나. 업무정지(경고)처분	-2,-1,-0.5
		다. 안전관리	-1,-0.5
		라. 공동수급체 구성	-
		마. 여성고용	+0.5,+0.2
		바. 장애인고용	+1.0,+0.5
Ⅴ. 결격사유	1. 이행위험	가. 계약이행 불가능	-20
	2. 부정당업자제재	가. 적격심사 서류제출일 현재 부정당업자제재 기간 해당	-20

입찰가격 평점산식

■ 평점(점) = 40-3×|(88/100 - 입찰가격/예정가격)×100|

-'| |'은 절대값 표시임

- 입찰가격을 예정가격으로 나눈 결과 소수점 이하의 숫자가 있는 경우에는 소수점 다섯째 자리에서 반올림함
- 평점의 경우는 소수점 둘째 자리에서 반올림함
- 입찰가격이 예정가격이하로서 90/100이상인 경우에는 90/100인 경우의 점수로 함

■ 해당용역 규모란 입찰 공고 시 제시한 용역규모를 말함

[별표 4]

추정가격 2.5억원 미만 1억원 이상

구 분	심사분야	심사항목	배점한도
Ⅰ. 조사이행능력(전문성) (35점)	1. 연구조사실적(5점)	가. 조사실적(해당 용역금액 대비 최근 3년간 용역금액)	5
	2. 연구조사능력(10점)	가. 참여조사기관 보유 조사인력수	10
	3. 연구조사평가(20점)	가. 직전년도발굴조사보고서 평가점수	20
Ⅱ. 경영상태 (20점)	1. 신용평가등급(20점)	가. 기업신용평가등급	20
Ⅲ. 입찰가격(경제성) (45점)	1. 가격점수(45점)	입찰가격 평점산식 참조	45
계		Ⅰ+Ⅱ+Ⅲ합산점수 88점 이상 최저가 입찰자	100
Ⅳ. 신인도	1. 신인도	가. 용역전문성	+2
		나. 업무정지(경고)처분	-2,-1,-0.5
		다. 안전관리	-1,-0.5
		라. 공동수급체 구성	-
		마. 여성고용	+0.5,+0.2
		바. 장애인고용	+1.0,+0.5
Ⅴ. 결격사유	1. 이행위험	가. 계약이행 불가능	-20
	2. 부정당업자제재	가. 적격심사 서류제출일 현재 부정당업자제재 기간 해당	-20

입찰가격 평점산식

■ 평점(점) = 45-9.6×|(88/100) - 입찰가격/예정가격)×100|

- '| |'은 절대값 표시임
- 입찰가격을 예정가격으로 나눈 결과 소수점 이하의 숫자가 있는 경우에는 소수점 다섯째 자리에서 반올림함
- 평점의 경우는 소수점 둘째 자리에서 반올림함
- 입찰가격이 예정가격이하로서 89.25/100이상인 경우에는 89.25/100인 경우의 점수로 함

■ 해당용역 규모란 입찰 공고 시 제시한 용역규모를 말함

[별표 5]

추정가격 1억원 미만

구 분	심사분야	심사항목	배점한도
Ⅰ. 조사이행능력(전문성) (30점)	1. 연구조사실적(5점)	가. 조사실적(해당 용역금액 대비 최근 3년간 용역금액)	5
	2. 연구조사능력(10점)	가. 참여조사기관 보유 조사 인력수	10
	3. 연구조사평가(15점)	가. 직전년도발굴조사보고서 평가점수	15
Ⅱ. 경영상태 (20점)	1. 신용평가등급(20점)	가. 기업신용평가등급	20
Ⅲ. 입찰가격(경제성) (50점)	1. 가격점수(50점)	입찰가격 평점산식 참조	50
계		Ⅰ+Ⅱ+Ⅲ합산점수 88점 이상 최저가 입찰자	100
Ⅳ. 신인도	1. 신인도	가. 용역전문성	+2
		나. 업무정지(경고)처분	-2, -1, -0.5
		다. 안전관리	-1, -0.5
		라. 공동수급체 구성	-
		마. 여성고용	+0.5, +0.2
		바. 장애인고용	+1.0, +0.5
Ⅴ. 결격사유	1. 이행위험	가. 계약이행 불가능	-20
	2. 부정당업자제재	가. 적격심사 서류제출일 현재 부정당업자제재 기간 해당	-20

입찰가격 평점산식

■ 평점(점) = 50-48×|(88/100 - 입찰가격/예정가격)×100|

-'| |'은 절대값 표시임

- 입찰가격을 예정가격으로 나눈 결과 소수점 이하의 숫자가 있는 경우에는 소수점 다섯째 자리에서 반올림함
- 평점의 경우는 소수점 둘째 자리에서 반올림함
- 입찰가격이 예정가격이하로서 88.25/100이상인 경우에는 88.25/100인 경우의 점수로 함

■ 해당용역 규모란 입찰 공고 시 제시한 용역규모를 말함

[별지 제1-1 서식]

모든 추정가격 적용

<table>
<tr><th>구 분</th><th>심사분야</th><th>심사항목</th><th>배 점</th><th colspan="2">평가기준</th></tr>
<tr><td rowspan="6">Ⅰ. 조사 이행 능력</td><td>1. 연구 조사 실적</td><td>가. 해당 입찰공고 금액대비 최근 3년간 조사실적 금액</td><td>10(5)</td><td colspan="2">A. 300% 이상 : 10점(5)
B. 200% 이상 : 9점(4)
C. 100% 이상 : 8점(3)
D. 100% 미만 : 7점(2)</td></tr>
<tr><td rowspan="3">2. 연구 조사 능력</td><td rowspan="3">가. 해당용역에 참여한 조사기관의 보유 인력 수</td><td rowspan="3">10</td><td>책임조사원: 1.5점</td><td>A. 2명 이상: 1.5
B. 2명 미만: 0.5</td></tr>
<tr><td>조 사 원: 6점</td><td>A. 2명 이상: 6
B. 2명 미만: 5</td></tr>
<tr><td>준조사원: 2.5점</td><td>A. 2명 이상: 2.5
B. 2명 미만: 1.5</td></tr>
<tr><td>3. 연구 조사 평가</td><td>가. 직전년도 발굴조사 보고서 평균 점수</td><td>25
(20)
[15]</td><td colspan="2">A. 90점 이상: 25점(20)[15]
B. 88점 이상: 24점(19)[14]
C. 85점 이상: 23점(18)[13]
D. 85점 미만: 22점(17)[12]</td></tr>
<tr><td>4. 연구 조사 기반</td><td>가. 등록기준 대비 수장 및 보존처리 시설 비율</td><td>5</td><td colspan="2">A. 150% 이상: 5
B. 120% 이상: 4.7
C. 120% 미만: 4.4</td></tr>
<tr><td>Ⅱ. 경영 상태</td><td>1. 신용 평가 등급</td><td>가. 기업신용평가등급</td><td>20</td><td colspan="2"><table><tr><th>등 급</th><th>평 점</th></tr><tr><td>A- 이상</td><td>20.0</td></tr><tr><td>BBB+</td><td>19.8</td></tr><tr><td>BBB0</td><td>19.6</td></tr><tr><td>BBB-</td><td>19.4</td></tr><tr><td>BB+, BB0</td><td>19.2</td></tr><tr><td>BB-</td><td>19.0</td></tr><tr><td>B+, B0, B-</td><td>18.8</td></tr><tr><td>CCC+ 이하</td><td>18.0</td></tr></table>※ 회사채, 기업어음에 대한 신용평가등급 제외
※ 신용평가등급이 확인되지 않은 경우, 최저등급으로 평가</td></tr>
</table>

[별지 제1-2 서식]

Ⅰ. 조사이행능력분야

1. 연구조사실적

○ 최근 3년간 조사실적

입찰방법	실적사항	산정방법	평점
공공 및 민간기관의 일반경쟁, 수의계약 등에 의한 모든 조사실적	최근 3년간 조사실적 (해당용역의 선행용역 외 모든 문화재조사용역 실적 평가)	실적점수 = (**최근 3년간 실적금액합계/** **해당용역 추정가격**)*100	A. 300% 이상: 10점(5) B. 200% 이상: 9점(4) C. 100% 이상: 8점(3) D. 100% 미만: 7점(2)

1) 공공 및 민간기관에서 수행하는 모든 조사실적의 인정은 문화재청에 신고된 실적만을 반영한다.
2) 평가기준 규모 또는 금액 및 조사용역 실적 인정기준은 입찰공고시 명시한다.
3) "최근 3년간"이란 계약일자와 계약기간에 관계없이 **해당용역이 준공된 시점**이 입찰공고일로부터 3년 이내를 말한다.
4) "해당용역의 선행용역"이란 **해당용역 입찰의 원인이 되는 조사용역**을 말한다.
5) "모든 문화재조사용역실적"이란 **용역공종을 구분하지 않음**을 말한다.
6) 공동수급체의 경우 각 구성원의 최근 3년간 실적금액의 합계액에 각 구성원의 조사참여 비율을 곱하여 산출한 금액을 합산한 금액으로 평가한다.
7) 실적점수의 산정기준이 되는 실적금액은 문화재청에 신고한 허가금액이 아닌 발주기관에서 확인한 최종 준공금액으로 함, 다만 최종 준공되지 않았더라도 입찰공고일 이전 지급된 기성금액은 실적금액으로 인정함

① 최근 3년간 실적금액합계 : 제8조 제2항 제1호에 따라 **실적은 부가가치세를 제외한 금액**으로 인정하여야 한다.
② 해당용역 추정가격 : 다른 적격심사기준에서는 일반적으로 분모를 기초예비가격으로 하나, 매장문화재의 경우 **추정가격으로 한다는 점에 유의**하여야 한다.
③ 해당용역이 준공된 시점 : 제8조 제2항 제1호에 따라 준공된 시점이라 함은 **조사가 끝난 시점**으로 볼 수 있다.
④ 해당용역 입찰의 원인이 되는 조사용역 : 예를 들어, 발굴조사 적격심사 시 **선행조사용역으로 이루어진 지표조사 실적은 인정하지 않는다**는 것을 의미한다.
⑤ 용역공종을 구분하지 않음 : 지표조사, 발굴조사를 구분하지 않고 모두 실적으로 인정한다.

<Example>

Q) A사업은 B지역 매장문화재 시굴조사용역으로 입찰공고일은 '19.5.1일이며 기초예비가격은 1.1억원, 추정가격은 1억원이다. C업체의 실적이 아래와 같을 때, 연구조사실적 평점은?

지표조사용역('16.3.1일 완료)	A사업 선행 지표조사용역('17.4.1일 완료)	시굴조사용역('18.5.1일 완료)	표본조사용역('19.6.1일 완료)
3,300만원(부가세 300만원 포함)	2,200만원(부가세 200만원 포함)	9,900만원(부가세 900만원 포함)	8,800만원(부가세 800만원 포함)

A) 첫 번째 실적은 입찰공고일 기준으로 3년 2개월 전이므로 인정불가, 두 번째 실적은 A사업 선행용역이므로 인정불가, 네 번째 용역은 입찰공고일 이후 완료이므로 인정불가 따라서 세 번째 실적만 인정가능하며, 부가세를 제외한 9,000만원이 인정된다. 추정가격이 1억원 이므로 0.9/1.0×100% = 90%이므로 100%미만에 해당하는 2점이다.

2. 연구조사능력

○ 조사인력 수

구 분	실적사항	산정방법	평 점
참여조사기관의 등급별 인력기준에 따른 조사인원 수 평가	참여조사기관의 인력으로서 입찰참가일 당시 현재 근무자	해당용역에 참여한 참여조사기관 보유 인력 수 규모(명)	<별지 1-1> 참조

1) 조사인력 수 평가 시 책임조사원 2명, 조사원 2명, 준조사원 2명을 만점으로 평가하나 조사원 1명이 승급하여 책임조사원이 3명이 된 경우 조사원으로 간주하여 평점 할 수 있음. 동일하게 준조사원도 1명이 승급하여 조사원이 3명이 된 경우 준조사원으로 간주하여 평점할 수 있다.

상위 등급의 인력으로 하위 등급의 인력을 갈음할 수 있으므로, 조사원은 책임조사원으로 준조사원은 조사원 또는 책임조사원으로 갈음할 수 있다.

<Example>

Q) 다음 중 연구조사능력 점수가 만점이 나오지 않는 경우는?
1. 준조사원 3명, 조사원 1명, 책임조사원 3명, 2. 준조사원 1명, 조사원 2명, 책임조사원 3명, 3. 준조사원 2명, 조사원 3명, 책임조사원 1명

A) 답은 3번이다. 책임조사원은 다른 조사원으로 대체가 불가능하다.

3. 연구조사평가

○ 발굴보고서점수

구 분	판단기준	산정방법	평 점
발굴보고서 평가를 통해 점수 부여	발굴보고서 점수 수준에 따라 평가	보고서점수=직전년도 발굴조사평가보고서 점수 합계 / 직전년도 발굴조사보고서 평가건수	A. 90점 이상: 25점(20)[15] B. 88점 이상: 24점(19)[14] C. 85점 이상: 23점(18)[13] D. 85점 미만: 22점(17)[12]

1) 입찰참가자 중 직전년도 발굴보고서 평가점수가 없는 경우 평점은 88점으로 한다.
2) 발굴조사보고서 평가점수는 한국매장문화재협회 또는 문화재청에서 발급한 '보고서 평점 내역서'로 확인한다.

4. 연구조사기반

○ 시설확보수준

구 분	실적사항	산정방법	평 점
시설수준을 평가하여 점수부여	A*.수장시설 (기준면적: $100m^2$)	(해당 조사기관 수장시설보유면적/기준면적($100m^2$)) *100	A. 150% 이상 ((A*+B*)/2): 5 B. 120% 이상 ((A*+B*)/2): 4.7 C. 120% 미만 ((A*+B*)/2): 4.4
	B*.보존처리시설 (기준면적: $33m^2$)	(해당 조사기관 보존처리시설보유면적/기준면적($33m^2$))*100	

1) 문화재청 또는 한국매장문화재협회에서 발급한 '조사기관 등록기준 충족확인서'에 기재된 시설별 면적자료로 확인한다.

5. 기타사항

연구조사실적 및 연구조사평가와 관련하여 조사기관이 합병된 경우에는 존속되거나 신설된 조사기관의 실적은 소멸된 조사기관의 실적을 이어받은 것으로 보아 합산하여 평가하며, 분할된 경우에는 권리·의무를 이어받은 조사기관의 실적으로 본다. 또한 사업 양수도의 경우에는 해당 업종을 넘겨받은 기관의 실적으로 평가하며 합병·분할·사업 양수도와 관련한 조사기관의 실적증빙서류를 제출하여야 한다. (다만, 분할이나 사업 양수도의 경우에는 실적 이행을 위하여 분할하거나 사업 양수도한 때에 권리 이외 시설, 매장문화재조사 참여인력 등의 요건이 필요할 때에는 이를 갖춘 경우에만 실적으로 인정한다.)

[별지 제1-3 서식]

II. 경영상태분야

심사항목	평가요소	배점	등급	평점
1. 기업신용평가등급(회사채, 기업어음에 대한 신용평가등급 제외)	신용평가등급	20.0	A. A- 이상	20.0
			B. BBB+	19.8
			C. BBB0	19.6
			D. BBB-	19.4
			E. BB+, BB0	19.2
			F. BB-	19.0
			G. B+, B0, B-	18.8
			H. CCC+ 이하	18.0

III. 가격점수(경제성)분야

구 분	내 용	비 고
30점	30-1.875×|(88/100 - 입찰가격/예정가격)×100|	<별표 1>
30점	30-2.5×|(88/100 - 입찰가격/예정가격)×100|	<별표 2>
40점	40-3×|(88/100 - 입찰가격/예정가격)×100|	<별표 3>
45점	45-9.6×|(88/100 - 입찰가격/예정가격)×100|	<별표 4>
50점	50-48×|(88/100 - 입찰가격/예정가격)×100|	<별표 5>

1) | |는 절대값 표시임
2) 입찰가격을 예정가격으로 나눈 결과 소수점 이하의 숫자가 있는 경우에는 소수점 다섯째 자리에서 반올림함
3) 평점의 경우는 소수점 둘째 자리에서 반올림함
4) 최저평점은 5점으로 함
5) 2.5억원 이상 구간에서 입찰가격이 예정가격 이하로서 90/100 이상인 경우 가격점수는 90/100인 경우의 점수로 함
6) 1억원 이상 2.5억원 미만 구간에서 입찰가격이 예정가격 이하로서 89.25/100 이상인 경우 가격점수는 89.25/100인 경우의 점수로 함
7) 1억원 미만 구간에서 입찰가격이 예정가격 이하로서 88.25/100 이상인 경우 가격점수는 88.25/100인 경우의 점수로 함

[별지 제1-4 서식]

IV. 신인도 분야

1. 용역전문성

구 분	실적사항	산정방법	평 점
조사기관 소재지 동일 지역 내 동일 공종 조사실적 점수 부여	해당 용역 조사지역과 기관 소재지가 일치하고 해당 용역과 동일 공종 조사실적	해당 용역 조사지역과 조사기관 소재지가 동일 및 해당 용역과 동일 공종 조사실적 5건 이상	+1
해당 용역 발주 원인이 된 선행용역 수행실적 점수 부여	해당 용역의 선행 용역을 수행한 실적	해당 용역의 발주 원인이 된 선행용역 수행 여부	+1

1) 해당용역 조사지역 및 소재지의 기준은 **광역자치단체를 기준**으로 하며, **두개 이상의 광역자치단체에 걸쳐 있을 경우에는 하나의 광역자치단체와 일치하더라도 인정**한다.
2) 입찰공고 시 동일지역 내 동일 공종 조사실적 판단기준이 되는 광역자치단체와 동일 공종을 명시한다.
3) 입찰공고 시 후행조사 여부 판단을 위해 해당 용역의 선행조사 존재여부와 선행조사(용역)가 있을 경우 해당 용역 입찰건의 정보(공고번호, 조사명 등)를 명시한다.
4) **해당용역의 공종이 두 개 이상일 경우, 해당공종이 하나라도 포함된 조사실적은 모두 인정**한다.
5) 조사기관의 소재지는 사업자등록증 등으로, 선행용역 수행실적은 계약관련서류 또는 문화재청 허가서류 등으로 확인한다.
6) 선행조사는 해당 용역 입찰 이전에 선행 수행된 특정 조사용역(지표조사, 시굴조사, 발굴조사 등)의 결과(중간과정 포함)를 바탕으로 발주된 경우 그 선행 수행된 조사를 말한다(본문 제4조제2항).
7) 동일지역 내 동일공종 조사실적과 해당용역의 선행용역 수행실적에 대한 가점이 모두 해당될 경우 합산하여 평가한다.

'조사기관 소재지 동일지역 내 동일 공종 조사실적' 가점은 연구조사실적 항목과 다르게 동일공종이어야만 인정되지만, 최근 3년간과 같은 조사시점과 관련된 제한은 없다.

<Example>

Q) A발굴조사사업(입찰공고일: '19.1.1, 조사지역: 강원도)에 입찰한 B업체의 이전 실적이 다음과 같을 때, B업체는 용역전문성 부문에서 신인도 가점을 받을 수 있는가? (각 실적은 모두 해당 용역 발주 원인이 된 선행용역이 아니다.)
1. 강원도지역 지표조사사업('17년 조사완료) 1건, 2. 강원도지역 발굴조사사업('15년 조사완료) 2건, 3. 경기도 및 강원도에 걸쳐진 발굴조사사업('16년도 조사완료) 2건

A) 1번 실적은 지표조사사업으로 발굴조사사업이 아니므로 인정불가, 2번 실적과 3번 실적은 모두 인정가능 -> 4건만 인정되므로 가점을 받을 수 없음

2. 업무정지(경고)처분

구 분	실적사항	산정방법	평 점
문화재청이 부과한 조사기관에 대한 업무정지(경고) 처분기준에 따른 감점부여	최근 3년간 조사기관에 대한 업무정지 처분과 경고 처분 기준에 따른 행정적 제재조치를 1회 이상 받은 기관	최근 3년간 업무정지 처분 2회 이상 받은 기관	-2
		최근 3년간 업무정지 처분 1회 받은 기관	-1
		최근 3년간 경고 처분 1회 이상 받은 기관	-0.5

1) 업무정지 및 경고 처분의 기준 법규는 "매장문화재 보호 및 조사에 관한 법률(시행령, 시행규칙)"과 해당 법률을 인용한 매장문화재 조사 관련 고시, 훈령을 모두 포함한다.
2) 업무정지 처분과 경고 처분을 둘 다 받은 경우 업무정지 처분만을 적용한다.
3) 업무정지 처분 및 경고 처분 사실이 있을 경우 관련 서류는 필히 제출한다.

3. 안전관리

구 분	실적사항	산정방법	평 점
안전관리 관련 산업재해율이 존재하는 경우 감점 부여	산업안전보건법에 근거한 안전관리 부실로 산업재해가 발생한 사실	산업안전보건법에 근거하여 최근 3년간 산업재해율이 3% 이상인 경우	-1
		산업안전보건법에 근거하여 최근 3년간 산업재해율이 1% 이상 3% 미만인 경우	-0.5

1) "산업안전보건법"상 안전·보건교육을 제외한 모든 법률을 포함하며 산업재해율 확인서를 통해 산업재해율이 있을 경우 감점한다.
2) 안전관리에 따른 감점은 입찰공고일 기준 최근 3년간 처분 내용에 대해서만 적용하며 해당 기간을 경과한 경우 감점하지 않는다.
3) 적격심사 대상 조사기관은 해당 용역 최근 3년간 안전보건공단 기업체 산업재해율 확인서를 발급받아 적격심사 시 제출한다.

4. 공동수급체 구성

구 분	실적사항	산정방법	평 점
공동수급체 구성	10억원 이상 구간의 용역에 참여하는 조사기관이 공동수급체를 구성하여 입찰에 참여한 경우 적용	3개 조사기관이 공동수급체(최소 개별 참여비율 30%이상)를 구성하는 경우	+1.0
		2개 조사기관이 공동수급체(최소 개별 참여비율 30%이상)를 구성하는 경우	+0.5

1) 공동수급체 구성 평가는 공동계약방식의 입찰로 10억원 이상 구간의 입찰에 참여한 경우에 한하여 평가한다.
2) 공동수급체 구성평가는 적격심사 대상자가 공동수급체를 최소 30% 이상 구성한 경우에 평가한다.

3) 공동수급체 구성평가에 대하여는 매장문화재 조사용역 적격심사세부기준 고시문 제9조 제3항의 규정에 따른 신인도 평가 시 구성원별 출자비율 또는 분담비율을 적용하지 아니하며, 공동수급체에 해당 평점을 부여한다.

5. 여성고용

구 분	실적사항	산정방법	평 점
여성고용	입찰공고일 전월을 기준으로 하여 여성고용사실을 증명할 수 있는 서류에 기재된 "여성종업원수 및 여성종업원비율" 자료로서 최근 1년간의 고용률	최근 1년간 평균 여성고용률이 10%이상이면서, 최근 1년간 평균 여성종업원 보유인원이 10인 이상인 기관	+0.5
		최근 1년간 평균 여성고용률이 5%이상이면서, 최근 1년간 평균 여성종업원 보유인원이 5인 이상인 기관	+0.2

1) **<u>고용인원 계산결과의 소수점 처리는 소수 첫째 자리에서 올림을 하고</u>**, 고용비율 계산결과 소수점 처리는 소수점 다섯째 자리에서 반올림한다.
2) 고용사실 증명은 「국민건강보험법」에 따른 국민건강의료보험, 「국민연금법」에 따른 국민연금 관련 증빙서류에 따른다.
3) **<u>동일인물이 "A(여성)", "C(장애인)"의 평가에 중복되는 경우에는 그 중 높은 평점 한 가지만 평가한다.</u>**
4) **<u>입찰공고일 전월을 기준</u>**으로 하여 여성고용사실을 증명할 수 있는 서류에 기재된 "여성종업원수(여성이 대표인 경우에는 대표자를 포함하여 산정) 및 여성종업원비율" 자료로서 최근 1년간의 자료를 제출받아 평가한다.
5) 적용례: 1월 입찰공고건의 경우

구 분	전 년 도											
	1월	2월	3월	4월	5월	6월	7월	8월	9월	10월	11월	12월
월별 여성 고용인원	3	3	5	6	5	5	5	7	10	9	9	9
월별 총 고용인원	6	6	8	10	9	9	9	12	12	13	13	12

* 최근 1년 평균 여성 고용률 = 월별 여성 고용인원 합계 / 월별 총 고용인원 합계 =

[(3+3+5+6+5+5+5+7+10+9+9+9)/(6+6+8+10+9+9+9+12+12+13+13+12)] = (76/119) = 0.63865 = 63.87%

** 최근 1년 평균 여성 보유인원 = 월별 여성 고용인원 합계 / 12 = [3+3+5+6+5+5+5+7+10+9+9+9]/12 = 6.333 = 7명

6) 최근 1년의 자료가 없는 경우에는 평가에서 제외한다.

6. 장애인고용

구 분	실적사항	산정방법	평 점
장애인 고용	입찰공고일 전월을 기준으로 장애인 고용사실을 증명할 수 있는 서류에 기재된 "장애인종업원비율" 자료로서 최근 1년간의 고용률	최근 1년간 평균 장애인고용률이 10%이상이면서 최근 1년간 평균 장애인 보유인원이 5인 이상인 기관	+1.0
		최근 1년간 평균 장애인고용률이 5%이상이면서 최근 1년간 평균 장애인 보유인원이 3인 이상인 기관	+0.5

1) **고용인원 계산결과의 소수점 처리는 소수 첫째 자리에서 올림**을 하고, 고용비율 계산결과 소수점 처리는 소수점 다섯째 자리에서 반올림한다.
2) 고용사실 증명은 「국민건강보험법」에 따른 국민건강의료보험, 「국민연금법」에 따른 국민연금 관련 증빙서류에 따른다.
3) **동일인물이 "A(여성)", "C(장애인)"의 평가에 중복되는 경우에는 그 중 높은 평점 한 가지만 평가한다.**
4) **입찰공고일 전월을 기준**으로 하여 장애인 고용사실을 증명할 수 있는 서류에 기재된 "장애인종업원비율(장애인이 대표인 경우에는 대표자를 포함하여 산정)"자료로서 최근 1년간의 자료를 제출받아서 평가한다.
5) 적용례 : 1월 입찰공고건의 경우

구 분	전년도											
	1월	2월	3월	4월	5월	6월	7월	8월	9월	10월	11월	12월
월별 장애인 고용인원	3	3	5	6	5	5	5	7	10	9	9	9
월별 총 고용인원	6	6	8	10	9	9	9	12	12	13	13	12

* 최근 1년 평균 장애인 고용률 = 월별 장애인 고용인원 합계 / 월별 총 고용인원 합계 =

[(3+3+5+6+5+5+5+7+10+9+9+9)/(6+6+8+10+9+9+9+12+12+13+13+12)] = (76/119) = 0.63865 = 63.87%

** 최근 1년 평균 장애인 보유인원 = 월별 장애인 고용인원 합계 / 12 = [3+3+5+6+5+5+5+7+10+9+9+9]/12 = 6.333 = 7명

6) 최근 1년의 자료가 없는 경우에는 평가에서 제외한다.
7) 전체 고용인원 수는 입찰 전월을 기준으로 한다.

<Example>

Q) A사업(입찰공고일 '19.8.10)에 입찰한 B업체의 직원현황이 다음과 같을 때, B업체가 받을 수 있는 신인도 가점은?
1. '18.5월 기준 총 고용인원(7명) 중 장애인직원 : 4명, 2. '18.9.1 장애인 2명을 포함한 총 5명 고용, 3. '19.1.1 장애인이 아닌자 2명 고용,
4. '19.4.1 장애인 1명을 포함한 2명 퇴직

A) 최근 1년 평균 장애인 고용률이 45.51%로 10%이상이고, 최근 1년 평균 장애인 보유인원이 6명으로 5명 이상이므로, 신인도 가점은 1점이다.

구 분	8월	9월	10월	11월	12월	1월	2월	3월	4월	5월	6월	7월
월별 장애인 고용인원	4	6	6	6	6	6	6	6	5	5	5	5
월별 총 고용인원	7	12	12	12	12	14	14	14	12	12	12	12

* 최근 1년 평균 장애인 고용률 = 월별 장애인고용인원 합계 / 월별 총 고용인원 합계 = [(4+6+6+6+6+6+6+6+5+5+5+5)/(7+12+12+12+12+14+14+14+12+12+12+12)] = (66/145) = 0.4552 = 45.52%

** 최근 1년 평균 장애인 보유인원 = [4+6+6+6+6+6+6+6+5+5+5+5]/12 = 5.5명 -> 6명(소수점 첫째자리에서 올림)

[별지 제1-5 서식]

V. 결격사유 분야

1. 결격사유의 심사기준일은 낙찰자 결정일로 한다.

구 분	내 용	등 급	평 점
1. 이행위험	가. 낙찰자 결정 통보 시 계약보증증권을 제출하지 못하는 경우	낙찰자 결정 통보 시 계약보증증권을 제출하지 못하는 조사기관	-20
2. 부정당업자제재	가. 국가를당사자로하는계약에관한 법률시행령 제76조에 따른 부정행위로 부정당업자제재를 받은 경우	입찰일 현재 입찰 및 계약이행과정에서의 부정행위로 부정당업자 제재처분을 받고 그 기간 중에 있는 조사기관	-20

7-2). 직접 해보는 매장문화재 조사용역 적격심사

<사례 분석>

1. 전제조건

사업명	입찰공고일	추정가격	업체명	입찰가격	예정가격	결격사유
00부대 문화재시굴조사용역	'20.1.9	400,000,000원	(주)○○	365,178,000원	440,000,000원	해당없음

2. 평가순서

심사기준 파악 → 적격심사신청서 등 확인 → 조사이행능력 평가 → 경영상태 평가 → 입찰가격 평가 → 신인도 및 결격사유 평가 → 총점계산

3. 평가항목 정리(별표3)

구분	심사분야	심사항목	배점한도
Ⅰ. 조사이행능력 (전문성)(40점)	1. 연구조사실적(10점)	가. 조사실적	10
	2. 연구조사능력(10점)	가. 참여조사기관 보유 조사인력수	10
	3. 연구조사평가(20점)	가. 직전년도 발굴조사보고서	20
Ⅱ. 경영상태(20점)	1. 신용평가등급(20점)	가. 기업신용평가등급	20
Ⅲ. 입찰가격 (경제성)(40점)	1. 가격점수(40점)	40-3|(0.88-입찰가격/예정가격)×100|	40
소계			100
Ⅳ. 신인도	1. 신인도	가. 용역전문성	+2
		나. 업무정지(경고)처분	-2.-1,-0.5
		다. 안전관리	-1,-0.5
		라. 공동수급체 구성	-
		마. 여성고용	+0.5,+0.2
		바. 장애인고용	+1.0,+0.5
Ⅴ. 결격사유	1. 이행위험	가. 계약이행불가능	-20
	2. 부정당업자제재	가. 적격심사 서류제출일 현재 부정당업자제재 기간 해당	-20
합계			100

Ⅰ. 심사기준 파악

공고 제0000-000호

입 찰 공 고

※ 보안성 검토 "필"

1. 본 입찰은 전자입찰 및 청렴계약제 대상입니다.

2. 입찰에 부치는 사항

가. 용 역 명 : **○○부대 문화재 시굴조사용역(00-0000)**

나. 용역범위 : **매장문화재 시굴조사 등**(세부내용 물량내역서 참조)

다. 용 역 비(추정가격) : **440,000,000원(400,000,000원)** ①

라. 계약기간 : **계약일로부터 100일까지**

마. 용역현장 : **서울특별시 동작구 일대**

바. 주요일정

1) 기초예비가격공개 : '20. 1. 9.(목), ※ 기초예비가격공개일 변동 가능함

2) 입찰참가등록마감일시 : '20. 1. 13.(월), 11:00

※ SMS서비스를 신청하여 입찰단계별 문자안내를 받으시기 바랍니다.(9항 기타사항 참조)

3) 입찰서제출마감일시 : '20. 1. 15.(수), 10:00

4) 개 찰 일 시 : '20. 1. 16.(목), 11:00

3. 입찰참가자격 / 제한

가. 매장문화재 보호 및 조사에 관한 법률에 따른 문화재 조사기관(육상 발굴조사기관)으로 등록한 기관

나. 당해 입찰에 참여하고자 하는 자는 입찰참가신청(입찰등록)마감일시까지 국가종합전자조달(G2B)에 업체등록, 인증서발급, 국방전자조달(D2B)에 사용자등록 및 업체 추가정보 등록을 마친 후 전자입찰참가 신청절차에 따라 신청하여야 합니다.

8. 낙찰자 결정방법

가. 본 용역은 적격심사 대상용역이며 '문화재청 매장문화재 조사용역 적격심사 세부기준'을 적용하니, 입찰공고 시 첨부문서를 확인하고 입찰에 참여하기 바랍니다.

나. 적격심사 세부평가별 심사기준일은 입찰공고일을 기준으로 합니다.

다. 평가기준은 추정가격 **5억원 미만 2.5억원 이상**을 적용하고, 가격입찰(전자입찰)을 실시한 후, **조사이행능력(40점) + 경영상태(20점) + 입찰가격평가(40점)가 85점 이상**인 업체 중 최저가 순으로 낙찰자를 선정합니다.

라. 신인도 및 결격사유 평가는 아래와 같이 평가합니다.

1) 단독입찰 또는 분담이행방식의 신인도 및 결격사유 평가는 주 대표업체에 100% 반영하여 평가(분담비율 미적용)

2) 문화재청 매장문화재 조사용역 적격심사 세부기준에 의거 신인도 및 결격사유를 평가한 후 최종낙찰자를 결정합니다.

마. 조사실적은 최근 3년간 해당용역의 선행용역 외 모든 문화재 조사용역을 평가합니다. ②

바. 신인도평가 시 동일 공종 조사실적 판단기준이 되는 지역은 '서울특별시'이며, 공종은 '시굴조사 용역'입니다.

사. 동일가격 입찰일 경우 국가를 당사자로 하는 계약에 관한 법률 시행령 제47조에 의거 적격심사결과 최고점수인 자를 낙찰자로 결정하며, 적격심사 결과 동일점수일 경우에는 용역입찰유의서 제15조에 의거 처리합니다.

[주 내용]

심사기준은 입찰공고문 상 추정가격을 보고 판단한다. 심사기준은 사업의 추정가격에 따라 5가지로 나뉜다. 1)추정가격이 10억원 이상인 용역 2)10억원 미만 5억원 이상인 용역, 3)5억원 미만 2.5억원 이상인 용역, 4)2.5억원 미만 1억원 이상인 용역, 5)1억원 미만인 용역이 그것이다.

[보조 내용]

①추정가격은 연구조사실적항목 평가시 필요하다.

②신인도항목 중 가. 용역전문성 부문의 기준이 되는 조사지역 및 동일공종을 제시한다.

● 사례적용

추정가격이 4억원으로 5억원 미만 2.5억원 이상인 용역[별표3]에 해당된다.

Ⅱ. 적격심사신청서와 적격업체 자기평가서 확인

[별지 제2호 서식]

적격심사신청서

○ **관리번호** : 000
○ **심사대상용역명** : ○○부대 문화재 시굴조사용역(00-0000)
○ **수 요 기 관** : ○○단
○ **입 찰 일 시** : '20.1.9,

위 건 매장문화재 조사용역 입찰의 적격심사와 관련하여 적격심사 자기평가 및 심사표와 제 증빙자료를 신의 성실의 원칙에 입각하여 붙임과 같이 작성 제출하며, 만일 제출한 서류가 허위 또는 부정한 방법으로 작성된 사실이 확인될 경우에는 적격심사기준(계약예규) 및 「국가를 당사자로 하는 계약에 관한 법률(시행령, 시행규칙)」 등에 따라 처리하여도 아무런 이의를 제기하지 않겠음을 확약합니다.

2020 . 1 . 18 .

심사대상입찰자 주 소 : 서울특별시 용산구 00번지
기 관 명 : (주)○○
대 표 자 : ○○○(인) 또는 (서명)

붙 임 1. 적격심사 자기평가서 1부
2. 매장문화재 조사용역 이행증명서 1부
3. 기타 첨부서류 (신인도 평가관련 증빙자료 등)

○ ○ ○ 기관장 귀하

접 수 증

1. 관리번호 :000 3. 수요기관 :○○단
2. 용 역 명 :00부대 문화재 시굴조사용역 4. 제 출 자 :○○○

위 건 용역입찰 적격심사신청서 및 관련서류를 접수하였음을 확인합니다.

2020 . 1. 18.
○○단 계약담당자 (인)

[별지 제3호 서식]

자기평가서 (제5조제1항의각호 관련)

1. 심사대상용역

입찰일시	'20.1.9
용 역 명	○○부대 문화재 시굴조사용역 (00-0000)
용역기간	100일
입찰금액	365,178,000
예정가격	440,000,000
제출기한	'20.1.23

2. 심사대상입찰자

회 사 명	(주)○○ (전화)
대 표 자	○○○
공종구분	매장문화재 시굴조사

3. 회사를 대표하는 연락책임자 인적사항

소 속	○○○
직 위	대표이사
성 명	○○○
전화번호	(FAX)000-0000

4. 종합평가

구 분			배점한도	자기평점	심사평점
조사이행능력	연구조사실적	조사실적	10	10	
	연구조사능력	조사인력수	10	10	
	연구조사평가	발굴보고서	20	20	
	연구조사기반	시설확보	-	-	
경영상태	신용평가등급		20	19.6	
입찰가격			40	25	
신인도	용역전문성		+2	+1	
	업무정지(경고)처분		-2,-1,-0.5	-	
	안전관리		-1,-0.5	-	
	공동수급체 구성		-	-	
	여성고용		+0.5,+0.2	-	
	장애인고용		+1.0,+0.5	-	
결격사유	이행위험		-20	-	
	부정당업자제재		-20	-	
총평정점			100	85.0	

[주 내용]

적격심사 시 업체는 적격심사 신청서와 자기평가서를 제출하여야 한다.

적격심사 신청서에는 사업과 관련된 정보와 업체의 기본 정보를 적시한다. 특히, (인)란에 대표자직인 또는 업체인감을 찍어야 한다.

적격평가서에는 업체 및 담당자의 정보를 적시하고 업체가 직접 평가한 점수를 적시한다. 이는 업체가 자가 평가한 사항으로서 실제 점수와는 다를 수 있다.

Ⅲ. 조사이행능력(1) - 연구조사실적

[별지 제4호 서식]

매장문화재조사이행능력증명서

구 분			조사용역 건수	조사용역 금액	비고
조사실적	최근 3년간 실적		1	1,600,000,000 (부가세 별도)	
조사능력			인원 수		비고
	조사 인력수	책임조사원	3		
		조사원	3		
		준조사원	3		
			보고서 평가건수	평균	비고
	발굴 보고서 점수	직전연도	3	91.9	
조사기반			면적 / 기준대비 비율(%)	평균(%)	비고
	시설 확보 수준	수장시설 ($100m^2$)			
		보존시설 ($33m^2$)			
신인도			사업장소재지	동일공종 실적	비고
	용역전문성		서울시	-	
			업무정지처분 횟수		경고 처분
	업무정지(경고)처분		-		-
			산업재해율		
	안전관리		-		
			공동수급체 수		
	공동수급체구성		-		
			월별 여성고용인원	월별 총 고용인원	
	여성고용		-	-	
			월별 장애인고용인원	월별 총 고용인원	
	장애인고용		-	-	

위 내용을 증명합니다.

2020 . 1 . 18 .

적격심사 대상 기관명 (인)

[실적증명 제3호서식]

일반(기술)용역이행 실적증명서

●일반 ○기술

I. 업체정보

신청인	업체명	(주)○○	대표자	○○○
	사업장소재지	서울시 용산구 00번지	전화번호	000-0000
	사업자등록번호	000-00-0000	제출처	재정관리단
	용도	적격심사용		
	용역범위 및 기준	1,760,000,000	등록번호	000

II. 용역 이행 실적정보

용역이행 실적 내용

구분	일반용역	●학술 ○정보통신 ○청소 ○시설관리 ○기타
	기술용역	○설계 ○감리 ○기타
용역명	00지역 문화재 시굴조사 및 표본조사 용역	
용역개요	-	

계약번호	계약일자	계약기간	계약금액	이행실적 비율	이행실적 실적	비고
000	2019.1.2.	2019.7.1.~ 2019.9.1	1,760,000,000	100	1,760,000,000	

붙임: 1. 민간거래실적인 경우는 세금계산서 사본(원본제시), 계약서 사본 각 1부씩 첨부

III. 발급처 정보

발급업체 발급기관	상호명/기관명	00공공기관	전화번호	000-0000
	주소	서울특별시	FAX번호	000-0000
	담당부서	건설과	담당자	000

[주 내용]

연구조사실적은 나라장터 실적증명서 등으로 평가한다.

우선, 용역명과 용역개요, 조사종료시점(계약기간만료일), 선행용역여부 등을 바탕으로 실적인정가능성을 판단한다.

실적금액은 공동비율을 반드시 확인하며, 실적에서 부가가치세를 제외하여 인정한다.

● 사례적용

○ 연구조사실적 : 10점

공종일치여부 :
문화재 시굴조사 및 표본조사용역 실적도 모든 문화재조사용역실적이므로 인정가능

조사종료시점 :
'19.9.1, 입찰공고일('20.1.18) 기준으로 3년 이내에 포함됨

실적인정금액 :
$\frac{1,760,000,000}{1.1} = 1,600,000,000$

선행용역여부 : 해당없음

⇨ $\frac{1,600,000,000}{400,000,000} \times 100\% = 400\%$

⇨ 300%이상이므로 10점 부여

Ⅳ. 조사이행능력(2) - 연구조사능력, 연구조사평가

발급번호 : 000-000

조사기관 보유인력 확인서

신청 기관	기 관 명	(주)○○	대 표 자	○○○
	영업소재지	서울특별시 용산구 00번지	전화번호	000-0000
	사업자번호	000-00-00000	FAX번호	000-0000
	증명서용도	적격심사신청용	제출처	○○단
보유 인력	자격기준		조사인력수(명)	비고
	책임조사원		3	
	조사원		3	
	준조사원		3	
발급 기관	위 사실을 증명함 2020년 1월 16일			
	기 관 명 : -			
	주　　소 : -			
	발급부서 : -		담당자 : -	

※[주]
참여조사기관의 인력으로서 입찰참가일 당시 근무자 수 기재

발급번호 : 000-000

조사보고서 평가결과 확인서

신청 기관	기 관 명	(주)○○	대 표 자	○○○
	영업소재지	서울특별시 용산구 00번지	전화번호	000-0000
	사업자번호	000-00-00000	FAX번호	000-0000
	증명서용도	적격심사신청용	제출처	○○단
평가 결과	평가연도	보고서	점수	비고
	2019	○○○	90.9	
		△△△	92.9	
		□□□	91.9	
발급 기관	위 사실을 증명함 2020년 1월 16일			
	기 관 명 : -			
	주　　소 : -			
	발급부서 : -		담당자 : -	

※[주]
입찰공고일 기준으로 직전년도 발굴조사 평가보고서 점수 기재

[주 내용]

연구조사능력 평가시 조사기관 보유인력 확인서 상 책임조사원, 조사원, 준조사원 수를 확인한다. 연구조사평가는 조사보고서 평가결과 확인서 상 평가결과 점수를 산술평균한 결과를 기준으로 한다.

● 사례적용

○ **연구조사능력 : 10점**

책임조사원 : 2명이상 → 1.5점

조사원 : 2명이상 → 6점

준조사원 : 2명이상 → 2.5점

⇨ 1.5+6+2.5 = 10점부여

○ **연구조사평가 : 20점**

$$\frac{90.9+92.9+91.9}{3}=91.9$$

⇨90점 이상이므로 20점 부여

V. 경영상태 및 입찰가격점수 + 사업자등록증 확인

기업신용평가등급 확인서

(주)○○ 신용정보회사 : 000000

기업명	(주)○○	기업신용평가등급
대표자	○○○	$e-4^{0}$
법인등록번호	0000-0000	
사업자등록번호	000-00-00000	
재무결산기준	2018년 12월 31일	본 등급은 회사채에 대한 신용평가등급 BBB^{0} 에 준하는 기업신용평가등급임
등급평가일	2019년 09월 11일	
등급유효기간	2020년 09월 10일	
도로명주소	서울특별시 용산구 00길 00	

유의사항

① -

② -

③ -

④ -

주식회사 ○○○

대표이사 ○○○

사 업 자 등 록 증

(법인사업자)

등록번호 : 000-00-0000

법인명(단체명) : (주)○○
대 표 자 : ○○○

개 업 년 월 일 : 2000년 1월 1일 법인등록번호 : 0000000-000000

사업장 소재지 : 서울특별시 용산구 00번지

본 점 소 재 지 : 서울특별시 용산구 00번지

사 업 의 종 류 : -

교 부 사 유 : -

사업자단위과세 적용사업자 여부 : 여( ) 부(v)
전자세금계산서 전용메일주소 :

2010년 3월 3일

○○ 세무서장

[주 내용]

경영상태 평가시 신용등급 확인서 상 신용평가등급과 등급 유효기간을 확인하여야 한다. 또한 법에서 인정하는 신용정보회사인지도 확인해야한다. 마지막으로, 공공기관 제출용과 민간기관 제출용이 있으므로 공공기관 제출용인지 확인해야한다.

[보조 내용]

사업자등록증 상 사업장 소재지는 신인도 가. 용역전문성 항목에서 조사기관 소재지가 당해사업지역과 일치하는지 확인하는데 사용된다.

● 사례적용

○ **경영상태 : 19.6점**

신용평가등급 : BBB0
등급유효기간 : 입찰공고일 포함
신용정보회사 : 법률상 인정기관
제출용도 : 공공기관 확인용

○ **입찰가격 평가 : 25점**

입찰가격 : 365,178,000원
예정가격 : 440,000,000원

⇨ 투찰률 : $\frac{365,178,000}{440,000,000}$
= 0.82995
= 0.83(반올림)

⇨ 입찰가격 평점 :

$40-3\times\left|\left(\frac{88}{100}-\frac{83}{100}\right)\times 100\right|$
$=25$

Ⅵ. 신인도(감점사항) + 결격사유

발급번호 : 000-000

업무정지(경고) 처분 확인서

신청 기관	기 관 명	(주)○○		대 표 자	○○○
	영업소재지	서울특별시 용산구 00번지		전화번호	000-0000
	사업자번호	000-00-00000		FAX번호	000-0000
	증명서용도	적격심사신청용		제출처	○○단
처분 내역	일련 번호	처분일자	처분기관	처분내용	비고
	해 당 사 항 없 음				
발급 기관	위 사실을 증명함 2020년 1월 16일				
	기 관 명 : -				
	주 소 : -				
	발급부서 : -			담당자 : -	

※[주]
입찰공고일 기준 최근 3년간 문화재청이 조사기관에 부과한 업무정지(경고) 처분내역 기재

문서번호: 000-000-000

산업재해율 확인서

● 신청내용

사업자명	(주)○○	대표자명	○○○
사업자번호	000	산재적용업종 (중업종)	기타의 각종사업
소재지	서울특별시 용산구 00번지		
용도	확인용		

※ 본 내용은 "사업자등록번호" 기준의 조회자료로 법인번호, 사업장 관리번호로 조회한 정보와 상이할 수 있습니다.

※ 본 산업재해율 확인서는 건설공사 입찰시 사용하는 환산재해율 및 종합심사낙찰제(재해율 및 사망만인율)에 사용할 수 없습니다.

● 조회결과

- 일반업종

산재보험적용업종	해당기간	산업재해율(%)		비고
		해당기업체	동종업종평균	
기타의 각종사업	2016년07월 ~ 2019년06월	0.05	0.38	

위와 같이 확인하여 주시기 바랍니다.

2020.1.16

신청인 : (주)00

상기사실을 확인함

2020.1.16

○○공단이사장

[주 내용]

신인도 감점사항 평가시 업무정지(경고)처분서와 산업재해율 확인서는 필수적으로 검토해야 한다.

결격사유 해당여부는 발주기관 내 시스템 등에서 확인한다.

● 사례적용

○ 신인도 감점사항 : 0점

업무정지 : 해당없음

산업재해율 : 1%이하로 해당없음

○ 결격사유 : 0점

해당없음

Ⅶ. 신인도 분야(가점사항)

[실적증명 제3호서식]

일반(기술)용역이행 실적증명서

●일반 ○기술

I. 업체정보

신청인	업체명	(주)○○	대표자	○○○
	사업장소재지	서울시 용산구 00번지	전화번호	000-0000
	사업자등록번호	000-00-0000	제출처	재정관리단
	용도	적격심사용		
	용역범위 및 기준	25,000,000	등록번호	000

II. 용역 이행 실적정보

용역이행 실적 내용		
구분	일반용역	●학술 ○정보통신 ○청소 ○시설관리 ○기타
	기술용역	○설계 ○감리 ○기타
용역명	서울특별시 강남구 00번지 문화재 시굴조사 용역	
용역개요	-	

계약번호	계약일자	계약기간	계약금액	이행실적		비고
				비율	실적	
000	2016.7.28.	2016.8.1.~2017.1.1	25,000,000	100	25,000,000	

붙임	1. 민간거래실적인 경우는 세금계산서 사본(원본제시), 계약서 사본 각 1부씩 첨부

III. 발급처 정보

발급업체 발급기관	상호명/기관명	○○공공기관	전화번호	000-0000
	주소	서울특별시	FAX번호	000-0000
	담당부서	건설과	담당자	000

[실적증명 제3호서식]

일반(기술)용역이행 실적증명서

●일반 ○기술

I. 업체정보

신청인	업체명	(주)○○	대표자	○○○
	사업장소재지	서울시 용산구 00번지	전화번호	000-0000
	사업자등록번호	000-00-0000	제출처	재정관리단
	용도	적격심사용		
	용역범위 및 기준	120,000,000	등록번호	000

II. 용역 이행 실적정보

용역이행 실적 내용		
구분	일반용역	●학술 ○정보통신 ○청소 ○시설관리 ○기타
	기술용역	○설계 ○감리 ○기타
용역명	서울특별시 구로구 00지역 문화재 시굴조사 용역	
용역개요	-	

계약번호	계약일자	계약기간	계약금액	이행실적		비고
				비율	실적	
000	2017.5.2.	2017.5.12.~2018.1.23	120,000,000	100	120,000,000	

붙임	1. 민간거래실적인 경우는 세금계산서 사본(원본제시), 계약서 사본 각 1부씩 첨부

III. 발급처 정보

발급업체 발급기관	상호명/기관명	○○공공기관	전화번호	000-0000
	주소	서울특별시	FAX번호	000-0000
	담당부서	건설과	담당자	000

[주 내용]

신인도 용역전문성 분야에서 '조사기관 소재지 동일 지역 내 동일 공종 조사실적 점수부여' 항목에서는 ①입찰공고문, ②사업자등록증, ③실적증명서를 검토해야 한다.

● 사례적용

○ 신인도 가점사항 : +1점

입찰공고문 : 공종은 시굴조사 지역은 서울특별시

사업자등록증 : 사업장소재지는 서울특별시

실적증명서 : **서울특별시** 지역 **시굴조사용역**으로 **총 6건 실적** (2건만 예시로써 들었으나, 업체가 실적을 6건 보유한다고 가정)

⇨ 5건 이상이므로 +1점부여

Ⅷ. 적격심사결과 산정

구분	심사분야	심사항목	배점한도	심사	점수
Ⅰ. 조사이행능력 (전문성)(40점)	1. 연구조사실적(10점)	가. 조사실적	10	$\frac{1,600,000,000}{400,000,000}\times 100\% = 400\%$ → 300% 이상이므로 10점	10
	2. 연구조사능력(10점)	가. 참여조사기관 보유 조사인력수	10	책임조사원 3명 → 2명 이상이므로 1.5점 조사원 3명 → 2명 이상이므로 6점 준조사원 3명 → 2명 이상이므로 2.5점 ⇨ 총 10점	10
	3. 연구조사평가(20점)	가. 직전년도 발굴조사보고서	20	$\frac{90.9+92.9+91.9}{3}=91.9$ → 90점 이상이므로 20점	20
Ⅱ. 경영상태(20점)	1. 신용평가등급(20점)	가. 기업신용평가등급	20	BBB0로 19.6점	19.6
Ⅲ. 입찰가격 (경제성)(40점)	1. 가격점수(40점)	40-3|(0.88-입찰가격/예정가격)×100|	40	투찰률 : $\frac{365,178,000}{440,000,000}$, $40-3\times\left\|\left(\frac{88}{100}-\frac{83}{100}\right)\times 100\right\|=25$	25
소계			100		84.6
Ⅳ. 신인도	1. 신인도	가. 용역전문성	+2	서울특별시지역 시굴조사용역으로 총 6건 실적 → 1점	1
		나. 업무정지(경고)처분	-2.-1,-0.5	해당없음	0
		다. 안전관리	-1,-0.5	해당없음	0
		라. 공동수급체 구성	-		-
		마. 여성고용	+0.5,+0.2		0
		바. 장애인고용	+1.0,+0.5		0
Ⅴ. 결격사유	1. 이행위험	가. 계약이행불가능	-20	해당없음	0
	2. 부정당업자제재	가. 적격심사 서류제출일 현재 부정당업자제재 기간 해당	-20	해당없음	0
합계			100		85.0

⇨ 신인도 가점은 당해용역 수행능력 배점한도에 미달되는 점수만큼만 적용되므로, **0.4점만 가점**된다.

⇨ 따라서 (주)○○의 **총점은** 85.0점(84.6+0.4)으로 적격심사 통과점수(85점) 이상이므로 **적격**하다.

8. 계약이행능력심사 세부기준

8-1). 계약이행능력심사 세부기준 해설

중소벤처기업부 고시 제2020-29호(2020. 3. 16.)

중소기업자간 경쟁제품 중 물품의 구매에 관한 계약이행능력심사 세부기준

제1조(목적) 이 기준은 「중소기업제품 구매촉진 및 판로지원에 관한 법률」 제7조에 따라 정부 및 자치단체, 정부투자기관 등 공공기관의 장이 물품의 제조 · 구매시 중소기업자간 경쟁입찰에 있어서의 낙찰자 결정에 적용할 계약이행능력(이하 "이행능력"이라 한다) 심사를 위한 세부심사기준(이하 "세부기준"이라 한다)을 정함을 목적으로 한다.

제2조(심사대상) 이 기준에 따른 심사는 「중소기업제품 구매촉진 및 판로지원에 관한 법률」 제6조에 따라 중소벤처기업부장관이 지정하는 중소기업자간 경쟁제품 중 물품에 대한 계약이행능력을 심사하여 낙찰자를 결정하는 입찰을 대상으로 한다.

제3조(제출서류 및 심사자료 요구 등) ① 공공기관의 계약담당자(이하 "계약담당자"라 한다)는 「중소기업제품 구매촉진 및 판로지원에 관한 법률」 제25조에 따라 구축된 중소기업제품 공공구매 종합정보망(이하 "구매정보망"이라 한다)을 통해 확인이 가능한 **다음 각 호의 서류는 중소기업으로부터 제출받지 않고 구매정보망을 통하여 직접 확인**하여야 한다.

1. 신용평가등급확인서
2. 직접생산확인서
3. 중소기업 · 소상공인확인서
4. 여성기업확인서
5. 장애인기업확인서
6. 벤처기업확인서
7. 기술혁신형중소기업확인서
8. 경영혁신형중소기업확인서
9. 수출유망중소기업 확인서
10. 기술평가등급확인서

신용평가등급확인서, 중소기업확인서, 여성기업확인서 등은 입찰참가업체가 제출하지 않더라도 중소기업제품 공공구매 종합정보망(www.smpp.go.kr)에서 확인한 후 이행능력심사를 진행하여야 한다. 업체가 소유한 확인서를 구매정보망에서 확인할 수 없는 경우가 있는데 이러한 경우에도 업체가 관련 서류를 직접 제출한다면 이를 반영하여 심사할 수 있다. (별표1-1, 1-2, 1-3, 3-1 참고)

② 서류심사가 필요한 경우 서류심사 대상자로 통보 받은 입찰자는 통보서를 접수한 날로부터 **특별히 정한 기일이 없는 한 7일 이내**에 다음 각 호의 관련 서류를 첨부한 이행능력 심사신청서를 제출하여야 한다. 다만, 입찰가격점수와 다른 심사분야의 배점한도를 합산한 종합평점이 이행능력심사 통과점수에 미달하는 입찰자에 대해서는 이행능력심사서류 제출을 생략한다.

1. 이행능력 심사 신청서 1부 (별지 제1호)
2. 이행능력 심사 자기평가 및 심사표 1부 (별지 제2호)와 항목별 평점 세부내역 1부 (별지 제2-1호 또는 제2-2호)
3. 물품납품실적증명원 또는 물품납품실적확인서 1부 (별지 제3호 또는 별지 제4호)
4. 기타 제출서류 각 1부 (별지 제5호 참조)

③ 계약담당자는 제2항에 의하여 제출된 심사서류상 첨부목록에 기재되어 있는 서류가 누락되었거나 제출된 서류가 불명확하여 인지할 수 없는 경우에는 기한을 정하여 보완을 요구할 수 있다.

주어진 기한 내에 계약이행능력심사 서류를 제출하지 않은 경우 추가 제출할 수 없는 것이 원칙이다. 다만, 제출한 서류가 명확하지 않아 인지할 수 없는 경우와 제출서류 목록에는 명시되어 있으나 상세 내용이 일부 누락된 경우에 한하여 보완을 요구할 수 있다.

④ 제3항의 보완요구 기한까지 보완된 서류가 제출되지 아니한 경우에는 당초 제출된 서류만으로 심사하되 당초 제출된 서류가 불명확하여 심사하기가 곤란한 경우에는 심사에서 제외한다.

⑤ 제3항부터 제4항에 따라 확인 또는 제출할 서류로서 입찰공고일 이후에 발생 또는 신고하였거나 수정된 자료는 평가에서 제외한다. 다만, 「중소기업 범위 및 확인에 관한 규정」 제6조에 따른 중소기업확인서 및 「대외무역관리규정」에 따른 수출실적 확인 및 증명서는 입찰공고일 이후 심사서류 제출일 이전에 발생 또는 신고하였거나 수정된 자료도 평가에 포함한다.

제4조(배점기준 및 평가기준) ① 이행능력 심사의 배점기준 및 평가기준(신인도는 공통 적용)은 다음 각 호에 따른다. 다만, 계약담당자는 「국가를 당사자로 하는 계약에 관한 법률 시행령」 제2조제3호의 기획재정부장관이 고시하는 금액 중 **세계무역기구의 정부조달협정상 물품의 개방대상금액(이하 "고시금액"이라 한다) 미만인 경쟁입찰**에 참여하는 「중소기업기본법」 제2조제2항에 따른 **소기업** 및 「소상공인 보호 및 지원에 관한 법률」 제2조에 따른 **소상공인**과 「중소기업 창업지원법」제2조제2호에 따른 **창업기업** 및 **개성공단 입주기업으로서 통일부장관(또는 위임을 받은 자)으로부터 기업등록증을 발급받은 자**에 대해서는 [별표 3]의 **신용평가등급 점수를 30점**으로 평가한다.

> 추정가격 고시금액 미만인 경쟁입찰 시 입찰참가 기업이 ① 소기업, ② 소상공인, ③ 창업기업(창업 7년 이내), ④ 개성공단 입주기업 중 1가지 조건을 충족하는 경우 실제 신용평가등급과 무관하게 경영상태를 30점으로 평가한다.

1. 추정가격이 10억원 이상인 중소기업자간 경쟁물품 구매입찰
   : [별표 1], [별표 1-1], [별표 1-2], [별표 1-3], [별표 2-1]
2. 추정가격이 10억원 미만으로 고시금액 이상인 중소기업자간 경쟁물품 구매입찰
   : [별표 2], [별표 1-1], [별표 1-2], [별표 1-3], [별표 2-2]
3. 추정가격이 고시금액 미만인 중소기업자간 경쟁물품 구매입찰
   : [별표 3], [별표 1-3], [별표 2-3]

② 공공기관의 장은 물품의 특성·사용목적 및 내용 등에 따라 심사분야별(입찰가격은 제외) **배점 한도를 30% 범위 내에서 가·감 조정**할 수 있으며, 심사항목별(신인도 제외) 세부 사항을 추가하거나 제외할 수 있다. 이 경우 **입찰공고 또는 입찰설명서에 조정 내용을 명시**하여야 한다.

> 계약의 특성에 비추어 심사분야별 배점한도를 조정하고자 하는 경우 30% 내에서 조정이 가능하다. 다만, 총점은 100점으로 유지해야 하므로 한 부분에서 배점한도를 증가시켰다면 다른 부분에서는 배점한도를 감소시켜야 할 것이다. 단, 배점 조정 사항은 반드시 공고문 등에 명시하여 입찰참가자들이 사전에 인지할 수 있어야 그 효력이 있다.
>
> <Example>
>
> Q) A사업은 추정가격이 12억원인 사업이다. 이 사업의 특성상 실적 비율을 늘려야 한다고 판단한 사업부서에서 실적 배점한도를 5점에서 6점으로 조정하려고 한다. 나머지 평가항목은 어떻게 조정해야 할까?
>
> A) 추정가격 10억원 이상은 실적 5점, 기술능력 10점, 경영상태 30점, 가격 55점으로 배점이 구성되어 있다. 이때, 실적을 1점 추가하여 조정하였으므로 나머지 평가분야(가격 제외)에서 1점을 감소시켜야 할 것이다. 예컨대, 실적 6점, 기술능력 9점, 경영상태 30점, 가격 55점 등이 가능하다.

③ 신인도 평가(라. 기타 항목의 수출우수기업 가점은 제외)는 이행능력심사 대상자의 **납품이행능력(납품실적, 기술능력 및 경영상태) 취득점수가 심사분야별 배점한도에 부족한 경우에만 배점한도 범위 내에서 가산점을 부여**하고, **수출우수기업 가점은 이행능력심사 대상자의 납품이행능력 배점한도를 초과하는 경우에도 가점을 부여**한다.

신인도는 우선 가점요소와 감점요소를 파악하고 이를 가감한 점수가 최종 신인도가 되며, 기존 평가점수에 가점이 부여되는 경우 당해납품이행능력 취득점수(납품실적, 기술능력, 경영상태)가 배점한도에 미달한 경우에 한하여 더한다. 다만, 신인도 중 수출우수기업 가점은 예외적으로 납품이행능력 배점한도를 초과하는 경우에도 가점이 부여되며 이에 따라 수출우수기업(0.2점 가점을 가정)의 낙찰하한율은 일반기업과 달리 87.945%가 된다.(일반기업의 낙찰하한율은 87.995%)

<참조> 낙찰하한율 정의 및 산출방식

◆ 낙찰하한율은 입찰가격점수 외 심사분야에서 만점을 받는다고 가정할 때, 적격심사를 통과하기 위해 입찰가격점수에서 얻어야할 최소한의 투찰률($=\frac{입찰가격}{예정가격}$)을 의미한다.

◆ 예를 들어, 추정가격 10억원 이상인 경우 입찰가격점수 외 심사분야의 배점한도는 45점이다. 계약이행능력심사점수가 88점 이상이어야 낙찰되므로 입찰가격에서 최소한 43점(=88-45)을 받아야 한다.(수출우수기업 가점이 없다고 가정) 입찰가격 평점산식에서 $43 \le 55 - 4 \times \left| \left(\frac{91}{100} - \frac{입찰가격}{예정가격} \right) \times 100 \right|$ 로 표현되고, $0.88 \le \frac{입찰가격}{예정가격} \le 0.94$ 이며, $\frac{입찰가격}{예정가격}$는 최소 0.88이 되어야 한다. 다만, 소수점 다섯째자리에서 반올림 가능하므로 $\frac{입찰가격}{예정가격}$는 최소 0.87995가 되어야 한다. 따라서 낙찰하한율은 87.995%다.

<Example>

Q) 추정가격 5억원인 사업에서 1순위인 A업체는 실적 5점, 기술능력 4.5점, 경영상태 29.8점, 입찰가격 57점을 획득하였다. 추가적으로 혁신형 중소기업 등 총 1.5점에 해당하는 신인도를 보유하고 있다고 가정할 때, A업체의 최종 획득점수는 몇점일까?

A) 추정가격 고시금액 이상 10억원 미만인 사업의 배점한도는 실적 5점, 기술능력 5점, 경영상태 30점, 입찰가격 60점이므로 A업체의 취득점수 중 실적, 기술능력, 경영상태의 점수는 배점한도에 비해 각각 0점, 0.5점, 0.2점이 미달되며 이를 계산하면 총 0.7점이 된다.
결국 가점요소 1.5점 중 0.7점만 더해지므로 A업체의 최종 획득점수는 5+4.5+29.8+57+0.7 = 97점이 된다.

제5조(적용기준) 심사의 적용기준은 다음 각 호에 따른다.

1. 기간계산 등 기준일

납품이행능력(납품실적, 기술능력, 경영상태), 신인도 등의 이행능력심사에 따른 기간계산 등의 기준일은 법령 등 다른 규정에서 정한 것을 제외하고는 **입찰공고일**까지로 한다. 단, 결격사유인 해당 물품 납품능력의 결격여부에 대하여는 낙찰자 결정일을 기준일로 한다.

계약이행능력심사의 평가기준일은 입찰공고일이 원칙이다. 개찰일 또는 계약이행능력심사 서류제출 마감일 등을 기준일로 생각하는 경우가 있는데 이는 옳지 않다. 다만, 예외적으로 평가기준일을 입찰공고일이 아닌 다른 날로 규정하는 경우(중소기업 확인서 : 적격심사 서류제출 마감일 등(제3조))가 있는데 이에 유의할 필요가 있다.

<Example>

Q) 입찰공고일이 2020.1.15., 개찰일이 1.23., 적격심사 서류접수 마감일이 1.28.라고 가정해보자. 업체가 제출한 신용평가등급 확인서의 유효기간이 '19.1.23.~'20.1.22.라고 한다면 이는 인정이 가능한가?

A) 서류접수 받은 시점에 유효기간이 완료되었더라도, 평가기준일은 입찰공고일이고 해당 신용평가등급 확인서의 유효기간은 입찰공고일을 포함하므로 유효하게 인정해야 한다.

2. 외화표시 금액의 적용

납품(판매)실적 등의 외화표시 금액은 원화로 환산하여 적용하며, 적용환율은 입찰공고일의 「외국환거래법」에 따른 기준환율 또는 재정환율(매매기준율)을 적용한다. 다만, 외화와 원화가 동시 표시된 경우는 원화를 적용한다.

3. 계산결과 소수점이하의 숫자 처리

비율, 평점 등을 계산한 결과 소수점 이하의 숫자가 있는 경우 별도로 정하지 않으면 소수점 다섯째 자리에서 반올림한다.

<Example>

Q) 어떠한 사업의 예정가격이 123,456,789원이고 A업체의 입찰가격이 113,256,578원이라고 가정할 때, 업체의 투찰률은 얼마로 보아야 하는가?

A) 투찰률은 113,256,578/123,456,789 = 0.91737829....이지만 소수점이하 다섯째자리에서 반올림해야 하므로 0.9174로 적용해야 할 것이다.

제6조(평가방법) ① 계약담당공무원은 세부심사기준에 따라 예정가격 이하로서 최저가로 입찰한 자 순으로 심사한다.

② 납품실적, 기술능력, 경영상태의 평가방법은 다음 각 호에 따른다.

1. 납품실적평가는 다음 각 목에 따르되, 세부적용내용은 [별표 1-1]에 따른다.

가. 계약담당공무원은 이행능력 심사 시 적용할 **납품실적 평가기준(계약목적물과 동등이상 또는 유사물품, 금액 또는 수량)을 입찰공고에 명시**하여야 한다.

나. 이행능력 심사대상자의 납품실적은 **계약일자와 관계없이 납품 완료된 시점이 최근 5년 이내(창업기업의 경우 최근 7년 이내)**로서 입찰공고에 정하여 명시한 계약목적물과 동등이상 또는 유사 물품을 납품한 금액(부가가치세 제외) 또는 수량으로 합산하여 평가한다. 다만, 납품실적 적용기간을 조정하고자 하는 경우에는 입찰공고에 조정내용을 명시하여야 한다.

다. 합병의 경우 존속되거나 신설된 업체의 실적은 소멸된 자의 실적을 승계한 것으로 합산하여 평가하며, 분할의 경우에는 권리・의무를 승계 받은 업체의 실적으로 본다. 또한 사업양수도의 경우에는 해당 업종을 양수한 자의 실적으로 평가하며, 합병・분할・사업양수도와 관련한 업체의 실적증빙서류를 제출하여야 한다. 다만, 분할 및 사업양수도 관련 실적은 시설, 기술자 등의 요건이 필요할 때에는 이를 갖춘 경우에만 실적으로 인정한다.

실적 내용은 이후에 다시 나오지만 여기서 먼저 간단히 짚고 넘어가도록 하겠다.

첫째, 실적평가와 관련하여 입찰공고문에 동등이상 물품/유사물품의 인정기준을 명시하여야 한다. 별표에서는 동등이상 물품이란 성능. 품질 등이 당해 입찰대상 물품 이상인 것으로서 입찰공고에서 명시한 성능, 품질 등의 조건에 부합하는 경우에 평가한다고만 명시되어 있을 뿐 구체적인 내용은 없다. 즉, 사업 물품의 성능, 품질 등의 조건에 부합하는 것이 구체적으로 어떠한 것인지를 명시해야 한다.

둘째, 납품실적은 계약일자와 관계없이 납품완료된 시점이 최근 5년 이내인 경우(창업기업은 7년 이내)에 평가한다. 즉, 실적을 평가하는데 있어 가장 중요한 것은 납품이 종료된 시점이 입찰공고일 기준 최근 5년 이내(창업기업은 7년 이내)에 있는지 여부이다.

<Example>

Q) 입찰공고일이 '20.4.10.인 A사업이 있다. 적격심사 대상 업체는 동등이상 납품실적으로 인정해주길 요구하며 과거 수행한 '가'실적과 '나'실적을 제출하였다. 그 내용은 모두 동등이상 납품실적에 해당이 된다고 가정하였을 때, 심사담당자는 '가'실적과 '나'실적을 모두 인정해줄 수 있을까?

'가' 실적 : 계약일('14.7.11.), 납품완료일('15.7.10.)

'나' 실적 : 계약일('19.7.11.), 납품완료일('20.7.10. 예정)

A) '가'실적은 납품완료 시점이 '15.7.10.으로서 최근 5년 이내의 실적에 해당이 되므로 동등이상 납품실적 인정이 가능하다.
그러나 '나'실적은 납품완료 시점이 아직 도래하지 않은 사업으로서 유효한 실적으로 인정할 수 없다.

2. 기술능력평가는 [별표 1-2]에 따른다.
3. 경영상태평가는 '신용평가등급에 의한 평가방법'에 따르며, 이의 세부적용 내용은 [별표 1-3]에 따른다.

③ 신인도 평가는 다음 각 호에 따르되, 세부적용내용은 [별표 3-1], [별표 3-2]에 따른다.

1. 각 심사항목별로 심사한 평점은 당해 등급별 배점한도를 초과할 수 없으며, 또한 심사분야별로 합계한 **<u>총 배점한도 (+3~−2)를 초과할 수 없다.</u>** 다만, 라. **<u>기타 항목의 수출우수기업에 대한 가점은 심사분야별로 합산한 총 배점한도를 초과</u>**하여 산정할 수 있다.
2. 신인도 심사결과 총 평점은 각 항목의 가점 합계와 감점 합계를 상계한 점수로 하여야 한다. 다만, 신인도 총평점이 음인 경우에는 이행능력 심사대상자가 신인도 평가 이외에서 취득한 총점에서 감점한다.

신인도를 아무리 많이 보유하더라도 총 배점한도인 +3점을 초과하여 획득할 수 없다. 다만, 수출우수기업에 대한 가점은 예외적으로 배점한도를 넘어 더해질 수 있다. 즉, 수출우수기업이 있는 경우에 한하여 최대 3.2점의 가점을 획득할 수 있다.

<Example>

Q) 추정가격 5억원인 사업에서 1순위인 A업체는 실적 3점, 기술능력 3점, 경영상태 28.8점, 입찰가격 50점을 획득하였다. 추가적으로 혁신형 중소기업, 소상공인, 여성기업, 장애인기업 등의 신인도를 보유하고 있다고 가정할 때, A업체의 최종 획득점수는 몇점일까?

A) 추정가격 고시금액 이상 10억원 미만인 사업의 배점한도는 실적 5점, 기술능력 5점, 경영상태 30점, 입찰가격 60점이다. A업체가 보유하고 있는 신인도 점수는 1.5+1.0+0.5+1.0 = 4점이지만, 배점한도가 +3점이므로 3점만 인정된다.
결국 가점요소 4점 중 3점만 더해지므로 A업체의 최종 획득점수는 3+3+28.8+50+3 = 87.8점이 되어 부적격 처리된다.
다만, 수출우수기업 가점 0.2점을 보유했다면 신인도에서 3.2점까지 받을 수 있어 최종 획득점수가 88점이 되어 낙찰된다.

제7조(공동수급체 등에 대한 평가) ① 공공기관의 장은 입찰공고시 「국가를 당사자로 하는 계약에 관한 법률 시행령」 제72조제2항의 규정에 따라 동일현장에 2인 이상의 수급인을 투입하기 곤란하거나 긴급한 이행이 필요한 경우 등 계약의 목적·성질상 공동계약으로 하는 것이 곤란하다고 인정되는 경우를 제외하고는 가능한 한 공동계약이 가능하다는 뜻을 명시하여야 한다.

② 심사대상자가 공동수급체(「중소기업제품 구매촉진 및 판로지원에 관한 법률 시행령」 제9조제2항에 따른 조합을 포함)를 구성하고 있는 경우의 평가는 다음 각 호에 따르되, 세부 적용내용은 제6조에 따른다. 이 경우 신인도 평가의 배점한도는 공동수급체에 한하여 적용한다. 다만, 면허 보완을 위한 전기·정보통신공사 등 공사업을 분담 이행하는 경우에는 공사업 분담이행업체를 제외한 나머지 공동
수급체를 기준으로 평가한다.

1. 납품실적 평가

   공동수급체 구성원별로 각각 이행실적(금액 또는 수량)에 출자비율 또는 분담비율을 곱하여 구성원 모두의 실적을 합산하여 해당되는 등급으로 평가한다.

2. 기술능력 및 경영상태 평가

   공동수급체 구성원별로 각각 산출한 기술능력 및 경영상태 평가점수에 출자비율 또는 분담비율을 곱한 후 합산하여 평가한다.

3. 신인도 평가

   공동수급체 구성원별로 각각 산출한 신인도 평가점수에 출자비율 또는 분담 비율을 곱하여 이를 합산하여 평가한다(제4조제3항의 규정은 공동수급체 구성원 점수 합산 후 적용). 감점대상업체가 공동수급체의 구성원으로 입찰에 참가하는 경우에는 해당 감점점수에 해당 업체의 출자비율 또는 분담비율을 곱한 점수를 감점한다.

③ 「중소기업협동조합법」에 따른 중소기업협동조합이 적격조합으로 물품의 제조 또는 구매에 관한 경쟁입찰에 참가하는 경우(배정받을 조합원은 해당 입찰참가자격 조건을 구비하여야 한다)에는 해당 계약을 이행할 조합원 및 그 분담 내용에 따른 "출자비율 또는 분담비율"을 입찰일 전일까지 확정 제출하여야 하며, 적격조합이 확정한 계약이행업체는 부도・파산 등 특별한 사유로 당해 업체의 계약이행이 불가능한 경우 외에는 계약이행 완료시까지 다른 조합원으로 변경할 수 없다. 적격조합의 심사는 당해계약을 이행할 출자 또는 분담업체에 대하여 심사하며 제2항의 평가방법에 따라 평가한다.

제8조(결격사유의 심사) ① 심사대상자가 부도・파산상태인 경우에는 결격사유로 평가하며, 부도・파산의 우려가 있어 계약이행이 어렵다고 판단되는 경우에는 계약기관별 계약심사협의회의 심사결과에 따라 결격여부를 결정한다. 이 경우 계약심사협의회는 운영규정에 따라 심사대상자에게 자료의 제출을 요구하거나 관계자 또는 전문가의 의견을 청취 또는 자문 받을 수 있다.

② 공동수급체의 대표자가 부도・파산상태인 경우에는 해당 공동수급체의 결격사유로 평가하며, 대표자 이외의 구성원중 부도・파산상태인 자가 있는 경우로서 잔여 구성원만으로 계약이행이 가능한 경우에는 계약이행능력심사를 할 수 있다. 이 경우 공동수급협정 내용을 변경하게 할 수 있다.

제9조(낙찰자 결정) ① 최저가 입찰자에 대한 심사결과 <u>**종합평점이 88점 이상인 경우**</u> 「중소기업제품 구매촉진 및 판로지원에 관한 법률시행령」 제9조에 따른 입찰참여 자격이 있는지 여부를 확인하여 낙찰자로 결정한다.

② 동일가격의 최저가 입찰자가 2인 이상인 경우에는 이행능력 심사결과, 종합평점이 88점 이상인 자 중에서 최고점수인 자를 낙찰자로 결정한다. 다만, 이외의 경우에는 추첨에 의해 낙찰자를 결정한다.

③ 최저가 입찰자에 대한 심사결과 종합평점이 88점 미만이거나, 입찰참여자격 미달, 최저가 입찰자가 입찰을 포기한 경우에는 차순위 최저가 입찰자 순으로 심사하여 낙찰자를 결정한다.

④ 이행능력 심사에 소요되는 **행정소요일수를 감안**하여 필요하다고 인정되는 경우에는 **예정가격 이내 입찰자를 대상으로 동시에 이행능력심사를 할 수 있다.**

> 동일가격 최저가 입찰자가 2인 이상인 경우 동시에 적격심사를 진행한다. 적격심사 통과점수 이상인 자 중에서 최고점수 받은 자를 낙찰자로 결정하며 점수까지 동일한 경우엔 국가를 당사자로 하는 계약에 관한 법률 시행령 제47조에 따라 추첨으로 낙찰자를 결정한다. 한편, 심사 관련 행정소요일수가 길어질 것으로 예상하거나 기타 사유가 있는 경우 예정가격 내 입찰자를 대상으로 동시에 적격심사를 진행할 수 있다.
>
> <Example>
>
> Q) A사업의 입찰 결과 2개의 업체가 참가하였다. 계약담당자는 행정소요일수를 감안하여 2개 업체에 대하여 동시에 심사를 수행하였고, 그 결과 1순위 업체가 88.5점, 2순위 업체가 89점을 획득하였다. 이후 절차는 어떻게 될 것인가?
>
> A) 두 업체 모두 88점 이상을 획득하였으나, 이 중 더 낮은 가격으로 투찰한 1순위 업체가 최종 낙찰된다. 1순위 업체 낙찰 처리 후 계약서를 작성하면 된다.

제10조(재심사) ① 제9조의 규정에 따라 부적격 통보를 받은 자가 심사결과에 불복하고자 하는 경우에는 **통보일로부터 3일 이내에 심사결과에 대한 재심사를 요청**하여야 하며, 계약담당자는 특별한 사유가 없는 한 재심사요청서 **접수일로부터 3일 이내에 재심사**를 하여야 한다.

② 제1항에 따른 재심사결과는 해당자에게 지체 없이 통보하여야 한다.

③ 제1항의 재심사요청서를 접수할 때에는 이행능력 심사에 필요한 **추가서류는 접수할 수 없다.**

제11조(부정한 방법에 의한 심사서류 제출자 및 미제출자의 처리) 이행능력 심사대상자가 세부심사기준의 규정에 따라 **제출한 서류 중 부정 또는 허위로 작성된 서류가 포함된 것으로 판명된 때**(구매정보망을 이용하여 이행능력심사를 하는 경우에는 구매정보망에 허위 정보·자료를 등록한 것으로 판명된 때를 포함한다)와 정당한 사유 없이 심사서류의 전부 또는 일부를 제출하지 아니한 때에는 **「국가를 당사자로 하는 계약에 관한 법률 시행령」 제76조 및 회계예규 「적격심사기준」의 규정을 적용하여 처리**한다.

부정한 방법으로 서류를 제출한 자에 대해서는 기재부 계약예규 적격심사기준 제10조 제2항에 따라 「국가를 당사자로 하는 계약에 관한 법률 시행령」 제76조에 따른 입찰참가자격제한조치를 하여야 한다. 과거에는 정당한 사유 없이 심사서류를 제출하지 아니한 자에 대해서도 입찰참가자격제한조치를 하였으나 「국가를 당사자로 하는 계약에 관한 법률 시행령」 개정으로 제한사유에서 삭제되었다. 부정당업자의 입찰참가자격 제한기준은 「국가를 당사자로 하는 계약에 관한 법률 시행규칙」 [별표 2]에서 규정하고 있다.

제12조(기타사항) ① 이 심사기준에서 정하지 아니한 사항에 대하여는 「국가를 당사자로 하는 계약에 관한 법률」 및 「적격심사기준」 등 관련된 기획재정부의 회계예규와 기타 조달청의 집행기준을 적용하며, 구매기관 및 구매대상 물품의 특성에 따라 이 세부심사기준을 적용하기 곤란한 경우 해당 기관에서 별도의 기준을 작성하여 집행할 수 있다. 다만, 심사항목, 배점 기준 등 주요항목을 변경하고자 하는 경우에는 중소벤처기업부장관과 협의하여야 한다.

제13조(재검토 기한) 「훈령·예규 등의 발령 및 관리에 관한 규정」(대통령훈령 제248호)에 따라 이 고시 발령 후의 법령이나 현실여건의 변화 등을 검토하여 2020년 1월 1일을 기준으로 3년마다(매 3년이 되는 해의 기준일과 같은 날 전까지를 말한다)이 고시의 폐지, 개정 등의 조치를 하여야 한다.

[별표 1] 제4조 제1항 제1호에서 정한 입찰

이행능력심사 항목 및 배점한도

(단위 : 점)

구 분	심 사 분 야	심 사 항 목	배점 한도	비 고
계			100	
Ⅰ. 당해물품 납품이행능력	1. 납품실적	가. 계약목적물과 동등이상물품 나. 계약목적물과 유사물품	5	
	2. 기술능력	가. 기술평가등급	10	
	3. 경영상태	가. 신용평가등급	30	
Ⅱ. 입찰가격			55	평점산식 ([별표2-1] 참조)
Ⅲ. 신인도	1. 품질관리 등 신뢰정도	가. 고도인증 나. 녹색 · 일반인증 다. 영세기업 지원 라. 기타(여성기업, 장애인기업 및 장애인고용우수기업 지원 등)	+3 ~ −2	
	2. 계약이행 성실도	가. 납품지연 나. 불공정 하도급거래 다. 부정당업자 제재		
Ⅳ. 결격사유	1. 당해물품 납품이행능력 결격여부	가. 부도 또는 파산상태로 당해 계약이행이 어렵다고 판단되는 경우 (단, 법정관리 · 화의인가 결정 등 법원의 정상화 판결을 받은 경우는 제외)	-30	

[별표 2] 제4조 제1항 제2호에서 정한 입찰

이행능력심사 항목 및 배점한도

(단위 : 점)

구 분	심 사 분 야	심 사 항 목	배점 한도	비 고
계			100	
Ⅰ. 당해물품 납품이행능력	1. 납품실적	가. 계약목적물과 동등이상물품 나. 계약목적물과 유사물품	5	
	2. 기술능력	가. 기술평가등급	5	
	3. 경영상태	가. 신용평가등급	30	
Ⅱ. 입찰가격			60	평점산식 ([별표2-2] 참조)
Ⅲ. 신인도	1. 품질관리 등 신뢰정도	가. 고도인증 나. 녹색·일반인증 다. 영세기업 지원 라. 기타(여성기업, 장애인기업 및 장애인고용우수기업 지원 등)	+3 ~ −2	
	2. 계약이행 성실도	가. 납품지연 나. 불공정 하도급거래 다. 부정당업자 제재		
Ⅳ. 결격사유	1. 당해물품 납품이행능력 결격여부	가. 부도 또는 파산상태로 당해 계약이행이 어렵다고 판단되는 경우 (단, 법정관리·화의인가 결정 등 법원의 정상화 판결을 받은 경우는 제외)	-30	

[별표 3] 제4조 제1항 제3호에서 정한 입찰

이행능력심사 항목 및 배점한도

(단위 : 점)

구 분	심 사 분 야	심 사 항 목	배점 한도	비 고
계			100	
Ⅰ. 당해물품 납품이행능력	1. 경영상태	가. 신용평가등급	30	
Ⅱ. 입찰가격			70	평점산식 ([별표2-3] 참조)
Ⅲ. 신인도	1. 품질관리 등 신뢰정도	가. 고도인증 나. 녹색 · 일반인증 다. 영세기업 지원 라. 기타(여성기업, 장애인기업 및 장애인고용우수기업 지원 등)	+3 ~ −2	
	2. 계약이행 성실도	가. 납품지연 나. 불공정 하도급거래 다. 부정당업자 제재		
Ⅳ. 결격사유	1. 당해물품 납품이행능력 결격여부	가. 부도 또는 파산상태로 당해 계약이행이 어렵다고 판단되는 경우 (단, 법정관리 · 화의인가 결정 등 법원의 정상화 판결을 받은 경우는 제외)	-30	

Ⅰ. 당해 물품 납품능력

[별표 1-1] 납품실적(배점한도 5점)

(단위 : 점)

기업구분	심사항목	평가요소	배점한도	기본점수	등급	평점
중기업	가. 최근 5년내 납품실적(계약목적물과 동등이상 물품)	금 액 [납품실적(부가가치세제외)/추정가격] 수 량 [납품수량/입찰수량]	5.0	-	A. 100% 이상 B. 70% 이상~100% 미만 C. 50% 이상~70% 미만 D. 20% 이상~50% 미만 E. 5% 이상~20% 미만	5.0 4.0 3.0 2.0 1.0
	나. 최근 5년내 납품실적(계약목적물과 유사 물품)	금 액 [납품실적(부가가치세제외)/추정가격] 수 량 [납품수량/입찰수량]			A. 100% 이상 B. 70% 이상~100% 미만 C. 50% 이상~70% 미만 D. 20% 이상~50% 미만 E. 5% 이상~20% 미만	1.5 1.25 1.0 0.75 0.5
소기업 또는 소상공인	가. 최근 5년내 납품실적(계약목적물과 동등이상 물품)	금 액 [납품실적(부가가치세제외)/추정가격] 수 량 [납품수량/입찰수량]	5.0	2.0	A. 100% 이상 B. 60% 이상~100% 미만 C. 30% 이상~60% 미만 D. 5% 이상~30% 미만	3.0 2.0 1.0 0.5
	나. 최근 5년내 납품실적(계약목적물과 유사 물품)	금 액 [납품실적(부가가치세제외)/추정가격] 수 량 [납품수량/입찰수량]			A. 100% 이상 B. 60% 이상~100% 미만 C. 30% 이상~60% 미만 D. 5% 이상~30% 미만	1.0 0.75 0.5 0.25
창업기업/재기기업	가. 최근 7년내 납품실적(계약목적물과 동등이상 물품)	금 액 [납품실적(부가가치세제외)/추정가격] 수 량 [납품수량/입찰수량]	5.0	3.0	A. 100% 이상 B. 60% 이상~100% 미만 C. 30% 이상~60% 미만 D. 5% 이상~30% 미만	2.0 1.5 1.0 0.5
	나. 최근 7년내 납품실적(계약목적물과 유사 물품)	금 액 [납품실적(부가가치세제외)/추정가격] 수 량 [납품수량/입찰수량]			A. 100% 이상 B. 60% 이상~100% 미만 C. 30% 이상~60% 미만 D. 5% 이상~30% 미만	1.0 0.75 0.5 0.25

※ [주]

① 납품실적 평가는 기업구분에 따라 **"가" 심사항목과 "나" 심사항목의 평점을 합산하여 평가**하되, 「중소기업기본법」 및 「소상공인 보호 및 지원에 관한 법률」에 따른 **소기업·소상공인은 기본점수 2점을 부여**하고, 입찰공고일 기준 최근 7년 이내 사업을 개시한 「중소기업창업 지원법」 제2조제2호에 따른 **창업기업 및 재기기업(최근 3년이내 중소벤처기업부의 재창업프로그램 지원받은 기업)은 기본점수 3점을 부여**한다.

(창업기업 확인은 법인인 경우 법인등기부등본상 법인설립등기일, 개인사업자인 경우 사업자등록증명서상 사업자등록일을 기준으로 평가한다.)

② 중기업, 소기업·소상공인, 창업기업, 재기기업은 중복하여 평가하지 아니하며, 기업구분별로 복수로(중기업, 소기업·소상공인, 창업기업) 공동수급체를 구성한 경우 기본점수는 공동수급협정서상 출자비율 또는 분담비율이 가장 높은 업체를 기준으로 부여한다. 2개 이상 기업의 분담비율이 같을 경우에는 기본점수가 높은 기업의 것으로 한다.

③ 계약목적물과 「동등이상 물품」이란 성능, 품질 등이 당해 입찰대상 물품 이상인 것으로서 입찰공고에서 명시한 성능, 품질 등의 조건에 부합되는 경우에 평가하며 「유사물품」이란 당해 입찰 대상물품과 동일 종류로 성능, 품질 등이 동등미만인 것으로 입찰공고에서 명시한 성능, 품질 등의 조건에 부합된 경우에 평가한다.

④ 납품실적은 당해 물품을 「중소기업제품 구매촉진 및 판로지원에 관한 법률」 제2조제2호의 **공공기관에 납품한 실적 증명서(별지 제3호)로 제출**하여야 한다. 다만, **공공기관 이외의 납품 실적**은 원본 확인된 당해 **물품의 계약서, 세금계산서, 거래명세표 등을 실적증명서(별지 제3호)에 첨부한 경우에 평가**하고, **실적에 대한 입증책임은 심사대상자가 부담**하며 의무를 다하지 않아 실적확인이 어려운 경우에는 실적을 인정하지 아니한다.

> 실적점수는 동등이상 부문 점수와 유사물품 점수를 합산하여 평가하되, ①중기업, ②소기업 또는 소상공인, ③창업기업 또는 재기기업 여부에 따라 상이한 기본점수를 부여한다. 유사물품 기준 적용이 어려운 경우에는 동등이상 부문만으로 평가 가능하며 이 경우 공고문에 반드시 명시해야 한다. 납품실적을 입증하기 위하여서는 실적증명서를 제출해야 하며, 공공기관 이외의 실적(민간실적 등)을 입증하기 위하여서는 실적증명서 뿐 아니라 계약서, 전자세금계산서 등의 서류를 추가적으로 제출하여야 한다. 이와 관련된 입증책임은 심사대상자가 지게 되며, 서류를 충분히 제출하지 않아 실적입증이 어려운 경우에는 유효하게 인정하지 않는다.

[별표 1-2] 기술능력

가. 기술평가등급

제4조 제1항 제1호에서 정한 입찰 (배점한도 10점)

(단위 : 점)

등 급		평 점
T1	최고수준	10
T2	매우우수	9.8
T3	우수수준	9.6
T4	양호수준	9.4
T5	보통이상	9.2
T6	보통수준	9.0
T7	보통정도	8.8
T8 이하	보통이하	8

제4조 제1항 제2호에서 정한 입찰 (배점한도 5점)

(단위 : 점)

등 급		평 점
T1	최고수준	5
T2	매우우수	4.9
T3	우수수준	4.8
T4	양호수준	4.7
T5	보통이상	4.6
T6	보통수준	4.5
T7	보통정도	4.4
T8 이하	보통이하	4

※ [주]

① 기술평가등급은 「신용정보의 이용 및 보호에 관한 법률」 제11조에 따라 겸업신고가 수리된 기술신용평가기관에서 **입찰공고일 이전에 평가**한 **유효기간 내에 있는 가장 최근의 기술평가등급을 기준으로 평가**한다. 다만, **공공구매종합정보망을 통해 기술평가등급 조회가 가능한 경우에는 동 시스템 조회 결과에 따라 평가**한다.

② 기술평가등급이 **확인되지 않는 경우에는 최저등급으로 평가**하며, 유효기간 만료일이 입찰공고일인 경우에도 유효한 것으로 평가한다.

③ 합병한 업체에 대하여는 합병 후 새로운 기술평가등급으로 심사하여야 하며, 합병 후의 새로운 기술평가등급이 없는 경우에는 합병대상업체 중 가장 낮은 기술평가등급을 받은 업체의 등급으로 심사한다.

[별표 1-3] 신용평가등급에 의한 경영상태 평가(배점한도 30점)

(단위 : 점)

신용 평가 등급			
회사채에 대한 신용평가등급	기업어음에 대한 신용평가등급	기업신용평가등급	평 점
AAA, AA+, AA0, AA-, A+, A0, A-	A1, A2+, A20, A2-	AAA (회사채에 대한 신용평가등급 AAA에 준하는 등급) AA+, AA0, AA- (회사채에 대한 신용평가등급 AA+, AA0, AA-에 준하는 등급) A+ (회사채에 대한 신용평가등급 A+에 준하는 등급) A0 (회사채에 대한 신용평가등급 A0에 준하는 등급) A- (회사채에 대한 신용평가등급 A-에 준하는 등급)	30.0
BBB+	A3+	BBB+ (회사채에 대한 신용평가등급 BBB+에 준하는 등급)	29.8
BBB0	A30	BBB0 (회사채에 대한 신용평가등급 BBB0에 준하는 등급)	29.6
BBB-	A3-	BBB- (회사채에 대한 신용평가등급 BBB-에 준하는 등급)	29.4
BB+, BB0	B+	BB+, BB0 (회사채에 대한 신용평가등급 BB+, BB0에 준하는 등급)	29.2
BB-	B0	BB- (회사채에 대한 신용평가등급 BB-에 준하는 등급)	29.0
B+, B0, B-	B-	B+, B0, B- (회사채에 대한 신용평가등급 B+, B0, B-에 준하는 등급)	28.8
CCC+ 이하	C 이하	CCC+ 이하 (회사채에 대한 신용평가등급 CCC+에 준하는 등급)	25.0

※ [주]

① 신용평가등급은 「신용정보의 이용 및 보호에 관한 법률」 제4조제1항제1호의 업무를 영위하는자나 「자본시장과 금융투자업에 관한 법률」 제335조에 의한 '신용평가업' 영위가 가능한 자가 평가한 회사채(또는 기업어음)에 대한 신용평가등급 또는 기업신용평가등급(위의 신용정보업자가 신용평가등급, 등급평가일 및 등급유효기간 등을 명시하여 작성한 '신용평가등급 확인서'(이하 '등급 확인서'라 함))을 기준으로 평가한다. 다만, **공공구매종합정보망의 신용평가등급 조회시스템에 의하여 신용평가등급조회가 가능한 경우에는 동 시스템 조회 결과에 의해 평가**한다.

② 회사채(또는 기업어음)에 대한 신용평가등급 또는 기업신용평가등급은 **입찰공고일 전일 이전에 평가한 것으로서 유효기간 내에 있는 것**이어야 한다(**유효기간 만료일이 입찰공고일인 경우도 인정**).

③ 이행능력심사대상자의 회사채(또는 기업어음)에 대한 신용평가등급 및 기업신용평가에 따른 평점이 다른 경우에는 높은 평점으로 평가하며, **구매정보망을 통하여 신용평가등급이 확인되지 않고 등급 확인서를 제출하지도 않은 경우에는 최저등급으로 평가**한다. 다만, 제4조제1항의 본문 단서규정에 따라 **소기업·소상공인, 창업기업 및 개성공단 입주기업(통일부장관 또는 위임을 받은 자로부터 기업등록증을 발급받은 기업)으로서 고시금액 미만 경쟁입찰 참여하는 경우에는 30점으로 평가**한다.(창업기업 확인은 법인인 경우 법인등기부등본상 법인설립등기일, 개인사업자인 경우 사업자등록증명서상 사업자등록일을 기준으로 평가한다.)

④ 합병한 업체에 대하여는 합병 후 새로운 신용평가등급으로 심사하여야 하며 합병 후의 새로운 신용평가등급이 없는 경우에는 합병대상업체 중 가장 낮은 신용평가등급을 받은 업체의 신용평가등급으로 심사한다.

제5조에서 명시한 바와 같이 기술능력, 경영상태의 심사기준일 역시 입찰공고일이다. 기술능력의 경우 입찰공고일 이전, 경영상태의 경우 입찰공고일 전일 이전에 발급받아 유효기간 내에 입찰공고일이 포함된 경우에 한하여 인정가능하다. 중소기업제품 공공구매 종합정보망(www.smpp.go.kr)에서 확인가능한 경우 구매정보망에서 확인한 등급에 따라 평가한다. 단, 추정가격 고시금액 미만인 사업이면서 앞에서 설명한 바와 같이 ①소기업, ②소상공인, ③창업기업(창업 7년 이내), ④개성공단 입주기업 중 1가지 조건을 충족하는 경우 실제 신용평가등급과 무관하게 경영상태를 30점으로 평가한다.

<Example>

Q)'20.5.16.에 공고한 10억원짜리 사업이 있다. 적격심사 대상자인 1순위 업체는 총 3개의 신용평가등급확인서를 제출했다.

(1) - 신용평가 등급 : BB0　유효기간 : '19.5.20.부터 '20.5.19.까지
(2) - 신용평가 등급 : BB-　유효기간 : '19.10.16.부터 '20.10.15.까지
(3) - 신용평가 등급 : BB+　유효기간 : '20.5.19.부터 '21.5.18.까지

중소기업제품 공공구매 종합정보망에는 (1),(3)번 신용평가등급만 조회된다고 할 때, 어떠한 신용평가등급으로 평가받게 될까?

A) 경영상태의 심사기준일은 입찰공고일로서, 입찰공고일 전일 이전에 발급받은 신용평가등급 확인서에 한하여 유효하게 인정된다. 그러므로 (3)번 신용평가등급은 해당 사업의 평가에서 제외된다.
결국 유효한 신용평가등급확인서는 총 2개인데, 중소기업제품 공공구매 종합정보망에서는 (1)번 신용평가등급확인서만 확인가능하므로 이 업체는 BB0로 평가받게 된다.

Ⅱ. 입찰가격

[별표 2-1] 입찰가격(배점한도 55점)

(단위 : 점)

심 사 항 목	평가요소	배점한도	평 점
입찰가격	투찰률	55	※ 평점 산식 : 아래

※ < 입찰가격 평점 산식 >

○ $평점(점) = 55 - 4 \times \left| \left(\frac{91}{100} - \frac{입찰가격}{예정가격} \right) \times 100 \right|$

- | |는 절대값 표시임
- 입찰가격을 예정가격으로 나눈 결과 소수점 이하의 숫자가 있는 경우에는 소수점 다섯째 자리에서 반올림한다.

○ 입찰가격이 예정가격이하로서 예정가격의 100분의 94 이상인 경우의 평점은 43점으로 평가한다.

[별표 2-2] 입찰가격(배점한도 60점)

(단위 : 점)

심 사 항 목	평가요소	배점한도	평 점
입찰가격	투찰률	60	※ 평점 산식 : 아래

※ < 입찰가격 평점 산식 >

○ $평점(점) = 60 - 4 \times \left| \left(\frac{91}{100} - \frac{입찰가격}{예정가격} \right) \times 100 \right|$

- | |는 절대값 표시임
- 입찰가격을 예정가격으로 나눈 결과 소수점 이하의 숫자가 있는 경우에는 소수점 다섯째 자리에서 반올림한다.

○ 입찰가격이 예정가격이하로서 예정가격의 100분의 94이상인 경우의 평점은 48점으로 평가한다.

[별표 2-3] 입찰가격(배점한도 70점)

(단위 : 점)

심 사 항 목	평가요소	배점한도	평 점
입찰가격	투찰률	70	※ 평점 산식 : 아래

※ < 입찰가격 평점 산식 >

○ $\text{평점(점)} = 70 - 4 \times \left| \left(\frac{91}{100} - \frac{\text{입찰가격}}{\text{예정가격}} \right) \times 100 \right|$

- | |는 절대값 표시임
- 입찰가격을 예정가격으로 나눈 결과 소수점 이하의 숫자가 있는 경우에는 소수점 다섯째 자리에서 반올림한다.

○ 입찰가격이 예정가격이하로서 예정가격의 100분의 94이상인 경우의 평점은 58점으로 평가한다.

Ⅲ. 신인도(배점한도 +3점～－2점) <모든 입찰 공통>

[별표 3-1] 품질관리 등 신뢰정도

(단위 : 점)

심사항목	평가요소	배점한도	등급	평점
가. 고도인증	고도기술에 대한 인증	3	A. 주무부 장관 등이 인증한 신기술(NET, NEP) 인증, 조달우수제품 인증, 중소기업 기술개발제품 성능인증 보유자 B. 녹색기술인증보유자	1.5
나. 녹색・일반인증	일반기술 및 친환경, 품질, 규격 등에 대한 인증		A. 특허, 디자인 등록 보유자, GS(국산우수 S/W)마크 보유자, GR보유자 B. 「산업표준화법시행규칙」 제10조에서 정한 KS제품인증서 보유자, 단체표준인증보유자 C. 고효율에너지기자재 인증 보유자 D. 「에너지이용합리화법」 제15조에 따른 에너지소비효율 1등급제품	0.75
다. 영세기업지원	소기업・소상공인 및 지역업체 참가		A. 「중소기업제품 구매촉진 및 판로지원에 관한 법률」 제7조제3항 및 같은 법 시행령 제7조제4항에 해당하는 공동수급체 구성(조합의 경우 합산점수에 0.25점을 가산한다) – 소기업(소상공인포함) 출자(분담)비율 ・ 40% 이상 ・ 30% 이상 ・ 20%이상 30% 미만 – 공동수급체 각각 출자(분담)한 비율이 20% 이상인 업체가 ・ 3개 이상인 경우 ・ 2개 이상인 경우 – 지역업체 출자(분담)비율이 ・ 30% 이상 ・ 20%이상 30% 미만 ※ 다만, 법령이 정한 요건을 갖추지 못한 공동수급체는 각 평점의 50%만 인정한다(조합의 경우 합산점수에 0.25점을 가산한다)	 1.0 0.75 0.5 1.0 0.5 0.5 0.25
			B. 소기업 또는 소상공인 ・ 소상공인 ・ 소기업	 1.0 0.75

라. 기타	여성기업 · 장애인고용기업 지원 등	A. 조달업무 우수업체로서 중소벤처기업부장관, 조달청장 또는 방위사업청장 표창을 받은 업체	1.0
		B. 여성기업지원 및 여성고용촉진 - 여성기업(「여성기업 지원에 관한 법률」 및 같은 법 시행령에서 정한 기업으로서 중소벤처기업부장관(또는 위임받은 자)에 의해 확인된 경우 인정)) - 여성고용 우수기업 · 여성고용율이 10%이상이고 여성종업원이 10명 이상인 기업 · 여성고용율이 5%이상이고 여성종업원이 5명 이상인 기업 - 고용노동부장관에 의해 남녀고용평등 우수기업으로 지정 받은 자	0.5 1.0 0.5 1.0
		C. 장애인기업지원 및 장애인 고용촉진 - 장애인기업(「장애인기업활동 촉진법」에서 정한 기업으로서 중소벤처기업부장관(또는 위임받은 자)에 의해 확인된 경우 인정)) - 장애인고용 우수기업 · 장애인고용율이 3%이상이고 장애인종업원이 6명 이상인 기업 · 장애인고용율이 1.5%이상이고 장애인종업원이 3명 이상인 기업	1.0 1.0 0.5
		D. 신규채용 우수기업 - 전년도 매월말 평균 고용보험 피보험자 수 대비 최근 3개월 평균 신규 고용보험 피보험자 수가5%이상 증가하고, 최근 3개월 평균 신규고용 증가인원이 6명 이상인 기업 - 전년도 매월말 평균 고용보험 피보험자 수 대비 최근 3개월 평균 신규 고용보험 피보험자 수가2.5%이상 증가하고, 최근 3개월 평균 신규고용 증가인원이 3명 이상인 기업	3.0 2.0
		E. 혁신형 중소기업 - 중소벤처기업부장관(또는 위임 받은 자)에 의해 혁신형(벤처, 기술혁신형, 경영혁신형, 우수그린비즈) 중소기업으로 지정(확인) 받은 자	1.5
		F. 산업통상자원부장관이 선정한 '세계일류상품인증기업'	0.5
		G. 중소벤처기업부장관이 지정한 '수출유망중소기업'	1.0
		H. 안전행정부장관이 확인해준 '비상대비 중점관리 대상업체'	0.5
		I. 여성가족부에서 지정한 가족친화 인증기업	0.5
		J. 고용노동부장관이 인증한 사회적 기업	0.5
		K. '중소기업인력지원특별법' 제18조의2에 따른 '인재육성형 중소기업'으로 지정받은 기업	1.0

			L. 수출우수기업 - 수출액 100만불 이상이면서 수출증가율 10% 이상 또는 수출액 10만불 이상이면서 수출증가율 30%이상 - 수출액 100만불 이상 또는 수출액 10만불 이상이면서 수출증가율 10%이상	0.2 0.1
			M. 중소벤처기업부장관이 선정한 '월드 클래스 300 기업'	1.0
			N. 개성공단 입주기업으로서 통일부장관(또는 위임을 받은 자)으로부터 기업등록증을 발급받는 자(2019년 12월 31일 이전 입찰공고에 한하여 적용)	3.0
			O. 정규직전환기업 - 고용노동부로부터 정규직 전환 지원사업 대상자로 승인을 받은 기업으로서, 입찰서 제출마감일 전일 기준 최근 1년 이내에 정규직 전환을 이행한 기업	2.0
			P.. 청년고용 우수기업 - 최근 3개월 평균 청년고용률이 10%이상이면서 최근 3개월 평균 청년종업원이 10인 이상인 기업 - 최근 3개월 평균 청년고용률이 5%이상이면서 최근 3개월 평균 청년종업원이 5인 이상인 기업	1.0 0.5
			Q.. 노동시간단축 조기도입기업 - 정부의 노동시간단축 일정보다 1년이상 앞당긴 기업	2.0
			R.. 재기기업 - 최근 3년이내 중소벤처기업부로부터 재창업 프로그램 지원받은 기업	3.0
			S. 사업전환계획 승인기업 - 최근 3년 이내 「중소기업 사업전환 촉진에 관한 특별법」 제8조에 따른 사업전환계획 승인을 받은 기업	1.0
			T. 스마트공장 수준확인 기업 - 중소벤처기업부장관이 지정한 기관으로부터 스마트공장 수준확인을 받은 기업으로서 - 스마트공장 수준(Level) 1~2 등급 - 스마트공장 수준(Level) 3 등급 - 스마트공장 수준(Level) 4~5 등급	 1.0 2.0 3.0
			U. 공공조달 상생협력 주관기업 - 중소벤처기업부 고시 「공공조달 상생협력 지원제도 운영요령」 제3조에 따라 지정을 받은 기업 중 "혁신성장과제" 및 "소재부품과제"에 선정된 주관기업	3.0
			V. 성과공유 우수기업 - 중소벤처기업부장관으로부터 "존경받는 기업인 상" 표창을 받은 기업	2.0
			W. 브랜드K 제품 보유기업 - 중소벤처기업부로부터 "브랜드K" 제품으로 선정을 받은 기업	1.0

[별표3-2] 계약이행성실도

(단위 : 점)

심사항목	평가요소	배점한도	등 급	평 점
가. 납품지연	지체일수	-2	A. 최근 6개월 이내에 조달청(또는 자체 공동전산망을 활용하여 정보를 공유하는 국가기관 및 소속기관)과의 계약이행과정에서 지체상금 부과를 받은 자 - 지체일수 75일 이상 - 지체일수 60일 이상 75일 미만 - 지체일수 45일 이상 60일 미만 - 지체일수 30일 이상 45일 미만 - 지체일수 15일 이상 30일 미만 - 지체일수 15일 미만 단, 여러 건의 지체상금이 중복 부과된 경우의 지체일수 계산은 합산한 기간으로 한다.	 -2.0 -1.75 -1.5 -1 -0.5 -0.25
나. 불공정 하도급 거래	하도급법 위반정도		A. 최근 1년이내에 공정거래위원장으로부터 하도급 상습법 위반자로 통보 받은 자	-2.0
다. 부정당업자 제재	부정당업자로 제재받은 총제재기간		A. 최근 2년 이내 부정당업자 제재 제재를 받은 자로서 부정당업자 제재기간 종료일이 입찰공고일로부터 2년 이내에 포함된 전체 부정당업자 제재 건의 총 제재기간에 따라 - 총제재기간이 1년 6개월 이상인 경우 - 총제재기간이 1년 이상~1년 6개월 미만인 경우 - 총제재기간이 6개월 이상~1년 미만인 경우 - 총제재기간이 6개월 미만인 경우	 -2.0 -1.5 -1.0 -0.5

※ [주]

① [별표 3-1] "가", "나" 심사항목의 평가는 다음 각 호에 따른다.

1. "가", "나" 심사항목의 각 인증서 평가는 입찰공고에서 정한 **계약목적물과 관련된 인증인 경우에 한하여 직접 인증을 받은 자**(권리취득자 포함, 특허, 디자인 등록평가는 전용실시권자도 포함)를 평가한다. 다만, 공동권리자의 경우에는 각각의 권리권자 모두를 해당배점으로 평가한다.
2. 제1호의 계약목적물과의 관련성은 해당 계약목적물에 직접 적용, 활용, 포함된 경우에 한하여 인정하며(다만, 이 경우 경미한 관련이 있는 경우에도 인정), 관련성에 대한 증빙은 계약이행능력심사 대상자의 책임으로 하고 필요시 관련기관 등이 확인한 자료의 제출을 요청할 수 있다.

3. "가", "나" 심사항목의 계약이행능력심사대상자가 **동일 심사항목 내의 해당 인증서를 2개 이상 보유한 경우에는 그 중 하나만 평가**한다. 이 경우 반드시 유효기간(최초 인증 후 사후관리 등을 통하여 계속 인증의 효력이 연장된 인증서인 경우 그 기간까지를 유효기간으로 본다) 내의 것으로 평가하고, 유효기간이 정해지지 않은 경우에는 입찰공고일 전일부터 기산하여 2년 이내에 인증 또는 마크를 받은 것에 한하여 평가한다.

4. "나" 심사항목의 "A. 특허, 디자인 등록"은 다음 각 목의 경우 평가하지 아니한다.

가. 전용실시권이 설정된 경우 전용실시권자가 아닌 특허권자

나. 통상실시권자

5. "나" 심사항목의 "B. KS, 단체표준" 인증은 관계기관(위임한 경우 포함)의 증명서류를 제출한 경우에 평가한다.

② [별표 3-1] "다" 심사항목의 평가는 다음 각 호에 따른다.

1. "A"의 경우 공동계약방식의 입찰로 입찰공고한 경우에 평가한다(단, 적격조합의 경우는 공동계약 방식의 입찰과 관계없이 공동수급체에 준하여 평가한다).

2. 지역업체출자(분담)비율의 평가는 납품현장 소재지 기준으로 공동수급체 구성원 내에 당해 납품현장이 속한 특별시・광역시・도에 본사를 둔 업체의 출자(분담)비율을 기준으로 하며, 단가계약〈제3자단가계약 포함〉과 납품현장이 3개소 이상인 총액계약의 경우에는 평가하지 아니한다.

3. "A"의 공동수급체 구성에 대하여는 공동수급체 각각 출자(분담) 비율, 소기업(소상공인 포함) 출자(분담)비율, 지역업체 출자(분담)비율은 중복하여 평가할 수 있다.

4. "A" 또는 "B"의 **소기업 또는 소상공인은 구매정보망에 등록된 정보를 기준으로 평가**하며(다만, 중소벤처기업부장관(위임한 경우 포함)이 확인해 준 유효기간내의 자료를 직접 제출하는 경우에도 인정한다), "A"의 소기업(소상공인 포함) 출자(분담)비율과 "B"는 중복하여 평가할 수 없다.

5. "B"의 **소기업 또는 소상공인은 제4조제1항제3호에 따른 고시금액 미만의 구매입찰의 경우에는 평가하지 아니한다.**

③ [별표 3-1] "라" 심사항목의 평가는 다음 각 호에 따른다.

1. **여성기업, 장애인기업, 기술혁신형기업, 경영혁신형기업, 벤처기업, 수출유망중소기업은 구매정보망에 등록된 정보를 기준으로 평가**한다. 다만, 중소벤처기업부장관(위임한 경우 포함)이 확인해 준 유효기간 내의 자료를 직접 제출하는 경우에도 인정한다.

2. "A"의 평가는 중소벤처기업부장관, 조달청장 또는 방위사업청장이 최근 2년 이내 선정한 업체를 평가한다.

3. "B"의 여성기업, 여성고용 우수기업, 남녀고용평등 우수기업은 중복하여 평가할 수 있고, "C"의 장애인기업, 장애인고용 우수기업도 중복하여 평가할 수 있다.

4. "B" 및 "C"의 **여성고용 우수기업 및 장애인고용 우수기업의 평가**는 **입찰공고일 전월을 기준**으로 하여 여성고용사실 또는 장애인 고용사실을 증명할 수 있는 서류(**고용보험법에 의한 고용보험가입 증빙서류, 국민건강의료보험 또는 국민연금 관련 증빙서류 포함**)에서 나온 "여성종업원수 및 여성종업원비율"(대표인 여성은 제외하여 산정) 또는 "장애인종업원수 및 장애인종업원비율"(대표인 장애인은 제외하여 산정) 자료로서 **최근 3개월 평균자료**를 제출받아서 한다(입찰공고일 전월 기준 최근 3개월 평균하여 요건을 충족하는 경우 평가)

5. "D"의 신규채용 우수기업의 평가는 다음 각 목에 따른다.

가. **전년도 및 최근 3개월**(**입찰공고일 전월 기준**)의 고용사실을 증명할 수 있는 서류(고용보험법에 의한 **고용보험가입 증빙서류, 국민건강의료보험 또는 국민연금 관련 증빙서류 포함**)에 따라 평가한다.

나. 해당기간 신규고용인원을 누적하여 계산한다(예: 8월 입찰공고건의 경우, 5월, 6월, 7월의 각 월별 누적신규고용인원을 산술평균하여 계산. 단, 3월 이전 입찰공고건의 경우에는 전년도 포함 최근 3개월 누적평균 자료로 계산).

다. 각 월별 신규고용인원은 월별 '신규채용자 수'– '퇴직자 수'로 계산한다.

(적용례) 6월 입찰공고건의 경우,

	3월	4월	5월
월별 신규고용인원	5	4	5
월별 누적신규고용인원	5	9	14

* 3월 신규고용인원은 2월말 고용인원을 기준으로 산정

** 최근 3개월 평균 신규고용인원 = (5+9+14)/3= 9.333333 = 10명

6. "B"의 여성고용, "C"의 장애인고용, "D"의 신규채용 평가에서 고용인원 계산결과의 소수점 처리는 소수점 첫째 자리에서 올림을 하고, 전년도 또는 최근 3개월 평균 자료가 없는 경우에는 평가에서 제외한다.
7. 동일인이 "B"의 여성고용, "C"의 장애인고용, "D"의 신규채용 중 복수의 해당등급 요건을 충족하는 경우에는 그 중 높은 평점 한 가지만 인정한다.
8. "A"의 조달업무 우수표창업체, "B"의 남녀고용평등우수기업, "F"의 세계일류상품생산기업, "H"의 비상대비 중점관리 대상업체, "I"의 가족친화 인증기업, "J"의 사회적기업은 주무부(처, 청) 등의 장(위임한 경우 포함)이 확인해 준 유효기간 내의 자료를 제출한 경우에 평가한다. 다만, 유효기간이 정해지지 아니한 경우에는 최근 2년 이내로 한하여 평가한다.
9. "L"의 **수출우수기업의 평가는 입찰공고일 기준으로 전전년도 및 전년도 수출실적을 증빙할 수 있는 서류**(「대외무역관리규정」에 따른 **수출실적 증명 발급기관이 발급한 수출실적 확인 및 증명서**)에 따라 평가한다. 이때 **수출실적은 계약목적물과 관련된 것으로 한정**하며 직접수출 및 간접수출도 인정한다.
10. "L"의 수출우수기업 신인도평가는 다음 적용례에 따른다.

수출우수기업 신인도 평가 적용례

① 수출우수기업 가점을 제외한 기타 신인도 점수(최대 3점)로 납품이행능력평가(납품실적, 기술능력, 경영상태) 배점한도 부족분을 보완

② 수출우수기업 가점을 납품이행능력평가 점수에 가산

< 평가 예시(고시금액 미만 입찰) >

구분		평가항목						평점
		경영상태 (30)	입찰가격 (70)	신인도(3)				
				기술인증	고용	장애인	수출우수	
사례 (1)	수출기업	26	58	1.5	3	-	1	88
	일반기업	26	58	1.5	3	1	-	87
사례 (2)	수출기업	28	58	1.5	2	-	1	89
	일반기업	28	58	1.5	2	1	-	88

11. O의 정규직전환기업 신인도 평가는 입찰서 제출 마감일 전일 기준 최근 1년 이내에 정규직전환을 이행한 경우에 평가하며, 정규직 전환 이행여부 확인은 고용노동부에서 발급된 정규직전환지원금처리통지서에 의하며 이행일자는 통지일자로 한다.

12. P의 청년고용 우수기업 평가는 입찰공고일 전월을 기준으로 하여 청년(15세~34세 이하인 사람) 고용사실을 증명할 수 있는 서류에 기재된 "청년종업원수(대표자는 고용인원 산정에서 제외) 및 청년 종업원 비율" 자료로서 **최근 3개월간의 자료를 제출받아 평가**한다.

(적용례) 12월 입찰공고건의 경우

구분	9월	10월	11월
월별 청년고용인원 (당해월 고용하고 있는 인원이며 신규고용인원이 아님)	8	11	15
월별 총 고용인원	100	104	102

* 최근 3개월 평균 청년 고용율 =

[(8+11+15)/(100+104+102)]=(34/306) = 0.1111 = 11.11%

** 최근 3개월 평균 청년 고용인원 = [8+11+15]/3 = 11.33333333..... = 12명

***청년 15세이상 34세 이하 적용 기준(2018년도 공고시) = 2018-14 = 2004, 2018-33=1985 따라서 1985년생부터 2004년생을 청년고용인원으로 산입

13. 노동시간단축 조기도입기업 평가 다음 각 목에 따른다.

가. 입찰공고일 전일 기준 정부의 기업규모별 노동시간단축 일정보다 1년이상 앞당긴 기업에 대해 평가한다.

나. 노동시간조기단축 여부는 고용노동부로부터 '조기단축 사업장 확인서'로 확인하며 도입일자는 확인서 발급일자로 한다.

다. 신인도 인정기간은 1년 이상 조기도입일부터 정부의 노동시간단축 일정 전일까지 한다.

(적용례) 종업원수가 50~299인 경우

* 조기도입으로 인한 신인도 가점부여 대상: '18.12.31.까지 노동시간 단축기업

** 신인도 가점부여기간 : 단축일부터 ~ '19.12.31.

14. R의 **재기기업 신인도 평가**는 **입찰공고일 전일 기준 중소벤처기업부로부터 최근 3년 이내 재창업 지원프로그램**(재창업자금, 재창업 R&D, 재도전성공패키지) 지원받은 기업을 대상으로 한다.

15. "S"의 사업전환계획 승인기업의 신인도 인정기간은 사업전환계획 승인통보서 상의 통보일로부터 3년간으로 한다. 단, 해당 입찰 건이 사업전환 계획 승인 업종과 동일한 경우에 한한다.

16. "T"의 스마트공장 수준확인 기업은 중소벤처기업부장관이 지정한 기관으로부터 스마트공장 수준확인을 받은 경우에 평가한다.

17. “U”의 공공조달 상생협력 주관기업은 중소벤처기업부가 지정한 기관(중소기업유통센터)으로부터 평가를 받아 선정된 경우에 한한다. 신인도 인정기간은 선정된 날로부터 상생협력이 중단되지 않고 유효한 3년으로 한다.
18. “V”의 존경받는 기업인 상은 중소벤처기업부장관으로부터 표창을 받은 기업으로, 신인도 인정 기간은 발급일로부터 최대 2년으로 한다.
19. “W”의 브랜드K는 중소벤처기업부가 선정한 제품을 보유한 기업으로, 인증서 평가는 입찰공고에서 정한 계약목적물과 관련된 브랜드K 인증 제품인 경우에 한하며, 신인도 인정 기간은 중소벤처기업부장관(위임한 경우 포함)이 확인해 준 인증서 상의 유효기간 내로 한다.

④ [별표 3-2] 계약이행성실도 “가”항의 납품지연에 따른 평가는 **입찰공고일 기준으로 최근 6개월 이내에 지체상금을 부과 받은 자를 감점**하는 것으로, 지체일수 산정은 **물품대금 지급(종결)일자를 기준으로 하되 매회 종결건별로 합산한 기간**으로 한다(단가계약의 경우에는 매회 납품 요구 건에 대한 지체상금 부과일자를 기준으로 평가한다). 조달청 이외의 기관은 해당기관과의 계약이행과정에서 지체상금을 부과 받은 자로 한다.

⑤ [별표 3-2] “다” 심사항목의 부정당업자 제재는 **부정당업자 제재기간 종료일이 입찰공고일로부터 2년 이내에 포함된 전체 부정당업자 제재 건의 총 제재기간에 따라 해당 배점으로 평가**한다. 이 경우 총 제재기간은 제재 받은 기간의 종료일이 입찰공고일로부터 2년 이내에 있는 부정당업자 제재 건의 전체 기간을 합산한다.

〈적용례〉 입찰공고일이 '10.10.9일 입찰 건에 대하여 해당 계약이행능력심사대상자가 '07.11.20.부터 12개월간 부정당업자 제재를 받고, '09.5.20.일부터 3개월간 부정당업자 제재를 받은 경우 부정당업자 제재기간 종료일이 입찰공고일로부터 2년 이내에 2건이 존재하므로 전체 제재기간을 합산하여 총제재기간은 15개월, 평점은 -1.5점으로 평가한다.

[별지 제1호]

계 약 이 행 능 력 심 사 신 청 서

○ 구 매 관 리 번 호 :
○ 심 사 대 상 물 품 :
○ 수 요 기 관 :
○ 입 찰 일 시 :

위 건 물품 제조·구매입찰의 계약이행능력 심사와 관련하여 이행능력심사 자기평가 및 심사표와 제증빙 자료를 신의 성실의 원칙에 입각하여 붙임과 같이 작성 제출하며, 만일 제출한 서류가 허위 또는 부정한 방법으로 작성된 사실이 확인될 경우에는 이행능력심사 기준, 기획재정부의 회계예규 및 국가를 당사자로 하는 계약에 관한 법령 등에 따라 처리하여도 아무런 이의를 제기하지 않겠음을 확약합니다.

200 . . .

심사대상 입찰자 주소 :
업 체 명 :
대 표 자 : (인) 또는 (서명)

붙임 1. 이행능력심사 자기평가 및 심사표 1부
2. 항목별 평점세부내역 1부
3. 물품납품(판매)실적증명원 또는 물품납품(판매)실적확인서 각 1부
4. 신용평가등급 확인서 1부(구매정보망에서 확인 가능한 경우 제출 생략)
5. 기타 첨부서류 (신인도 평가관련 증빙자료 등)

귀하

접 수 증

1. 구매관리번호 : 3. 수요기관 :
2. 심사대상물품 : 4. 제 출 자 :
5. 붙임 서류 확인
1) 2)
3) 4)

위 건 물품 제조·구매입찰 계약이행능력심사 신청서 및 관련서류를 접수하였음을 확인합니다.

200 . . .

(인)

[별지 제2호] (모든 입찰 공통)

이행능력심사 자기평가 및 심사표

1. 심사대상물품

구매관리번호	
입 찰 일 시	
품 명	
수 량	
입 찰 금 액	
추 정 가 격	

2. 심사대상입찰자

업 체 명	(전화)
대 표 자	
업태구분	제조( ), 공급( ), 기타( )

3. 회사를 대표하는 연락책임자 인적사항

담당부서	
직 위	
성 명	
연 락 처	(Fax)

4. 종합평가

(1) 제4조 제1항 제1호에서 정한 입찰

(단위 : 점)

구 분		배점한도	자기평점	심사평점
계		100		
납품실적		5		
기술능력		10		
경영상태		30		
입찰가격		55		
신인도	수출우수기업을 제외한 평가	+3 ~ -2		
	수출우수기업평가	0.2		
결격사유		-30		

* 항목별 평점 세부내역(별지 제2-1호)

(2) 제4조 제1항 제2호에서 정한 입찰

(단위 : 점)

구 분		배점한도	자기평점	심사평점
계		100		
납품실적		5		
기술능력		5		
경영상태		30		
입찰가격		60		
신인도	수출우수기업을 제외한 평가	+3 ~ -2		
	수출우수기업평가	0.2		
결격사유		-30		

* 항목별 평점 세부내역(별지 제2-2호)

(3) 제4조 제1항 제3호에서 정한 입찰

(단위 : 점)

구 분		배점한도	자기평점	심사평점
계		100		
경영상태		30		
입찰가격		70		
신인도	수출우수기업을 제외한 평가	+3~−2		
	수출우수기업 평가	0.2		
결격사유		-30		

* 항목별 평점 세부내역(별지 제2-3호)

[별지 제2-1호]

항목별 평점 세부내역

(제4조 제1항 제1호)

종합평점	(　　)점
평가대상업종	

Ⅰ. 해당물품 납품능력 : (　　)점

1. 납품실적 : (　　)점

가. 최근 5년 이내(창업기업은 7년 이내) 납품실적(계약목적물과 동등이상물품)(부가가치세 제외)

납품실적(a)	추정가격(b)	계산 : (a/b)x100	등급	평점

또는

납품수량(a)	입찰수량(b)	계산 : (a/b)x100	등급	평점

나. 최근 5년 이내(창업기업은 7년 이내) 납품실적(계약목적물과 유사물품)(부가가치세 제외)

납품실적(a)	추정가격(b)	계산 : (a/b)x100	등급	평점

또는

납품수량(a)	입찰수량(b)	계산 : (a/b)x100	등급	평점

2. 기술능력 : (　　)점

가. 기술등급 : (　　)점 ("등급표시")

3. 경영상태 : (　　)점

가. 신용평가등급 : ("등급표시")

Ⅱ. 입찰가격 : (　　)점

입찰가격(a)	예정가격(b)	계산 : 55-4x │(91/100-a/b)x100│	평점

* 입찰가격이 예정가격 이하로서 예정가격의 100분의 94 이상인 경우의 평점은 43점으로 평가한다.

* 단, 입찰가격에 대한 평가는 조달청(또는 구매기관)에서 작성한다.

Ⅲ. 신인도 : (　　)점

심사항목	평가요소	배점한도	등급내용	평점

* 라. 기타항목의 수출우수기업 평가는 점수 부여 여부와 관계없이 별도로 기재하여야 함

[별지 제2-2호]

항목별 평점 세부내역

(제4조 제1항 제2호)

종합평점	(　　)점
평가대상업종	

Ⅰ. 해당물품 납품능력 : (　　)점

1. 납품실적 : (　　)점

가. 최근 5년 이내(창업기업은 7년 이내) 납품실적(계약목적물과 동등이상물품)(부가가치세 제외)

납품실적(a)	추정가격(b)	계산 : (a/b)x100	등급	평점

또는

납품수량(a)	입찰수량(b)	계산 : (a/b)x100	등급	평점

나. 최근 5년 이내(창업기업은 7년 이내) 납품실적(계약목적물과 유사물품)(부가가치세 제외)

납품실적(a)	추정가격(b)	계산 : (a/b)x100	등급	평점

또는

납품수량(a)	입찰수량(b)	계산 : (a/b)x100	등급	평점

2. 기술능력 : (　　)점

가. 기술등급 : (　　)점 (“등급표시”)

3. 경영상태 : (　　)점

가. 신용평가등급 : (“등급표시”)

Ⅱ. 입찰가격 : (　　)점

입찰가격(a)	예정가격(b)	계산 : 60-4x ∣(91/100-a/b)x100∣	평점

* 입찰가격이 예정가격 이하로서 예정가격의 100분의 94 이상인 경우의 평점은 48점으로 평가한다.

* 단, 입찰가격에 대한 평가는 조달청(또는 구매기관)에서 작성한다.

Ⅲ. 신인도 : (　　)점

심사항목	평가요소	배점한도	등급내용	평점

* 라. 기타항목의 수출우수기업 평가는 점수 부여 여부와 관계없이 별도로 기재하여야 함

[별지 제2-3호]

항목별 평점 세부내역

(제4조 제1항 제3호)

종합평점	(　　)점
평가대상업종	

Ⅰ. 해당물품 납품능력 : (　　)점

1. 경영상태 : (　　)점

가. 신용평가등급 : (“등급표시”)

Ⅱ. 입찰가격 : (　　)점

입찰가격(a)	예정가격(b)	계산 : 70-4x ∣(91/100-a/b)x100∣	평점

* 입찰가격이 예정가격 이하로서 예정가격의 100분의 94 이상인 경우의 평점은 58점으로 평가한다.

* 단, 입찰가격에 대한 평가는 조달청(또는 구매기관)에서 작성한다.

Ⅲ. 신인도 : (　　)점

심사항목	평가요소	배점한도	등급내용	평점

* 라. 기타항목의 수출우수기업 평가는 점수 부여 여부와 관계없이 별도로 기재하여야 함

[별지 제3호]

물품납품 실적증명원

<table>
<tr><td rowspan="6">신 청 인</td><td colspan="2">업 체 명</td><td colspan="3"></td><td colspan="2">대 표 자</td><td></td></tr>
<tr><td colspan="2">사업장소재지</td><td colspan="3"></td><td colspan="2">전 화 번 호</td><td></td></tr>
<tr><td colspan="2">사업자등록번호</td><td colspan="3"></td><td colspan="2">제 출 처</td><td></td></tr>
<tr><td colspan="2">용 도</td><td colspan="6">물품 제조·구매입찰의 낙찰자 결정을 위한 이행능력심사 신청용</td></tr>
<tr><td colspan="2">업 태 구 분</td><td colspan="6">제 조 ( ), 공 급 ( ), 기 타 ( )</td></tr>
<tr><td colspan="2">공급자실적일 경우</td><td colspan="6">제조업체명 : (전화번호 :)
주 소 : (fax번호 :)</td></tr>
<tr><td colspan="9">계 약 및 납 품 내 용</td></tr>
<tr><td rowspan="2">구 분</td><td rowspan="2">품명 및 규격</td><td rowspan="2">단 위</td><td colspan="3">계 약 내 용</td><td colspan="3">납 품 내 용</td></tr>
<tr><td>계약번호
(계약일자)</td><td>수 량</td><td>금 액</td><td>납품요구번호
(납품일자)</td><td>수 량</td><td>금 액</td></tr>
<tr><td>계약목적물과
동등이상물품</td><td></td><td></td><td></td><td></td><td></td><td></td><td></td><td></td></tr>
<tr><td>계약목적물과
유사물품</td><td></td><td></td><td></td><td></td><td></td><td></td><td></td><td></td></tr>
<tr><td>품명 및 상세 규격보충설명</td><td colspan="8"></td></tr>
<tr><td rowspan="4">증 명 원
발 급</td><td colspan="8">위의 사실을 증명합니다.

년 월 일</td></tr>
<tr><td colspan="8">기 관 명 : (인) (전화번호 :)</td></tr>
<tr><td colspan="8">주 소 : (Fax번호 :)</td></tr>
<tr><td colspan="5">담당부서 :</td><td colspan="3">담당자 :</td></tr>
</table>

※ 【주】 ①민간거래실적은 계약서, 세금계산서, 거래명세표 등 증빙자료를 첨부하여야 하며, 특히 필요한 경우 공급받는 자의 인감증명(법인 또는 개인)을 첨부한 거래사실 확인서를 제출하게 할 수 있다.

② 납품실적은 입찰공고에서 명시한 성능, 품질 등의 조건에 부합된 경우에 한하며 "규격"난에는 동 납품 물품에 대한 규격 내용을 구체적으로 명시하여야 하며, 공급자 실적은 중소기업협동조합과의 계약에 의한 실적에 한한다.

③ 납품금액란은 기재 후 투명 접착테이프를 붙여 증명을 받아야 한다.

④ 조달청(또는 당해 구매기관)과 계약·납품한 실적은 본 증명원 대신 [별지 제4호] "물품납품(판매)실적확인서"로 대체한다.

[별지 제4호]

물품납품 실적확인서

<table>
<tr><td>업 체 명</td><td colspan="3"></td><td colspan="2">대 표 자</td><td colspan="3"></td></tr>
<tr><td>사업장 소재지</td><td colspan="3"></td><td colspan="2">전 화 번 호</td><td colspan="3"></td></tr>
<tr><td>사 업 자 번 호</td><td colspan="3"></td><td colspan="2">제 출 처</td><td colspan="3"></td></tr>
<tr><td>용 도</td><td colspan="8">물품 제조 · 구매입찰의 낙찰자 결정을 위한 이행능력심사 신청용</td></tr>
<tr><td>업 태 구 분</td><td colspan="8">제 조 (　　), 공 급 (　　), 기 타 (　　)</td></tr>
<tr><td colspan="9">계 약 및 납 품 내 용</td></tr>
<tr><td rowspan="2">구 분</td><td rowspan="2">품명 및 규격</td><td rowspan="2">단 위</td><td colspan="3">계 약 내 용</td><td colspan="3">납 품 내 용</td></tr>
<tr><td>계약번호
(계약일자)</td><td>수 량</td><td>금 액</td><td>납품요구번호
(납품일자)</td><td>수 량</td><td>금 액</td></tr>
<tr><td>계약목적물과
동등이상물품</td><td></td><td></td><td></td><td></td><td></td><td></td><td></td><td></td></tr>
<tr><td>계약목적물과
유사물품</td><td></td><td></td><td></td><td></td><td></td><td></td><td></td><td></td></tr>
<tr><td>품명 및 상세
규격보충설명</td><td colspan="8"></td></tr>
<tr><td colspan="9">상기 기술내용이 틀림이 없음을 확인함.

200 년 월 일

(업체명 및 대표자) (인)</td></tr>
<tr><td>구매기관 확인자</td><td>담당 부서</td><td colspan="2"></td><td>성 명</td><td colspan="4">(인)</td></tr>
</table>

[별지 제5호]

제 출 서 류 목 록 표

심사분야	연번	내 용	발 급 기 관 (확 인 기 관)	비 고
총괄	1	이행능력심사신청서	신청자	[별지 제1호] 참조
	2	이행능력심사 자기평가 및 심사표	-〃-	[별지 제2호] 참조
		- 항목별 평점 세부내역	-〃-	[별지 제2-1, 제2-2호] 참조
납품실적	3	물품납품(판매)실적증명원 또는 물품납품(판매) 실적확인서	납품받은 기관(수요기관) 또는 조달청	[별지 제3호, 제4호] 참조
기술능력	4	기술 · 기능분야 자격증 고용보험가입 증명서류, 공장(사업자)등록증명원 등	관계기관 등	
경영상태	5	신용평가등급 확인서	해당 신용정보업자	(구매정보망에서 확인가능한 경우 제출생략)
신인도	6	기술 및 디자인 인증 보유	관계기관 등	
	7	품질보증	관계기관 등	
	8	환경관리	환경부 등	
	9	사후관리(A/S)	심사대상자, 관계기관	
	10	기타(소기업 · 소상공인, 여성기업, 장애인고용기업 지원 등)	노동부, 조달청, 중소벤처기업부 등 관계기관, 심사대상자,	(구매정보망에서 확인가능한 경우 제출생략)

※ 【주】 ① 연번 4, 6, 7, 8, 9, 10의 증명 또는 등록증 등은 사본을 제출하는 경우 원본을 제시하여야 하며, 동 사본에는 "사실과 다름이 없음"을 대표자가 확인 · 날인하여야 한다.

8-2). 직접 해보는 계약이행능력심사

<사례 분석>

1. 전제조건

사업명	입찰공고일	예산액	업체명	입찰가격	예정가격	결격사유
○○ 제조설치	'20.3.21.	480,000,000원	주식회사 ○○(중기업)	409,000,000원	463,843,972원	해당없음

2. 평가순서

심사기준 파악 → 계약이행능력심사평가신청서 등 확인 → 당해물품 납품이행능력 평가 → 입찰가격 평가 → 신인도 및 결격사유 평가 → 총점계산

3. 평가항목 정리(별표 2)

구분	심사분야	심사항목	평가기준	배점한도
Ⅰ. 당해물품 납품이행 능 력	납품실적	가. 계약목적물과 동등이상 물품 나. 계약목적물과 유사물품	가. 계약목적물과 동등이상 물품(중기업) A. 100%이상 : 5, B. 70%이상~100%미만 : 4 C. 50%이상~70%미만 : 3, D. 20%이상~50%미만 : 2 등	5
	기술능력	가. 기술평가등급	T1 : 5점, T2 : 4.9점, T3 : 4.8점, T4 : 4.7점 등	5
	경영상태	가. 신용평가등급	A-이상 : 30점, BBB+ : 29.8점 BBB0 : 29.6점 등	30
	소계			40
Ⅱ. 입찰가격	-	60-4|(0.91-입찰가격/예정가격)×100|		60
Ⅲ. 신인도	품질관리 등 신뢰정도	가. 고도인증 나. 녹색 · 일반인증 다. 영세기업 지원 라. 기타(여성기업, 장애인기업 및 장애인고용우수기업 지원 등)		+3 ~ -2
	계약이행 성실도	가. 납품지연 나. 불공정 하도급거래 다. 부정당업자 제재		
Ⅳ. 결격사유	당해물품 납품이행능력 결격여부	가 .부도 또는 파산상태로 당해 계약이행이 어렵다고 판단되는 경우 (단, 법정관리 · 화의인가 결정 등 법원의 정상화 판결을 받은 경우는 제외)		-30
합계			-	100

Ⅰ. 심사기준 파악

입 찰 공 고

1. 본 입찰은 전자입찰/전자계약 및 청렴계약제 대상사업입니다.

2. 입찰에 부치는 사항
   - 가. 건 명 : ○○ 제조설치
   - 나. 기초예비가격공개 : '20. 3. 27.
   - 다. 등록마감 일시 : '20. 3. 28. 11:00
   - 라. 투찰마감 일시 : '20. 3. 29. 10:30
   - 마. 개찰일시 : '20. 3. 29. 11 00
   - 바. 납기 : 계약일 ~ '20. 12. 26
   - 사. 계약종류 / 낙찰자결정방법 : 총액계약 / 계약이행능력심사
   - 아. 예산액(제비용 및 부가세 포함) : 480,000,000원
   - 자. 이행능력심사 서류접수 마감일시 : '20. 4. 3. 16:00한

3. 입찰참가자격 / 제한
   - 가. 국가를 당사자로 하는 계약에 관한 법률(이하 '국가계약법'이라함) 시행령 제12조 및 동시행규칙 제14조에 의한 유자격업체로서 아래 조건을 모두 충족하는 업체
     - 1) 중소기업제품 구매촉진 및 판로지원에 관한 법률(이하 "판로지원법" 이라함) 시행령 제9조에 따른 요건을 갖춘 중소기업으로 "중소기업자간 경쟁제품 지정내역 공고" 의거 중소벤처기업부장관으로부터 대상품목을 "세부품명번호 000" 대하여 직접생산 확인을 받은 업체
     - 2) ○○법에 의한 ○○제조업을 등록한 업체에 한합니다.

8. 낙찰자 결정에 필요한 사항
   - 가. 계약이행능력심사는 "중소기업자간 경쟁제품 중 물품의 구매에 관한 계약이행능력심사 세부기준(중소벤처기업부 고시)"에 의하며, 평가기준은 "추정가격이 10억 미만으로 고시금액 이상인 중소기업자간 경쟁물품 구매입찰" 세부 심사기준을 적용합니다.
   - 나. 심사에 따른 평가기준일은 입찰공고일로 합니다. 다만, 본 공고 건이 재공고 시에는 재공고일, 정정공고 시에는 최초 입찰공고일, 결격여부는 낙찰자 결정일을 평가기준일로 합니다.
   - 다. 계약이행능력심사 평가기준
     - 납품실적(5점) : 금액으로 평가
       - 동등이상 물품: 00 제조 실적
       - 유사 물품: △△ 제조 실적
     - 기술능력(5점) : 기술평가 등급으로 평가
     - 경영상태(30점) : 신용평가 등급으로 평가
     - 입찰가격(60점) : 평점산식으로 평가
   - 라. 심사서류 제출
     - 1) 심사 대상자 선정 여부는 국방전자조달시스템을 통하여 반드시 확인하시기 바랍니다.
     - 2) 마감일시까지 서류가 제출되지 않을 경우 추가제출 기회를 부여하지 않으며, 부정 또는 허위로 작성된 서류를 제출한 자는 국가계약법 제27조 및 동법 시행령 제76조의 규정에 따라 입찰참가 자격 제한조치를 받습니다.
   - 마. 계약이행능력심사 결과 종합평점이 88점 이상으로서 최저가격으로 입찰한 자를 낙찰자로 결정합니다.

[주 내용]
00 제조설치 사업의 입찰공고 예시문이다. 공고문 상 해당사업의 예산, 일정과 낙찰자결정방법(이행능력심사 등)을 명시하여 기본정보를 제공한다.

[보조 내용]
계약이행능력심사 평가기준에서 동등 및 유사 실적 인정기준과 기술능력 상에서 유효하게 인정하는 자격증 범주를 정하고 있다.

Ⅱ. 계약이행능력심사신청서, 자기평가 및 심사표 확인

[별지 제1호]

계 약 이 행 능 력 심 사 신 청 서

○ 구매 관리 번호 : 0000-0000
○ 심사 대상 물품 : ○○ 제조설치
○ 수 요 기 관 : ○○ 부대
○ 입 찰 일 시 : '20-3-21 11:00

위 건 물품 제조·구매입찰의 계약이행능력 심사와 관련하여 이행능력심사 자기평가 및 심사표와 제증빙 자료를 신의성실의 원칙에 입각하여 붙임과 같이 작성 제출하며, 만일 제출한 서류가 허위 또는 부정한 방법으로 작성된 사실이 확인될 경우에는 이행능력심사기준, 기획재정부의 회계예규 및 국가를 당사자로 하는 계약에 관한 법령 등에 따라 처리하여도 아무런 이의를 제기하지 않겠음을 확약합니다.

2020 년 4 월 3 일

심사대상 입찰자 주소 : 서울특별시 용산구 00번지
업 체 명 : 주식회사 ○○
대 표 자 : ○○○

붙 임 : 제출서류 목록 및 관련서류 1부.

○○단 귀하

---------- 접 수 증 ----------

1. 구매관리번호 : 0000-0000　　3. 수 요 기 관 : ○○ 제조
2. 심사대상물품 : ○○ 제조설치　　4. 제 출 자 : ○○○

위 건 물품 제조·구매입찰 계약이행능력심사 신청서 및 관련서류를 접수하였음을 확인합니다.

2020 년 4 월 3 일

○○단

[별지 제2호] (모든 입찰 공통)

이행능력심사 자기평가 및 심사표

1. 심사대상물품

구매관리번호	0000-0000
입찰일시	'20.03.21
품 명	○○
수 량	00
입찰금액	409,000,000
추정가격	

2. 심사대상 입찰자

업체명	주식회사 ○○ (전화) 000-0000
대표자	○○○
업종구분	제조(○), 공급( ), 기타( )

3. 회사를 대표하는 연락책임자 인적사항

담당부서	○○○
직 위	대표이사
성 명	○○○
전화번호	(FAX)000-0000

4. 종합평가(예시)

(단위 : 점)

구 분	배점한도	자기평점	심사평점	비 고
계	100	88.72	-	
납 품 실 적	5	5		
기 술 능 력	5	4.8		
경 영 상 태	30	29.6		
입 찰 가 격	60	48.72		
신 인 도	+3 ~ -2	1.5		
결 격 사 유	-30			

[주 내용]

이행능력심사 시 이행능력심사 신청서와 자기평가 및 심사표를 제출하여야 한다.

계약이행능력심사 신청서의 경우 사업과 관련된 기본 정보와 업체의 기본정보를 적시한다.

이행능력심사 자기평가 및 심사표의 경우 업체 및 담당자의 정보를 적시하고 업체가 직접 평가한 점수를 적시한다. 이는 업체가 자가 평가한 사항으로서 실제 점수와는 다를 수 있다.

Ⅲ. 납품이행능력평가(1) - 실적평가

납품실적증명원

신청인	업체명	주식회사 00			대 표 자	○○○	
	영업소재지	서울특별시 용산구 00번지			전 화 번 호	000-0000	
	사업자번호	000-00-0000			FAX 번호	000-0000	
	증명서용도	적격심사신청용			제 출 처	재정관리단	
	사업의종류	제조 (○), 구매 ( )					
계약 및 납품내용	품 명	○○ 제조		실적구분	계약목적물과 동등이상물품(○) 계약목적물과 유사물품( )		
	규 격	해당사업 규격과 동일					
	계 약 일 자	납품일자	단위	수량	납품금액 (단위 : 천원)	비 고	
	2018.1.19.	2018.12.29	-	-	400,000천원		
증명서 발급기관(회사)	위 사실을 증명함. 2020 년 3 월 30 일						
	기관(회사)명 ○○○ (인)				(전화번호 : 000-0000)		
	주 소 ○○				(FAX번호 : 000-0000)		
	발 급 부 서: ○○부				담당자 : ○○○		

※ 【주】

① 민간거래실적은 세금계산서, 계약서, 거래명세표 등 증빙자료를 첨부하여야 함.

② 실적평가는 입찰공고시에 제시한 성능, 품질 등의 조건에 부합되는 실적에 한하여 "규격"난에 동 납품규격 내용을 구체적으로 명시하여야 하고, 공동계약으로 이행하였을 경우 비율과 이행실적을 기재하여야 함.

③ "계약 및 납품내용"란은 기재후 투명접착테이프를 붙여 증명을 받아야 함.

납품실적증명원

신청인	업체명	주식회사 ○○			대 표 자	○○○	
	영업소재지	서울특별시 용산구 00번지			전 화 번 호	000-0000	
	사업자번호	000-00-0000			FAX 번호	000-0000	
	증명서용도	적격심사신청용			제 출 처	재정관리단	
	사업의종류	제조 (○), 구매 ( )					
계약 및 납품내용	품 명	○○ 제조		실적구분	계약목적물과 동등이상물품(0) 계약목적물과 유사물품( )		
	규 격	해당사업 규격과 동일					
	계 약 일 자	납품일자	단위	수량	납품금액 (단위 : 천원)	비 고	
	2016.4.29.	2016.12.31	-	-	200,000천원		
증명서 발급기관(회사)	위 사실을 증명함. 2020 년 3 월 30 일						
	기관(회사)명 ○○○ (인)				(전화번호 : 000-0000)		
	주 소 ○○				(FAX번호 : 000-0000)		
	발 급 부 서: ○○부				담당자 : ○○○		

※ 【주】

① 민간거래실적은 세금계산서, 계약서, 거래명세표 등 증빙자료를 첨부하여야 함.

② 실적평가는 입찰공고시에 제시한 성능, 품질 등의 조건에 부합되는 실적에 한하여 "규격"난에 동 납품규격 내용을 구체적으로 명시하여야 하고, 공동계약으로 이행하였을 경우 비율과 이행실적을 기재하여야 함.

③ "계약 및 납품내용"란은 기재후 투명접착테이프를 붙여 증명을 받아야 함.

[주 내용]

납품이행능력은 최근5년 이내 실적을 모두 합산하여 평가한다. 동등실적은 동등끼리, 유사실적은 유사끼리 점수를 산정하여 합산하면 된다.

납품실적증명원에는 발급부서의 직인 등이 반드시 있어야한다.

● 사례적용

업체가 제출한 실적은 모두 동등이상이며, 납품실적증명서에 적시된 납품일자는 각각 '18.12.29., '16.12.31로 최근 5년 이내에 해당한다.

납품금액은 총 600,000,000원으로

$$\frac{600,000,000/1.1}{480,000,000/1.1} = 125\%$$

100%이상이다.

☞ 실적 : 5점

Ⅳ. 납품이행능력평가(2) - 기술능력 및 경영상태평가

기술평가등급 확인서

㈜○○ 귀중

귀사의 의뢰에 따라 산출된 기술평가등급을 아래와 같이 확인해드립니다.

회사명	주식회사 ○○	기술평가등급
대표자	○○○	
법인등록번호	000000-0000000	T-3
사업자등록번호	000-00-00000	
주소	서울시 용산구 00번지	
평가대상기술산업분류	[C0000]○○제조업	
등급평가일	2019.08.31.	
등급유효기간	2020.08.30.	
제출처	○○기관 제출용	

유의사항

..(중략)..

본 보고서는 은행 여신용 기술평가등급으로 사용할 수 없습니다. 은행 기술평가등급과 적격심사 및 공공기관 제출용 기술평가 등급은 일치하지 않을 수 있습니다.

○○ 평가정보 주식회사

신용평가등급 확인서

㈜○○ 귀중

귀사의 의뢰에 따라 작성된 신용평가등급을 아래와 같이 통보합니다.

회사명	주식회사 ○○	기업신용평가등급
대표자	○○○	
법인등록번호	000000-0000000	BBB0
사업자등록번호	000-00-00000	
주소	서울시 용산구 00번지	
재무결산기준일	2018.12.31	
등급평가일	2019.06.01.	
등급유효기간	2020.05.31.	
제출처	○○기관 제출용	

유의사항

..(중략)..

본 신용평가등급 확인서는 조달청 및 공공기관 제출 목적으로 사용이 가능합니다.

○○ 신용평가정보 주식회사

[주 내용]

기술평가등급 및 신용평가등급 확인서는 유효한 평가업체에서 발급받아야하며 등급평가일, 등급유효기간, 평가등급을 확인하여야 한다. 또한, 공공기관 제출용인지 확인해야 한다.

● 사례적용

기술평가등급확인서의 유효기간은 입찰공고일을 포함하고 있어 유효하며, 등급이 T3이므로 4.8점이다.

☞ 기술능력 : 4.8점

신용평가등급확인서의 유효기간은 입찰공고일을 포함하고 있어 유효하며, 등급이 BBB0이므로 29.6점이다.

☞ 경영상태 : 29.6점

V. 입찰가격, 신인도 및 결격사유

경영혁신형 중소기업(MAIN-BIZ) 확인서

업체명 : 주식회사 ○○
대표자명 : ○○○
주소 : 서울시 용산구 00번지
유효기간 : 19.01.24 ~ 22.01.23

위 업체는 경영혁신형 중소기업 발굴 육성사업에 의해 선정된 경영혁신형 중소기업(MAIN-BIZ)임을 확인합니다.

중소벤처기업부 장관 (인)

사 업 자 등 록 증

(법인사업자)
등록번호 : 000-00-00000

법인명(단체명) : 주식회사 ○○
대 표 자 : ○○○

개 업 연 월 일 : 2005년 1월 12일 법인등록번호 : 000000-0000000
사업장 소재지 : 서울특별시 용산구 00번지
본 점 소 재 지 : 서울특별시 용산구 00번지
사 업 의 종 류 : 업태 제조업 종목 ○○

발 급 사 유 : 정정

사업자 단위 과세 적용사업자 여부 : 여( ) 부(V)
전자세금계산서 전용 전자우편주소 : 00000@hometax.go.kr

2010년 1월 10일

○ ○ 세 무 서 장

[주 내용]
입찰가격 평가 시 투찰률은 소수 다섯째자리에서 반올림하여야 한다는 점에 유의하여야 한다. 신인도는 업체가 제출한 인증서 등을 통하여 확인한다.

● 사례적용

입찰가격 : 409,000,000원
예정가격 : 463,843,972원 이므로

⇨ 투찰률 : $\frac{409,000,000}{463,843,972}$ = 0.8818(반올림)

⇨ 입찰가격 평점 :

$$60 - 4 \times \left| \left(\frac{91}{100} - \frac{88.18}{100} \right) \times 100 \right| = 48.72$$

☞ 입찰가격 : 48.72점

업체는 경영혁신형 중소기업 확인서를 보유하고 있다.(감점은 없다고 가정)
☞ 신인도 : 1.5점

☞ 결격사유는 없다고 가정

Ⅵ. 계약이행능력심사결과 산정

구분	심사분야	심사항목	배점한도	평가기준	평가	점수
Ⅰ. 당해물품 납품이행 능력	납품실적	가. 계약목적물과 동등이상 물품 나. 계약목적물과 유사물품	5	가. 계약목적물과 동등이상 물품(중기업) A. 100%이상 : 5, B. 70%이상~100%미만 : 4 C. 50%이상~70%미만 : 3, D. 20%이상~50%미만 : 2 E. 5%이상~20%미만 : 1	계약목적물과 동등이상 물품 125%로서 A등급 10점	5
	기술능력	가. 기술평가등급	5	T1이상 : 5점, T2 : 4.9점 T3 : 4.8점 T4 : 4.7점, T5 : 4.6점 T6 : 4.5점 등	기술평가등급 T3이므로 4.8점	4.8
	경영상태	가. 신용평가등급	30	A-이상 : 30점, BBB+ : 29.8점 BBB0 : 29.6점 BBB- : 29.4점, BB+,BB0 : 29.2점 BB- : 29점 등	신용평가등급 BBB0이므로 29.6점	29.6
	소계		40			39.4
Ⅱ. 입찰가격	-	60-4|(0.91-입찰가격/예정가격)×100|	60			48.72
Ⅲ. 신인도	품질관리 등 신뢰정도	가. 고도인증 나. 녹색 · 일반인증 다. 영세기업 지원 라. 기타(여성기업, 장애인기업 등)	+3 ~ -2		혁신형 중소기업	1.5
	계약이행 성실도	가. 납품지연 나. 불공정 하도급거래 다. 부정당업자 제재				
Ⅳ. 결격사유	당해물품 납품이행 능력 결격여부	가 .부도 또는 파산상태로 당해 계약이행이 어렵다고 판단되는 경우 (단, 법정관리 · 화의인가 결정 등 법원의 정상화 판결을 받은 경우는 제외)	-30			
합계			100		-	88.72

⇨ 신인도 가점은 당해물품 납품이행능력 배점한도에 미달되는 점수만큼만 적용되므로, **0.6점만 가점**된다.

⇨ 주식회사 ○○의 **총점은 88.72점**(88.12+0.6)으로 적격심사 통과점수(88점) 이상이므로 **적격**하다.

■ 저자 소개

장현석
서울대학교 졸업
2011년 5급 공개경쟁채용시험(재경) 합격
공군 대위 전역(학사장교)
(전) 국군재정관리단 적격심사담당

김지성
연세대학교 졸업
2012년 5급 공개경쟁채용시험(재경) 합격
공군 대위 전역(학사장교)
(전) 국군재정관리단 적격심사담당

한성우
고려대학교 졸업
해군 대위 전역(학사장교)
(전) 국군재정관리단 적격심사담당

정부계약적격심사 해설서
- 국방계약을 중심으로 -

2020년 10월 30일 1판 1쇄 인 쇄
2020년 11월 5일 1판 1쇄 발 행

지 은 이 : 장현석 · 김지성 · 한성우
펴 낸 이 : 박 정 태

펴 낸 곳 : **광 문 각**

10881
파주시 파주출판문화도시 광인사길 161
광문각 B/D 4층
등 록 : 1991. 5. 31 제12 - 484호
전 화(代) : 031-955-8787
팩 스 : 031-955-3730
E - mail : kwangmk7@hanmail.net
홈페이지 : www.kwangmoonkag.co.kr

ISBN : 978-89-7093-402-0 93360

값 : 39,000원